KB266492

CI-GÎT L'AMER

GUÉRIR DU RESSENTIMENT

르상티망을
치유하기

신티아 플뢰리 지음
이혜원 옮김

쓰라림, 여기 잠들다

CI-GÎT L'AMER

GUÉRIR DU RESSENTIMENT

문학동네

일러두기

1. 이 책은 Cythia Fleury, *CI-GÎT L'AMER: Guérir du ressentiment*, Paris: Gallimard, 2020를 완역한 것이다.
2. 옮긴이주는 해당 각주의 말미에 '―옮긴이'라고 밝혔다. 원문에서 대문자로 강조한 부분은 여기서 고딕체로, 이텔릭체는 작음따옴표로 표시했다.
3. 단행본 및 잡지는『　』로, 개별 작품이나 기사 등은「　」로 표시했다.

제1부 **쓰라림**

르상티망을 지닌 인간이 경험하는 것

제2부 파시즘
집단적 르상티망의 심리적 근원을 향해

제3부 **바다**

인간을 향해 열린 세계

옮긴이 해제

여기 하나의 결단, 하나의 약속, 하나의 전제가 있다. 불가침의 원리이자, 모든 것을 규정하는 이 사유란, 인간이, 주체가, 환자가 해낼 능력이 있다는 것이다. 이것은 공허한 희망이 아니며 인간에 대한 낙관적 전망도 아니다. 인간에게 능력이 있다는 사실에 내기를 건다는 의미에서, 무엇보다 환자에 대한 존중이 이런 내기에 달려 있다는 의미에서, 이것은 도덕적이면서 지성적인 선택에 결부된다. 인간은 해낼 수 있고, 행위주체이며, 완연하게 행위주체로 존재한다. 누구도 자신의 책임을 면제받을 순 없으나, 누구도 타인에게 실재에 맞서고 현실 부정에서 벗어날 능력이 있다는 것도 부정할 순 없다. 가장 진부한 일상 속에서 삶은 이 사실을 확인시켜주며 또 그만큼 반박하기도 한다. 내가 삶이라 불리는 이 형식을 이끌어가기 위해 단지 드러난 사실만을 신뢰하지 않게 된 지도 벌써 오래되었다. 르상티망에 맞서는 투쟁은 불확실성과 불의에 대한 관용의 필요성을 가르쳐준다. 이 대결의 끝에 자아를 확장하는 어떤 원리가 있다.

제1부

쓰라림

르상티망을 지닌 인간이 경험하는 것

1
보편적인 쓰라림의 감정

쓰라림의 감정은 어디에서 오는가? 고통에서 기인한다고, 또 잃어버린 어린 시절에서 유래한다고 일단은 말해볼 수 있겠다. 평온한 우리의 세계에 폭발을 일으키는 저 실재, 그리고 쓰라림과 더불어, 이미 유년기부터 무슨 일인가가 일어난다. 여기 어머니가 잠들다, 여기 바다가 잠들다. 모두가 저마다의 길을 걸어가게 되겠지만, 그럼에도 누구든 승화의 가능성(바다 la mer), 부모와의 분리(어머니 la mère), 저절로 치유되지 않는 우울이라는 고통(쓰라림 l'amer) 사이의 연관성 속에 있게 된다. 아마도 어떤 이들은 본질주의에 대한 환상 탓에 혹은 그 환상을 위해

목숨을 바치기도 하겠지만, 나는 본질주의가 관장하는 영역은 신뢰하지 않으며 변증법이 관장하는 영역을 지키겠다. 쓰라림, 어머니, 바다, 이 모두는 얽혀 있다. 여기서 어머니는 또한 아버지이며 부모이자 경계 이편에 있는, 사람들이 분리되지 않고자 하는 곳, 경계선 안에서만 의미를 지니는 곳이다. 누구나 자기 자신이 되기 위해, 또 필연적으로 타인에게 무언가를 전달하는 역할을 한다는 점에서 자기 자식이건 아니건 다른 이의 부모가 되기 위해, 분리의 경계선을 넘어야 하리라.

쓰라림, 그것은 묻어버려야 할 감정이다. 그러면 그 위에서 다른 무언가가 자라난다. 그 어떤 토양도 영원히 저주받을 곳일 리 없다. 쓰라림의 옥토는 도래할 이해심의 터전이 된다. 쓰라림을 묻어두느냐 대면하느냐, 이런 질문은 실질적으로 중요하지 않다. 환자들의 임상진단에서 우리는 둘 다를 시행하거나, 하나씩 차례로 시행하거나, 하나를 제쳐두고 다른 하나를 시행한다. 그러면 언제나 마치 불치의 영역인 듯 남겨지는 부분이 있는데, 바로 거기에 정신건강의 호전이 나타나는 스탕스*가 있다. 분석자에게는 그 부분을 확장해나가는 일이 관건이다.

흰고래를 향한 지칠 줄 모르는 추격을 그린 소설의 첫머리에서, 멜빌은 이슈미얼의 입을 빌려 바로 이 단어를 쓰면서 자신

---

* "어원: 이탈리아어 '스탄차stanza'에서 유래한 스탕스는 본래 '주거' '체류' '정지'를 뜻하는 말로서, '거주하다' '머물러 있다'라는 의미의 라틴어 'stare'에서 파생되었다. 스탕스가 이와 같은 의미로 쓰인 것은 그것이 일종의 휴지休止이기 때문이다."(리트레 사전)

을 옥죄는 일종의 불쾌함을, 동시에 무엇보다 그가 갈구했던 실존적 방편을 묘사한다.

입매가 험악하게 굳어질 때, 내 영혼이 부슬부슬 비 내리는 11월 같아질 때, 나도 모르게 관을 파는 상점 앞에 멈춰 선다거나 마주친 장례 행렬의 후미를 따라갈 때, 그리고 특히 극심한 우울증에 사로잡힌 나머지 일부러 거리로 나가 사람들의 모자를 차례로 쳐서 떨어뜨리고 싶은 마음을 억누르려면 엄청난 도덕심을 발휘해야 할 때, 그럴 때면 최대한 서둘러 바다로 떠나야 할 시간이 되었다는 생각이 드는 것이다.[*]

바다로 떠난다…… 멜빌은 한번 더 "세상의 바다를 돌아본다"라고 쓰는데, 여기서 우리는 바다의 모티프가 항해를 말하기 위한 것이 아니라, 실존의 난바다에 관한 문제, 주체가 어찌 응답할 바를 모르는 와중에—사실 여기엔 응답이랄 것이 없으므로—주체를 엄습해오는 유한성과 권태의 승화라는 문제에 결부되어 있음을 알 수 있다. 그러므로 우리는 항해하고, 횡단하고, 수평선을 향해 나아가고, 지금 여기에서 살아갈 역량을 다시금 갖추기 위해 다른 곳을 발견해야만 하는 것이다. 사람들

---

[*] Herman Melville, *Moby Dick*(1851), Gallimard, "Folio", 1980, 41쪽(한국어판: 허먼 멜빌, 『모비 딕』, 황유원 옮김, 문학동네, 2019, 37~38쪽).

의 모자를 "차례로 쳐서 떨어뜨리지" 않기 위해, 그러니까 울
컥 치미는 저 르상티망을 버럭 터뜨리지 않기 위해, 떠나야만
한다. "거의 모든 사람이 언젠가는, 바다에 대해 나와 비슷한 감
정을 품게 될 테니까."* 따라서 이슈미얼은 이것이 개인적 문제
가 아니라는 점을 알고 있으며, 대양을 바라는 욕구란 각 개인
이 지닌 최초의 유기불안 감정을, 말하자면 시간은 초읽기에 들
어섰고 기원 쪽에서도 미래 쪽에서도 의미를 찾을 수 없다는 사
실을 자꾸만 상기시키는 구슬픈 후렴구처럼 한 개인의 삶을 점
철하는 저 감정을, 어쩌면 바로 물, 바다, 대양이 표현할 수 있
는 막막함과 미결정 상태에 대한 이런 욕망 안에서만 잠시 해소
하는 방식이라는 점도 잘 알고 있다.** "뭐가 보이는가? 언젠가
는 죽을 운명에 처한 수천 명의 사람들이 대양의 몽상에 빠진
채 말없는 보초병들처럼 시내 곳곳에 서 있다."*** 인간이 대양
의 몽상에 사로잡혀 있는 한, 그 몽상은 더 위험한 내면의 어둠,
가령 쓰라린 감정이나, 르상티망으로 귀결되는 이 감정의 결정

---

* 같은 곳.

** 대양의 감정은 로맹 롤랑이 프로이트와 주고받은 서신(1927)에서 세계와 하나
되려는 보편적 욕망을 기술하기 위해 정의한 말이다. 롤랑에게 하나된다는 것은 종
교적 감정에 내재하는 일자를 향한 욕구로 이해되며, 대양과 같다는 것은 일자에서
독립된 인간의 자율적 정신성을 입증하는 말이다. 대양의 그것과 같은 느낌은 최초
의 유기불안과 함께 변증법적으로 전개되어, 주체가 "결핍"되었다는 느낌을 계속
곱씹지 않도록, 멜랑콜리에 굴복하지 않고 분리와 유한성(어머니, 여기 잠들다)을
대면할 수 있도록 해준다. 그것은 영원과 섬광, 휴식의 감각에 속한다. 프로이트는
롤랑에게 인용 대신 부치는 『문명 속의 불만*Malaise dans la civilisation*』(1929)
의 도입부에서 자아의 망망대해 같은 느낌에 관하여 길게 재론한다.

*** H. Melville, 같은 책, 42쪽.

화를 막는 일종의 성벽을 구축하게 되리라.

2
르상티망에 직면한 개인과 사회. 끓어오르는 반추

쓸데없는 짓입니다, 이렇게 당신은 말할지도 모른다. 모두가 저마다 르상티망과 그 고통을 알고 있고 그만큼 너무도 흔한 일이니, 개인에게도 사회에도 그다지 심각한 문제가 되지는 않을 거라고 말이다. 코르넬리우스 카스토리아디스와 마찬가지로, 철학자이자 정신분석가인 입장인 나로서는, 자기 자신의 르상티망과 거리를 두는 능력의 유무에 있어 사람들 간에 근본적인 차이가 있다는 생각을 옹호하게 된다. 만약 개인이 각자의 르상티망을 인지할 수 있다면, 그 누구도 르상티망이 고착화되는 장소가 되어버리진 않을 것이다. 오히려 이 지점에서 사람들의 운명은, 사회 각각의 운명이 그러하듯 서로 갈라진다. "개인의 정신분석에서 어떤 목표를 설정할 수 있을까? 내 무의식이나 환자의 무의식이라는 저 캄캄한 지반 자체를 없애버리겠다는 목표는 확실히 아닐 것이다―이러한 시도가 불가능한 것은 아닐지라도 치명적일 수는 있다. 그보다 목표는 무의식과 의식 사이에 다른 관계를 설정하려는 것일 테다."* 의식과 무의식 사이의 창조적이고 안정적인 관계 속에서 존재의 개별화와 주체화가 이루어질 수 있는데, 나중에 보겠지만 빌헬름 라이히Wilhelm Reich는 이것을 "자유로울 수 있는 능력"이라 부른다. 카스토리아디스는 분석에서 주체를 위한 진실일 뿐 아니라 주체가 살아가는 사회를 위한 결정적인 진실이 무엇인지를 지적한다.

모든 질문은, 개인이 어떤 다행스러운 우연이나 그가 살았던 사회의 유형에 힘입어 이러한 관계를 구축할 수 있었는지, 혹은 자신의 환상phantasmes을 현실로 착각하지 않기 위해, 자신의 욕망을 가급적이면 명확하게 인식하기 위해, 자신이 필멸의 존재임을 납득하기 위해, 자신을 희생하는 대가를 치를지라도 진실을 찾기 위해, 또 여타의 연유로, 이런 관계를 변형할 수 있었는지를 알아보려는 데 있다. 현재 만연해 있는 협잡질과는 반대로, 나는 오래전부터 언급한 바와 같이 잘 확립된 개인과 정신질환자를 놓고 볼 때, 혹은 일반사회학적 의미에서라기보다는 바로 '스스로' '자기 자신의' 영유권을 포기했다는 의미에서 소외되어 있다aliéné고 규정할 수 있을 정도로 심각한 신경증 환자를 놓고 볼 때, 이들 사이에 단지 정도에서뿐만 아니라 질적인 면에서 어떤 차이가 있다는 점을 확인할 수 있었다. 정신분석은 사기극이거나, 아니면 저 관계를 변형한다는 목표를 정확하게 겨냥하고 있

---

* Cornelius Castoriadis, "L'exigence révolutionnaire", 1976년 7월 6일 올리비에 몽쟁, 폴 티보, 피에르 로장발롱과의 대담, 『에스프리Esprit』 1977년 2월 호에 수록, *Le Contenu du socialisme*, 10/18, 1979에 재수록. *Extraits choisis* par quentin@no-log.org, 33쪽에서 인용됨.

거나, 둘 중 하나겠다.*

이는 자기 동류들과는 질적으로 다른 인간의 출현에 관한 문제, 즉 인본주의와 그에 걸맞은 문명의 열쇠를 쥐고 있는 한 인간의 출현에 관한 문제다.

반대로 자기소외aliénation** 속에서는, 누구나 물화réification 과정의 변용된 형태일 뿐인 공동체를 구축하는 데만 참여하게 된다. 정신분석의 운명은 치료학적인 만큼이나 정치적이기도 하다. "현실 권력이란 타자를 사물로 취급하는 일이고, 내가 하고자 하는 작업은 모두 그 흐름을 거스르는 일이다. 타자를 단지 사물로 취급하는 사람은 스스로가 사물일진대, 나는 나 자신에게도 타자에게도 사물이 되고 싶지 않다. 나는 타자가 사물로 취급되는 걸 원치 않지만, 그러려면 어떻게 해야 하는지 알지 못한다. 내가 타자들에게 가치 있는 존재가 될 수 있고 타자들에게 인정받을 수 있다 해도, 나에게 외적인 어떤 것―권력―

---

* 같은 글, 34쪽.

** 사전적 의미를 참조할 때 무언가를 '양도'하거나 '박탈'당했다는 맥락을 중심으로 그 의미망을 구축할 수 있다. 사회적으로는 변별력이나 판단력을 상실한 상태, 즉 '심신상실'이나 '정신이상'을 의미하지만, 철학과 사회학의 맥락에서는 어떤 개인과 집단을 본성이나 지배계급에 예속시키는 항구적(헤겔)이거나 역사적(마르크스) 요인 아래 인간이 자유나 권리를 박탈당한 상태, 혹은 어떤 요인으로 인한 인간의 '소외 상태'를 의미하며, 나아가 이러한 소외나 갈등의 책임을 타인에게 전가하는 집단적 '적대감'을 의미하기도 한다. 이 대목에서는 카스토리아디스가 인용문에 언급한 주체의 타자화로서의 소외라는 맥락을 확장하고 있기에 '자기소외'로 번역하였으며, 이후 맥락에 따라 '소외'나 '자기소외'로 번역했다 ― 옮긴이.

을 소유했다는 이유로 그렇게 여겨지는 존재이고 싶지는 않다. 또 상상계 속에서 그들에게 가치 있는 존재라고 여겨지고 싶지도 않다."* 카스토리아디스는 사회를 움직이는 사물화의 역학에 대해, 그보다 더 내밀한 관계들의 경우에 그렇듯 잘 알려진 안타까운 구도를 설정하는데, 왜냐하면 이런 관계는 개인들에게 내재하는 욕동으로 인한 갈등과 불가분의 관계에 있기 때문이다. 개인적 층위와 사회적 층위에서 쟁점은 동일하니, 그건 바로 타인과 자기 자신을 사물로 취급하지 않는 것이다. 그게 아니라면 르상티망의 집단적 기제가 더 강화되고 심리적 사회적 자기소외의 극복은 거의 불가능한 일이 되어, 르상티망에 대한 각자의 편향에 따라 인간과 사회의 운명이 저마다 갈림길에 서게 될 것이다.

3
르상티망의 정의와 표출 양상

죽음욕동이 득세하던 끔찍한 시기인 제1차세계대전 직전에, 막스 셸러는 1912년 르상티망에 대한 시론試論을 쓰며 다음과 같이 명쾌한 정의를 내린 바 있다. "타자에 대한 어떤 감정적 반응을 경험하고 곱씹는 행위로서, 이를 통해 애초의 감정은 조

---

* C. Castoriadis, "Racines subjectives et logique du projet révolutionnaire", in *L'Institution imaginaire de la société*, Seuil, 1975, 135~141쪽. *Extraits choisis par* quentin@no-log.org, 6쪽에서 인용됨.

금도 표출되거나 활동으로 드러나지 않은 채 은밀하게 번져나가 인격의 깊숙한 부분까지 조금씩 침투한다."*

르상티망의 역학을 이해하기 위한 핵심어는 반추rumination인데, 이것은 무언가를 곱씹고 되새김으로써 신물나게 씹혀 삭아버린 내용물이 주는 특유의 쓰라린 느낌을 동반하는 행위를 말한다. 본래는 특정 인물을 겨냥했을 어떤 정서적 '반작용ré-action'을 되살린다는 의미에서, 반추는 그 자체로 다른 반추를 곱씹는 행위가 된다. 그런데 르상티망이 전개됨에 따라 표적의 불확정성은 커져만 간다. 증오는 점점 덜 사적이면서 더 총체적인 것이 되어, 애초의 감정적 반발과는 관련이 없는, 그러나 이제는 확장되어버린 표적 범위에 포함되는 여러 개인에게도 공격이 미칠 수 있다. 이때부터 두 겹의 움직임이 일어나는데, 여기서 칼 폴라니의 설명을 떠올리지 않을 수 없다.** 르상티망이 깊이 번져갈수록, 인간에게 내면적으로도 심정적으로도 더 큰 타격을 주어, 인간은 점점 더 행동력을 유지하기 어려워지고 표현의 창조성이 저하된다는 것. 르상티망은 잠식한다. 깊숙이 파고든다. 르상티망이 재점화될 때마다 심리적 보상compensation은 점점 더 불가능한 것이 되어, 이제 회복의 욕구는 충족될 수 없을 지경에 이른다. 분명 가상일 뿐이지만 아픔

---

* Max Scheler, *L'Homme du ressentiment*(1912), Gallimard, 1933, 9쪽. 셸러의 논의를 인용하지만, 1930년에 유달리 기승을 부렸으며 언제나 비판받아 마땅한 반유대주의의 온상이 될 수 있는 발언들에는 동조하지 않는다는 점을 밝혀둔다.
** Karl Polanyi, *La Grande Transformation*(1944), Gallimard, 1983(한국어판: 칼 폴라니, 『거대한 전환』, 홍기빈 옮김, 길, 2009).

만큼은 생생한, 그런 불가능한 회복의 길, 심지어 회복을 거부하는 길로 르상티망은 우리를 데려간다. 발명, 창조, 승화를 촉구하는 길도, 불가능한 회복의 길도 분명 존재한다. 그러나 르상티망 속으로 진입하는 일은 얼얼한 상흔을 뚫고 들어가는 것이니, 그 상흔이 냉철한 객관화를 가로막거나 마치 주객이 전도된 낙인찍기와 같은 상황 역전에 의하여 어떤 면에서는 오히려 모호함에 싸인 주이상스를 일으킨다. "감정의 부단한 재활성화에 해당하는 반추는, 따라서 감정과 그것이 야기된 상황에 대하여 순전히 지적으로 되짚어보는 행위와는 사뭇 다르다. 르상티망은 정서 자체의 재점화, 즉 곱씹은-감정re-sentiment이다."*

정말이지, 어떻게 해야 고통스러운 감정의 재활성화에 부단히 저항할 수 있을까? 여기서 우리는 이 현상이 정신구조 안에 '틈입effraction'**을 일으키는 트라우마와 닮았다는 점을 깨닫는다. 트라우마는 애초에 하나의 상처, 하나의 충격, 치유 불능의 첫 순간으로 생겨났지만, 봉합되지 않은 간극은 이후 한층 활성화된, 때로는 급성적이고 때로는 만성적인 열개裂開가 된다. 이

---

* M. Scheler, 같은 책, 9쪽.

** 프로이트의 정의다. "우리는 자극 방어기제를 뚫고 틈입할 만큼 강력한 외부 자극을 트라우마적이라 부른다. [……] 외부적 트라우마와 같은 사건은 유기체의 에너지 운용에 틀림없이 큰 폭의 교란을 일으키고 모든 방어기제를 가동시킨다. 그런데 여기서 쾌락원칙은 그 무엇보다도 먼저 중단된다. 막대한 양의 자극이 정신기관에 범람하는 일을 막는 건 더이상 중요하지 않다. 오히려 자극을 다스리는 일, 틈입하여 밀려든 대량의 자극들을 정신적으로 서로 연관지어 전부 해소될 수 있도록 유도하는 일이 새로운 과제로 대두된다."(Sigmund Freud, *Au-delà du principe de plaisir*, 1920)

처럼 벌어진 상처가 반추에서 자양을 얻어 결국 터져버릴 때 지성의 작업, 이성적 노력은 무용한 것이 되어버린다.

이성적 작업의 성과를 속단하여 단념해서는 안 되겠지만, 논지를 제대로 검토해보자. 갈망과 질투, 타인을 향하다가 결국 자신을 향하는 경멸, 부당하다는 느낌, 복수하려는 의지, 이런 것들에 근접한 어떤 음침한 감정이 돌출하는 사태에 저항하기 어렵다는 점을 인정하자. 셸러가 기술했듯이, 이 감정은 끓어오른다gronder.

여기에 가장 잘 들어맞는 독일어는 '그롤Groll'이 될 텐데, 이 단어는 모호하지만 억눌린 채 들끓고 있는, 자아의 활동성과는 무관한 분노, 즉 명확한 적대행위는 없으나 무한한 적의를 머금은 채 반감과 증오의 오랜 반추를 조금씩 유발하는, 그런 분노를 가리킨다.*

'Groll'이란 원한, 즉 '앙심 품기en vouloir à'의 결과다.** 그리고 우리는 이 '앙심 품기'가 어떻게 '의지volonté'를 대신하는지, 악한 동력이 어떻게 유쾌한 생명적 동력을 대체하는지, 이 날조

---

* M. Scheler, 같은 곳.

** 리트레 사전은 en vouloir à 의 용례로 다음을 제시한다: "(누군가에게) 원한을 품다, 적대시하다" "(누군가를, 무엇을) 탓하다" "(무언가를) 요구하다, 자신의 권리를 주장하다." 따라서 '원망怨望하다'라는 번역어가 적절할 수 있겠지만, 표제어의 반복을 피하고, 앙갚음하려 벼르고 있는 '상태'를 나타내기 위해 '앙심 품기'로 옮겼다 — 옮긴이.

된 의지, 아니 차라리 '선의bonne volonté'를 가로막는 방해물, '무언가를 위한 의지volonté pour'의 박탈 상태라 할 수 있을 악의적 목표가 어떻게 선함을 지향하는 의지를 빼앗는지, 어떻게 주체를 앗아가는지 안다. 초점을 흩뜨려야 한다. 그러나 르상티망이 진행되면서 불확실성은 더욱 커지고 탈초점화는 더욱 어려워진다. 모두가 오염되었다. 시선은 주변을 두드려댈 뿐 더이상 파고들지 못한다. 모든 것이 르상티망을 되살릴 부메랑으로 돌아오고, 모든 것이 나쁜 징후가 된다. 상황에서 벗어나려는 게 아니라 재활성화에 계속 사로잡혀 있으려는 징후가 포착된다. 주체는 "비대gros"해진다. 육체적으로든 정신적으로든 운동성을 지니려면 반드시 필요한 민첩함을 주체는 잃고 만다. 너무 취하고 숨이 막혀 구역질이 날 지경이지만, 계속 구토를 해봐도, 울분을 쏟아내도 아무런 소용이 없을 것이니, 그래봐야 아주 잠깐 동안만 속을 달랠 수 있을 따름이다. 니체는 중독 상태intoxication에 대해 말했고,* 셸러는 르상티망의 '병폐'를 기술하면서 "자발중독auto-empoisonnement"을 언급했다.** 중독은 "판단력뿐 아니라 가치 감각에 다소간 영구적인 왜곡"을 일으킨다. 르상티망은 판단력에 타격을 가한다. 판단력은 내부에서부터

---

* Friedrich Nietzsche, *La Généalogie de la morale*(1887); *Ecce homo*(1908). 유대-그리스도교 문명과 분리될 수 없는 정신적 중독에서 태어난 르상티망이라는 정동은 "노예도덕"과 "주인도덕"을 구별할 수 있게 해준다(한국어판: 프리드리히 니체, 『니체 전집 14: 선악의 저편·도덕의 계보』, 김정현 옮김, 책세상, 2002; 『니체 전집 15: 「이 사람을 보라」 외』, 백승영 옮김, 책세상, 2002).

** M. Scheler, 같은 책, 14쪽.

오염되고 잠식된다. 거기 부패가 있다. 그렇게 되면 명철한 판단을 내리는 건, 그게 구제의 길이라 해도, 어려워진다. 관건은 르상티망의 메아리와 아우라를 식별하는 일이다. 사실 이런 용어는 르상티망 속에서 일어나는 일을 지칭하기에는 너무 거창하며, 그보다는 차라리 어떤 방사irradiation 또는 시간이 흐를수록 그 명칭에 걸맞은 정당성을 드러낼 노예 상태의 감염이라 불러야 옳다. 그렇게 되면 판단능력은 르상티망을 지속시키는 데나 소용될 뿐 그것을 해체하지는 못한다. 이 현상의 폐단은, 바로 이처럼 해방을 가능케 할 수단인 판단능력이 노예상태와 자기소외를 지속시키는 수단이 된다는 데 있다. 죽음욕동 앞에 노예 의식이 존재하기 때문이다. 바로 곱씹음에 예속된다는 의미에서, 여기서 벌써 "노예"의 도덕이 작용하고 있는 것이다.

4

르상티망의 관성과 물신-르상티망

우리는 상한 음식을 거부하고 다른 식으로 양분을 취할 수 있으며, 그래야만 한다. 하지만 이때는 썩은 음식을 더 선호하게 된다. 이 과정에서 핵심은 부패한 것에 대한 선호이니, 왜냐하면 르상티망은 반격, 정당방위, 순전한 반발로써 소화될 수 있는 것이 아니기 때문이다. 게다가 르상티망은 자주 무반응, 반응의 포기 상태를 보인다. 르상티망은 속에 얹힌 채 있다—그렇다고 속에 아무것도 남아 있지 않아야 한다는 뜻은 아니다. 더 오래 그리고 제대로 미워하기 위해서인 듯, 시간을 '유보'시켜야 하는 것이다. 복수라는 이 독특한 유형의 희망을 깊이 통찰할 필요가 있는바, 이런 희망도 마찬가지로 부패한 것이지만 그 생명력은 대단한 열기를 품고 있다. "복수가 정말로 이루어지려면, 곧바로 응수하려는 충동이나 그에 수반되는 분노와 증오라는 동력을 억누르고 유보할 정도의, 다소 긴 시간이 필요하다."*

르상티망이 사라지게 하려면 즉시 응수하는 것만으로는 충분치 않다. 사실 르상티망은 단순히 반발 혹은 반응 부재의 상태만이 아니라, 곱씹기를 택하거나, 혹은 곱씹을 수밖에 없는 상태라는 점에서 반추에 지배되는 영역이라 할 수 있다. '무언가에 대한 무력감impuissance à'에 가까운 르상티망의 정의와, 그런 '무언가에 대한 무력감'이 선택의 문제라는 것을 결국은 인정하는 또다른 정의를 딱 잘라 구분하기란 쉽지 않다. 분명 이는 다소간 르상티망을 수긍하여 발생한 불능 상태의 정도와 그것이 얼마나 받아들여지는지의 문제다. 르상티망의 덫에 빠져들 수 있지만, 우리는 거기서 빠져나오려 애써볼 수도, 르상티망이 쳐놓은 끈끈이 덫에 안착하기를 거부할 수도 있다. 복수의 그물에 걸린 채 무언가를 곱씹는 상태에서도, 거기 완전히 빠져버리지 않기 위해, 완전히 빠져버리지 않기를 바라며, 여전히 한 발만 걸치고 있을 수는 있는 것이다.

더구나 복수심은 르상티망이 아니다. 복수심은 끔찍하며 전염

력을 지니지만, 경우에 따라 충족될 수도 있다는 점에서 여전히 목적적이고 확정적이다. 셸러는 "복수의 욕망은 복수가 이루어지면 사라진다"고 믿는다. 나는 그다지 확신하지 않는다. 그래도 복수심은 옮겨갈 수 있고 새로운 대상을 찾을 수 있다. 이런 위험한 유형의 원동력, 타락한 활력을 포기하기란 결코 간단치 않다. 하지만 르상티망은 완전히 경우가 다르다. 르상티망이 향하는 대상조차 모든 정신적 극복을 가로막는 장해물로 나타난다. 게다가 르상티망의 목적은, 몰락을 향해 다가가는 것, 어떤 타개책을 마련하려는 당신을 몰락의 과정에 빠뜨리는 것이다.

잘 치유되지 않는 몇 가지 정신증에서 이런 현상을 관찰할 수 있다. 어째서 환자는 온 힘을 다해 문제 해결을 막고, 의사와 의학을 좌절시키는 데 혈안이 되어, 오로지 출구 없는 상태만을 발견하고자 하는가. 환자는 어떤 활로도 용납하지 않는다. 어쩌면 활로를 용인하는 것 자체가 새로운 낙담을 초래할 수 있으니 그런 상황을 떠안고 싶지는 않은 것이다. 따라서 기능 상태로서의 역기능이 차라리 나은 선택지가 된다. 르상티망이 두각을 비치는 유일한 능력은 묵혀두기다.* 성격에 날이 서도록, 상황이

---

* 이 대목에서 'aigrir'가 반복되고 있다. 리트레 사전에 따르면 이 동사는 발효되거나 변질되어 쉬어버린 음식의 '시큼함aigre'에 결부된 동사로, '찌르는 듯 신맛이 나게 만들다' '불쾌하고 날카로운 성격을 띠게 만들다' 등의 의미를 지닌다. 특히 '시다'라는 뜻을 지닌 다른 형용사 'acerbe'가 덜 익은 과일의 신맛을 가리키면서 어떤 인간 정신의 천성적 '신랄함'을 가리킬 때도 쓰인다면, 'aigre'는 앙심을 묵혀두어 발생한 나쁜 기질이나 '르상티망'에 의한 성미, 날카롭고 불쾌한 성미를 가리킨다고 리트레 사전은 비교하여 명시하고 있다―옮긴이.

심각해지도록, 시선은 내쏘도록 묵혀두는 것이다.* 르상티망은 열림을 막고, 닫아버리고, '폐제하므로forclôt' 탈출은 불가능하다. 주체는 어쩌면 자기 자신으로부터 배제된 채, 그러나 자기 안에서, 자기 자신을 갉아먹고 그로써 세계로 통하는 유일한 매개를 갉아먹으면서 존재하게 된다.

소유에 대한 르상티망(부러움)과 존재에 대한 르상티망(질투)은 엄연히 구분되지만, 그 둘의 결합도 가능하다. 분명 이것이 르상티망의 궁극적 목표인바, 한 인격의 내면을 잠식하면서 단지 무언가를 획득하고 싶다는 욕망뿐 아니라 주체의 정체성 유지에도 혼란을 주는 것이다. "부러움은 획득하려는 우리의 의지를 자극하지 않으며, 그 의지를 누그러뜨린다"고 밝힌 뒤 셸러는 이어 쓰기를, 이처럼 부러움이 커질수록 주체는 무력해지고, 소유에 대한 불만은 훨씬 더 파괴적인 감정, 즉 존재론적 불만으로 바뀌게 된다. "나는 당신을 전부 용서할 수 있다, 당신이 당신으로 존재한다는 것만 제외하면, 당신이 존재하는 대로 내가 존재하지 않는다는 것만 제외하면, 내가 당신이 아니라는 것만 제외하면. 이런 부러움은 타자의 실존 그 자체를 향한다. 타자가 그런 식으로 존재한다는 사실이 우리를 숨막히게 하고, 우리에게 참을 수 없는 비난으로 다가온다."** 바로 이 지점에 주체를 움켜쥐는 덫이 놓여 있다. 왜냐하면 소유(재물)를 되

---

* 같은 책, 19쪽.
** 같은 책, 25쪽.

찾으면 결국 부러움이 가라앉으리라 여길 수는 있을지언정, 타자에 대한 증오에 잠식되어 범람하는 환상으로 증오를 살찌우는 주체에게 위안이 가능하리라고 기대할 수는 없는 노릇이기 때문이다.

주체가 이런 실패, 자아의 실패로 바뀌기 마련인 실패를 향해 갈 때, 그 영향으로부터 완전히 벗어난다는 의미에서의 회복은 극도로 어려운 일이 될 것이다. 치유가 가능하긴 하지만, 어쩌면 임상 치료는 그 치료 자체와 지속적인 치료의 확산에 있어서는 분명 충분치 않을 수 있다는 점을 염두에 두어야 한다. 치료사도 인간이기에, 치료 과정의 구조적 결함도 고려해야 한다. 주체의 의지가 작동하지 않는 상태에서는 르상티망을 극복할 수 없다. 결핍된 것이 있다면 바로 그러한 의지로, 주체는 자신의 책임과 마음의 짐을, 극복해야 한다는 도덕적 책무를 마주하지 않고자 날마다 손수 이 의지를 땅에 묻는다.

그렇다면 오로지 타자의 파괴만이, 부당하고 불공평하고 굴욕적이며 우리 자신이 기여한 바에 비하면 터무니없다고 판단되기에 견딜 수 없던 현실에 맞서게끔 해주는 '쾌락원칙'의 작동만이, 모종의 주이상스를 불러오게 될 것이다. 르상티망은 자신을 희생자라 여기는 망상이다. 개인이 실제로는 희생자가 아니라는 의미에서 망상인 것이 아니라―그는 잠재적 희생자다―개인이 어떤 부당한 질서의 유일무이한 희생자일 수는 없다는 의미에서, 이것은 망상이다. 불공정성은 모두에게 무차별적으로 작용하는바 모두가 분명 저 부당한 질서와 관련이 있긴 하지만, 세계의 복잡성으로 인해 그것이 향하는 명확한 표적이나 대상을 규정하기란 불가능하다. 게다가 그는 무엇에 맞서, 누구와 관련하여, 어떤 기대와 가치 질서에 맞서, 희생자가 된 것인가? 결국 이것은 스스로를 잠정적 희생자로 규정하고, 잠시라도 자신을 그렇게 인지하는 것의 문제이므로, 의심스러운 객관성과 확실한 주관성에 근거한 저 "사실"에 의지하여 희생자의 정체성을 확신하는 일과는 완전히 다른 문제다. 따라서 이제 관건은 주체의 "결단"으로, 그런 선택이 자각된 것이든 아니든―보통은 자각되지 않는다―곱씹음을 선택할 것인가, 가장 질 나쁜 주이상스를 선택할 것인가에 달려 있다. 여기에 "망상"이 존재하는 건 반복되는 불만 속에서 자신의 책임을 인지하지 못하는 자기소외가 일어나기 때문이며, 이것이 망상인 건 자신이 반추의 거대한 공정工程 속에 있다는 사실을 주체가 알아채지 못하기 때문이다. 회복은 곱씹어 느낀 부당함을 절대 보상해줄 수 없기에, 결국 회복이 환상일 뿐이란 것을 알면서도 주체는 회복의 이념을 단념하기를 거부하고 탈초점화를 거부한다. 눈을 감아야 하지만 그는 눈을 감고 싶지 않다. 프랑수아 루스탕François Roustang이 속으로 삼킨 고통과 언제나 구별되는 것이라 주장했던 "불평plainte"의 정의가 여지없이 이런 주체의 상황에 부합한다. 불평은 곧 "고소하는 것porter plainte"이다. 법조계에서는 권장될 만한 행위일지 모르겠지만, 감정을 다루는 심리학의 세계에서는 불평에 잠식당하여 소모적인 분노 속에 유폐되는 일을 피하기 위해서라도 이런 불평을 버려야만 할 것으로 본다. 주체의 현실 부정에 대하여 프로이트가 알려준 바를 떠올리면 르상티망 속에서 일어나는 일들과의 유사성이 보인다. 르상티망에 사로잡힌 주체는 현실로 고통받고 있기에, 현실 부정으로까지 이르지는 않더라도 마치 "물신fétiche"*을 다루듯 르상티망을 다룬다. 물신은 무엇에 소용되는가? 바로 주체가 견딜 수 없는 현실을 대체하는 데 소용된다. 달리 말해, 주체가 불평의 권리를 포기하는 데 그처럼 어려움을 겪는 것은, 불평이 하나의 '물신'처럼 기능하여 주체에게 물신이 주는 것과 같은 쾌락을 주고, 가림막이 되고, 현실을 견디도록, 현실을 중재하도록, 현실에서 현실성을 벗겨내도록 해주기 때문이다. 감당할 만한 실재만이 쾌락원칙을 작동시킬 수 있는 불만이 되며, 물신-르상티망은 하나의 강박으로 작용한다. 르상티망은 그저 상처로서 곱씹어 느껴온 무언가에 대한 기억을 간직하는 일에만 소용되며, 마치 어떤 징벌의 상념을 끈질기게 붙잡으려는 양 이런 기억의 주이상스를 허용한다.

<h1 style="text-align:center">5</h1>

<h2 style="text-align:center">르상티망과 평등주의. 분별의 종말</h2>

셸러는 이 사태를 탁월하게 묘사한다. 르상티망은 판단능력을 제어함으로써 르상티망을 쇄신하고 소멸시킬 수 있는 모든

---

* S. Freud, *Le Fétichisme*, 1927.

가치를 폄하하게 만든다. 르상티망에는 극도로 강한 자기보존
능력이 있다.

> 평범한 인간은 다른 사람들이 지니는 것과 적어도 동
> 등한 가치를 점유했다고 느낄 때만 만족한다. 한데 그는
> 자신과 엇비슷한 인간들의 자질을 허구에 힘입어 부인하
> 면서, 말하자면 그들의 일부 모습을 못 본 척하면서 이러
> 한 느낌을 얻는다. 아니면, 이건 르상티망의 본질이기도
> 한데, 비교항에 양의 계수를 달아 가치마저 뒤바꾸는 환
> 상의 계산법에 힘입어 이런 기분을 느낀다.[*]

그렇다면 타인의 고유한 속성을 부정할 필요 없이, 자신과 타
인이 동등하다고 인정할 줄 아는 게 건강한 방식일 것이다. 르
상티망에 대한 해독제를 모색하는 첫번째 실마리는 곱씹어 느
낀 평등이라는 개념으로 귀결된다. 르상티망의 구조는 평등주
의적이다. 르상티망은 주체가 확실히 불공평하다고 곱씹는 순
간에, 무엇보다도 평등에 의해 피해를 봤다고 느끼는 순간에 발
생한다. 불공평하다고 곱씹는 것만으로 그러한 정신 상태가 형
성되지는 않는다. 욕구불만은 '무엇에 대한 권리droit à'가 부식
되어버린 땅에서 쑥쑥 자란다. 내가 욕구불만을 느끼는 건 내게
주어진 몫과 권리를 확신하기 때문이다. 르상티망을 경험하기

---

[*] M. Scheler, 같은 책, 32~33쪽.

위해서는 어떤 권리에 대한 믿음이 필요하다. 적어도 토크빌의 계승자들과 셸러가 내건 논제가 그러하니, 이들은 평등주의의 개념이 민주주의의 구조적 쟁점이 되었기에 민주주의는 본질적으로 르상티망을 불러일으키는 체제라 보았다.

이 말이 르상티망을 피하기 위해 평등의 필요성을 부정해야 한다는 뜻은 아니다—그건 어떤 병의 퇴치를 위해 환자를 죽여야 한다는 식의, 그러니까 "성공적인 수술, 환자의 사망"에서 드러나는 팔로 알토 학파의 "극단적 해법"*을 반복하는 일이다. 셸러의 인용문을 다시 살펴보자. "평범한" 인간은 자신이 타인과 동등한 가치를 점유했다고 느낄 때만 만족한다고 했을 때, 이는 그가 실제로 어떤 동등한 가치를 점유해야 한다는 뜻이 아니라 그러한 환상을 지니고 있어야 한다는 뜻이다. 다시 말해서 "우

---

* 이런 극단적 해법에는 여러 형태가 존재한다. 물론 협상의 원동력으로는 무석합한 모든 과격론의 형태란(누구도 취하할 수 없는 해결책은 해결책이 아니다) 전통적으로 극단적 해법이기 마련이다. 타협을 수용할 수 없다는 구실로 분별, 미묘한 차이, 복잡성을 거부하는 모든 것이 그렇다—수용할 수 없는 타협들은 따라서 타협이 아니라 타협의 가상인 경우가 있다. 그러나 모든 타협이 구조적으로 허용되지 않는 것은 아니다. 극단적 해법과 함께 나타나는 문제는 결정적인 해결책이 어디에 놓여 있는지 안다는 환상에 있다. 어떤 해법도 구조적으로 최종적일 수 없으며, 일부 원칙들은 최종적일 수 있을지언정, 자신이 처한 시공간 속에서 어떤 문제의 해결을 위한 열쇠를 단독으로 확실하게 쥐고 있는 그런 해결책이란 없다. 문제가 간단하다면 틀림없이 그건 진짜 "문제problème"가 아니라 고유의 역학이 없는 하나의 상황일 따름이다. 문제는 생태계의 복잡성을 고려한다는 것을 의미하며, 문제는 언제나 진행 중이다. 그렇기에 늘 환경과 상호작용하는 문제에서 본질적인 "운동성"을 중지시킬 극단적 해법을 믿는 것은 지성적 측면에서는 상당히 무능한 일이다. 이 말은 결코 해법이 없다는 뜻이 아니며, 다만 해결책은 동적이라는 것, 해결책은 서로 다른 연속적 시공간을 관장하는 하나의 순환주기를 가리킨다는 것을 의미한다.

리가 공유하는 세계"는 저마다 제 고유한 가치에 대해 환상을 품을 권리를 모두에게 부여하면서 유지된다. 게다가 확실히 평범한 인간을 만드는 것은, 아니면 적어도 인간을 강제로 평범성 안에 밀어넣는 것은, 타자의 가치가 자신을 결핍으로부터 벗어나게 하는 데 도움이 되리라 생각하면서도 타자의 가치를 인정하지 못하는 인간의 무능력일 것이다. 그러나 우월함을 꾸며낸다고 해서 우월함이 생겨나지는 않는다. 반대로 타자의 가치를 존중하고 인정할 줄 아는 것이, 비록 처음에는 더 정교한 정신적 노력이 요구될지라도, 르상티망의 진정한 해독제가 된다. 그러나 타자를 헐뜯는다고 해서 르상티망에 이르게 되는 것은 아니다. 그러려면 한 걸음 더 나아가 공공연한 비방을 해야 한다. 실질적으로 명확한 표적이 없는 이러한 비방은 허위 고발로, 사실 왜곡으로 이어진다. 실제로 살인이 일어난 적이 없으니 시신이라도 위조해야만 하는 것이다. 그러고 나면 이제 타자는 유죄가 되리라. 이렇게 "보편적 가치하락"의 한 형태가 시작된다.

이 "총체적 억압"은, 셸러가 "가치에 대한 전면적 부정"이요 "폭발적이며 적대적인 증오"*라 표현하는 것을 작동시킨다. 왜냐하면 이것 역시 "비대한gros" 형태로서, 제 안에 폭발력을 머금은 채, 인화력을 머금은 채, 모든 것에 무차별적으로 불길을 미칠 어떤 폭발을 머금은 채 잔뜩 부풀어오른 것이기 때문이다. 분별discernement의 종말, 르상티망이 향하는 목적지는 이처럼

* M. Scheler, 같은 책, 51쪽.

사안들을 구별하지 않는 것, 그 어떤 계획도 적히지 않은 빈 서판tabula rasa을 추구하는 것이다. "기름 얼룩"으로 슬그머니 번져나가는 것, 악의 근원을, 원인을 더이상 따져 묻지 않는 것, 자신의 악의를 "유발하는" 것이 무엇인지 모르게 되는 것─그러면 악의를 잠재우는 일은 훨씬 더 복잡해진다, 해결 가능한 세계가 축소됨에 따라 피해의 규모는 끝없이 커져가는 것, 뒤집힌 에토스를 내세우고 어떤 이들이 세계를 환대하려 할 때 오히려 적대감을 드러내는 걸 "보편적 방침"으로 내세우는 것, 퇴행하는 것, 진보는 너무 위협적이고 상실의 다른 말로 여겨질 뿐이니 퇴보하는 것, 분별의 종말은 바로 이런 사태를 말한다.

주체가 르상티망에 그저 "압도"당하고만 있다면 분별력이 침해되는 것은 논리적 수순이다. 분별이란 분리하고, 따로 떼어보고, 사안의 특수성을 더 잘 이해하기 위해 구별함으로써 일반화하지 않는 행위, 더 간단히 말하자면 "사안을 직획하고 올바르게 판단하기 위한 정신적 자질"*이다. 그것은 인간의 정신과 육체가 건강함을 증명하는 하나의 건강법이자, 이성의 복합적 면모를 "존중하고" 이성에 의해 부정당한다고 느끼지 않는 인간의 방침이다. 분별하는 행위가 착오 없이 감정을 되새길 수 있는 능력, 감각하고 인지하는 능력, 혼동하지 않고 식별하는 능력을 의미한다는 점에서, 분별과 감정 곱씹기는 때로 동일시될 수 있다. 우리 시대가 분별하는 능력을 병들게 하는 것은 분명하지만 완

---

* 리트레 사전의 정의를 참조.

전히 금하지는 않는다. 그보다는 정보의, 특히 가짜정보의 포화 상태가, 그리고 공적공간의 전례 없는 형태(특히 소셜네트워크)가 드러내는 환원주의가 분별력에 쉴새없는 공격을 퍼부으며, 분별력은 구조상 이를 막아낼 만큼 속도를 내지 못한다. 분별행위는 시간과 인내와 신중함, 탐색하고 관찰하고 숨죽여 지켜보는 기술을 필요로 한다. 분별하려면 잠시 숨을 돌리고, 소리를 낮추고, 관음꾼이 아니라 투시자가 되고, 관찰 대상이 있는 그대로 활동할 수 있게끔 스스로의 존재를 지워야 한다. 분별하려면 르상티망에 사로잡힌 주체가 사안에 대한 최초의 적대자로 행동하는 지점에서 잠시 뒤로 물러날 필요가 있다. 분별력은 오랜 시간 완전한 영적 가치, 예수회의 가치로 여겨졌고* 인간이 자신의 행위 동기를** 분명히 밝히고 스스로의 감정을 정화할 수 있게끔 해주었다. 이냐시오 데 로욜라나 프란치스코 살레시오에게 신은 분별을 가능케 해주는 존재다. 신, 더 정확히 말하자면 신의 은

---

* Catherine Fino, "Discernement moral et discernement spirituel à l'époque moderne. Une collaboration en vue de la liberté du sujet", *Revue d'éthique et de théologie morale*, Éditions du Cerf, 2018/2, n° 298, 11~24쪽: "영혼의 모든 무질서한 감정들을 무찌르도록 영혼을 준비하고 정돈하는 것, 그리고 나서 영혼의 구원을 위해 자기 삶을 규제하는 데서 신의 의지를 구하고 발견하겠다는 결심을 다지는 것, 이를 위한 다양한 방식을 영신 수련이라 부른다." Ignace de Loyola, *Exercices spirituels*, "Première annotation", Arléa, 2002, 113~114쪽(한국어판: 로욜라의 이냐시오, 『영신 수련』, 정제천 옮김, 이냐시오영성연구소, 2010). 『영신 수련』은 1548년 로마에서 처음 인쇄되었다.
** "따라서 좋은 분별력은 행위 동기를 분명히 하고 감정 상태를 정화하며 욕망에 대한 판단을 내림으로써, 좋은 것에 더 큰 가치를 부여하고 나쁜 것은 거부할 것을 요구한다." I. de Loyola; C. Fino, 같은 글에서 인용.

충, 주체가 내면적으로 변화할 가능성을 허용하는 시간. 물론 이 지점에서 철학은 분별이라는 개념을 세속화하며, 따라서 사회계약이라는 명칭에 부합하는 법치주의는 자아와 세계의 변화를 일으키기 위해 필요한 저 시간의 보호자로서 드러나야만 한다. 분별력의 상실은 자기애적 병리현상들과 여러 정신질환들의 첫번째 징후에 해당한다.

끝으로, 곱씹어 마땅한 대상이라는 게 존재한다고 생각하진 말자. 그 어떤 대상도 점점 쇠잔해가는 인간의 슬픈 운명, 죽음을 배우는 과정으로서의 삶에서, 반추를 구제해낼 순 없다. "철학을 한다는 것은 죽어가는 법을 배우는 것이다"라는 저 유명한 문장은, 우리가 매 순간 유한성을 떠올려야만, 유한성의 감각이 마치 조종처럼 울려퍼지게 해야만, 모든 것을 사랑하고 모든 것을 뒤집을 수 있다고 믿게끔 한다. 전혀 그렇지 않다. 죽어가는 법을 배울 필요성을 열렬히 옹호했던 이들 중 하나인 몽테뉴조차도,* 소크라테스의 뒤를 이어 이런 오해의 가능성에 관하여 우리에게 경고한다. 몽테뉴는 나이가 들면서 죽음을 향한 입문이 반추만은 아니라는 점, 오히려 반추에 굴복함으로써 오류를 범하게 된다는 점을 간파한다. "세네카가 죽음을 준비하는 데 들인 노력을 보건대, 그가 진땀을 흘리는 걸 보건대, [……] 불안이 그처럼 격렬하고 잦았다는 것은 그만큼 그가 열정적이고

---

* Montaigne, *Les Essais*(1580/ 1582/ 1587), 1권, 19장(한국어판: 미셸 에켐 드 몽테뉴, 『몽테뉴 수상록』, 손우성 옮김, 동서문화사, 2007; 미셸 드 몽테뉴, 『에세』, 심민화·최권행 옮김, 민음사, 2022, 전3권).

성질이 급했다는 점을 의미한다."* 달리 말해, 죽음이 우리 삶의 목적지라 믿는다고 해서 죽음에 이를 듯한 불안으로부터 벗어날 수 있는 건 아니다. 죽음을 곱씹는다고 해서 우리를 죽음으로부터 해방시켜줄 분석을 얻어내지는 못한다. "우리는 죽음에 대한 염려로 삶을 어지럽히고, 삶에 대한 염려로 죽음을 어지럽힌다." 이로써 몽테뉴는 마찬가지로 죽음에 대한 근본 규정을 채택하면서도, 죽음을 삶의 궁극적 목적으로 두기를 거부한다. 죽음은 "목적"이 아니라 단지 "한계점"일 뿐이다. 형이상학은 다른 곳에 있으니, 다시금 삶을 발명하는 쪽으로 나아간다.

6

풍요 속의 멜랑콜리

셸러는 자본주의 체제가 구조상 르상티망으로 기울기 쉬운 경향이 있다고 보았다. 토크빌은 이러한 점을 벌써 자기 시대에 사무치게 느꼈던바, 인간을 엄습하는 저 악惡, 평등주의를 지목하면서 그것이 조건들의 평준화로 나타날수록 인간이 평등에 더욱 민감하게 반응한다는 사실을 지적했다. 이는 논리적으로 필연적인, 그러나 공론화하기 어려운 현상이다. 토크빌은 가장 사소한 불평등이라도 그것을 바라보는 눈에는 상처가 된다고, 또 평등주의의 관점에서 개인의 탐욕은 치명적인 해악이라고 말했다.

---

* 같은 책, 3권, 12장.

앞서 그는 이 악을 풍요 속의 멜랑콜리라 명명한 바 있다.[*] 내가 거듭 이 대목을 언급하는 것은,[**] 그것이 미성숙한 민주주의적 행태, 즉 이 제도 안에서 가장 예외적이라 할 수 있는 평등에 대한 요구와 그 실현을 위한 구체적인 노력을 퇴색시키고 마는 비뚤어진 행태의 핵심을 보여준다고 생각하기 때문이다.

이런 도착적 현상은 불가피한 것인가? 나는 그렇게 생각하지 않는다. 이 사안은 교육적인 문제다. 이는 "자기 통치"(푸코)라는 차원에서 이뤄지며, 이는 진정한 의미의 "타자 통치"를 가능케 하고 민주주의를 향한 평등주의의 도전을 존중하는 유일한 지평이다. 확실히 셸러에게 르상티망은 완전무결한 민주주의의 결과가 아니라 결핍된 민주주의의 결과다—그 자체로 당연하다고 여겨져서는 안 될지라도, 그것은 궁극적으로 언제나

---

[*] Alexis de Tocqueville, *De la démocratie en Amerique* (1830-1835): "불평등이 사회에서 일반화된 법칙일 때라면 가장 현저한 불평등조차 사람의 눈에는 조금도 거슬리지 않는다. 그러나 모든 것이 거의 같은 수준에 이르렀을 때는 가장 사소한 불평등까지도 보는 눈에 상처가 된다. 이러한 이유로 평등이 더 완전해질수록 늘 평등에 대한 욕망은 더욱 충족되기 어려워진다. 민주국가에서 사람들은 어느 정도까지의 평등은 쉽게 얻을 수 있다. 그러나 그들이 바라는 만큼은 달성할 수 없다. 평등은 매 순간 사람들에게서 달아나지만 결코 그들의 시선을 벗어나지 않으며, 뒤로 물러서면서 그들이 자신을 따라오도록 유인한다. 사람들은 계속 평등을 붙잡을 수 있으리라 여기고, 평등은 계속 그들의 손아귀에서 빠져나간다. 그 매력을 알 만큼 가까이서 평등을 보지만, 평등을 향유할 만큼 가까이 접근하지는 못하므로, 사람들은 그 감미로움을 온전히 음미하기도 전에 죽어간다. 민주국가의 시민들이 흔히 풍요의 복판에서 내비치는 기이한 멜랑콜리, 편안하고 안온한 생활환경 속에서 때때로 그들을 사로잡는 삶에 대한 염오의 원인을 이런 데서 찾아야 한다."(한국어판: 알렉시스 드 토크빌, 『미국의 민주주의』, 임효선·박지동 옮김, 한길사, 1997, 전2권)

[**] *Les Pathologies de la démocratie*, Fayard, 2005.

민주주의의 현실로 판명난다. "정치적으로나 사회적으로나 부의 평등을 지향하는 민주주의 안에서는 르상티망을 찾아보기가 어려울 것이다."*

르상티망은 널리 인정된 획일적인 정치적 권리와 실질적으로는 불평등한 현실 사이의 간극에서 발생된다. 형식적 권리는 존재하나 실질적 권리는 부재하는 이 현실이 집단적 르상티망을 발생시킨다. 여기에는 의심의 여지가 없다. 그러나 셸러와 달리 나는 인간 안에 보다 구조적인 르상티망이 존재한다고 생각하는데, 평등주의적인 경제 상황 속에서 인간은 상징적 인정을 향해 나아가며 언제나 더 많은 평등주의를 요구하거나 아니면 타자에게 증오를 투사하기 마련이기 때문이다. 이때 증오는 분석을 거치지 않은 개인적 요인에서 연유한다. 이 말이 우리 사회가 불평등의 재생산을 통해 르상티망의 잠재적 가능성**을 생산해내고 있지 않다는 뜻은 아니다 "모욕당했다"고, 굴욕적이지만 무력하다고 곱씹어 느끼는 행위는, 처음에는 자기 회피를 초래하거나 일종의 '녹아웃'의 결과라 할 수 있는 묵인을 낳는다. 그러고 나면 용케도 주체는 다시 일어설 수 있다. 하지만 타격이 지속될 경우, 그러니까 타격이 반복되고 나아가 점점 더 많은 수數의 개인들에 의해, 가령 지도층에 의해 가해진다는 느낌을 받게 되면, 모욕은 주체를 둘러싼 세상 전체가 되며 모욕의

---

* M. Scheler, 같은 책, 21쪽.
** 같은 책, 37쪽.

불가피성에 대한 숙명적 느낌이 자리잡는다

　여기서 두 가지 행보가 가능하다. 한쪽은 스스로의 퇴락을 향해 접어드는 길이고, 다른 한쪽은 낙인의 역전 즉 희생자의 마땅한 권리를 요구하는 길, 스스로를 "모욕당한 자"라 규정하면서 희생자 정체성을 폭압적으로 휘두르는 행위를 향한 길이다 ―르상티망은 공포terreur에 이르는 초기 경로다. 셸러가 평등주의에 대해 퍼부은 비난의 난폭함에서, 평등하다는 느낌을 받고자 타인이 망하길 바라는 "노예도덕"을 다름 아닌 평등주의에서 발견한 니체의 난폭함을 연상하지 않을 수 없다. 이들에 따르면, 평등을 향한 무해한 요구의 이면에는 흔히 평등주의의 어떤 도착적 형태, 즉 우위에 서지 못한다는 두려움, 그 끔찍한 슬픔의 정념이 감춰져 있다. "오직 잃는 것에 대한 두려움을 가진 자만이 보편적 평등을 요구한다!"* 물론 여기에는―평등주의를 향한 유일한 수단으로 간수되는―매우 보수적이며 평등을 폄하하는, 그러나 인간의 존엄성이라는 평등한 가치를 알지 못하는 관점이 있다. 그럼에도 불구하고 르상티망에 대한 분석은 가치가 왜곡되는 과정을 정확히 폭로하고 있기에 온당하지만, 한편으로 그 과정은 자주 달변을 통해 정신골자의 허약성을 감추려 하는 소피스트적 궤변을 닮아 있다. 르상티망은 웅변술과 통하는 면이 있지만, 문화와 가치 사이에는 친연성이 존재하기에 대체로 저 둘은 금세 분열하고 만다. 모든 가치에 대한 부

---

* 같은 책, 150쪽.

정은 으레 문화나 지성주의의 평가절하로 이어지기 마련이다.

셸러는 평범한 인간을 "취약한 자"라고 지칭하면서 분석을 이어간다. 우리는 스스로 정당하다고 느끼기 위해 대중의 동의를 필요로 할 수밖에 없는 인간정신의 취약함을 파악해야만 한다. "그는 곧바로 자신의 판단을 체계화할 필요성을 느낀다." 사실 그러한 판단 또한 변질된 집단적 견해에 불과하며, 여기 결여된 논리적 정합성을 보완하기 위해서는 머릿수가 필요하다. 그렇기 때문에 인간은 타인들에게서 저 르상티망의 조그만 잠재성이라도 찾아내고자 애쓰는 것이다. 그리고 정신의 취약함이 누구에게도 낯설지 않은 것이라는 점은 모두가 안다. 르상티망의 인간은 "취약한 자다. 그는 자신의 판단과 함께 홀로 서는 법을 알지 못한다. 〔……〕 보편성 혹은 모두의 동의가 가치의 진정한 객관성을 대체하고 마는 것이다".*

고독이라는 시련은 르상티망의 피해를 막는 방벽이 될 수 있는바, 한편으로는 그 고독이라는 시련이 개별화로 이어지는 행위로 남는다는 점에서, 다른 한편으로는 고독에 맞서기를 선택한 어느 개인이 엄청나게 쓰라린 감정을 겪을지언정 단지 자기 안에 침잠해 있을 뿐 주위 사람에게 그나마 적게 해악을 끼친다는 점에서 그러하다. 르상티망의 인간은 모두의 동의를 구함으로써 자신이 어떠한 순응주의의 함정에 빠져 있는지 보여준다. 그의 판단은 대체로 비판정신에 따라붙는 부록인 양 제시되지

---

* 같은 책, 153쪽.

만—이 현상은 편집증적 음모론과 닮은 구석이 있다—실제로
는 근거가 거의 없다. 여기서 가치 왜곡이 일어나는데, 그러한
판단이 실제 가치의 위계를 무너뜨리면서 새로운 서열을 부여
하는 식으로 제시되기 때문이다. 그리고 이것이 왜곡인 또다른
이유는, 그 판단이 도덕적 상대주의나 허무주의에 맞닿아 있는
것일 수 있기 때문이다.

우리는 셸러가 반박한 니체의 논제, 기독교를 "르상티망이
섬세하게 피워낸 꽃"으로 규정한 그 논제를 알고 있다. 그런데
르상티망이 새로운 도덕성의 원천, 보다 구체적으로는 부르주
아계급을 이상으로 삼는 오늘날 부르주아사회에서 전형적으로
나타나는 현대적 도덕성의 원천이 될 수 있다는 셸러의 명제는,
따라서 반현대적인 것으로 정립된다. 더구나 셸러는 "현대적
인도주의"와는 정반대인 몹시 엘리트주의적이고 거의 귀족적
인 기독교를 옹호한다. 여기서 말하는 기독교는 그 본질상, 특
히 기독교적 사랑 개념에 근거하여 때때로 해석되곤 하는 식의
민주적인 것이 아니다. 셸러에게 기독교란, 지옥과 천국과 연옥
의 구별에서 알 수 있듯이 인간 가치의 평등에 대한 어떤 이념
과도 절대적으로 무관하다. 이러한 논의는 완전히 타당하다 할
수 있지만, 그럼에도 기독교가 모든 인간의 동등한 존엄성을 옹
호하고 용서를 가능성으로 바라본다는 사실에는 변함이 없다.

오늘날 개인주의의 강화 또한, 개인이 분리되어 오로지 다른
사람들과는 구별되는 조건에서만 제 책임을 눈치채기 시작하
는 한, 르상티망이 뿌리내릴 잘 썩은 옥토가 될 수 있다. 첫번째

로 나타나는 반사행동은 개인주의의 역기능을 인지하고 그 책임을 타자에게 돌리는 것이다. 두번째 반사행동은 타자의 직무 유기에 우리의 책임은 없다고 간주하는 것이다. 이제 개인은 집단적 책임을 떠안으려 하지 않으면서, 동시에 어떤 개인적 책임을 감당해야 할 여지가 생길 때마다 그것은 개인의 것으로 위장된 집단적 책임이라고 간주한다. 요컨대, 르상티망은 문제가 언제나 다른 사람의 탓이요 절대 자기의 몫은 아니라고 여기는 심리적 꼼수다. 우리는 저마다 책임을 다하라 권장하지만, 책임을 떠안을 기회가 생기자마자 자신은 떳떳하다고 여긴다. 모든 사람을 각자에게 주어진 책임으로 한데 엮는 기독교 도덕과 개개인에게 책임의식을 불어넣고자 하는 개인주의적 민주 도덕의 차이가 바로 이것이다. "인류의 도덕적 연대에 관한 기독교 이념은 우리 모두가 아담 안에서 죄인으로 존재하며 또 예수 안에서 구원받는다는 것을 전제로 할 뿐 아니라, 우리가 저지른 잘못들에 대해 우리 모두가 연대하여 책임을 느껴야 한다는 것, 〔……〕 우리 모두가 성자들의 공덕을 나눠 가진다는 것, 그러니까 가난한 영혼들도 저들의 이웃이 행한 도덕적 행위로 말미암아 구원받을 수 있다는 것을 내포한다." 이와 반대로 니체가 기술한 노예도덕은 "언제나 책임을 최소한으로 축소할 궁리나 하고, 개인의 잘못을 어떤 외부적 요인들로 해명하려고 하며, 그러면서 누구에게도 빚을 져서는 안 된다고 주장한다."*

------

* 같은 책, 147~148쪽.

7

셸러가 돌봄에 대해 건넬 법한 교훈

따라서 집단적 연대와 공동의 책임을 고취하는 동시에, 설사 그 책임이 우리에게 지워진 의무가 아닌 것처럼 보이더라도 타인의 책임만을 따져 묻지는 않으면서, 자신의 책임을 감추려 하지도 않으면서, 책임을 갖춘 진정한 개인주의를 주장하기란 쉬운 일이 아니다. 책임을 떠안는 성숙을 위한 도전은 자신의 몫을 짊어질 수 있을 만큼 충분히 겸허할 것, 그리고 다른 사람들이 저들의 몫을 짊어지지 않는다고 해서 르상티망에 빠지지는 않을 만큼 충분히 냉철할 것을 요구한다. 셸러는 평범한 인간의 르상티망을 비난하는 만큼이나 "부르주아적 인도주의", 가짜 연민, "그것 참 안타깝다"라는 말, 기독교적 긍휼의 전반적 퇴락, 알튀세르라면 선의의 국제언내라거나 공수표만 날려대는 비뚤어진 이타주의라고 규정했을 그러한 현상들을 규탄한다. 아마도 셸러는 '돌봄care' 윤리에 대하여, 아니 그보다는 취약자에게 거주지를 정해주거나 생활수단으로 일련의 지원금을 마련해주는 데 그치는 패러디적이고 과장된 버전의 돌봄 윤리에 대해서는, 완강한 반대 입장을 취하리라. 셸러는 세계가 하나의 "거대한 병원"이 될까봐, 거기서 "모두가 저마다 자기 이웃의 간호사가 되기"라도 할까봐, 아니면 "사회입법"과 "병원 시poésie d'hôpital" 사이의 상상력 넘치는 결합이 이루어지기라도 할까봐 두려움에 떠는 괴테의 표현들을 차용한다.[*]

　이런 표현들 속에서 저마다 사회주의에 대한 보수주의적 고발을 간파해낼 수 있겠으나, 또한 여기서 '돌봄' 윤리가 피해야 할 탈선—말하자면 겉으로는 모두가 공감할 만한 연민을 구실 삼아 도덕적 태만을 조장하는 일—을 간파할 수도 있겠다. 우파적 사고의 경직성이 오히려 유용할 수 있는 지점이 바로 여기인데, 돌봄 윤리는 온전히 체제화 과정과 거리를 둔 채 자체의 태만을 경계할 수 있다. 그 증거로, 기독교의 사회주의적 변용에 대한 비판은 사실상 기독교를 민주주의의 전前단계, 보다 구체적으로는 평등주의 체제의 전단계로 본다. 가령 예수는 절대 다른 사람들이 인권을 옹호하는 것과 같은 방식으로 이웃 사랑을 권장하는 공화주의자가 될 수 없다는 셸러의 주장은, 그 자신 또한 제 반대자들과 마찬가지로 관념론자임을 드러낸다. 나아가 그리스도의 사랑이 절대 포근하지만은 않다는 점, 또 그리스도는 결코 "적의를 가질 수 없는 천성" 혹은 니체의 말로 바꾸어 말하자면 "길들여진 육식동물"**을 예찬하지 않는다는 점을 지적함으로써, 셸러는 다시 니체주의자가 된다.

　여기서 다시 르상티망은 적의를 가질 수 없는 불능 상태를 통해서가 아니라, 적의에 매몰되지 않고 그것을 극복하려는 결연한 선택을 통해 달랠 수 있다는 점을 상기할 필요가 있다. 임상 진단에서 행위로의 이행이 행동의 불능 상태와 동일시되는 것처

---

* 같은 책, 120쪽.
** 같은 책, 104쪽.

럼(그러한 이행이 마치 행동인 듯한 환상을 주긴 하지만), 폭력의 거부 또한 하나의 행위요 행동이지, 전적으로 무기력의 소산은 아니라는 점을 이해해야 한다. 적대행위의 거부, 폭력의 거부는 온전히 "취약한 자들"의 몫이 아니라, 영혼의 결연함의 소산이니, 무엇보다도 그러한 결연함을 지향해야 한다. 게다가 누구나 역사와 현재를 통해 확인할 수 있듯이, "적대 불능 상태"에 있는 사람들도 대개 일시적으로만 그러할 뿐, 만약 대가를 치르지 않고도 적대감을 표출할 기회가 조금이라도 생긴다면 그들은 다시금 이를 토해낼 것이다. 따라서 우리는 경계를 늦추지 않고 깨어 있어야 한다. 르상티망은 시간을 양분삼아 자라날 뿐 아니라 인간의 마음 깊숙한 곳까지 장악하는 만큼 더 치명적인 독이다. 셸러가 지적하듯* 기독교적 관점에서 사랑은 영성의 소산일 뿐 감수성, 달리 말해 결단과 의무감과 책임감에서 비롯된 것이 아니다.

8
르상티망의 여성성?

셸러의 관점, 즉 여성이 르상티망의 위험에 더 많이 노출되어 있다는 사실을 본질적인 의미로 받아들여서는 안 된다. 오히려 그러한 실태는 여성들이 편입되어 있는, 아니 꼼짝없이 사로잡

---

* 같은 책, 72쪽.

혀 있는 가부장제 구조를 가리킨다. 원한은 여전히 "약자"의 무기이며, "험담médire"은 행위 권력을 빼앗겼기에 언어적 수행성을 행사할 가장 손쉬운 방법이다. 셸러의 보수주의는 그의 반유대주의와 마찬가지로 약간의 쉰내를 풍기므로 파기되어야 한다. "보다 제대로 여성스러운" 여성을 향한 셸러의 찬사는 필시 해방적이고 여성주의적인 현대성을 손가락질하는 사람들을 매료시키리라. 이 찬사의 의의는, 르상티망에 관해서야 대체로 맞아떨어지는 어떤 설명이 있더라도 그것이 지금 우리가 당면한 르상티망으로부터 반드시 우리를 보호해주지는 않으며 무언가를 파기하는 작업은 언제나 자기 안에서부터 수행되어야 한다는 점을 드러낸다는 데 있다. 그러나 일부 병리현상이 실제로 개인적 요인들에 근거한다 해도, 이는 어느 정도 시대적 현실과 유착되어 있으며 둘을 구분하여 보기란 얼마나 어려운지를 유념하는 것이 좋겠다.

히스테리를 예로 들어보자. 히스테리는 오랫동안 여성의 전유물로 여겨진 특정한 조건화를 반영하며 긴 시간에 걸쳐 여성화되어왔다. 그 조건화를 통해 여성의 세계는 축소되고, 사적인 것과 사소한 것의 영역에 한정되며, 의무적으로 가정의 영역을 할당받고, 세계의 위대함과 자아의 확장을 금지당했다. 임상적으로, 오늘날 민주사회 속에서 히스테리는 여성성 못지않게 남성성과도 결부되는데, 왜냐하면 히스테리가—안타깝게도—복종이라는 보다 평등한 인간의 운명과 연결되기 때문이다. 우리의 바람은 소위 현대사회에서 복종이 설 자리를 잃어버리는 것이었을 테고, 또 어느 정도는 그렇게 되었다고도 볼 수 있지만, 이는 복종의 영향력이 미치는 범위가 점점 커져감에 따라 그 안에 남성들까지 끌어들이면서 벌어진 일이다. 그러므로 이제 르상티망을 지닌 이가, 여성해방의 초기 성과들을 확인하는 데—보잘것없다 해도 이 해방은 실재한다—몰두한 여성들이 아니라 남성들, 셸러의 수식어를 빌리자면 "평범한" 남성들로 바뀌어가는 역전 현상이 상당히 뚜렷하게 나타난다. 이들은 지위를 박탈당한 자들이자, "잉여 존재surnuméraires" 혹은 "무용한 존재inutiles" 같은 멸시적 표현들로 수식되는 사람들, 무언가를 "가지고 있었"거나 아니면 단지 가지고 있었다는 느낌만을 지닌 채 이제는 상실만을 확인할 뿐인 자들이다.

9

거짓자기

소유에 대한 노스탤지어는 정신에 확실한 독이 될 수 있다. 도널드 위니콧Donald Winnicott은 그러한 원한이 "거짓자기"를 정의할 때 핵심이 되는 요소 중 하나라고 설명한다—이 가짜 인격은 주체가 자신의 정체성, 건강, 정신적 생활에 위협이 된다고 여겨지는 것으로부터 스스로를 방어하기 위해 발명해낸 것이다. 이는 기본적인 가장의 기술로, 종종 필요하긴 해도 그 상태를 계속 유지할 수는 없다. 거짓자기가 완전히 뿌리를 내림에 따라 그것을 자기와 구분하기란 점점 더 어려워진다. 마르크

앙주노 또한 "르상티망에 물든 자아"에 대한 설명의 핵심에 거짓자기를 위치시킨다. "르상티망의 자아는 일종의 '거짓자기'로서, 고집과 오만, 앙심, 적대로 가득찬 가상 인격이다—그 이면에는 약하고, 부화뇌동하며, 예속된 진짜 자아가 숨어 있다."*

"거짓자기"는 르상티망에 물든 인간의 심리적 본질을 이해하는 데 결정적인 개념이다. 그는 자각조차 하지 못한 채, 행동하지 않고 반응할 뿐이며, 자신이 존재하게 하는 대신 자신을 위장한다. 더욱이 그는 자신이 처한 상황에 대한 책임이 일정 부분 자신에게 있다고 여기기를 거부하며, 자신의 의무감을 따져 묻기를 거듭 거부한다. 그는 늘 자기기만을 선택하고 그 안에 유폐된다.

> 그는 진정한 나로 실존하기 위해 가야만 했을 내면의 길로부터 완전히 등을 돌린다. 자아에 대한, 진실에 대한 질문은 전부 제 영혼 가장 내밀한 밑바닥의 잠긴 문과 같다. 그는 자신에게 있는 것, 깊은 곳에 숨겨져 있던 무언가가 다시 나타나진 않을까 두려워 빈약한 성찰도 조심스러워한다.**

---

* Marc Angenot, *Les Idéologies du ressentiment*, XYZ Éditeur, 1996, 107쪽.

** Søren Kierkegaard, *Traité du désespoir*(1849); Danièle Zucker(dir.), "Pour introduire le faux self", *Penser la crise. L'Émergence du soi*, De Boeck Supérieur, 2012, 19~21쪽에서 인용.

거짓자기를 이해하는 데 결정적인 또다른 지점은 바로 복종이다. 이것은 거짓자기와 르상티망에서 공통적으로 나타나는 표지로, 주체는 자신이 타자의 강점이라고 여기는 것, 아니면 타자의 욕망이라고 여기는 것 앞에서 자신을 위장하기 위해 "거짓자기"를 실천하며, 이는 만족의 문제로 이어진다. 그 욕망이 사실은 양도될 수 없으며 자신이 행한 속임수로도 조작될 수 없다는 사실이 밝혀지면 주체는 르상티망에 빠지는 것이다. 위니콧에 따르면 "거짓자기"에는 여러 단계가 있는데, 그중 일부는 주체가 외부로부터 오는 공격과 환경의 유해성으로부터 자신을 보호할 수 있는 한 내면에 위협으로 다가오진 않는다. "거짓자기"의 뒤에는 언제나 스스로가 강제한 분열을 자각하는 "참자기"가 살아남아 있어서, 반드시 분열로부터 폭력을 경험하는 것은 아니라는 점, 분열은 지속되지 않으며 진실한 행동의 길을 재개하기 위해서는 그런 분열을 없애야만 하리리는 점을 그 일부는 알고 있는 것이다.

10

막膜

니체가 말한 권력에의 의지로의 회귀는 허무와 대면하기, "생성의 부조리"*, 그에 따른 침식의 극복으로 이어지는 현대

---

* F. Nietzsche, *La Volonté de puissance*(1901), II, Gallimard, "Tel", 1995, 56쪽.

적 도전의 폭을 가늠케 한다. 현대성이란 필경 이처럼 인간이 주체로 변모하는 계기, 아니 차라리 가상이요 이율배반인 개념일 뿐이라 해도, 어떤 '행위주체성agency'의 가능성을 향해 열려 있는, 즉 스스로의 지배력에 대한 착각에 빠지지 않되 행위주체가 되고자 하는 시도를 향해 열려 있는 주체라는 개념을 제대로 인지하는 계기가 된다. 따라서 의미의 부재와 의미를 창조하겠다는 온전히 개인적인 가능성이 교차하는 지점으로서의 현대성은, 꾸준히 난파될 위험에 처할 것이고, 때로는 보다 일반적이고 집단적인 의미와 이리저리 뒤얽힐지언정, 반드시 "의미를 부여하겠다는faire sens" 그 모든 도전에는 응하지 못할 것이다.

그렇다고 허무주의라는 "터무니없는 결론"으로 미끄러질 이유는 없으니, 사실 그 또한 신념이기 때문이다. "아무 의미가 없다"라는 말이 체계적으로 반복되면, 그것은 신념의 외양을 갖추며 인간의 오만을 낳는다. "인간은 의미를 발견하지 못하는 곳에서는 의미의 존재를 부정한다."* 더구나 그런 신념에 깊이 빠져드는 건 르상티망에 이끌리는 길일 수 있으니, 차라리 이를 경계하고 감정의 잠재적 호소력에 늘 주의를 기울이면서, '만사무용주의à-quoi-bonisme'를 버리거나, 그런 태도를 가볍게 취하고 싶을 때 아주 드물게만, 아주 알뜰하게만 취해보는 편이 낫다. 니체는 이렇게 쓴다. "허무주의의 문제는 어떤 초인간적

---

* 같은 책.

권위에 의해 외부로부터 목표가 주어지고, 설정되고, 강제되어야 한다고 믿는 오랜 관습에서 발생한다. 심지어 그러한 믿음을 잊은 뒤에도 사람들은 여전히 낡은 습관에 따라 절대적 질서를 제시하고 목적과 임무를 규정할 수 있는 또다른 권위를 찾기 마련이다."[*]

여기에는 르상티망과의 공통점이 있는데, 그것은 외부와의 관계 속에서 무언가가 이루어지는, 말하자면 일종의 탈중심화 décentrement이지만, 실상은 그게 아니다. 탈중심화란 오로지 권력의 중심을 이동시켜 자아를 외부에 복종시키는 데 있다. 이 말이 주체가 결코 외부에 예속되는 일은 없다는 뜻은 아니며, 주체의 예속은 부인할 수 없는 현실이기도 하다. 하지만 더불어 주체가 완전히 예속되지 않는다는 것도 분명한 사실이다. 르상티망은 허무주의와 마찬가지로 내부와 외부가 따로 존재한다는 점을, 즉 개별자와 세계를, 자아와 지아의 바깥을 갈라놓는 미세한 막이 존재한다는 이 근본적인 진실을 망각한다. 이 막은 강제된 복종, 폭력, 아니면 공허를 마주한 인간이 거기 속절없이 빠져들 때 그로부터 벗어나게 함으로써 광기로부터 보호한다. 물론 이 막은 너무나 얇아서 손상될 수 있고, 자아의 침윤은 막이 침식될 수 있다는 증거이기도 하다. 그럼에도 막은 남아 있으며 대부분의 경우 계속 존재한다. 정신구조의 막이 소실되는 건 극단적인 경우인데, 고문당하거나 사랑하는 이들에게 가

---

[*] 같은 책, 57쪽.

혹행위를 강요받을 때, 아마 결정적으로 주체의 분열을 강제하는 불가능한 요구를 경험할 때 그럴 것이다.

"어떤 방향으로든 시선을 던질 수 있고, 어디서도 한계를 보지 못하는 우리는 그 어느 때보다 자유롭다."* 오늘날 공감이라는 것은 이전과 다소 달라졌으며 새로운 불안을 불러일으킨다. 이 불안은 물론 공허함에서도 기인하지만, 그보다 더 고약한 무엇, 점차 시들어가며 주체의 혼을 빼놓는 충만함에 대한 환상에서도 비롯한다. 그러나 환자들, 특히 젊은 환자들이 내원을 반복한다는 단순한 현상으로부터 드러나는 문제점은, 이런 공허감이 계속해서 희생자들을 만든다는 것, 이처럼 "거대한" 현대적 공간을 구석구석 파악하기란 쉽지 않다는 것, 모든 것tout 과 아무것도 아닌 것rien은 애초에 서로 구별되지 않으며 둘을 구분하려면 일생에 걸친 노력이 필요하기에 현대라는 공간 속에서 젊음은 부서져가고 있다는 것이다. 허무에 대항하기 위해 니체가 내놓은 자기도취의 기술들은 한편으로 몹시 공교하다. 여기서 르상티망과 유흥divertissement이 그렇게 무관하지 않다는 점, 후자는 가장 "취약한" 자들이 허무를 피하고 허무를 극복하려는 시도의 실패를 막기 위해 택하는 길이라는 점을 알 수 있다. 유흥은 르상티망의 공격에 저항하는 조악한 방법에 그칠 뿐이니, 즉각적으로 효력을 보이는 형식을 제시할지언정 오래 지속되지는 않는다. 유흥은 매번 다시 주어져야 한다. 결국 종

---

* 같은 책, 58쪽.

합synthèse 가능성을 향해 나아가면서 이를 감당하는 소화능력의 반대개념이 포만으로 인한 소화불량의 위험이라는 명제는 꽤 논리적이다. 저 끔찍한 공허감의 반대는 "온 세상이 우리를 중심으로 돌아간다는 도취 상태로, 거기서 허우적대는 우리는 과도한 충만함에 고통받는다"*고 니체는 이어 쓴다. 충만함이 어떻게 과도해질 수 있겠는가? 이는 바로 충만함이 퇴락했다는 증거, 그런 충만함은 단지 충만함의 흉내에 불과하다는 증거다. 그렇게 우리가 공허감을 잠재울 수 있으리라는 희망 속에 "셈법의 술수"에 빠진 채 "소소한 즐거움을 쌓아올리려" 하는 동안, 이미 그 즐거움을 빼앗겼다는 점만 제외하면 똑같이 소소한 행복의 길을 거쳐간 타자들의 르상티망이 들끓는 소리가 저 멀리서, 벌써 울려대고 있다.

이처럼 르상티망은 실패로 끝난 유흥, 유흥을 향한 좌절된 의지로부터, 그리고 자신만의 고독을 대면하지 않아도 무사히 지낼 수 있다고, 자신의 불행 전체를 타자들의 탓으로 전가할 수 있다고 믿는 주체의 환상으로부터 태어난다—그러나 "타자들" 또한 마찬가지로 제각각 하나의 주체로서, 불행에 자신의 책임은 없다고 여기며 똑같이 공허감에 짓눌리면서도 오로지 자신의 운명만을 돌보려 하는 한, 이런 환상도 터무니없는 것이다. 르상티망 속에, 아니 적어도 르상티망이 지속되고 심화되며 주체의 근저에 뿌리내리는 그 양상 속에는, 책임의 거부, 세계에

---

* 같은 책.

대한 책임과 함께 자신에 대한 책임까지도 전적으로 타인에게 전가하는 행위, 요컨대 내부와 외부를 분리하는 막에 대한 망각이라는 만능의 환상이 자리한다.

11
필연적 대면

영혼과 마음과 정신의 차원에서 르상티망은 하나의 실패이지만, 세상과의 관계에서 그와 같은 시련을 겪지 않는다면 이는 제대로 단련된 관계가 아닐 수도 있다는 점을 인지하도록 하자. 르상티망으로부터 해방된 주체화 과정의 핵심을 이해하려면 르상티망이 수평선 위로 떠오르는 모습을 보아야 한다. 나는 바로 이 부분이 정신분석 치료에서 무엇보다 중요한 쟁점이라고 생각한다. 한편 몽테뉴는 특유의 슬기를 발휘하여, 악덕의 유혹을 받지 않는 미덕은 어쩌면 유혹을 경험하는 미덕보다 위대한 것이 아닐 수 있음을 알아보았다. 그런 의미에서 스스로 덕망 있다고 주장하려는 모든 영혼에게 르상티망은 하나의 시험대가 된다고 볼 수 있다.

미덕은, 탁월한 천성으로 온화하고 평온하게 이성의 발자취를 따라가는 것이라기보다는 더 위대하고 더 능동적인 무언가를 암시한다. 천성이 온화하고 유순해서 모욕을 당해도 웃어넘기는 이는 대단히 아름답고 훌륭한

일을 하고 있는 것이겠지만, 모욕을 당해 마음의 생살이
찔리고 분개한 이가 복수하고자 하는 맹렬한 욕망에 맞
서 이성으로 무장하고 심한 내적 투쟁을 겪은 뒤 마침내
그런 욕망을 제압한다면, 확실히 그로써 훨씬 더 장한 일
을 해내는 것이리라.*

복수하려는 욕망에 저항하고, 르상티망이 향하는 대상이 아
니라 르상티망 자체와의 싸움에 돌입하며—대상과의 싸움은
전투의 날조나 다름없다—모욕을 인지하고 그로써 극복하며,
그것에 굴복하지는 않는 것, 이런 것들이 바로 "능동적인" 일
이니, 이땐 상징화 능력과 주변 세계와의 소통능력이 동시에 요
구된다. 몽테뉴는 결코 누구보다 덕망 있는 사람을 자처하지 않
으며, 오히려 그 반대의 태도를 보인다. 그는 자신의 부족함을
알며, 관대하지 않으나 진심어린 겸허의 김미로움을 안다. 몽테
뉴는 제 안의 르상티망을 길들일 수 있었던 걸까? 아니면 인생
의 고뇌를 통해서든 영혼의 고뇌를 통해서든 르상티망에 너무
자주 직면하지 않을 만큼 운이 좋았던 걸까? 그는 두번째 가설
로 대답한다. "만일 내가 더 무절제한 기질을 타고났더라면 그
기질이 몹시 내게 몹시 참담한 결과를 낳지 않았을까 두렵다.
사실 나는 내 마음을 굳건히 지키려 노력해본 일이 거의 없으
니, 만일 정념이 조금이라도 격렬했다면 그것을 버티지 못했을

---

* Montaigne, *Les Essais*, Livre II, chapitre XI, "De la cruauté".

것이다."* 몽테뉴는 자신의 행운을 타고난 신중함의 덕으로 돌린다. 하지만 그가 해로운 감정의 격동에 대한 본래적 반감을 자각했다는 것 또한 변함없는 사실이다. 아닌 게 아니라 몽테뉴는 제 악덕이 그대로 표출되는 것을 꺼려했고, 그래서 매우 신통한 경계심으로 악덕과의 거리를 유지했다. "나는 힘이 닿는 한 내 악덕들을 차단하고 억제하여, 그것들이 고립되고 단순해지게끔 했다." 악덕들을 품은 채 살아가지 않기 위해서라고 그는 다시금 유베날리스를 빌려 말하는데, 이는 자기 자신에게 쏟는 노력, 감정의 과잉을 억제하고 스스로 책임을 떠안으려는 노력을 반영한다.

12

쓰라림의 맛

르상티망에 굴복하지 말자. 치유되지 않는 것을 승화시키고, 그것이 초래하는 황폐화에 저항하자―사실 우리는 르상티망을 단순히 환멸이나 우울로 둔갑시키며 세상으로부터 도피하는 길을 택할 수도 있다. 몽테뉴는 또한 쓰라린 감정의 기술, 즉 순수성이나 절대성의 환상에 굴복하지 않은 채 쓰라린 감정을 다루는 비결을 알려준다. 쓰라린 감정이 미감味感을 변질시키기 때문에 이는 쉬운 일이 아니다. "우리는 순수한 것이라곤 맛볼

---

* 같은 책.

수 없다."* 마침내 몽테뉴는 인간을 덮치는 열병에 대해 잘 아는 본성의 시인 루크레티우스에게 기대어 이렇게 쓴다. "쾌락의 샘 밑바닥에서 뭔지 모를 쓰라림이 치밀어올라, 숨통을 틀어막고 묵은 꽃들을 뿜어낸다."**

이것은 필경 인간의 삶과 그 안에서의 쾌락이 지닌 특성으로, 다름 아닌 유한성과 결핍이라는 바탕 위에 그려진다. 모든 쾌락도, 모든 평정의 순간도 덧없을 뿐, 그 무엇도 확실하게 치유될 수는 없는바, 피할 수 없는 궁극적 진실이 들끓고 있기 때문이다. 인생을 온통 수놓는 저 상처들, 거듭 삶의 풍미를 변질시키는 인생의 상처들은 말할 것도 없다. 그렇기에 쓰라림의 맛을 제대로 느낄 수 있어야 하며, 그런 미감이야말로 분명 탁월한 극기주의적 가르침을 줄 것이다. 쓰라린 감정을 부추기자는 것이 아니라, 일단 그런 감정이 존재할 때 무너지지 않고 그것을 음미하는 법을 알자는 것이다. "그러면 내 잔에 디 쓴 술을 채워주오"라고 카툴루스는 쓴다.*** 이 대목에서 몽테뉴는 기쁨이란 선전용 행복의 달콤한 이미지들과는 거리가 먼, 언제나 어떤 "대가prix"와 결부된 "엄격함sévérité"의 형식으로 주어진다고 설명하는데, 우리는 이를 '고통의 대가pretium doloris'라고 부를 수 있을 것이다. 쓰라린 감정은 이렇듯 환상의 부재에 따르는 대가이나, 그로써 남겨진 맛에 순수성의 윤곽을 부여한다. 확실

---

* 같은 책, 2권, 20장.
** Lucrèce, IV, 1133-1134; 같은 책, 2권 20장에서 인용.
*** Catulle, XXVIII, 1-2; 같은 책에서 인용.

히, 이것은 선택이다. 한쪽에는 쓰라린 맛이 없겠지만 진정한 미감과 타자에 대한 인식을 놓치게끔 만드는 총체적 환상이 놓여 있고, 다른 한쪽에는 일단 승화가 이루어지기만 한다면 잠재된 달콤함을, 끔찍하게 섬세하고 얼마든지 취약해질 수 있지만 지극히 드물고 훌륭한 달콤함을 안겨줄 진정한 쓰라림이 놓여 있다.

13
멜랑콜리의 문학

쓰라림이라는 감정은 문학과 시의 중요한 대상이었다. 비록 섬세하다기보다는 신랄한 미감을 보여주었을지언정, 베를렌이야말로 이 감정을 가장 훌륭하게 실험한 작가들 중 하나라는 점은 이론의 여지가 없다. 『사투르누스 시집』의 지평에서 펼쳐지는 위대한 송가는 "상당한 불운과 상당한 담즙"을 지닌 토성의 자식들에게 헌정되는데, 이들에게 상상력은 조력자가 아닌바 이성을 무능하게 할 수도 있고 저 "무너져가는 이상" 앞에서 어찌 할 바를 모르게 만들 수도 있다. 그런데 이러한 송가 자체가 실패를 드러낸다. 그의 송가가 실패를 들려주긴 해도 오로지 실패만으로 환원되지는 않는다. 송가는 오히려 높이 솟아올라 영혼을 위한 또다른 창공을 펼쳐놓는다. 베를렌 덕택에 쓰라린 감정은 바다에 이는 거품, 오롯한 풍경, 세상을 채색할 가능성, 겉보기엔 음울하기 그지없어도 한결 깊은 눈을 가진 이들에게는 매력을 드러내는 단색화의 가능성으로 변모한다.

승화에 있어 대단한 묘수를 보여주는 빅토르 위고는, 쓰라린 감정에 사로잡혔으나 굴복하지 않으며 그것을 딛고서 다른 존재가 되는 인간을 그려낼 수 있었다. 그는 대양의 인간들에 대해 이야기한다. 그 존재들을 묘사할 때 위고는 단테를, 셰익스피어를, 미켈란젤로를, 이처럼 저명하고 재능 넘치는 천재들을, 인생의 밀물과 썰물, 그 "가혹한 왕복운동", 그 "모든 숨결소리, 그 어둠과 그 투명함, 심연에서만 자라나는 식물들"*을 다 겪어본 인물들을 떠올린다. 이 대양의 인간들은 심연을 마주할 때조차 위대한 작품을 제작하고, 은총에 가닿는다. 심연에서 마치 마법처럼 그 반대항이 생겨난다는 뜻이 아니다. 결코 그렇지 않다. 위고는 "대격변 이후 불어난 수위"를 감당할 수 있는 자들, 난파는 일어나기 마련이므로, 난파에도 굴하지 않는 자들을 일컬어 "거품 속의 독수리"라 부른다. 그리고 이어서, "이 영혼들을 바라보는 것은 바다를 바라보는 것과 마찬가지"라고 쓴다. 이는 필시 쓰라린 감정을 경험하고 그로부터 기이한 맛을 발견한 이들에게 우리가 바칠 수 있는 최고의 찬사 중 하나다. 이들은 또한 우리의 세계를 확장하는 방법을 안다. 우리가 스스로 짜낸 혼란의 그물에 얽매여 특성 없이 살아갈 때, 우리를 세상과 다시 이어주는 방법을 이들은 알고 있다.

이에 관해 니체는 달리 표현하는데, 그의 글에서 쓰라린 감정

---

* Victor Hugo, *William Shakespeare*, 1864, Livre I, II.

은 불모의 것으로 변모하기 때문이다. 그럼에도 니체가 시인들과 공모하는 건 사실이다. "환상이 소멸된다고 해서 즉시 어떤 진실이 만들어지는 것이 아니라, 새로운 무지의 조각이 발견되고, 우리의 공허가 확장되며, 우리가 사는 이 사막이 널리 펼쳐진다는 것을 우리는 알고 있다."* 토성도 아니고 대양도 아닌, 사막이다. "우리의" 텅 빈 공간, "우리의" 사막. 거기서 특이성이나 고유성은 거의 탐지할 수 없는 방식으로, 늘 유쾌하지만은 않은 방식으로 거주한다. 이 공허 속에도 여전히 주체나 자아가 존재하지만, 그 자리는 우리를 위해 마련된 것이 아닌 듯 보인다. 그럼에도, 애초부터 인간으로 존재한다는 사실 자체가 공허 안에 한 자리를 부여받았음을 의미한다. 이미 저 사막에 잠재한 다른 수많은 관점을 알면서 그처럼 부여받은 자신의 자리만을 믿는 건, 주체가 무한의 복판에 놓인 하나의 관점에 지나지 않는다는 사실을 잊는 것이 그렇듯 오류에 빠지는 일이다. 우리는 우리 자신에게, 가능세계의 유일하고도 환원할 수 없는 매개자로 남아 있다. 우리는 우리 자신의 매개를 거치지 않을 수 없다. 우리가 "인간 일반on"이나 "자아" 따위를 발명해낸 것은 마땅히 자기 자신과 거리를 두기 위함이다. 우리는 실재에 접근하고 타자에게 가닿으려는 시도 속에서 사라져가는 자아를 추구하는데, 이때 의지할 노잣돈이란 전부 자아라는 노잣돈이다. 누군가에게 이것은 슬픈 현실이겠지만 다른 누군가, 특히 니체의 기록

---

* F. Nietzsche, *La Volonté de puissance*, 1901.

을 넘겨받아 헤겔의 유산으로 등재하려는 누군가에게는 "노예
도덕"을 극복하려는 또다른 시도가 될 수도 있다.

14
결핍된 존재들로 이루어진 군중

스스로의 결핍을 향유하는 이 결핍의 도덕에 대해 기억해야
할 몇 가지 사항이 있다. "결핍된 존재들이 이루는 군중은 압도
적이며, 저들이 복된 무사안일과 (인류의 집단적 진보에 대해서
는 무관심한) 무사태평을 누리기에 더욱 그렇다―설령 모든 것
이 무너져버린다 한들 말이다."* 니체에게 결핍된 존재들이 이
루는 군중은 무리, "천한 족속" "노예", 엄밀히 말해 시련을 거
부하고 고난에 반발하며 좌절을 거부하는, 또한 주체의 죽음으
로 이어질 수도 있다는 의미에서 사활이 길린 생의 시련을 거부
하는 자들에 공명한다. 사실 한쪽에 주인이 있고 다른 한쪽에 노
예가 따로 존재하는 건 아니므로 니체의 명제가 이분법적으로
보일 여지가 있긴 하지만, 그럼에도 바로 자아 내부에, 헤겔이
다음과 같이 규정한 둘 사이의 변증법이 존재한다고 할 수 있다.

오로지 생명을 걸고서만 자유를 지킬 수 있으며, 존재하
는 그대로 살아가는 방식, 가만히 있어도 자기의식이 무매

---

* 같은 책, 73쪽.

개적으로 발생하는 방식, 흘러가는 삶의 나날 속에 자기의식을 끼워넣는 방식에 자기의식의 본질이 놓여 있는 것이 아니라는 것도, 생명을 걸어야만 증명할 수 있다.*

죽음의 위험은 상상적인 것이 아니라 실재한다. 즉 주체는 투쟁함으로써, 자신을 압도할 수도 있는 어떤 위험에 과감히 맞섬으로써 주인이 되지만, 어떤 사람은 자신이 흔들릴까 두려워 위험에 맞서기를 거부하며 뚜렷한 동요를 일으키니, 바로 이것이 노예의 상황이다. 니체에게 르상티망은 대중, 범속한 인간, 차별화되지 않는 인간의 사고방식을 말하며, 이들은 그러한 무차별성의 책임이 자신에게 있음에도, 그러니까 위험에서 면제된 유흥—니체의 용어로는 도취—을 부러 선택한 사람이 바로 자기 자신임에도, 스스로가 피해자라고 호소한다. 르상티망이란 영혼이 무르다는 것인데, 이 표현이 직관과는 반대되는 것처럼 보이나, 이는 르상티망이 그토록 역겹고 씁쓸함이 코를 찔러 강렬한 맛을 지녔다는 착각을 줄 수 있기에 그렇다. 니체는 나아가 예외적 인간에 대적하는 무리를 "자격 없는 군중"이라 이른다. 예외가 되는 것에 대한 두려움, 아니, 그보다는 대가를 치르지 않고 예외적인 존재가 되고자 하는 격렬한 욕망을 이해해보자. 무리에 속하는 대가를 치르는 동시에 차별성을 갈망하는

---

* Friedrich Hegel, *Phénoménologie de l'esprit*(1807), I, trad. Jean Hyppolite (1939), Aubier, 1992, 159쪽(한국어판: G. W. F. 헤겔, 『정신현상학』, 임석진 옮김, 한길사, 2005, 전2권).

것, 이런 욕망은 이루어지지 않는다. 여기서 우리는 주체화 과정을 위한, 더하여 소수자의 해방이나 탈피에도 필수불가결한 '고통의 대가' 개념으로 다시 돌아간다. 주체의 모험을 시도하려는 자라면 이처럼 사유의 사활이 걸린 위험, 치유할 수 없는 분리의 위험을 감당할 수밖에 없다.

도덕에서 노예들의 반란은 르상티망 자체가 창조적인 것이 되어 가치를 낳을 때 시작된다. 이는 행동을 통해 이루어지는 진정한 반작용을 금지당하여 오로지 상상의 복수를 통해서만 보상을 구할 수 있는, 그런 존재들의 르상티망이다. 모든 고귀한 도덕이 자기 자신에 대한 성공적인 긍정에서 생겨난다면, 노예도덕은 처음부터 자기에게 속하지 않는 것, 자기와 "다른 것" "자기가 아닌 것"에 "아니"라는 말로 반대한다. 이러한 부정이야말로 노예도덕의 창조적 행위다. 이처럼 가치를 판단하는 시선의 전도—자기 자신의 관점 대신 필시 외부 세계로부터 얻어온 관점을 택하는 것—가 바로 르상티망 특유의 상황인 것이다. 노예도덕이 발생하기 위해서는 늘, 다른 무엇보다도 대립되는 외부 세계가 필요하다. 생리학적으로 말하자면, 노예도덕이 작동하기 위해서는 반드시 외부 자극이 필요하다. 노예도덕의 활동은 근본적으로 하나의 반발이다.[*]

르상티망을 택한다는 건 행동하지 않기를 택하는 일이자, 보상 체계를 실재가 아니라 상상 속에 설정하는 일이다. 더하여 자신을 "무언가에 반대하는" 입장에 놓으면서 그러한 상황의 구조적 소모성을 파악하지 못한다는 것이다. 왜냐하면 언제나 타자와의 관계 속에 자기 자신을 규정할 경우 주체는 약하고 의존적인 존재가 되며, 그 자신이 첫번째 죄수인 일종의 판옵티콘 속에서 살아가게 되는 상황과 다름없기 때문이다. 스스로를 "무언가에 대해 부수적인" 존재로, "하인"으로, 원인과는 무관하며 결과를 따라야만 하는 존재로 자처하는 셈이다. 그것은 당신을 아프게 한다. 끊임없이 스스로를 비교선상에 올려놓는 일은 결국 저 자신을 수단으로 만들거나, 차라리 자기 존재를 타인의 존재와 비교할 수 있는 존재로서 구축해나가게 되는데, 원래 타인 역시 고유한 존재이기에 애초부터 비교될 수 없는 무엇이건만, 자신을 누군가와 비교하려는 의지는 우리를 추동하는 공허, 자기 존재가 아무것도 아니라는 두려움의 표출이므로, 우리는 우리가 우월하다는 것, 아니면 반대로—이건 좀 다른 유형이긴 하나 똑같이 해로운 자기소외로 수렴되는데—열등하다는 것을 확인하기 위해 갖은 애를 쓰면서 비교를 행하게 되고 바로 이것이 견딜 수 없는 일이 되니, 우리는 도무지 견딜 수가 없어서 우리 자신에 대해 그처럼 나쁜 이미지를 안겨주는 저 비

---

* F. Nietzsche, *La Généalogie de la morale*(1887), trad. Henri Albert, Mercure de France, 1900, 50~51쪽.

교를 무효화하기 위해 마침내 가치들을 부정하고 타자를 비방할 수밖에 없는 것이다.

'고통의 대가'를 받아들인다는 건, 단지 사고나 행동에서의 위험을 감수할 뿐 아니라 보상의 욕구에서도 벗어난다는 것을 뜻한다. 이미 엎질러진 부당함을 바로잡지 않는 위험을 감수하는 일, 이는 데우스 엑스 마키나 같은 보상에 대한 기대를 멈추는 일이요, 그저 이론적으로가 아니라 감정적으로 그러한 기대에서 해방되는 일이다. 우리 자신이 언제나 스스로에게 최고의 의사는 아님에도 치료를 결심해야 한다는, 무능을 알면서도 손수 상처를 치료하는 데 따르는 위험을 감수해야 한다는 것이다. 더이상 회복을 기다리지만은 않겠다는 용기를 가진다면, 이제 결심의 문턱에 발을 들인 셈이다. 반드시 용서할 필요는 없다. 다만 회복을 갈구하는 강박적 기대를 멈추고 회복의 욕구 안에 갇히지는 말자는 뜻이다. 불평을 포기하고, 불평의 정당성을 포기하고, 위험을 감수하자. 이는 타협하자는 뜻이 아니라, 자신의 상처가 타자와 주고받는 시시한 교환관계 속이 아닌 다른 곳에 존재할 수 있을 가능성을 택하자는 뜻이다. 정의를 내려놓자. 정의의 이념이 아니라, 정의를 집행하는 앞잡이든 다른 무엇이든 그런 역할을 하겠다는 생각을 포기하자는 것이다. 필경 정의는 존재할 테고, 정의를 추구하는 일도 가능하겠지만, 그건 오로지 르상티망과 타자에 대한 증오를 동력으로 삼지 않는 조건에서만 이루어진다. 우리의 역사 전체와 우리가 밟아온 문명의 여정은 증오의 동력에 기반을 둔다. 따라서 저 오랜 동력을 등지고 다른 전개 방식을 발견하기란, 즉 보상이 아닌 행동과 참여와 발명과 승화를 통해 고안된 모종의 정의를 펼쳐나가기 란 결코 쉬운 일이 아니다. 물론 보상의 절차는 필수적인 요소 이며, 또한 그것은 과정상 온갖 부분이 누락되어온 제도적 산물 이기도 하다. 대개 이런 절차들이 공공정책의 중핵을 구성한다. 그러나 이 지점에서, 우리는 개인이라는 존재를 되살리고, 개인 이 자신의 르상티망에서 어떻게 벗어나는지, 개인이 사회적 불 의라는 감옥으로부터, 그 부당함을 내재화한 저 자신의 정신적 표상들로 형성된 감옥으로부터 어떻게 스스로 빠져나오는지, 아니면 결국 상처받고 부서지고 모욕당한 것은 만회할 수 없을 지언정 "다른 데서" 그리고 "다른 식으로" 회복을 이루어낼 수 있음을 개인이 어떻게 알게 되는지 논의해야 할 것이다. 회복이 이루어질 무언가는 아직 존재하지 않는다.

니체는 여기서 한 걸음 더 나아가, 현대성이 병자와 약자와 범인凡人과 군중의 승리를 가져다주었으며 전 지구적으로 르상 티망의 시대를 열었다고 고발한다. 고대를 담대한 것으로 상정 하고 이와 비교하여 현대를 고발한 이 논리는 쉽사리 무너질 수 있으며, 무엇보다 이런 고발의 거의 전제주의적인 면모는 결국 논점을 흐리고 만다. 여기서 우리는 니체의 사유와 그에 이어지 는 논제들의 폭을 파악하기 위하여, 더할 나위 없이 니체적이라 할 범주인 해석을 활용해보자. 르상티망을 택한다는 것 자체가 자신 안의 무리 짓기를 선택하는 것이고, 자신이 느끼는 쓰라림 의 반향을 더욱 크게 하려고 타자 안에 있는 쓰라림의 흔적에 호소하는 일이니 말이다. 니체는 이것을 무리본능이라 부른다. "르상티망의 인간은 솔직하지도 순진하지도 않으며 자기 자신에게 충실하지도 않다. 그의 영혼은 '곁눈질하고', 그의 정신은 구석과 샛길과 뒷문을 좋아하며, 그는 은폐된 모든 것에 매료되어 거기서 '자신의' 세계를, '자신의' 안정을, '자신의' 위안을 찾는다. 그는 침묵을 지키고, 잊지 않으며, 기다리고, 잠정적으로 자신을 왜소하게 하며, 굴종하는 데 능하다."* 르상티망의 인간은 쓰라림의 열병을 심하게 앓느라 필시 기만을 알아채지 못하고, 자신이 선택한 퇴락의 길, '약자의 조준점visée du petit'을 자각하지 못한다. 설령 그가 제일가는 무신론자라 해도 하늘에서 보상이 떨어지리라 믿는 마법적 신념을 자주 선택하기에 벌써 자신에게 마법적 권능이 있다고 확신하느라 여념이 없다. 하물며 르상티망과 미신은 서로를 다그치며 전개되므로, 르상티망에 휩싸인 사람들은 행동만이 유일한 대책임에도 이를 거치지 않고도 불의에 대한 대가가 하늘에서 떨어지리라 믿는다. 이들은 반발이 보상을 이끌어낼 수 있다고 믿는다. 이들은 적의 존재를 믿는다. 바로 이 적조차 온통 스스로가 꾸며낸 존재인데도 말이다—사실을 직시하자면, 건강한 영혼이 적을 갖는 건 어떤 경우에도 쉽지 않다.

물론 누구나 한 번쯤은 자신에게 큰 위험이라 간주되는 무언가를, 무뢰한을, 혹은 그저 자신을 파괴하려 한다는 의미에서의 적

---

* F. Nietzsche, *La Généalogie de la morale*, 53~54쪽.

을 맞닥뜨리는 상황에 처할 수 있다. 적어도 자기를 보호하고 자신이 사랑하는 것들을 지키고자 한다면, 저 타자에 맞서 그를 쓰러뜨리겠다고 기대하기란 따라서 불가능할 것이다. 하지만 여기서 이야기하는 건 그런 문제와 다르다. 르상티망이 적들의 존재를 꾸며내는 건 그들로부터 자신을 지키기 위해서가 아니라, 적들이 르상티망에 매몰된 인간을 죽이려 들기라도 하는 양, 정확히 말하자면 르상티망이 적들의 죽음을 바라기 때문이다. 당연히 르상티망에 빠진 인간들은 그 반대라고 주장하면서, 자기네 삶이 저 이름난 "타자들"에 의해 위협받고 있다고 해명할 것이다. 하지만 진실은 훨씬 더 가혹하다. 사실 적들은 그런 일을 벌이지 않았으니, 왜냐하면 같은 이상이 예의 적들과 르상티망의 인간들을 관통하고 있기 때문이다. 후자들이야말로 자신들이 말하는 적의 자리를 차지하고자 하며, 따라서 적이라는 범주는 가로채인 것임이 분명해진다. "르상티망을 지닌 인간이 생각하는 대로의 '적'을 상상해보자—바로 거기에 그의 성취가 있고 르상티망 특유의 창조가 있다는 점을 확인하게 될 것이다. 그는 '나쁜 적'을, '악인'을 근본 개념으로 구상해내고, 바로 그 개념의 대립 명제로 '선한 자'를 상상해내는데, 그건 다름 아닌 자기 자신이다."*

  내가 르상티망과의 싸움을 분석 치료의 일차적 목표로 간주한 것은, 또한 그 길 끝에 회복이라는 것이 존재하지는 않는다고 생각해서다. 환자들이 회복하리라는 열망, 즉 비극 이전에,

---

* 같은 책, 55~56쪽.

트라우마 이전에 살았던 삶을 되찾으리라는 열망을 가지고 치료받으러 오는 경우는 드물지 않다. 이어 그들은 되돌릴 수 없으리라는 것을, 보상이 아니라 창조가 가능하리라는 것을, 창조가 없다면 퇴행만이 있을 뿐이라는 것을 알게 된다. 사실 이전의 삶으로 회귀하려는 환상 속에서 그들이 겨냥하는 것은 바로 인생의 무사태평이고, 행복의 단꿈이며, 어쩌면 행복 자체다…… 그리고 행복은 여전히 가능하다. 그러나 그 행복은 결코 이전의 행복이 아닐 것이다. 그건 전에 한 번도 존재하지 않던 무엇일 것이다. 그리고 일찍이 존재하지 않던 무언가를 창조하는 도전을 향해 첫발을 뗀다는 건 엄청난 일이다. 또 그렇게 할 수 없을 만큼 자신이 우유부단하다고 느껴지는 것도 당연하다. 하지만 건강의 어떤 형태를 되찾기 위해서는 가능성이 출현하는 창조의 여정을 다시 시작해야 하리라.

<h1 style="text-align:center">15
망각의 능력</h1>

르상티망의 원리와 작동방식을 파악하고자 니체, 프로이트, 들뢰즈는 서로 협력하여 그 안에서 일어나는 무의식과 의식의 이중적 움직임을 기술한다. 우리는 일반적인 가설로 통하는 프로이트의 도식에 따라, 어째서 자극이 무의식을 통해 수용되고 기억 속에 흔적으로 보존되는지, 그리고 어째서 이 자극이 새로운 자극으로 마치 소생이라도 하듯 현재화하여 "일시적" 흔적

에서 보다 "지속적"인 것으로 변모하는지 알 수 있다.* 그러므
로 의식의 소생 작업이 없다면 르상티망은 존재하지 않을 것이
다. 그 흔적이 무의식 저편에 남겨져 트라우마에 가까운 것이
될지언정 반드시 르상티망이 되지는 않는다. 들뢰즈는 니체를
주해하면서 니체에게 망각이란 위대한 영혼이 지닌 능력이라
는 점을 지적한다. 여기서 억압refoulement 능력을 떠올릴 수도
있겠지만, 정확히 억압은 망각과 같은 게 아니다. 억압에는 망
각과 같은 무구함이 없다. 진정한 망각은 다른 무언가의 출현을
부르므로, 즉 다른 무언가가 수면 위로 떠오르게끔 하므로, 명
백히 하나의 힘이 될 수 있다. 이때 망각은 물론 인지적 결핍이
라는 정의에서 벗어나, 재생 작업을 이끄는 일종의 무의식적 동
력이 된다. 망각은 무의식 측면에서 엄청난 생명력을 지니고 그
이후엔 의식을 통해 검증될 수 있음에도 불구하고, 오로지 의식
의 측면에서만, 대개 결함으로 간주되곤 했다. 실제로 의식이
망각을 담당하고 무의식이 보존을 담당하면, 주체는 불안을 느
끼고 억압된 것의 귀환이라 불리는 것을 경험하게 된다. 그런데
의도적으로 망각을 목표로 삼기란 쉽지 않아 보인다. 의도적 망

----

* "그러므로 우리는 기관의 외부체계가 감지되는 자극을 수용하지만 거기서 아무것
도 붙잡아둘 수 없으며, 따라서 그에 대한 기억을 지니지 못한다는 것, 이 체계 뒤에
는 처음의 일시적 자극을 지속적 흔적으로 변형시키는 다른 체계가 존재한다는 것을
가정해볼 수 있다." S. Freud, *Sciences des rêves*, Alcan, 1926, 442~443쪽. 또한
무의식에 관한 1915년의 논문(*Métapsychologie*, 1915)과『쾌락원칙을 넘어서*Au-
delà du principe de plaisir*』(1920)를 참조. 마찬가지로 Gilles Deleuze, *Nietzsche
et la philosophie* (1962), PUF, 1991, 128쪽을 참조(한국어판: 질 들뢰즈.『니체와
철학』, 이경신 옮김, 민음사, 2001).

각을 여전히 망각이라 할 수 있을까? 더구나 르상티망을 경험하는 사람들은 잊어버리지 않는다는 것도 명백한 사실이다. 하지만 르상티망의 인간을 어떤 기억의 보증인이라고, 지나간 일을 절대 잊어버리지 않는 사람이라고 여기는 오해는 금물이다. 실상은 그렇지 않다. 르상티망에 빠진 인간이 수용하는 자극은 르상티망에 의해 돌이킬 수 없는 방식으로 매개된다. 다시 말해, 수용된 바가 반드시 일어난 일과 일치하지는 않으며, 적어도 그중 극히 일부일 따름이다. 문제는 그가 결코 망각하지 않는다는 점이 아니라 그에게 기억으로 보존된 것이 이미 왜곡되어 있으며, 최초에 곱씹은 감정의 분출이 일어났다는 사실로 말미암아 이제 감정의 재활성화를 위해 애초의 대상조차 필요하지 않게 된 의식의 재발굴 작업 속에서 그 기억이 더욱 왜곡되리라는 점에 있다. 앞서 살펴보았듯이 르상티망은 금세 대상 없이도, 따라서 별다른 기억 없이도 작동할 수 있게 된다. 망각 속이 아니라면 르상티망은 왜곡 속에 자리하는데, 이는 수용한 자극이 원래의 현실과 다를 수밖에 없기 때문이 아니라, 왜곡이 현실을 분별할 수 없을 정도로 뒤덮고 있을지 모른다고 생각할 만큼의 겸허함이 르상티망에는 없기 때문이다. 무의식의 층위에서 구별을 수행하지 못하는 건 바로 무의식으로부터의 작업으로 복구할 수 있으며, 이것이 분석 작업의 핵심이다. 반면 의식의 층위에서 구별을 수행하지 못하는 건 분명한 결함이니, 르상티망이 일으키는 근원적 문제가 바로 이와 같다. 스스로 속아넘어가는 것, 그리고 결국 르상티망이 초래하는 혼동을 망각했음에도 잊은 것이 없다고 믿게 되는 것 말이다.

망각의 능력은 르상티망으로부터 자신을 보호하는 하나의 방편이며, 여기서 본질적인 어려움은 오로지 망각하려는 욕망으로 망각을 은폐하지 않는 데 있다.

> 르상티망조차, 고귀한 인간을 사로잡는 경우에는, 즉각적인 반응으로 끝나고 소진되기에 독이 되지 않는다. 게다가 취약한 자들과 무력한 자들에게는 불가피한 일임에도 불구하고, 대부분의 경우 르상티망은 전혀 표출되지 않는다. 자신의 적, 자신의 불행과 자신의 악행까지도 오랫동안 진지하게 붙들고 있지 않는다는 것—이것은 자기 발달을 완숙히 이룬 상태로, 그것들을 잊어버리게 될 만큼 재생과 치유의 조형적 힘을 넘치게 지닌, 강한 천성을 타고난 자들의 특징적 표지다.[*]

비극에 대한 현실적 자각, 비극이라는 개념에 대한 깊은 이해, 또 한편으로 합리화하거나 선동하기 위해서가 아니라, 단지 주체와 실재 사이에, 그리고 우리가 진리라고 부르는 것과 실재 그 자체 사이에 본질적인 차이가 있음을 파악하기 위해, 비극을 받아들이는 방식이 니체의 문학 및 철학적인 저작의 쟁점을 이룬다는 점은 분명하다. 또한 이 지점에서도, 자기 자신을 진지

---

[*] F. Nietzsche, *La Généalogie de la morale*, 54~55쪽.

하게 생각하는 것과 단순히 비극을 이해하는 것 사이에는 크나큰 차이가 있다.

사람들은 정반대라고 생각할 수 있으나, 장켈레비치가 쓰는 저 용어들의 경우도 서로 상당히 유사하게 동일한 현실을 지칭하고 있다. 장켈레비치가 "스스로를 비극적이라고 여길 필요는 없다, 진지한 태도를 지니는 것으로 족하다"라고 적을 때, 그는 니체와 같은 것을 가리키고 있는 것이다. 즉 실재와 그 고통에 대한 제법 세심한 이해, '고통의 대가'에 대한 불가피한 감각을 짚고 넘어가지만, 한편으로 이는 감정적이거나 희생자적 방식으로, 나아가 담론적으로 그 감정을 회수하지 않는 태도인 것이다. 스스로를 진지하게 대하거나 그 진지함에 대해 길게 이야기를 늘어놓을 필요도 없다. 르상티망과 관련해 안일하고 반동적인 체념으로 변질되지 않는 수용만으로도 충분하다. 한편 여기서 "그것으로 족하다"의 또다른 의미가 나타닌다. "족하다"는 건 앙심을 품지 않은 채 새로운 인식의 몸짓을 펼쳐나갈 수 있도록 다음 일보를 내딛는 도덕적 책임의 표현이다.

니체는 공포나 연민 같은 비애의 정념과 비극을 동일시한 아리스토텔레스의 생각이 오인이라고 지적한다. "그가 옳다면 비극은 삶을 위협하는 예술일 것이다. 그렇다면 비극을 공공에 대한 위협과 비행非行으로서 경고를 해야만 하리라."* 예술이 비행을 도우며 스스로를 부정하게 될 것이라고, 니체는 덧붙인다.

---

* F. Nietzsche, *La Volonté de puissance*, 409쪽, 460절.

그보다 비극은 하나의 "강장제"로, 적어도 그런 식으로, 그러니까 곱씹는 행위를 배가하는 계기가 아니라 카타르시스적 동력의 계기로 이해되어야 한다. 달리 말해 비극의 감각은 행동의 반대항이라 할 수 있는 단순한 반동이 아니라, 바로 행동을 향해 나아가기 위한 것이다. "비극은 체념을 가르치지 않는다. 〔……〕 끔찍하고 불안한 것들을 표현하는 일이 예술가에겐 이미 권능과 영예를 향한 본능이다. 말하자면 그가 그런 것들을 두려워하지 않는다는 뜻이다."* 더 명확히 말해, 예술가에게는 비극적인 것을 승화하는 작업이 확실히 더 쉬운 일이다. 비예술가, 즉 기법과 방법론 면에서 거의 반사적으로 승화를 수행하지 못하는 사람에게는 그러한 도전이 보다 까다로운 일로 여겨진다. 그러니 비예술가는, 반드시 문학적이거나 예술적 작업물을 내놓을 필요는 없더라도, 똑같이 세계를 향한 리비도 집중 과정을 거치면서 비극에 잠재한 독을 멀리하는 동시에 비극적인 것을 파악하는 능력을 발굴하는 자기만의 고유한 예술적 여정을 시험해나가야 한다.

16
세상에 대한 희망 품기

　니체는 이렇게 말한다. 르상티망에서 벗어나는 사람은 단번

---

* 같은 책, 410쪽, 461절.

에 벗어나는 것이 아니라고, 그건 언제나 어떤 작업의 결실로서 가능한 일이라고. 그리고 이런 작업은 끝없이 반복된다. 단순히 하나의 영감에 만족하는 대신, 스스로 승화의 의무를 짊어지기 위해 늘 깨어 있어야 한다. 문명에 대한 프로이트의 규정 중 하나가 바로 이와 같다. "본능의 승화는 문명 발달의 가장 두드러진 특징 중 하나다. 고등 정신활동, 학문적이거나 예술적이거나 이념적인 활동이 문명화된 존재의 삶에서 그처럼 중요한 역할을 수행하는 건 바로 승화 때문이다."[*] 개인이 사회의 갖가지 그물 속에 얽매어 있든 고립되어 있든, 개별자인 주체에게 승화는 필수적인 능력이다. 승화는 주체 고유의 신경증을, 또 그보다 더 다루기 어려운 타자들의 신경증을 짜임새 있게 엮는 솜씨이자, 본능적 욕동을 퇴행적 욕동이 아닌 다른 것으로 만들어 욕동의 저편으로 넘기고 그 안에 흐르는 창조적 에너지를 슬기롭게 사용하는 거의 연금술에 가까운 재능이다.

에너지가 부족하다는 점, 에너지는 재생될 수 있지만 각 주체마다 리듬이 다르다는 점, 그 리듬에 적합하지 않은 대상 탓에 에너지를 태워버리는 일은, 생태계적 회복탄력성을 소진시켜 위험에 빠뜨린다는 점을 우리는 이해할 필요가 있다. "인간이 쓸 수 있는 정신적 에너지의 양은 무한정하지 않기 때문에, 인

---

[*] S. Freud, *Malaise dans la civilisation* (1929), "Les classiques des sciences sociales", bibliothèque numérique fondée et dirigée par Jean-Marie Tremblay, 41쪽(한국어판: 지크문트 프로이트, 『문명 속의 불만』, 김석희 옮김, 열린책들, 2020).

간이 자신의 임무들을 수행하려면 제 리비도를 알맞게 분배해야 한다."* 분석은 존재의 리비도가 어떻게 작동하는지 이해하게 해준다. 즉 인간의 에너지가 어떻게 이러저러한 대상들에 집중되는지, 에너지가 대상에 과도하게 집중되는 경우 어떻게 해서 전부 소모되고 재충전 가망도 없이 말라버리는지, 따라서 "자신의 리비도를 알맞게 분배"하는 법을 어떻게 배워야 하는지 알려주는데, 왜냐하면 육체와 정신에 흐르는 에너지 또한 사회를 향해 집중되거나 사회 이외의 것에 아낌없이 사용되는 에너지와 다르지 않기 때문이다. 이때 규칙은 사람마다 달라서, 어떤 이들은 같은 에너지를 글쓰기 영역에, 공적 생활에, 성생활에 두루 사용한다. 반면 다른 이들은, 에너지가 무한하지 않으므로 사용할 방향을 결정해야만 하며 달리하고 싶더라도 선택을 해야만 한다는 현실을 어쩔 수 없이 "선택"하거나 차라리 감내를 하고 있는 것이다.

프로이트는 자신의 일상적인 성차별을 여과 없이 드러낼 수 있었는데, 이는 당시의 특수한 현상, 즉 남성보다 여성에게서 히스테리가 더 강하게 나타나는 현상에 근거했을지 모른다. 프로이트의 오류**는 그 역사적 계기를 인식하지 못한 채 여성을

---

* 같은 책, 48쪽.

** "남성이 문화적 목적에 사용하는 몫은 무엇보다도 여성과 성생활에 쏟아야 할 리비도를 전용한 것이다. 다른 남성들과 끊임없이 교제하고 그들과의 관계에 크게 의존하게 되면서 그는 남편과 아버지의 의무들과는 더 멀어진다. 여성은 이처럼 문명의 요구들 때문에 자신이 뒷전으로 밀려난 것을 깨닫고는 문명에 대해 적대적 태도를 취하게 된다." 같은 책.

단일한 차원으로 환원했다는 데 있다. 여성이 르상티망에 사로잡혀 있다면, 그것은 여성이 더이상 남성의 관심을 끌지 못해서가 아니라—어느 정도는 사실일지언정—바로 여성이 자기 고유의 리비도 집중을 박탈당했기 때문이다. 세계에 리비도를 집중할 수 없는 사람은 누구든 은근하게 숨을 조이는 고통을 느끼다가 방어기제로서의 르상티망에 빠지기 마련이다. 이 지점에서 결국 개인의 노력과 사회적 노력의 교차가 결정적이다. 르상티망을 초래하는 구조적 조건이 분명 존재하기 때문이다. 그렇다고 우리가 그것들에 굴복해야 한다는 뜻은 아니며, 다만 그러한 조건에 직면한 자[b]—더 자주는 여성—에게 상황이 더 불편하게 느껴진다는 점을 인식하자는 것이다. 최대한 많은 사람이 세계를 향해 리비도를 집중할 수 있게 함으로써 르상티망을 조장하지 않는 조건을 만드는 것이야말로, 정치의 의무이자 법치라는 이름에 부합히는 책무다. 정치와 법치는, 위니콧이 세계 안에서 기대가 충족되리라는 희망이라고 지칭했던 무언가*를

---

* "최초의 모성적 관심은 위니콧에게 아동 발달의 첫번째 단계를 넘어 치료 작업에 대한 은유가 된다. '우리가 치료에서 하는 일은 모든 어머니가 아기에게 하는 행동에서 특별히 나타나는 자연스러운 과정을 모방하려는 시도다.' 위니콧은 '아기라는 존재는 없다'라고 적으면서 어머니나 다른 누군가 그 자리를 차지하여 아기를 돌봐주지 않으면 아기는 존재하지 않는다는 점을 강조한다. 위니콧이 있었기에 개인은 더이상 고립된 단위가 아니게 되었다. '개인의 무게중심은 개인에게서 발원하지 않는다. 그것은 환경-개인을 통틀어 나타난다'(Winnicott, 1952). 모성적 돌봄을 정의하기 위해 위니콧은, 마치 제한도 차별도 없이 무한하며 어떤 면에서는 섭리적인 이 돌봄의 성격을 더 잘 강조하려는 듯 헌신의 개념에 의지한다. '〔……〕 정신건강은 이전의 발달단계에서 구축된 경우에만 가능하다. 유아를 돌보는 일에 관심을 쏟는 기간 동안 아이의 정신건강을 확립하는 것은 바로 어머니다. 여기서 우리는 감상

허용해야 할 뿐만 아니라 그런 희망에 접근할 방법들을 제공할 임무가 있다. 누구도 법치주의의 책무에만 의지할 수는 없으니,

<hr>

적으로 보일 수 있다는 두려움 없이 "헌신"에 대해 말할 수 있으며, 이 단어를 사용하여 어머니가 비로소 자신의 역할을 수행하고 아기의 욕구들에 적극적이고 민감하게 반응하는 필수적 국면을 설명할 수 있다 —처음에, 욕구들은 절대적이다. 헌신이라는 용어는 또한 어머니가 자신의 임무를 성공적으로 수행하기 위해 숙련되어 있을 필요가 없다는 점을 알려준다. 따라서 정신건강은 개인의 정서 발달에 연속성을 허용하는, 중단 없는 돌봄의 결과다'(Winnicott, 1952). 헌신은 이론적 행위가 아니라 자신을 제한 없이 증여하는 것이자, 완전히 사용 가능한 존재가 되어 온전히 주의를 기울이는 방식이다. 이는 어머니가 '어루만지기'와 같은, 필수적인 돌봄이라는 측면에서 제공할 수 있는 행동만을 의미하지 않는다. 바로, 아이가 어머니의 관심으로 말미암아 경험할 수 있는 안정감을 의미한다. 아이는 '안겨 있다'고, 보호받고 있다고 느끼며, 이런 지지—이런 관심—를 통해 세상과 처음으로 접촉할 수 있게 된다. '아기는 자기 주위의 공간이 당신에 의해 지탱된다는 사실을 모른다. 아기가 이 사실을 알아차리기 전에 세상과 맞닥뜨리지 않도록 당신은 주의를 기울인다! 생명으로 가득찬 고요 속에서 당신은 아기와 당신 안에 있는 생명을 따르고 아기에게서 오는 움직임, 당신을 발견으로 이끄는 움직임을 기다린다'(Winnicott, 1957). 유아가 트라우마를 얻지 않은 채 세상을 발견할 수 있다는 의미에서, 또 세상은 어머니가 최초에 보여준 지지가 없다면 세상이 되지 않는다는 의미에서, 어머니의 지지는 세상의 지지와 같다. 이후 분리가 일어나고 아이는 세계와 자신만의 관계를 구축할 수 있게 된다. '따라서 유아와 어린아이에게 세상을 어떻게 소개하느냐에 따라 많은 것이 달라진다. 보통의 어머니는 철학자처럼 노련해서가 아니라 단지 아기에게 헌신한다는 이유만으로 세계를 조금씩 제시하는 이 특별한 작업을 시작하고 또 이어나갈 수 있다'(Winnicott, 1957). 개인에게 도래할 정신건강은 여기에 달려 있는바, 이것이 전부는 아니더라도 어린 시절 이 국면에 학대를 경험하면 최초의 균열을 극복하기에 마땅한 도구가 없는 한 그 균열이 심각하게 깊어질 것이므로 이 시기의 학대는 미래의 주체에게 치명적이다. 어린 시절 어머니는 '세계가 기대하고 상상하고 필요로 하는 무언가의 등가물을 찾을 수 있다는 희망을 품을 수 있는 곳이라고 믿을 이유들'(Winnicott, 1957)을 제공한다." Cynthia Fleury-Perkins, "Irremplaçabilité et parentalité", *Spirale*, vol. 79, n. 3, 2016, 41~52쪽. 또한 Donald Winnicott, *L'Enfant et sa famille*(1957), Payot, "Petite Bibliothèque Payot", 2006; Donald Winnicott, "Psychose et soins maternels"(1952), in *De la pédiatrie a la psychanalyse*, Payot Rivages, 1969 참조.

왜냐하면 법치주의란 르상티망과 싸울 수단을 발명하기 위해 행동하는 개인들의 끊임없는 노력 없이는 아무것도 아니기 때문이다. 그럼에도, 민주주의의 역기능에 대한 책임과 무엇보다 르상티망을 부추기는 구조들이 존속하는 현상을 그저 조소하는 데 그치는 현실 안주의 책임이 '오롯이' 개인에게'만' 있는 것은 아니다. 세상 속에서 희망을 갖는다는 건, 좌절을 거부한다는 것이 아니라, 다만 잠재적 의미작용과 상징화의 질서 속에 좌절을 기록한다는 것이다. 개인이 세상으로부터 아무것도 희망할 수 없음을 확신하게 되면 폐제*가 발생하고, 이것은 "기쁨과 고통에 대한 감수성" 능력을 손상시킨다. 남는 것은 "마비로 인한 냉담함"과 "진행성 우둔화"**뿐이다.

17

디오니소스 여사제들의 비극

그런데 직관에 반反하는 전환점은, 비극에 대한 분명한 감각으로 르상티망에 대항하고, 역시 비극에 대한 올바른 이해로 엄숙한 정신에 대항하며, 비극에서 오히려 기쁨을 향한 도전의 가능성을 알아보는 데 있다. 사실 비극은 '나의' 비극을 넘어선다.

---

* 법률용어로 저당물 반환권 상실을 의미하는 '폐제forclusion, 廢除'는, 라캉에게서는 어떤 요소가 상징계로부터 배제되는 상태를 지칭하는 용어다. 이를 통해 감각과 인지능력에 혼란이 생기고 현실과의 연결고리가 끊기는 정신증이 발생한다―옮긴이.
** S. Freud, *Malaise dans la civilisation*, 32~33쪽.

비극은 보편적이라서 비극적인데, 왜냐하면 '내 자아'가 단번에 비극을 견뎌내는 것은 아니기 때문이다. 비극이 펼쳐지면 자아는 맞수가 되지 못하며, 무엇보다 자아는 원래부터 비극에 맞서기엔 역부족이다. 둘은 같은 터전 위에 있지 않다. '자아'를 말한다는 건 세상을 '나의' 세상으로 두는 것이다. 분명 이것도 주체에게 필요한 일이겠지만, 그것만으로는 족하지 않다. 그러면 한쪽은 르상티망으로, 다른 한쪽은 똑같이 근거 없는 우월감으로 향하는 두 갈래 길이 펼쳐질 뿐이다. 요컨대 환상 대 환상의 사태다. 우리는 '자아'를 말할 수 있다. 그러나 올바른 개별화 과정은 이러한 태도를 넘어 '나'가 사라지는 말라르메적 모험의 시도로 이어져야 한다.

말라르메가 소환된 건 우연이 아니다. 그는 무엇보다 최초의 시적 동업조합compagnonnage을 연 작가이며,* 들뢰즈가 니체에게 나타난 비극의 의미를 더 정확히 포착하고 그에 대한 전통적 관점을 열 수 있게끔 도운 인물이기도 하다. 사실 데우스 엑스 마키나는 대체로 돌파구를 허락하지 않는 것, 인간에게 닥쳐와서 몸을 숨길 어떤 은신처도 남겨주지 않는 것으로 간주된다. 이 점에서 비극은 '한 번의 주사위 던지기un coup de dés'와 같은 모습으로, 그처럼 요란하고 그처럼 갑작스러우며 그처럼 불가능한 것으로 나타나지만, 그 안에는 여전히 때때로 승화나 암호

---

* C. Fleury, *Mallarmé et la parole de l'imâm*, Éditions d'écart, 2001 ; Gallimard, "Folio", 2020으로 재출간.

해독에 저항하는 잠재력이 가득하다.

들뢰즈는 이렇게 쓴다. "즐거운 소식은 비극적 사유다. 왜냐하면 비극은 르상티망의 힐난, 가책으로 인한 갈등, 죄책감과 책임감을 느끼는 의지의 모순 속에 존재하는 게 아니기 때문이다. 비극은 르상티망, 가책, 허무주의에 대한 투쟁 속에 있는 것도 아니다. 사람들은 니체가 말한 비극적인 것—비극적인 것=즐거운 것—이 무엇이었는지 결코 이해하지 못했다. 그것은 '의지=창조'라는 위대한 등식을 설정하는 다른 방식이었다. 사람들은 비극이 순수하고 다중적인 긍정, 역동적 명랑성이었음을 이해하지 못했다. 비극적인 건 〔……〕 주사위 던지기다."* 이는 오로지 그 시적인 것에만 미혹되어 머무를 것이 아니라 살아내보려 해야 할 사유다.

내담중에 연인이나 아이에 대한 애도를 마주하더라도, 슬픔을 마주하더라도, 심지어 늘 정신을 갉아먹는 잔혹한 트라우마를 마주하더라도, 우리는 비극의 의미를 이해하는 그처럼 모진 비탈길을 걸어봐야 한다. 일반적으로 치료의 초기 단계에, 심지어는 몇 년 동안이나, 이것은 실행되지 못한다. 그러나 필시 존재들 사이에 도덕적이고 지적인 차이를 형성하는 몹시 놀라운 지점은, 이 작업이 어떤 사람들에겐 언젠가 가능해진다는 데 있다. 누구도 그날을 예측할 수 없고, 누구도 그날이 오리라는 사실에 안주할 수는 없으니, 그보다 불확실한 것도 없기 때문이

---

* G. Deleuze, *Nietzsche et la philosophie*, 41쪽.

다. 그럼에도 '되찾은 시간'이 있다면, 그것은 있었던 일에 대한 까마득한 기억이고, 한편으로는 망각이요, 다른 것을 위한 자리, 과연 위대한 것이 될 수도 있고 아닐 수도 있는 다른 무언가를 위한 자리다. 그것은 어느 섬의 가능성과도 같은 즐거움의 가능성이다. 그리고 이 즐거움 곁에 마지막 슬픔을 잡아매는 일이다. 그리하여 시작되는 주체의 움직임이다. 또한 니체는 디오니소스와 차라투스트라라는 인물상을 그려내는데, 전자는 좀더 괴로워하고 후자는 좀더 즐거워하지만, 둘 다 변신의 능력이 있으며, 둘 다 다수의 사람들에게 호소하는 한편 더 창조적이되 덜 절대적인 어떤 통합의 전망을 요구한다는 점에서, 둘은 모두 "너 자신을 알라"를 말하는 인물상이다.

　디오니소스적 인물상을 이해하기 위해 나는 종종 디오니소스의 여사제들sa thiase*을 통해 설명하려 했다. 디오니소스는 하나이면서 하나가 아니다. 그는 내면에서부터 다중적 존재이지만, 또한 그와 동행하는 사람들, 그의 분신들과도 같은, 삶의 각기 다른 장면들과도 같은, 결코 그가 될 수 없으면서 그 또한 결코 되어볼 수 없는 이방인과도 같은 사람들과 이어져 있다는 점에서 관계 속에 있는 인물이다. 이것은 기형들을 아우르는, 늙음과 젊음을 아우르는 연대이자, 우리가 바라지 않는 유대감, 모든 규범화에 저항하는 동시에 맺어진 그대로의 모습으로 남겠

---

* 프랑스어에서 '디오니소스의 사제들le ou la thiase'은 디오니소스의 여정을 함께 했던 행렬을 가리키며, 반인반수 사티로스, 실레노스, 그리고 여신도들인 마이나데스로 이루어진다.

다는 그 어떤 욕망도 거부하는 연대다―그러지 않는다면 이 연대 행렬은 가장무도회에 그칠 뿐이다. 디오니소스의 여사제들은 우리의 오만을 만족시키는 미학에 대한 기대보다는, 덜 가상적이고 더 시적이며 더 겸허한 주체의 개념을 우리에게 허락한다. 이 여사제 행렬은 어딘가 엉뚱하면서도 낡은 데가 있는데, 그럼에도 우리는 여기서 어떤 자유의 가능성을, 모든 것이 고통일지라도 기쁨의 가능성이 있음을, 여기서는 진정 피지배자들이 없으리라는 것을, 마침내 르상티망이 잦아들었다는 것을 예감할 수 있다.

<h2 style="text-align:center">18</h2>

위대한 건강: 열림을 선택하기, 성스러움을 선택하기

완전하지는 않시만 지배를 잠재우는 방법 중 하나로 창조에 다가가는 행위를 고려할 수 있겠다. 창조하는 사람은 더이상 지배받지 않는다. 이런 의미에서 창조하는 자는 자유롭다. 비록 그의 창조물이 제도적이거나 국가적인, 심지어는 이데올로기적인 의도에 소용된다 하더라도 창조는 제도와 동등한 위치에 있다. 왜냐하면 창조는 시간 속에서 행위를 만들어내고, 시간을 창조하며, 지속성을 갖기 때문이다. 이런 시간의 지속성 안에서 일어나는 일은 제도가 창조자에게 요청한 것만으로 애초에 국한될 순 없다. 창조에 호소하는 것은 우리가 무한정 통제할 수 없을 시간을 관통하는 일이며, 비록 작업물을 목적대로 부릴 수 있다고 믿는다 해도 그 모든 걸 장악하려는 손아귀에서 힘을 푸는 일이다. 작업이 진실하다면 그것은 실제로 스스로 해방되리라. 이런 의미에서 창조 작업을 선택한다는 것은 언제나, 릴케가 썼을 법한 말로 표현하자면, 열림l'Ouvert을 선택하는 일이다.*
이는 곧 르상티망으로 인해 퇴색하지 않을 무엇, 르상티망이 통제할 수 없는 무엇을 선택하는 일인바, 그러한 열림의 무한성은 르상티망이 그저 굴종하고자 하는 속박 상태를 단호하게 거부하기 때문이다.

---

* 나는 릴케의 열림 개념을, 그에 기대어 아마 릴케에게서는 찾아볼 수 없는 어떤 임상적 기능을 부여하고자 자주 소환해왔다. 시인에게 열림은 실재와 관련을 맺으므로 종합할 수 없는 것, 그리고 깊은 불안정성에 가깝지만, 동시에 시인이 비가에서 그토록 즐겨 묘사한 동물의 시선이 지닌 고요함과도 엮인다. 열림은 또한 루돌프 오토의 "성스러움numineux" 개념에도 상응한다 할 수 있으니, 이 개념을 다시 전용한 융은 『서한집』에서 그 치료적 기능을 논의한 바 있다. 열림을 선택하는 것, 성스러움을 선택하는 것은 르상티망에 저항하는 개별화의 원칙을 선택하는 일이고, 그로써 마치 죽음욕동에 저항하려는 양, 마치 창조적인 삶욕동이 저 "바깥으로부터" 활력을 얻기라도 하는 양 르상티망을 단호하게 바깥에 두는 일이다. 즉 존재한다(벗어난다)는 것은 르상티망의 바깥에 있는 일이다. "당신 말이 옳습니다. 내가 작업에서 무엇보다 관심을 두는 부분은 신경증을 치료하는 방법이 아니라 성스러움에 다가가는 일입니다. 그러니 성스러움에 접근하는 일만이 진정한 치료법이며, 우리가 성스러움의 경험에 도달하면 질병으로 대표되는 저주에서 해방된다는 것도 사실입니다. 병 자체는 성스러움의 성격을 띠고 있습니다"(융이 P. W. 마틴에게 보낸 1945년 8월 28일 편지). 오토와 프로이트와 융에게서, 또 릴케에게서도, 너무 합리적인 것으로 여겨지는 지식의 이념이나 지나치게 좁은 이성의 개념보다, 성스러움, 신성한 것, 영적인 것 사이의 변증법이 나타난다는 점은 분명하다. 다른 한편 성스러움과 열림은, 그 자체로 개별화 과정 혹은 그 모형이라 할 수 있는 자아의 확장과 떼려야 뗄 수 없는 개념, '진실한 상상 imaginatio vera'과도 통한다. 재차 말하건대 '진실한 상상'은 상상계 개념보다는 분별의 개념에 관련된다. 열림을 선택하기, 르상티망에 저항하기란, 곧 분별이라는 창조적 길을 선택하는 일이다. 우리는 나중에 분별의 임상적이고 치료적인 기능을 보게 될 것이다. 분별은 올바른 진단을 의미하는 건강을 위해 필수적인 행위다.

작품은 공중, 트인 공간, 창문을 창조하며, 너무도 자연스러워 보이고 스스로를 위해 생겨난 듯하며 존재하기 위해 역동적으로 보이기에, 우리가 뿌리칠 수 없을 탈출구를 창조한다. 그것은 생명론적 순수성 속에서 나타나는 생명 그 자체다. "비극적 인간이란, 창조적 힘과 인식이 최고도에 이른 자연이니, 바로 이 때문에 고통 속에서 산고를 겪는다."* 따라서 복수의 본능을 거스르는 것은 이런 창조적 힘이거나, 아니면 단지 놀이 본능에 지나지 않는 것, 주사위 던지기와 같은데, 던져진 주사위에는 상대주의라는 노름이 아니라 새로운 활로와 가능성과 변신이, 또 상처에 불과한 틈에 붙들려 있어 멈춘 듯 보였지만 다시 열리는 삶이 걸려 있다. 그러나 이 모든 얘기는, 이처럼 니체나 말라르메의 시에 진지하게 호소함으로써, 또 '주름pli' 신봉자인 들뢰즈가 디오니소스적 변신에 대해 논의하는 바를 경청함으로써 공허한 말에 만족하자는 뜻이 아니다. 단지 분석의 공간에서 ─재차 말하지만 이 공간은 정신분석의 전유물이 아니다─ 말해지는 것들을 읽거나 써보자는 것이다. 그러니까 분석을, 제삼자를, 제삼항들을, 이드를, 자아를, 무의식을, 디오니소스 여사제들을, 비극의 감각을, 표현되지 못하고 가로막히기까지 한 언어화 작업을, 불가능하며 견디기조차 힘들지만 그러나 어느 날 의식된 적도 없이 실현되어 있는 승화를, 그리고 되찾은 시간을, 되찾은 여러 겹의 시간을 펼쳐놓는 바로 이 공간에서 말이다.

---

* F. Nietzsche, *La Volonté de puissance*, 438쪽, 536절.

이것이 바로 건강, 니체가 말한 위대한 건강이다. 그런데 바로 이 지점에서, 내가 임상으로 경험한바 르상티망에서 빠져나오고, 주체의 자격을 의무로 삼으며, 그런 의무를 떠안지 않더라도 결국은 주체의 자격을 곱씹으면서 하나의 몸짓, 하나의 에토스, 하나의 표현법style을 만들어내려는 시도가 다시 시작된다—그것만이 유일하게 실현 가능한 반복이다. 언젠가는 비로소 완수될 것이니 이런 시도를 논평하거나 만끽하느라 더 시간을 낭비하진 말자. 그리하여 세계를, 삶을, 다른 곳을, 또 사라지면서도 여전히 거기에 존재하는 자아를, 이제 더는 자기 상처들을 통렬히 느끼지 않는 자아를 만끽하자.

모리스 블랑쇼의『무한한 대화』중 "인간이 자기 자신을 근본적으로 문제삼기로 결심했을 때 만나는 응답"인 "한계체험 exprérience-limite"* 개념을 구상하는 챕터인「사유의 유희」를 살펴보자. 태어남은 구조적으로 결핍이라 상정했던 바로 그 블랑쇼가, 인간이 결국 "전부"라고, 바로 그것이 자신의 기획 안에 있는 "전부tout"라고, 이때 그 "전부"는 사회적 구속이 사라진 사회와 분리될 수 없는 어떤 기획과 같다고 말한다. 대체 이 "전부"는 무엇인가? 그것은 바로 "사유의 유희", 정확히는— 라캉이 했을 법한 말로—구멍들, 아니면 주사위 놀음, 주사위 던지기다. 이 은유에서 중요한 건 던지는 행위와 무한한 경우의 수이지, 순전히 무엇이 유희되고 있느냐가 아니다. 이것은 운명

---

* Maurice Blanchot, *L'Entretien infini*(1969), Gallimard, 1995, 302쪽.

에 맡긴다는 구상이면서, 단 한 방에 대한 구상, 단 한 방으로 벗어날 수 있는 운명에 관한 구상이다—누가 알까, 그것이 정말 가능할지. "오 무덤 밑바닥에서부터 던져진 주사위, 섬세한 밤의 손가락들이 던져 올린 태양새들의 주사위."* 이 문장이 말라르메의 것으로 보일 수도 있겠지만, 이처럼 시에 관하여, 운명의 비약에 관하여 신랄하기까지 한 해명을 풀어놓은 사람은 다름 아닌 블랑쇼다. 우리는 '유희의 가능성 그 자체'를 유희할 뿐이다. 다른 '이득gain'은 없다고 그는 강조한다. 그러나 저 '유희의 가능성 그 자체'가 영혼들의 무한한 대화를 창조하고, 이러한 움직임이 반란이라고 말함으로써, 블랑쇼는 글쓰기를 반란의 순간으로 규정한다.**

이것이 바로 반추와 반복의 차이로서 어떤 문체의 토대를 이룬다. 여기서 물론 페기C. Péguy의 시를 떠올리게 된다. 페기의 언술에서 반추의 악취미를 떠올리기란 불가능하고, 또한 페기의 '반복'과 모방할 수 없는 그의 문체 운용법 속에 니체가 말한 운명애amor fati, 영원에 대한 감각, 그리고 르상티망의 고통을 극복하게 될 개별자와 함께 추는 춤의 가능성이 있음도 부정할 수 없다. 브뤼노 라투르는 페기의 반복적 문체가 지닌 중요성을 연구하여, 바로 그 반복적 문체를 통해 다른 곳을, 위대한 안정성을 지닌 공간, 승화를 가능케 함으로써 시간 자체를 갖고 노

---

* 같은 책, 321쪽.
** 같은 책, 323쪽: "반란, 글쓰기의 광기".

는 모종의 다른 공간을 발명해냈다는 점을 밝힌다. "자연적인 것은 재생산된다. 흥미로운 것은 흘러가버리며 머물지 않는다. 거짓된 것은 되풀이된다. 본질적인 것은 반복된다. 중요한 것은 현재에 남고, 따라서 흘러가지 않도록 끊임없이 반복되고, 똑같이 되풀이되지 않도록 다르게 반복된다. [……] 반복은 존재에서 시간으로 옮아간다."* 반복을 통해, 문체를 통해, 우리는 우리를 둘러싼 것과는 다른 세계, 과거와 관련을 맺는 세계, 앞서 살았던 영혼들이 영속하며 그 규모가 문체 속에서 계속 울려퍼지는 그런 세계에 거주하게 된다. 부족하게나마 비교를 해보자면, 의례le rituel와 반복 사이에 존재하는 연관성이라는 측면, 아니면 초월자와 맺는 관계 속에 우리를 내재성 속으로 투사하는 의례의 힘이라는 측면에 빗대어볼 수 있으리라. 의례를 통해 우리는 세계 안에 거주한다. 문체의 반복을 통해서도 세계에 거주할 수 있게 되지만,** 이때의 거주는 바로 세계의 내부에, 혹은 다른 저 너머의 공간에, 그 세계가 통제할 수 없는 어떤 시공간을 생성함으로써 이루어진다.

들뢰즈가 강조했듯이, 니체의 사유에는 극복하기 어려운 지점이 있다. 사실 니체가 복수심, 나아가 르상티망을 가리켜 현대사의 거대한 동력이라고 지적하는 데는 이유가 있다. 복수 본능이 형이상학, 심리학, 역사를 통틀어 모든 것을 압도했던 듯

---

* Bruno Latour, "Pourquoi Péguy se répète-t-il? Péguy est-il illisible?", in Camille Riquier(dir.), *Péguy*, Les Cahiers du Cerf, 2014, 339~341쪽.
** B. Latour, "Nous sommes des vaincus", in C. Riquier(dir.), 같은 책, 28쪽.

보이니 말이다.* "복수심은 우리 사유의 계보학적 요소이자, 우리가 사유하는 방식의 초월적 원리다"라고 들뢰즈는 논평한다. 그렇다고 해서 오로지 르상티망만이 유일하게 가능한 역사의 동력이라 결론 내려야 하는가? 르상티망을 빼고 역사를 만들어가는 일이 아직 가능할까? 역사를 다른 식으로 만들어가는 것, 태초를 르상티망 안에서 발생시키지 않는 것, 그것이 차라투스트라에 관한 니체의 기획이라면? 영원회귀라는 관념을 내세우는 길이 거기에 있다면? 그것이 새로운 문명의 원리라면? 우리가 알고 있는 역사가 단지 르상티망의 역사였을 뿐이라면? 르상티망이 실재하며, 나아가 역사의 동력에 내재해 있다는 점에는 의심의 여지가 없다. 그나마 덜 타락한 그 역학으로 미루어 르상티망 자체가 "타락"한 것이 아니라는 말 또한 이해할 만하다. 그럼에도 불구하고, 다음과 같이 받아들이기 매우 어려운 도전이 제기된다. 대체 르상티망 없이 이렇게 역사를 만들어나갈 것인가? 내 생각에 이것은 중요한 쟁점인데, 왜냐하면 르상티망의 실재, 어쩌면 그 필요성마저 부정할 게 아니라 어떻게 그것을 승화시킬지, 어떻게 르상티망만으로 역사의 춤을 이끌어나가지 않도록 할지 아는 일이 더 중요하기 때문이다. 인본주의 문명은 이어지는 행보에, 즉 르상티망에 맞서면서 그것을 부인하는 대신 초극하려는 노력의 단계에 놓여 있다. 이것은 대문

---

* F. Nietzsche, *La Volonté de puissance*, Ⅱ, 410쪽, 458절; G. Deleuze, *Nietzsche et la philosophie*, 40쪽 참조.

자 역사l'Histoire를 윤리로부터, 아니면 우리가 인본주의 문명이라 규정하려는 무엇으로부터 분리해내는 길이요, 그게 바로 르상티망의 궤적 안에 머무는 데 만족하지 않는 하나의 대문자역사다. "인간은 시간성이 강제하는 노역에 시달리는 도형수"로, "생성le devenir을 통해 강제된 거주지"를 갖는다.* 역사 안에 참여해야 한다는 임무에 대해 장켈레비치보다 더 잘 말할 수 있을까? 어떻게 말해야, 과거의 의미는 미래 안에 놓여 있다거나, 미래를 떠올려야만 현재의 시간을 축조할 수 있고 야만 앞에서도 낙담에 빠지지 않을 수 있다는 것을 그보다 잘 표현할 수 있을까? "가치들이 펼쳐진 하늘은 찢긴 하늘이다"**라는 그의 말은, 순수성에 대한 지고의 환상을 결국 포기하고 말았던 우리를 위로하기에 충분했다.

19
끊임없이 세계에 대해 놀라워하기

르상티망에 빠진 "성격"의 문제점 중 하나는 더이상 보는 법을 모르게 되고, 사물들에 접근하는 올바른 시선을 상실하며, 감탄하는 능력과 그저 경이로 바라보는 능력을 잃어버린다는 데 있다―마치 주체가 스스로 제 눈을 찌르기라도 한 듯, 마치

---

* Vladimir Jankélévitch, *Henri Bergson*(1930), Quadrige, 2015, 269쪽.

** V. Jankélévitch et Béatrice Berlowitz, *Quelque part dans l'inachevé*(1978), Gallimard, "Folio Essais", 1987, 119쪽.

주체가 자신이 지닌 관대함의 능력마저 잃어버리기라도 한 듯, 단순히 눈먼 상태를 넘어 모든 것이 왜곡되어 보이는 상태에 이르는 것이다.

데카르트에게 관대함은 음울한 정념(분노, 시기, 질투)을 보호하는 모체와도 같다. 『정념론』의 156번 항목은, 시기와 증오와 분노가 어우러진 일종의 융합체가 바로 르상티망이라는 점에서, 어떻게 관대함이라는 이 인간의 자질이 르상티망을 막아내는지 이해하게 해준다.

> 관대한 사람들은 이런 방식으로 〔……〕 자신의 정념, 특히 욕망과 질투와 부러움을 완전히 제어하는데, 왜냐하면 그들이 수없이 원할 정도로 충분히 가치 있다고 여기는 것들을 획득하느냐 마느냐는 오로지 그들에게 달려 있기 때문이다. 관대한 이들은 모든 사람을 존중하기 때문에 인간에 대한 증오를 통제하고, 자신의 미덕에 대한 신뢰가 그들을 안심시키기에 두려움도 통제하며, 마지막으로 그들이 타인에게 의존하는 부분이 아주 적은데다 그들이 자신의 적으로 인해 기분이 상했다는 사실을 인정할 만큼 적에게 우위를 내주는 일은 없으므로 분노까지도 통제한다.*

---

* Descartes, *Les Passions de l'âme*(1649), 156항(한국어판: 르네 데카르트, 『정념론』, 김선영 옮김, 문예출판사, 2013).

정념의 난맥에 맞서 싸우기 위한 전략적 미덕으로서의 관대함을 설명하기에 앞서, 데카르트는 원초적 정념 가운데 으뜸인 경이의 개념(70번 항목)을 불러들인다. 이 개념의 정의는 드물고 비범한 무언가를 마주하여 느끼는 놀라움뿐 아니라 그러한 놀라움을 유지하는 상태까지 포함한다. 나아가 우리는 경이를 르상티망의 이중적 움직임에 대립되는 것으로 간주할 수 있을 것이다. 자극의 일차적 형태가 있고 그 자극이 보다 의식적인 형태로 배가된다는 점에서, 경이는 르상티망과 제법 유사한 작동 방식을 보여주기 때문이다. 다음과 같은 변증법이 정립된다. 경이는 우리의 주의력뿐 아니라 사랑하는 능력까지 증진시키지만, 그런 감정적 고양을 수용하는 정신구조 자체가 경이의 생산자이기도 하다. 우리는 경이 속에서 주체의 시선과 경이를 자아내는 대상을 분리할 수 없다는 점을 잘 알고 있다. 경이로울 만한 것이 경이롭지 못할 수 있고, 경이로울 만한 게 아닌 무언가에 대해 사람들이 경이로워할 수도 있다. 앞서 데카르트가 경이에 호소할 때, 그는 자신도 모르게 벌써 경이를 관대함과 결부시킴으로써 경이를 되도록 무결한 것이자 주체로 하여금 제 정념을 조절하게 하는 보다 고귀한 능력이 부여된 것으로 본다.

들뢰즈는 르상티망에 사로잡힌 주체들에게서 나타나는 경이로워할 수도, 존경할 수도, 사랑할 수도 없는 불능 상태로 되돌아간다.* 여기서 내가 "사로잡혔다"라고 표현하는 건, 이들에게

---

* G. Deleuze, *Nietzsche et la philosophie*, 134쪽.

무언가 도착적인 황홀이 있기 때문이다. 다른 사람들이 경이를 통해, 아니 차라리 모종의 인정욕구를 숨긴 광신적 매혹, 넘치는 열광을 통해 황홀감에 빠져들 때, 이들은 르상티망을 통한 황홀에 몸을 맡긴다. 데카르트가 말한 형태와 가장 가까운, 관대함과 겸손으로 연결되는 경이는 광신적 매혹이 아니라 합리적인 감정이다. 말하자면 그것은 세상이나 타자를 바라보는 법을 배우는 것이요, 보편적 앎을 확장시키는 특이성을 그들에게서 포착해낸다는 의미에서 세상과 타자에게 경이를 품는 것으로, 철학에서 잘 알려진 능력, 즉 폄하하려는 유혹을 벗어던진 채 놀라워하거나admiratio 물음을 던지는 능력을 가리킨다. 경이를 느낀다는 것은 자기 안에 각성을 일으키고, 인지능력을 열어젖히며, 정신과 육체의 유동성을 허용하는, 따라서 행동을 가능케 하는 것이다. 몹시 흥미롭게도, 들뢰즈의 분석은 경이를 느끼는 능력이 결여된 르상티망에 빠진 인간이 어떻게 자기가 폄히하는 대상뿐 아니라 그 무엇도 존중할 수 없는 상태로 넘어가는지 보여준다. 더구나 이것은 상당히 논리적인 귀결이니, 경이가 주체에게 정신과 행동 반경의 확장이라는 다소 불확실한 능력을 부여한다면, 반대로 르상티망은 똑같이 분화되지 않은 수준으로 영혼을 편협하게 만드는 효과를 낳는다. "르상티망에 빠진 인간에게서 가장 눈에 띄는 점은 그가 지닌 악의가 아니라, 그가 보이는 비열한 적의, 폄하하는 능력이다. 이에 버틸 수 있는 것은 없다. 그는 자신의 친구들을 존중하지 않으며, 적들도 존중하지 않는다. 불행조차, 혹은 불행의 원인조차 존중하지 않는다."* 모든 것이 졸아

드니, 불행 또한 다른 사람의 잘못으로 여겨질 뿐이므로 불행조차 줄어든다. 모든 게 하찮아진다. 그리고 자신이 하찮은 것에 둘러싸여 있다고 믿다보면 결국 그에 저항하지 못하게 되는 건 논리적 수순이다. 썩은 부분은 르상티망에 빠진 인간이 위험의 정도를 인지하지 못하는 와중에도 그를 잠식한다.

제대로 된 자기보존 감각이라면 어떤 영역을 썩지 않게 보호하는 것이, 적어도 그 상태에 머물기 위해서라도 중요하다는 것을 깨우쳐야 하겠지만, 이런 작업 자체가 불가능해 보인다. 아마도 이 작업은 오히려 르상티망의 정치적 표현 중 하나인 파시즘 안에서 수행되는바, 파시즘은 르상티망에 맞서 정화의 환상으로 이루어진 일종의 벽이나 울타리를 세움으로써 그 안에서 불순물들을 제거한 새로운 공동체를 구축하게 된다. 어쨌든 이것이 파시즘의 필요성을 정당화하는 담론이다. 포퓰리즘 정권만으로는 대체로 경이를 되찾으려는 도착적 시도의 문턱조차 넘지 못하는 경우가 많으며, 따라서 그건 "평범한 성도착자들"**로 잘 알려진 수동 공격성의 유일한 기록에 머물 뿐이다.

사실, 자신의 불행이 심각하더라도 이를 진지하게 받아들이진 말아야 한다고 생각하기란 쉽지 않다. 이것은 하나의 과제이

---

* 같은 곳.

** "보통의 성도착자pervers quelconque" 개념을 참조하라: Eugène Enriquez, "L'idéal type de l'individu hypermoderne: l'individu pervers?", in Nicole Aubert (dir.), *L'Individu hypermoderne*, Érès, 2004, 45~46쪽. "평범한 성도착자들pervers médiocres"에 대해서는 C. Fleury, *Les Pathologies de la démocratie*, 참조.

96

자 마뜩잖더라도 자신에게 들여야 할 노력이니, 멀리서 보고 거리를 둬야 할 필요가 있기 때문이다─우리가 세계의 불행을 바라볼 때 거리를 두는 건 그다지 낯선 일이 아닌데, 오히려 여기서 문제는 거리두기 자체가 아니라 바로 무지에, 공감이나 배려가 결여된 상태에, 요컨대 이기주의에 있다. 우리는 세상의 불행을 진지하게 생각한다고 믿지만 실상은 사뭇 다르다. 우리는 세상의 불행을 진지하게 생각하지 않는다. 그리하여 우리가 우리만의 불행을 중요시할 때 상황은 그만큼 더 우습고 뻔뻔스러워진다. 그럼에도 이 문제가 어려운 건, 가슴을 에는 저 감정의 신랄한 고통과는 거리를 유지해야 하기 때문이다.

새삼 강조하자면, 이런 고통을 부정해야 한다거나 나아가 이 감정을 단박에 멀리하는 것이 "강인한" 정신이라는 얘기를 하려는 게 아니다. 단지 거리를 두어야 할 의무, 더이상 자기 판단을 왜곡하지 않겠다는, 그리고 개인의 건강뿐 아니라 더 집단적인, 그러니까 민주주의 정서와 연관된 건강까지 돌보겠다는, 윤리적이고 지성적인 의무를 말하려는 것이다. 이것은 각자 자신의 "최선"에 호소한다는 의미에서 거의 극기주의적 "귀족적" 실천이다─만약 여기에 엘리트주의적 면모가 남아 있어야 한다면, 그건 무엇보다 자기 자신과의 약속, 스스로에게 어떤 규율과 방법과 윤리적 목표를 부과한다는 생각으로써 가능하다. "불행의 원인에 대한 귀족적인 존중이란, 오로지 자신의 불행만 진지하게 여길 순 없다는 것과 다름없다."* 이 말은 들뢰즈가 했지만, 니체가 썼을 법한 문장이기도 하다. 또한 "진지한 사람"이 진지한 이유는 그가 현실을 방기하는 게 아니라 바로 주체로서 책임을 떠안는다는 것에 있다는 장켈레비치의 표현법에서도 이 문장은 울려나온다. 달리 말하자면, 그는 세계의 불행을 외면하지 않으며, 또한 자신의 불행을 진지하게 마주하면서도, 그보다 더 비극적인 존재가 되려 하거나 그 불행을 무대에 펼쳐놓거나 좀더 극적인 것으로 전시하거나 도구화하려 하지 않기 때문이다. 그는 세계의 불행을 성찰하는 행위에 함께 참여하고, 더이상 자신의 불행을 그저 '곱씹어 느끼는ressentir' 것만으로 무언가를 하고 있다고는 믿지 않는 자다.

20
행복과 르상티망

　불행에 대한 잘못된 정의는, 따라서 제법 논리적인 귀결에 따라 곧 행복에 대한 잘못된 정의가 된다. 매우 전형적인 첫번째 역전 현상은 사랑하지 않는 자가 사랑받기를 원하면서 그 욕망의 부조리함은 깨닫지 못한다는 데 있다. "사랑받고, 먹여지고, 갈증이 채워지고, 어루만져지고, 잠재워지길 원하는 자. 그는 무능한 자, 소화불량, 불감증, 불면증에 시달리는 자, 노예다. [……] 그는 누군가 자신을 사랑하지 않는 것을 공공연한 악의의 증거로 간주한다."** 소화불량에 걸린 사람은 소화를 시키지

---

* G. Deleuze, *Nietzsche et la philosophie*, 134~135쪽.

못하므로 속이 쓰리고, 그 쓰라림에서 헤어나지 못한다. 무엇도 사라지지 않고, 무엇도 더 소화되지 않는다―거북한 소화는 니체에게, 그리고 니체와 그 뒤를 이은 들뢰즈에게 특징적인 주요 모티프다. 그러므로 그는 마치 아이처럼, 애정을 아득바득 갈망하고 조금만 저지당해도 상대방이 자신을 좌절시켰다며 울고불고 악을 쓰는 아이처럼, 사랑받기를 원한다―달리 말해 어떤 행동에 그가 단단히 실망했다면, 그건 그가 그 행동을 순전히 합목적적인 것으로는, 자신을 겨냥한 게 아니라는 것으로는, 사심 없이 한 행동으로는 받아들이지 않았기 때문이다.

아이라면 받아들일 수 있고 바로잡을 수 있고 바로잡아야만 하는 사안이라 해도, 어른이라면 "그러할 권리"를 의식하며 고집스레 버티고 있어 좀처럼 그렇지 못하다. 말하자면, 나는 아무것도 존중하지 않고 당신을 존중하지도 않지만 존중받을 권리는 갖고 있다는 것이다. 이것은 행복에 대한 잘못된 정의인데, 이유인즉슨 한편으로 이제 행복의 물질성과 그 대단한 증거들만이 중요시되고, 특히 물질적 부의 상징체계라는 유일한 기준을 넘어서는 것들은 신용을 잃게 되어서다. "르상티망을 지닌 인간은 이득과 이익을 좇는 인간이다."*** 그렇다면 르상티망을 지닌 인간에게 전적으로 동의만 해주면 그만일 테니, 그러니까 그가 물질적으로 기대하는 것을 주면 그를 치유할 수 있을

** 같은 책, 135쪽.
*** 같은 곳.

테니, 문제가 더 간단해지리라 믿는 이들은 실망할 것이다. 채워지지 않는 저 다나이데스의 물독 앞에서는 결코 그런 일이 일어나지 않는다. 우리가 보았듯이, 르상티망이 완전히 전개될 때 소유의 르상티망과 존재의 르상티망은 더이상 구별되지 않는다. 그래서 소유가 무한한 것으로 보일 수 있을지라도—절대 그렇지도 않을 테지만—소유로 존재를 치유하지는 못한다. 주어지게 될 것들이 결코 충분치 않을 테니 말이다.

완전히 전개된 르상티망의 위험은 더이상 그것이 협상, 교환, 화해에 적합하지 않다는 데 있다. 니체와 들뢰즈의 용어를 빌리자면, 르상티망은 행복을 연금생활자와도 같이 "수동적"인 관념으로 이해한다. 들뢰즈에 따르면 행복은 "마약"*의 형태로, 즉 환상에 빠지고 현실에서 도피하며, 기쁨을 도구화하여 주문하면 얻을 수 있는 것으로 여기게 만드는 중독물질의 형태로 나타나지만, 외압에 의한 기쁨은 전부 거짓 기쁨이며 그런 쾌락은 점점 더 덧없는 것이 된다. 행복은 모든 윤리학에서 필연적으로 노력이고, 스스로에 대한 과업이나 영혼의 완성과 불가분의 관계에 있으며, 고통에서 면제될 수 없고, 결핍까지 아우르는 전체의 종합에 들어맞는 의식, 또 어떻게든 자기 자신과 삶에 대한 긍정의 힘을 발휘할 수 있는 의식의 한 형태다. 르상티망을 지닌 인간은 주체의 공교한 노력을 웬만큼 수반하는 이와 같은 퍽 수고로운 행복의 정의를 추구하지 않는다. 그는 즉각적인

---

* 같은 곳.

것, 수동적인 것, 뒷배가 있는 것을, 제공된 행복을, 즉 행복의 주체가 아니라 행복의 객체를 추구한다. 요컨대 그의 질문은 "이 행복으로부터 내가 무엇을 얻는가?"이지, "어떻게 타자가 되어볼 수 있는가"가 아니다. 감탄은 하고 싶지 않으나 인정은 받고 싶은 자의 뻔뻔함을 들뢰즈는 이런 근사한 말로 표현했다. "그는 자신이 하지 않은 행동들에서 이득을 요구한다."* 따라서 일견 반직관적으로 보일지라도—앞서 말했듯—도착적 진행의 잘 알려진 마지막 연결고리는, 연금에 대한 욕망과도 같은 수동성이 공격성**과 결합하는 지점에 있다. 그렇게 악순환이 윤곽을 잡는다. 더 수동적인 사람일수록 더 공격적일 수 있다.

21
약자로부터 강자를 보호하기

"거미"가 그런 입장에 있다. 거기 거미가 버티고 있으며, 그 무엇도 거미의 탐욕을 누그러뜨릴 수 없다. 거미,*** 독거미, 이 것은 니체의 명명으로, 자신의 불행을 소화할 수 없음을······

---

* 같은 곳.

** 같은 책, 136쪽: "잘못의 전가, 책임의 분배, 영원한 비난, 이 모든 것이 공격성을 대신한다."

*** 같은 책, 133쪽. 니체, 『차라투스트라는 이렇게 말했다』(1883)에서 다음을 참조: "이들은 평등의 설교자이면서 동시에 타란툴라인 자들이다. 이 독거미들은 제 동굴 속으로 물러나 생을 등진 채 도사리고 있으면서도 짐짓 생에 대해 좋게 말하는데, 사실 그것도 해를 끼치기 위함이다."

아니, 차라리 그렇게 판단되는 무언가를 이르는 말이라 할 수 있는데, 왜냐하면 놀랍게도 임상에서 확인되는바 인간에게 닥치는 순전히 객관적으로 엄청난 고통—애도, 이별, 질병, 유기, 고문, 강간, 배신 등—이 반드시 르상티망의 온상이 되지는 않기 때문이다. 고통은 갑자기 닥쳐와 주체를 무너뜨린다. 주체는 바닥에, 어쩌면 바닥보다 아래에, 어떤 이들에게는 딴 세상인 것만 같은 곳에, 이 세계로 돌아올 수 없는 불가능성 속에, 바로 르상티망 자체를 품을 수조차 없는 불가능성 속에 있으니—이 르상티망 자체는 곧 그처럼 논외가 된다. 일부는 헤쳐나올 테지만, 대부분의 사람은 이를 무엇보다도 완전한 추방, 최종적인 분리, 자신에게 닥쳐온 기상천외한 일로 여길 것이다. 힐난은 아무 의미가 없다. 하나의 구멍, 거대한 공허, 심연 그 자체가 놓여 있고, 또 그 안으로 빠져드는 자아가 있다. 그런데 여기에 반드시 거미가 있는 건 아니다.

루이즈 부르주아Louise Bourgeois의 거미로부터 양분을 취한 존재들은 거미를 두려움에 질린 상태로도, 또 어쩌면 다른 식으로도 인식하는 게 분명하다. 짜고 엮는 기술, 그러한 의무와 그 가치를 부정할 수는 없다. 만약 우리가 니체의 은유를 따르기로 결정한다면, 그것은 직조하는 기술이 어째서 잠재적 먹잇감을 사로잡기 위한 덫을 놓는 행위로만 환원될 순 없는지 살피기 위함일 것이다. 자신이 엮은 거미줄의 원래 목적을 넘어 다른 목적을 발명하려면 거미에겐 예술가의 도움이 필요하다. 토마스 사라세노Tomás Saraceno를 떠올려보자. 그의 작품에서는 그 무엇도 덫에 빠지지 않으며, 시선은 놀라움 가득한 감탄이 된다. "나를 속이려고 수작 부리지 말라"*고 말하는 르상티망 속 인간은 덫에 더 확실히 얽매어 있고자 자신의 그물을 짠다. 이와 같은 존재 방식과 반응 방식은 제 어리석음을 언제나 지성으로 착각하는 편집증 환자나 음모론자에게서 나타나는데, 왜냐하면 바로 그 방식이 징후들을 언제나 똑같은 의미로 해석하고 직조하게 하는 히스테리적 동력이기 때문이다. 르상티망의 궤변은 누구든 쉽사리 경험할 수 있는 것이자 반추에 의존하는 무엇이다.

"언제나 약자로부터 강자를 보호해야 한다"**라는 니체의 선언은 파시즘적 소지가 다분한 수많은 해석을 낳았다. 들뢰즈를 통해, 우리는 니체에게서 뚜렷하게 등장하며, 또한 주인과 노예의 변증법을 구성하는 전제들과 동일선상에서 연유하므로 헤겔에게서도 나타난다고도 할 수 있는 취약함faiblesse, 르상티망이 내포한 취약함 그 자체를 다른 식으로 이해할 수 있게 되었다. 강자는 그 자체로en soi 강한 자를 의미하는바 그가 반드시 현실세계에서 권력을 지닌 자는 아니며, 오히려 다른 사람을 비난하면서 스스로 행동하기를 포기하는 자들의 심적 허약함을 드러내는 르상티망이 실제적 힘을 행사한다는 점에서 정확히 그 반대일 수 있다. 강자들의 몰락, 약자들의 불가피한 약진, 이는 르상티망이 구가하는 승리다. 그리고 사회가 권장하는 것이

---

* G. Deleuze, *Nietzsche et la philosophie*, 134쪽.
** 같은 책, 65쪽; F. Nietzsche, *La Volonté de puissance*, Livre I, 395절 참조.

꼭 그 자체로 최선은 아니며 도리어 영혼의 고귀함이라는 개념과 다시금 대립항을 이루는 니체의 또다른 용어인 "비열함"에 가깝다는 점에서, 우리는 그러한 몰락이 벌써 개인적인 것임을 이해할 수 있다. 그러나 니체의 명언은 오히려 이미 제일의 권력을 지닌 자들을 상찬하고 그로써 그 권력자들의 결점을 탁월하게 정당화하는 도구로 자주 이용되어왔다. "약자로부터 강자를 보호한다"는 말은 힘없는 자에 대항하여 정치적으로 권력자를 옹호한다는 말과 결코 동일시되지 않는다. 등식은 더 미묘하게 성립하며, 무엇보다 이 투쟁은 내면적이고 정신적인 층위에 놓여 있다. 강자를 옹호한다는 것은 어떤 대가를 치르더라도 르상티망을 승화시켜야 한다는 임무를 옹호하는 것과 같다. 그것은 또한 허무한 멸망이 르상티망을 경험한 역사의 결말이 될 순 없다는 사실을 인준하는 일이다.

재차 강조하지만 르상티망은 극복될 수 있으니, 그럼에도 르상티망에 굴복하고 무한정 그런 상태로 머문다면 그건 스스로를 노예로 만드는 일이요 살인적인 정념에 복종하는 일이다. 아무리 자신의 도덕성을 과시하더라도 르상티망은 도덕성의 날조일 수밖에 없는바, 인간과 인간의 행위를 나누는 것이 르상티망이기 때문이다.* 물론 개인과 행동 사이의 분리를 전부 르상티망으로 환원시킬 수는 없다. 만일 그렇다면 반성은 르상티망이 될 뿐이고 법은 평범한 사람들의 무기가 될 뿐이겠으나, 실

---

* 같은 책, 3권, 393절: "인간과 행위를 분리한다는 것은 도덕성을 날조하는 것이다."

제로는 다르다. 매개를 창조한다는 건 벌써 상징화한다는 것, 어쩌면 승화한다는 것이리라.

22
르상티망의 병리학

르상티망을 보다 임상적인 측면에서 규정하려면 『정신질환 진단 및 통계 편람』 4판*에 명시된 기준을 검토하는 게 유용할 테다. 여기서 온전히 또 명확하게 정의되는 건 아니지만, 르상티망은 수많은 정신질환의 중핵으로서, 개중에는 부정적이고 적대적이며 보복적인 태도를 체계적인 특징으로 삼으며 특정 유형의 청소년들에게서 매우 전형적으로 나타나는 이른바 "적대적 반항장애"도 있다. 이 장애를 겪는 사람은 자신의 잘못을 결코 인정하지 않고, 다른 사람들에게 공격적으로 시비를 걸고, 통제할 수 없는 분노를 분출하고, 병적인 악의를 보이고, 심각한 신경과민에, 어떤 형태의 권위도 거부하고, 불응의 이유에 대한 마땅한 이해 없이 불응하며, 요컨대 결코 해결책을 제시하지 않고 자신의 행동을 문제시하지도 않은 채 되풀이되는 부정적 행동에 갇힌 모습을 보인다. 이런 사람의 르상티망은 항구적이며, 자기 자신에게 희생자–집행자의 위치를 부여한다.

---

* Julien-Daniel Guelfi와 Marc-Antoine Crocq이 프랑스어 번역 총괄, 프랑스어 번역팀 Patrice Boyer, Julien-Daniel Guelfi, Charles-Bernard Pull, Marie-Claire Pull 주도.

한편 이와 같은 청소년들은 이미 유년기에, 정도의 차이는 있더라도 주의력결핍과잉행동장애 진단을 받았던 경우가 많다. 르상티망으로 심화된 정신적 문제가 주의력장애로 이어질 수 있다는 점은 주목할 만하다. 주체는 더이상 대상을 향한 시선으로 자기 정신을 살찌우지 못하고, 집중해서 바라보는 능력, 즉 자신이 보는 대상을 정신의 자양으로 삼을 능력 자체를 잃게 되므로 스스로를 위한 보상 작업을 수행할 수 없게 된다. 눈에 띄는 것은 오히려 짜증을 유발하거나 자신에게 "적대적"인 것으로, 적어도 스스로를 높이 평가하지 못하고 자신은 다른 사람들이 소유한 것들을 누릴 수 없는 희생자 혹은 배제되거나 차별받는 자로 간주하는, 개별 정체성을 위험에 빠뜨리는 것으로 식별된다. 르상티망의 태도를 구성하는 반목反目은 곧잘 주의력장애에 결부되는데 이러한 연관성은 제법 논리적인바, 주의력을 발휘하려면 불가피하게 어떤 형태의 동의와 수긍이 요구되며 그것은 반목의 태도와는 본질적으로 다르기 때문이다. 무언가를 이해하는 행위, 인식하는 법을 배우는 행위, 그저 놀라워하는 행위에는 그 선결조건으로 주의력이 요구된다. 주체가 "정신을 빼앗긴 상태"가 되면, 바로 그 순간부터 주체는 좀처럼 주의력을, 그것이 전적으로 주체에게 이롭고 주체를 보호한다 해도, 발휘할 수 없게 된다. 여기서 우리는 주의력을, 무엇보다 주의력의 질을 유지하는 일이 왜 중요한지 알 수 있다. 주의력은 수많은 인지행동과 사회행동의 모체가 되기 때문이다.

르상티망은 또한 유년기에 관련 장애로 나타나는바, 분리불안을 겪고 이미 부모와의 관계에서 맛본 첫번째 좌절에 대처하지 못하는 경우 그러하다. 그러므로 르상티망의 발현을 막지는 못할지라도 르상티망의 영향력에 저항하고 나아가 극복할 수 있게끔 주체의 역량을 길러주는 것이 교육의 필수 요건이 된다. 분리되는 법을 알고, 좌절의 의미를 이해하고, 거기서 결핍된 측면만이 아니라 잠재적 해방을 이해하는 것이 미래의 행동 방향을 결정하는 핵심적인 요소다. 교육은 분리를 가르치는 일이고, 언젠가 자신의 상호의존성뿐 아니라 실제적 고독까지 자각할 수 있도록 의식의 자율성을 획득할 능력을 길러주는 것이다. 거리에, 단절에, 상징화 과정에 길들여지도록 하는 것, 달리 말해 무언가를 완전히 잃지 않고도 떨어져 있을 수 있고, 부재하는 것의 현존을 계속해서 견딜 수 있게 하는 이 까다로운 역할 역시 르상티망 안에서는 결여되어 있는 것이다. 상징화 과정을 수용할 수 없는 어떤 상태가 있으니, 바로 거기 무언가가 있어야만 한다는 것이다. 무언가가 있다고 믿으려면 물질성이 필요하다. 물질을 '소유'해야만 한다, 어떤 사실이 존재한다는 것을 입증하기 위해서는 소유한다는 사실이 필요하다. 그러나 움직이며 활동하고, 따라서 분리되고, 따라서 상징화해야 하는 존재인 인간의 건강과는 이율배반적이라는 점을 떠올리지 않더라도, 언제나 소유하는 것은 그 자체로 완전히 불가능한 일이다.

이 승화된 좌절에 프로이트는 문화라는 이름, 문명이라는 이름을 부여했다. "문명의 건설이 본능적 욕동의 억제라는 원리에 얼마나 의존하는지, 문명이 그러한 본능을 (억압, 억제, 또

는 그 밖의 다른 메커니즘으로) 만족시켜주지 않는다는 전제조
건에 얼마나 의존하고 있는지는 간과될 수 없다. 이런 '문화적
욕구 단념'은 인간의 사회적 관계에서 대부분의 영역을 지배한
다. 이미 알고 있듯이, 욕구 단념이야말로 모든 문명이 맞서 싸
워야 하는 적개심의 원인이다."* 인간적 본능을 억누르고, 어째
서 그러한 "억제répression"가 예속이 아닌 해방이 되어야 하는
지를 납득하는 일. 사실 욕동의 지배하에 살아가는 사람은 누구
나 이런 소외감, 즉 자기가 욕동의 주인이 아니라는 감정을 느
끼기 때문에 이 말을 금방 이해한다. 하지만 그 반대도 마찬가
지로 사실일 수 있으며, 바로 그렇기 때문에, 예속의 본질을 왜
곡하기 위해서가 아니라 자유란 오로지 어떤 환경 안에서만, 그
러니까 제약 속에 타자들과 대면하는 와중에만 존재한다는 점
을 가르치기 위해서, 교육은 필수적이다. 달리 말하자면, 자유
는 전능함의 문제가 아니라, 자신의 욕동과 타자의 욕동에 관한
주도권 박탈을 극복하는 문제다. 게다가 프로이트 역시 제시했
던 무의식의 문제, 즉 주체는 자기 집의 주인이 아니며, 자신이
객체가 되는 욕동의 작용방식을 대체로 모르고 있다는 사실을
고려한다면, 자유란 행동할 능력, 말하자면 오로지 우리의 것만
은 아닌 환경에서조차 결정권을 유지할 능력으로 정의된다.

  과잉행동, 주의력결핍, 분리능력의 결핍, 좌절을 받아들이고
승화시키는 능력의 결핍, 상징화 작용의 결여 등으로 묘사되는

---

* S. Freud, *Malaise dans la civilisation*, 41쪽.

일련의 문제들에, 조현병의 전형으로 간주되는 (양극성의 대표적인 증상이기도 한) 조현정동장애와 함께『정신질환 진단 및 통계 편람』4판에 다음과 같이 정의되는 박해망상을 추가해야 한다. "이 하위 유형은 주요 망상성 사고에, 누군가 자신에 대한 음모를 꾸민다거나, 자신이 속임과 염탐과 미행을 당한다거나, 독이나 약물이 자신한테 투여되었다거나, 악의적으로 중상을 당한다거나, 괴롭힘을 당한다거나, 장기적인 목표를 추구하는 데 방해를 받고 있다는 확신이 포함될 때 적용된다. 사소한 문제들이 과장되어 망상 사고체계의 중핵을 형성할 수 있다. 많은 경우 망상은 법으로 시정되어야 하는 불의에 초점을 맞추며('호소망상') 증상자는 흔히 법원에 호소하거나 여타 공공기관에 항의하는 등 보상을 받기 위한 반복적 조치를 취한다. 박해망상의 사고를 보여주는 사람들은 대체로 원한과 분노를 경험하고, 자신에게 악행을 저지른 장본인이라 믿는 이들을 향해 폭력을 행사할 수도 있다."

여기서 임상의들이 자주 맞닥뜨리는 난제, 더 일반적으로는 정의의 세계가 마주하는 난제를 짐작할 수 있다. 정의를 요구하는 것은 필요한 행위이며, 반드시 병적이라 할 수 없다. 정의에 대한 요구는 말해져야 하고 또 지속되어야 한다. 그러나 엄청난 소송광의 역량을 보여주는 저 "호소망상"에는 법이 무엇이든 할 수 있고 피해자를 자처하는 사람에게 당연히 동의해주리라는 의지가, 아니 차라리 그런 믿음이 감춰져 있다. 달리 말해 법은 그가 믿는 것—즉 법과 정반대인 것—을 다른 사람에게 강제하는 하나의 초자아에 지나지 않으며, 여기서 우리는 법을 향한 욕망이 르상티망의 완성본일 수 있다고 보는 니체의 논거를 다시 발견하게 된다. 이 공적 호소의 광기, 이 강박은 르상티망에 선동되지 않는 사람에게는 분명 낯선 것이니, 법을 보상의 사적 동력으로 여기지 않는 한 법을 통해 보상을 획득한다는 것은 거의 불가능한 일이니 말이다. 정의 요구가 정의 구현은 아니다. 여기서 우리는 우리와 법의 관계가 대체로 몹시 왜곡되어 있으며, 일부 국가에서 파다한 법의 물신화 현상이 이 논제를 뒷받침해주고 있음을 알 수 있다. 이러한 모순이—법에 대한 모독과 법에 대한 절대적 요구가—자기 망상의 본질을 인지하지 못한 채 자신이 모욕하려는 무언가를 욕망하는 르상티망의 중심에 있다는 점 또한 알 수 있다. 이것은 우리가 법 없이도 살 수 있어야 한다는 뜻이 아니라, 어쩌면 법과는 상당한 거리를 두면서 오로지 최후의 수단ultima ratio으로만 법을 이용해야 한다는 의미에 가깝다.

우리는 르상티망을 지닌 인간에게 내재한 내적 모순과 그가 보이는 애증*욕동을 다시 만난다. 이 충동은 또한 그의 수동-공격성을 반영하는데, 이는 다시 부정적이고 적대적인 성격의 특징이기도 하다. 재차 말하지만, 누군가 르상티망에 빠져 있다고 말할 수 있는 것은 전반적이고 반복적인 장애가 발생하는 시점

---

* 애증hainamoration은 증오haine와 사랑amour이 뒤얽힌 채 상호작용하는 상태를 가리키는 라캉의 조어다. Jacques Lacan, *Encore. Le Séminaire*, livre XX(1972-1973), Seuil, 1975, 83쪽 참조.

부터이며, 단지 누군가 그러한 감정을 겪을 수 있다는 이유에서가 아니라는 점을 유념해야 한다. 정신병적 행동을 규정하는 것은 고착이지, 잠시 거쳐가는 상태가 아니다. 수동-공격성이라는 것은 단지 대인관계에 비추어서만이 아니라 일반적인 방식으로 이해되어야 한다. 예를 들어 업무에 수동-공격적인 사람은, 말하자면 일을 미루면서 미룬 것을 후회하지만 그렇다고 해서 행동으로 옮기기에는 무력하다. 그 무행동의 책임이 자신에게 있다고는 생각하지 않으며, 더욱이 이런 반응이 행동하지 않는 것과 하나라는 것도 알아채지 못한 채 자신이 행동하지 않는다는 데서 오는 불만만 경험할 뿐이다. 고집스러움, 고의적 무능도 마찬가지로 수동-공격적 태도에 속하는 것일 수 있다. 이는 『정신질환 진단 및 통계 편람』 4판에 제시된 특성이기도 하다. 주지하다시피, 압박감에 대한 저항이 이처럼 "무행동"의 양상으로 나타날 수도 있다. 그러나 능동적 저항은 이와는 완전히 다른데, 짐짓 능청을 떨고 일을 미루고 열정을 투자하지 않으려 할지언정, 이는 다른 투자 즉 행동으로 이행하지 않는 게 아니라 행동으로 이어지는 투자를 더 제대로 준비하기 위함이다.

『정신질환 진단 및 통계 편람』 4판에 묘사된 전형적인 임상 사례는 이렇다. "상사로부터 익일 예정된 회의 이전에 검토해야 하는 서류들을 받은 어느 직원은 그 서류들을 빠뜨리거나 잃어버리게 되고 정작 그 업무를 완료할 시간이 부족하다는 말은 하지 못한다. 이들은 자신이 제대로 보상받지 못하고, 제대로 평가받지 못하고, 제대로 이해받지 못한다고 여긴다. 이들은 다른 사람들에게 끊임없이 항의한다. 어려움을 겪을 때 이들은 자신의 실패를 다른 사람들의 행동 탓으로 돌린다. 이들은 언짢은 내색을 하고, 신경질적이고, 참을성이 없고, 트집 잡길 좋아하고, 냉소적이고, 회의적이며, 적대적인 태도를 보일 수 있다." 여기서 모든 종류의 직접적 갈등이 회피된다는 점은 주목할 만한데, 사실 갈등은 어떤 형태로든 행동을, 이를테면 논거를 들어 반론하는 행동을 요구할 것이며, 경우에 따라서는 행동을 취할 시간이 부족하다는 점을 인정하고 그리하여 자신과 마찬가지로 말꼬투리를 잡는 누군가를 상대하면서 미흡한 인간으로 여겨지는 위험을 감수해야 할 수 있기 때문이다. 따라서 역기능을 직시하기보다는 오히려 강화하려는 선택이 이루어지고, 허위의 패배를 꾸며내어, 즉 자신이 어떻게 할 수 없는 우연의 경쟁을 만들어내어, 무능력자라는 비판에서 벗어나게 된다. 이것은 몹시 일반적인 태도이자 빤히 내다보이는 법이기에 안타깝게도 많은 경우 효과를 내지 못한다. 이런 전략을 쓰는 사람들은 계속해서 이를 남발하는데, 그럼으로써 우연에 기댄 저 가상적 구실로 낭패를 보게 된다. 이들은 가면을 벗으면 공격성이 더 커지고, 차별에 대한 비판과 르상티망 특유의 피해자 입장을 취하며 후퇴할 수 있다.

그러므로 여기서 르상티망에 빠진 인간을 공격적으로 만드는 것은 바로 행동 이행 명령, 말하자면 상황에 대한 직접적 심문이라는 점을 이해할 필요가 있다. 그는 결단코 자신의 책임에, 즉 자신을 행위자로 구성할 주체적 가능성에 회부되는 상황을 견딜 수 없다. 게다가 자신이 해내야 할 가상의 행위에서 성과를 보이라는 요구를 받을 경우 공격성은 더 커진다.* 한편 이것은 르상티망의 영향력에 맞서 싸우기 위한 임상진단에서 중요한 지점이다. 처음부터 결과를 보이라고 강요하진 않아야 하는데, 왜냐하면 그러한 결과가 달성되지 않을 땐 더 감당하기 어려운 실망감을 유발하기 때문이다. 따라서 행동요법에 가까운 방식으로 개인의 중심축을 재배열하는 것, 단지 개인을 행동의 축으로, 즉 결점들을 포함하여 있는 그대로의 자신에 기반한 축으로 되돌려놓는 것이 중요하다. 행동 이행 명령은 역효과를 내기 마련이니, 그걸 치료에 활용한다면 마찬가지로 역효과를 낼 것이다. 행동의 목표와 합목적성을 설정하기에 앞서 기계적이고 활력적인 방식으로, 예컨대 그저 걸어본다거나, 움직여본다거나, 이를 기회로 주의력을 발휘해보려는 시도들로 행동의 길을 다시 시삭하는 것이 필요하다.

이는 결코 간단한 일이 아니니, 그러한 방식의 겸허함을 받아들이는 것만으로도 벌써 커다란 한 걸음이다. 하지만 앞서 살펴보았듯, 르상티망을 앓는 주체들은 실제로 겸허함을 잃는다. 우

---

*『정신질환 진단 및 통계 편람』 4판, 934쪽. "타인을 향하여 간접적이고 비전투적인 방식으로 표현되는 공격성을 통해 주체가 내부 또는 외부 스트레스 요인이나 감정적 갈등에 반응하는 메커니즘. 겉보기에 동조하는 모습을 보여도 저항, 원한, 혹은 적대감을 감추고 있다. 수동 공격성은 대체로 타인이 행동이나 수행을 요구해올 때 그에 대한 반응으로서, 혹은 자신의 욕망이 충족되지 않아서 발생한다. 수동 공격성은 종속적 위치에 있으면서 다른 방식들로는 솔직하게 자기주장을 할 수 없는 사람들에게 나타나는 적응 방법일 수 있다."

리는 겸허함이 무능이 아닌 하나의 능력이라는 점을 알게 된다
—그런데 이것이 깨달음이긴 한가? 겸허함은 우리의 결핍을
의식화한 형태인 동시에, 이 결핍을 사라지게 할 수 있다고 믿
는 전능의 망상에 빠지지 않으면서도 책임 회피를 거부하려는
우리의 시도다. 결핍은 존재의 탄생에 관한 중대한 질문이다.
탄생은 곧 결핍된다는 것이다.

23
인본주의인가, 인간 혐오인가?

나는 늘 내가 너무 일찍 태어나버린 게 아닌가 생각해왔다.
그러나 나중에 태어났더라도 (여기서 라캉적 의미를 담아 말하
자면) 나의 탄생은 여전히 "빗금"이 잘못 그어진 사건이었음이
밝혀졌으리라는 걸 일단 인정하자. 어쩌면 태어나지 말았어야
한다고, 시오랑 같은 사람은 『태어났음의 불편함 *De l'inconvénient
d'être né*』에서 썼을 법하다. 그리고 블랑쇼는 치유될 수 없는 결
핍을 다음과 같이 완벽하게 묘사한다. "태어남이란 모든 것을
가진 다음 갑자기 모든 것이 결핍되는 것, 그리고 무엇보다도
존재 자체를 결핍하는 것이다. 〔……〕 무엇으로 존재하게 되리
라는 예감, 자신의 역사가 형성되는 것은 언제나 이런 결핍과
결핍에 따른 요구들 곁에서다."* 여기서 다시, 주체의 형성 과

---

* M. Blanchot, *L'Entretien infini*, 346쪽.

정에서 일어나는 일과 사적이면서도 명백히 집단적인 역사 안에서 벌어지는 일 사이의 변증법이 제시된다. 블랑쇼에게는 이처럼 충만함에 대한 원초적 신화, 잠시만 지속될 뿐인 환상이 있다―그런데 아이가 이 환상을 의식할까? 이것이야말로 필경 유아기의 모든 것, 분리를 수행하고 세계를 형성하는 일의 불가능성에서, 따라서 결핍에 대한 자각이 없는 상태에서, 그로써 가능한…… 그러나 동시에 전적인 의존 속에서, 의식하지 못하는 가운데, 개체화의 불가능성에서 나타나는 충만함이 아닌가. 이후 교육과 문화가 결핍에 따른 요구를, 곧 결핍의 승화를 향하여 내딛는 그 한 걸음, 결핍의 부정성을 거부하고 결핍의 극복 불가능성을 거부하는 몸짓을 강제할 것 아닌가.

내가 쓴 것은 단 한 권의 책이었으리라. 그 책에서 나는 진실한 상상imaginatio vera―고통의 대가pretium doloris―희극적 힘vis comica의 심위일체를 본다. 결핍, 결핍에 따른 요구, 험난한 여정, 미지의 결과, 그러나 시작을 상상함으로써 벌써 작동하기 시작한 회복탄력성, 진행중인 개별화, 그러나 전체에 비추어보면 시시할 뿐인 여정, 많은 사람 가운데 하나, 지나치게 많은 수 가운데 단 하나. 그럼에도 인간 혐오 속에 틀어박힐 것이 아니라 거기서 벗어나야만 한다. 솔직히 말하자면, 나는 인간 혐오가 인본주의 자체보다 덜 인본주의적인지도 잘 모르겠다. 그다지 확신은 없다. 그러나 나는 인간 혐오의 노선을 선택한 적이 없고 감히 선택하려 한 적도 없는데, 그러면 곧바로 아주 강력한 모순이 제기되기 때문이다. 인간 혐오의 길을 택하면 먼저 자신의 삶, 자기 삶이라는 무가치함도 단숨에 제거되어야만 하리라. 어떤 이들은 자기 자신이 절멸되기 전에 타자를 절멸해야 한다는 논리를 극단까지 밀어붙일 수도 있겠지만, 역사는 그처럼 완전한 말살을 목표로 하는 사람이 드물다는 사실을 알려주었다. 일반적으로 그와 같은 목표는 진행되는 와중에 희석되기 마련이고, 말살해야 할 자들과 말살하지 말아야 할 사람들 사이에서 선택이 이루어진다. 엄선하여 행해진 말살은 결국, 자신의 약함을 시험하지 않고, 약함에 만족하며, 욕동들과 대면하려 하지 않는 몹시 허약한 인본주의임이 밝혀진다. 그러한 이유로 마침내 나는 웃음의 인본주의를 선택했다. 우렁차게 터져나오는 웃음이 아니라 잦아드는 웃음, 어쩌면 가벼운 미소, 분명히 떠올랐지만 사라져가는, 약해지지 않는, 그러나 위대함은 색이 바래기 마련이니 어떤 대가를 치르더라도 위대함을 추구하지 않는, 그런 웃음 말이다. 그럼에도 여전히 충만함의 꿈을, 충족될 수 있는 거대한 자아의 꿈을 포기하기란 어렵다. 스스로를 놔버리지 않고서는, 저 자신을 위해 노력할 의무를 저버리지 않고서는, 이 꿈을 놔버리기란 어려운 법이다.

24

분석을 통해 르상티망과 싸우기

여러 차례 이야기했듯이, 내겐 르상티망에 맞서 싸운다는 도전이야말로 분석 영역에 가장 부합하는 작업으로 여겨진다. 치료 과정에서는 많은 것이 언어로 표현된다. 출신에 대한 질문, 출신, 가족, 부모, 우리가 나고 자란 문화와 맺는 관계에 대한 질문 같은 것들. 환자는 자신이 이해하지 못했던 무엇을, 바로 거기에 모든 설명을 가능케 하는 열쇠가, 조금이라도 설명을 해줄 만한 열쇠가 놓여 있었는데도 심지어 중요치 않다 판단했던, 그 무언가를 이해해보려고 노력할 것이다. 환자는 언어로 발화할 것이고, 이런 언어화를 통해 실재의 실마리를 풀어 '진실'의 일부를 들추어내겠지만, 그 진실이 '치유'를 완수하기에는 충분치 않으리라. 치유는 단순히 복구를 행하여 원래의 상태를 회복하는 일이 아니다. 캉길렘G. Canguilhem이 적확하게 표현했다시피, 치유란 만들어나가야 할 삶의 새로운 규범을 발명하는 일이므로, 따라서 치유는 창조다. 유기체 차원에서 주체는 자신의 항상성을 되찾기 위해 치료 절차를 밟는다. 상징적 차원에서도 주체는 어떤 면에서는 똑같은 작업을 행하는데, 이번에는 창조적 역동성과 보다 밀접한 관련이 있는 것으로 드러날 어떤 방식을 따른다는 점이 다르다. 이러한 약동, 회복탄력성이라는 생명의 가능성을 유지하기 위해서는, 설령 이런 가능성이 생기론 측면에서 봤을 때 훼손된 상황이라 하더라도, "주체의 자격이 걸린 진실vérité capacitaire"*을 산출하는 일이 중요해진다. 이 진실은 거짓이나 누락이 아니라 바로 "진실"이 낳는 결과에 대해 말하고, 전달하고, 관심을 갖는 어떤 방식을 가리킨다. 그러나 이 작업도 간단치 않은데, 왜냐하면 환자는 자기 자신이나 분석가의 모든 발화를, 일단 자신의 현상태를 공고히 하기 위한 목적으로 누구보다도 먼저 해석하는 사람이기 때문이다.

더구나 무기력에서 벗어나게 해줄 해석을 거부하는 경향은 르상티망의 행동 양상**에서 매우 전형적으로 나타난다. 이들은 아무런 보람도 없이 진실을 구석구석 헤집는가 하면 자신의 발화에서 그나마 주체적인 말이 있는지 찾아보지만 아무런 소용이 없다. 환자는 말하는 행위에 저항하고, 해결책에 저항한다. 그런 해결책을 벌써 알고 있었거나 실행해봤지만, 대개 상당 기간 동안 아무런 효과를 보지 못했다. 환자는 알고 있고, 해보았고, 시도했지만 진전이 없었다. 그는 자신이 실패했다고 말하는 대신 "진전이 없다"고 말할 것이다. "압니다, 벌써 시도해봤습니다, 아무런 진전이 없습니다." 보다 사회적이고 집단적인 형태의 르상티망도 이와 동일한 태도에서 유래한다. 말하자면 아무런 진전이 없다는 사실에 집단의 동의를 얻으려는 태도인데, 이는 진전을 보일 만한 무언가를 제안하려는 목적에서가 아니라 진전이 없는 무언가를 배제하고 증오의 대상으로 삼아, 비록 그 대상이 무엇이든 될 수 있는 빈칸일지라도 제 모든 에너지를 거기에 집중시키려는 목적에서 나타나는 태도다.

---

* 저자가 자주 사용하는 용어로, 정신분석치료에서 환자가 말하는 진실이 치료 방향에 부합하며 치료에 대한 동의를 내포할 때 그 말은 '주체의 자격이 걸린 capacitaire' 진실에 해당한다. 개인의 치료가 사회의 돌봄과 변증법적으로 얽혀 있다는 전제하에 그 자격은 물론 민주시민이 공동체 안에서 맺는 관계 및 주권과도 연결된다. 이 책에 언급된 'capacitaire'는, 이런 의미망을 벗어나지 않는 범위에서, 각각의 맥락에 맞게 '주체의 자격이 있는' '주체의 능력에 의한' '주체가 주도하는' '주체적인' 등으로 조금씩 다르게 번역했다—옮긴이.

** 그러한 행동이 정신증에 따른 것이건 아니면 심각한 신경증에 따른 것이건.

그래도 다시 주체의 자격이 걸린 진실로 돌아가자. 주체적 진실을 끌어내는 가장 확실한 방법은 어떤 식의 해석을 제시하는 것이 아니다. 물론 환자들은 어떤 '마법적' 처방을 기대하지만, 사실 그런 처방은 내인적인 것 즉 자체적으로 생성된 것이 아니므로 적합하지 않다고 판명날 터라, 가장 확실하게 실패하는 방식이다. 나는 분석자와 피분석자가 그다지 명확히 구별될 수 있다고 생각하지 않으며, 각각의 말이 그 발화자에게만 온전히 귀속된다고도 생각하지 않는다. 분석을 하는 동안에는 모든 것이 서로 연결되고, 공동으로 발명되며, 함께 드러난다. 환자에게서 행동할 수 있는 힘, 적어도 행동할 수 있게 되리라는 예감이 더 쉽게 솟아나게끔, 그럼에도 불구하고 환자의 언어적 발화를 일단 유지하는 일은 여전히 중요하다. 그리고 이를 위해서는 뭔가를 '풀어나가야' 하는 주체가 환자 자신이어야 한다는 점, 필요한 경우 환자는 자신의 침묵과 분석지의 침묵을 스스로 헤쳐나가야 한다는 점도 중요하다. 때때로 이는 이전과 다른 버려짐의 감정을 불러일으키는 험난한 시련이다. 환자는 분석가 앞에서 혼란에 빠질 것이고, 자신의 침묵이 만든 메아리인 분석가의 침묵을 거듭 마주해야 한다. 그렇기 때문에 주체가 주도해나가는 접근법이라 할 수 있지만, 모두가 이 침묵과 침묵의 독창적 변형에 곧장 익숙해지는 것은 아니기에, 엄격하게 형식이 부여되는 방식은 아닌 것이다. 예술은 주체를 일방적인 방향으로 이끌어가지 않으면서도 자기 확신을 되살릴 말을 산출하게 하고, 주체가 침묵을 가로지르도록, 바로 그 침묵 안에 사유를 위한 원천, 안다고 믿는 것과 모르는 것을 정밀히 다듬기 위한 원천이 있다는 사실을 깨닫도록 하는 일이다. 오해를 일으키지 않으려면, 주체가 주도하는 진실이 피분석자의 말을 분석자의 말로 대체하는 것이라 여기지 않게 하려면, 이처럼 이 진실에 대한 약간의 개진된 논의가 필요하다. 사실이 전혀 그렇지 않으니까. 르상티망이 현저하게 나타날 때는 이러한 행동조차 엄청나게 어려운 일이 되고 더구나 위협을 받기 마련이다. 나는 르상티망이 분석에서 최종 결정권을 가진다고 생각하지 않는다. 반대로 르상티망이 남아 있다는 것은 분석이 존재했음에도 없는 것이나 다름없다는 점, 분석 연습 안에서 가장무도회가 지속되었을 뿐이었다는 점을 증명한다고 생각한다. 이는 매우 자주 발생하는 상황이고, 이때부터 분석의 옷차림을 한 인형놀음이 일어날 수 있다는 점에서 한층 고차원적인 어려움이 생긴다. 르상티망의 인간은 사이비 분석에 힘입어 제대로 맞지도 않는 진단의 옷을 입고서 자신의 르상티망을 마음껏 분출할 것이기 때문이다.

25
시간에 가치를 되돌려주기

물론 언어만이 경험이나 승화의 유일한 수단은 아니다. 경험 그 자체가 있고, 경험하고 삶을 자신의 고유한 체험으로 바꾸어 나가는 능력이라는 것도 존재한다. 모리스 블랑쇼에게 이 두 가지는 한데 뒤섞이는데, 그에게 경험이란 필시 작품의 핵심 즉 존재하는 그대로의 글쓰기를 가리킨다는 점에서, 또한 글쓰기가 경험을, 삶을, 달아나는 것을, 흘러가는 것을, 모든 작품의 고유한 무위에 맞닿아 있는 삶의 쇠잔함을 지칠 줄 모르고 추구한다는 점에서 그렇다. 교육—또는 평생교육에 붙여질 수 있는 또다른 이름—의 결과임이 분명한 분석을 통해, 자기 자신을 향하지만 세계에 의해 매개되어 확장된 시선 속에서, 우리는 더이상 저 자신만을 바라보는 자아로만 시선을 던지지 않으며—비록 많은 사람이 자신을 바라보는 일이 분석의 전부라고 생각할지라도, 이것은 우습고 지루한 일이 될 것이므로—오히려 시선을 열어두고 제대로 눈을 뜨게 된다. 왜냐하면 분석은 이미 경험의 전 단계요, 경험하는 방법을 배우거나 다시 배우는 하나의 가능성이기 때문이다. 반면 르상티망은 더이상 경험을 만들어갈 방법을 알지 못하며, 그런 게 삶이니 모든 것은 지나가리라, 오로지 쓰라린 감정과 불만만이 남을지니, 하고 여기는 것이다. 타자를 향한 증오는 영혼을 말라붙게 하고 모든 영역을, 무엇보다 우리가 지닌 매개자로서의 능력을 메마르게 한다.

경험의 여정을 되찾는 일 정도는 너무 간단해 보인다. 사실 근본적으로 간단한 일이 맞지만, 경험을 위해 치러야 할 대가는 만만치 않다. 경험을 하려면 시간이 필요하고, 펼쳐지는 시간을 되찾아야 하는데, 여기서 시간의 펼쳐짐은 무엇보다 우리의 정신 속에서, 시간을 길게 늘이려는 의지 속에서 일어나는 일이다. 그리고 우리가 알다시피 시간은 사회에서 귀한 자원이다. 어떤 사람들은 그럼에도 시간이 남아돈다고 여긴다. 자신의 생

활에, 자신의 영역에 꼼짝없이 갇혀 있다고 느끼는 청소년들이
바로 그들이다. 문학은, 이처럼 공허한 시간이 자신을 집어삼키
고 있으며 따라서 자신은 그 자리에서 꼼짝 못한 채 썩어간다고
느끼는, 그래서 다른 곳을 갈망하며 길을 떠난 존재들로 가득차
있다. 그러나 이들은 시간이 남아돈다기보다, 결핍의 요구와 승
화에 관한 인생의 비밀에 대해 아직 조금밖에 알지 못하기에 시
간으로 무얼 할지 모르는 상태라 할 수 있다.

우리 모두 언젠가 한번쯤은 흘러가는 시간과 권태를 하염없
이 동일시하는 그런 상태에 빠진다. 우리는 세상을, 환경을, 가
족을, 지금 이 순간 우리가 누리는 삶의 열악함을, 우리에게 보
장된 보잘것없는 자유를, 우리에게 할당된 거주 공간을 탓하면
서, 이 모두가 가짜는 아니지만 충분치 않다고 느낀다. 더구나
우리가 시간의 가치를 발견하거나 체험하지 못하면, 우리를 무
기력에서 빼내줄 것으로 여겨졌던 여행의 끝에서도 불가피하
게 르상티망이 모습을 드러낼 것이다. 그러니 르상티망에서 벗
어나는 일이 곧 기분좋은 충만함을 곱씹는 느낌이라고는 생각
지 말아야 한다. 니체가 말하길, 위대한 건강에는 디오니소스적
인 면모가 있으니, 달리 말하자면 그것은 분절되어 있는 모습과
그리 이질적인 것이 아니다. 회복기에 들어선 사람은 언제나 입
에 망명의 쓴맛을 달고서, 자신이 끝없이 도망치고 있다고, 자
신의 역사로부터 늘 달아나고 있다고 느낄 것이다. 관건은 그러
한 감정을 잠재우는 데 있으니, 이를 길들이고 약간의 휴식을
취할 수 있게 된다면 성공이다. 망명에 맞닥뜨렸을 때조차, 이

처럼 경험이 만들어내는 또다른 극을 발견하겠지만 그것이 망
명자에게 완전히 낯선 것만은 아니다.

언어화 작업은 아픔을 되살리면서도 진정시킨다. 홀로 망명
했다는 감정이 너무 강하면 저항할 여지가 거의 없다. 그래도
자신의 언어가, 분석의 노력으로 정제된 자기만의 고유한 말이
있으니, 때로는 그 언어가 마침내 안식처 같은 느낌을 줄 수 있
다. 한 번의 내담이 집이 되고, 거처가 될 수 있다. 물론 이런 역
량은 분석 치료만의 특권이 아니라 문학작품의 일반 규칙을 이
루는 쓰기와 읽기, 그러니까 말이 지닌 근원적인 진실 중 하나
다. 문학의 말은, 무의미하며 우리의 손에서 빠져나가는 것이라
블랑쇼가 이른 "일상적 말"*과는 같지 않다. 날마다 끊이지 않
는, 실제로 듣고 있는 사람도 없는데 도무지 멈추지 않는 저 말
들, 그러한 특성은 일상에, 현실에 고유하다. 요컨대 말의 친교
기능은 하찮거나 시시하지 않으며 특히 불안에 직면했을 때 중
요한 역할을 한다. 친교 기능이 불안을 일시적으로나마 잠재워
주는 것이다. 그러나 한 방향으로 유도된 불안을 잠재우기 위해
서는 다른 무언가가 필요하다. 그러니까 보다 내면화한 말, 보
다 의식화한 말, 필경 더 고요하지만 길게 이어지는, 환대를 향
해 열려 있는 어떤 말이 필요하다.

---

* M. Blanchot, *L'Entretien infini*, 355쪽.

엄밀히 말해 르상티망에서 유래한 것은 아니지만 제대로 된 방향으로 해소되지 않을 경우, 르상티망의 도화선이 될 만한 현상이 있다. 정신분석가가 피분석자를 분석 작업으로 인도하고자 할 때 바로 분석가 자신이—때로는 잠시 동안, 때로는 만성적으로—저 르상티망의 표적이 되면서, 그의 마음에 솟아나는 강렬한 쓰라림의 감정이 그것이다. 이때 복잡하게 뒤섞인 감정이 피어오른다. 피분석자로부터 상처받은 분석자는, 설령 자신이 상처받았다는 사실을 부인하더라도 내면의 유쾌하지 않은 감정이 깨어날 수 있는데, 그 감정이 모종의 자국을 남겨 분석가는 정신분석에서 잘 알려진 오랜 교훈을 상기하고 무슨 일이 벌어지는지를 온전히 인지하면서 느끼는 감정과, 계속 치료를 진행해야 한다는, 더구나 피분석자에게, 나아가 필시 자기 자신에게도 효과가 있는 무언가를 이끌어내야만 한다는 치료자의 의무 사이에 갇혀 갈팡질팡하게 된다. 위니콧은 분석자가 마음을 졸이고 정신의 제약을 받는 이런 순간을 일컬어 "역전이를 통한 증오"*라고 규정했다.

위니콧이 어린 시절 느낀 저 감정의 양면성에 관한 일화는 종

---

* D. Winnicott, *La Haine dans le contre-transfert*(1947), Payot, "Petite Bibliothèque Payot", 2014.

종 언급되면서 때로는 보상작용réparation의 개념에,* 때로는 "증오심에 물든"** 역전이에 결부된다. 일화에서 위니콧은 자기 누이의 인형을 들고 있으며, 그 코를 망치로 부순 참이다. 그토록 그는 인형을 견딜 수 없다고 느꼈는데, 아버지가 마치 복화술사처럼 인형을 가지고 "누이와 함께하는 장면에 아들을 등장시키며" 다음과 같은 노래를 부르고 아들을 놀려댔기 때문이다. "로지는 도널드에게 사랑한다고 말했고 도널드는 로지에게 그 말을 믿지 않는다고 말했다네." 이 일련의 장면에 대한 위니콧의 설명은 이렇다.

> 그래서 나는 이 인형을 내가 망가뜨릴 수밖에 없었음을, 그리고 내 인생의 많은 부분이 단지 그런 행위를 하겠다는 욕망을 품고 계획하는 데 만족하는 게 아니라 실제로 실행했다는 부인할 수 없는 사실에 토대를 두고 있었음을 알았다. 아버지가 연신 성냥불을 붙여가며 밀랍으로 된 인형의 코를 바로잡을 수 있을 만큼 충분히 가열했을 때, 나는 얼마간 안도감을 느꼈던 것 같다. 그렇게 해서 인형의 얼굴은 다시금 얼굴의 형상을 되찾았다. 복구와 보상 행위에 관한 이 최초의 시연은 확실히 내게 깊

---

* Denys Ribas, "La vie de Donald Woods Winnicott", in D. Ribas (dir.), *Donald Woods Winnicott*, PUF, 2003, 6~34쪽.

** Christine Voyenne, *La Haine dans le contre-transfert*(1947), *Le Contre-Transfert*(1960), commentaire des articles de D.W. Winnicott, 2010.

은 인상을 남겼고, 어쩌면 이것이 작고 소중하고 무고한 존재였던 나 자신이 직접적으로는 인형에게, 간접적으로는 이제 막 나의 의식 생활에 들어오기 시작한 공평무사한 기질의 아버지에게 실제로 폭력을 행사했다는 사실을 받아들이게끔 했을 것이다.

자신이 그처럼 작고 소중하고 무고한 존재가 아니라는 사실은 날마다 새로운 발견이면서 평생에 걸쳐 계속되는 발견이다. 개인으로서 전혀 무고하지 않고, 분석가로서 전혀 무고하지 않고, 피분석자로서 전혀 무고하지 않다는 것, 그러나 무고함의 결핍에 늘 시달리고 그 결핍을 부정할 수는 있을지언정 해소할 수는 없다는 것. 그때부터 회복의 길이 열린다. 그러나 진정한 회복의 길은 반복의 여정이 아니다. 무고함의 결핍을 끝없이 되풀이할 수도 없는 노릇이요, 그 결핍을 인정하고 변명하고, 심지어는 탓하는 것으로 만족할 수도 없으리라. 자신이 무고하지 않음을 확인하려는 이러한 방식은 거짓 겸손의 모습을 띤다. 이때 스스로의 부족함을 인정하는 것은 그것을 극복하기 위함이 아니라, 그 상태에 안주하여 결국 부족함만으로 충분하다고 생각하기 위함이다. 들뢰즈는 독자에게, 자신이 타인의 수준에 미치지 못한다며 타인은 훌륭하고 자신은 자격이 없다고 평가하는 이를 경계하라고 촉구하면서, 이러한 상황을 잘 짚어낸다. 그건 더 세련된 양식을 갖춘 르상티망의 형태이자, 성대하게 선언된 열등감이다. "선하거나 아름다운 것 앞에서, 자신은 이해

하지도 못하고 그럴 만한 자격도 없다며 스스로를 비하하는 자
들을 우리는 의심해야만 한다. 그들의 겸손은 섬뜩하다. 그들이
수행하는 열등함의 선언 속에는 아름다움을 향한 얼마나 큰 증
오가 감추어져 있는지."* 자신이 저지를 수 있는 잔인함의 형태
를 인지하는 순간은, 그것을 극복해야 한다는 의무감이 그렇듯
반드시 필요한 순간이다.

　얼굴의 복원이라는 은유는 결정적이다. 이 은유는 타자의 얼
굴에 관한 물음이 주축을 이루는 레비나스E. Lévinas의 후기 윤
리학 개념과 공명하지 않을 수 없다. 다른 사람에 대한 미움은
끝내 그가 지닌 주체로서의 정체성을, 얼굴을, 즉 자신이 아닌
다른 존재의 존엄성을 부정하게 한다. 타자를 수취인 불명의 우
편물이나 폐품과 동일시하는 셈이다. 폐품을 갖다 버리지 않으
면 뭐하겠는가? 얼굴을 복원한다는 것은, 증오의 희열에 자신
을 내맡긴 주체의 복구와 가혹한 표류를 겪었을 타자의 복구라
는 이중적 복구 작업에 속한다. 타자에 의해, 모종의 동요를 일
으켰던 그 장본인에 의해 복구가 이루어질 수도 있다는 점 또한
이해해야 한다. 그렇지만 저 일화가 표현하는 건 위니콧의 영혼
에 생겨난 움직임이고, 마음을 다스려 자신을 죄어오는 증오욕
동으로부터 벗어날 수 있는 어린아이의 창창한 능력이다. 그렇
다면 피분석자가 자신의 의식 생활에 이제 막 들어오기 시작한,
그토록 공평무사한 정신분석가를 어째서 견디기 힘들어하는지

---

* G. Deleuze, *Nietzsche et la philosophie*, 134쪽.

우리는 알게 된다.

역전이 안에서 나타나는 증오의 개념에 관한 부아옌의 주해는 여러 면면을 밝혀준다. 일단은 역전이를 분석의 작동에 대한 걸림돌로 보는 프로이트적 진실을 환기한다는 점에서 그렇다. 확실히 역전이는 총체적 시련으로 다가온다. 그리고 분석가라면 누구나 모든 것이 완벽히 무사공평하게 흘러가는 중립의 지점을 꿈꾸리라. 이것이 가능하긴 한가? 그렇지 않다면, 자신이 역전이의 폭력과 무관하다고 믿는 분석가가 무엇을 꾸며내는지, 그가 분석에 관한 어떤 종류의 환상에 사로잡혀 있는지 의문을 품어볼 수 있다. 역전이의 폭력에 대처한다고 해서 조금이라도 성공이 보장되는 건 아니지만, 그런 대처는 적어도 분석가의 명철한 의식 상태를 입증한다. 따라서 역전이가 극복되지 않을 때 나타날 수 있는 책임전가를 분석가가 지속적으로 바로잡을 수 있게끔 프로이트가 권장하는 것이 바로 지도감독supervision*이다.

치료적 관계의 원형으로 아기를 엄마와 연결하는 관계가 있는데, 여기서 엄마가 아기에게 보내는 아낌없는 지지는 분석자가 피분석자에게 보여주는 지지와 같은 성격을 띤다—주체의 형성과 미래의 르상티망을 극복하고 회복할 수 있는 잠재능력의 출현에서 핵심 요소인 '진실한 상상'을 위니콧만의 방식으로

---

* "그런 이유로 1910년부터(「분석 치료의 미래 가능성들」) 프로이트는 쓴다. '모든 분석가는 자신의 콤플렉스와 내부 저항이 허락하는 한에서만 치료를 진행할 수 있다. 그래서 우리는 분석가가 우선 분석을 받기를, 또 결코 멈추지 않기를 요구하는 것이다……' 교육용 분석은 1918년 제5회 IPA 학회에서 제안된다." C. Voyenne, 같은 글 참조.

명명한 어머니의 상상적 구상 작업에 대해서는 나중에 다시 살펴보겠다. 어머니의 상상적 구상 작업은, 아이가 자라날 환경이자 아이가 맞이하게 될 개별화 과정의 틀이다. 그렇다고 분석가가 어머니와 같다거나 어머니가 제공하는 환경이 분석의 틀이된다는 의미는 아니지만, 다시 강조하건대 이 두 환경 사이에는닮은 점이 있다. 부아옌은 미래 주체의 잠재성을 최초로 형성하는 무엇, 즉 주체와 주체가 받았던 모성적(부모성적이라고 하자) 관심을 잇는 관계의 질적 수준을 설명하기 위해 다음과 같은 위니콧의 규정을 근거로 든다. "대상관계가 확립되기 전에우리는 단지 개인만으로 이루어진 것이 아닌 통합체로 존재한다. 이는 주변 환경과 개인이 함께 만든 상황을 통해 형성된 하나의 단위다. 개인의 무게중심은 개인으로부터 생겨나는 것이아니다. 그것은 주변 환경과 개인을 아우르는 전체에서 드러난다."* 덧붙이자면 피분석자의 유년기에 특히 앞서 말한 부모와의 관계에서 환경적 결함이 있었으리라는 점이 거의 확실하다는 이유로, 차후에 저 타율적 무게중심을 재구성하기 위해 부모의 역할을 대신해야 한다는 뜻은 아닐 것이다. 다만 내담에서제기되는 관계 틀의 문제, 그와 같은 환경의 질, 경청하고 수용하고 주의를 기울이는 관계의 질에 관한 문제는 치료의 작동을구성하는 필수적인 요소다. 결함이 있는 관계 틀은 오히려 역기

---

* D. Winnicott, "L'angoisse liée a l'insécurité", in *De la pédiatrie à la psychanalyse*, PUF, 1969; C. Voyenne, 같은 글에서 재인용.

능을 일으킨다. "주변 환경이라는 개념은 [……] 분석에서 틀이 지니는 중요성과 틀의 결함이 역전이를 유발할 가능성에 대한 이해를 이끌어낼 것이다."* 부아옌은 다시 위니콧**을 인용하여 적절한 관계 틀을 보호해주는 기본 사항을 나열하면서 이렇게 주해한다. "분석가의 공격성과 억눌린 증오가 때로는 부인되는 방식으로 은밀하게 침투할 수 있는데, 바로 틀에 속하는 이 요소에 결함이 있거나 면밀한 성찰 없이 이 요소가 바뀔 때 그렇다." 이것이 바로 분석가의 르상티망이 반드시 직접적인 방식은 아니더라도, 환자를 포함하는 적정한 틀의 적절한 중재가 이루어지지 않음으로써 분석에 침투하게 되는 정황이다. 이렇듯 적절한 중재의 실패로부터 르상티망이 생겨나는바, 이제 이런 르상티망을 억제할 방파제는 아마도 없을 것이다.

9. 분석 상황에서 분석가는 일상에서 만나는 대부분의 사람들보다 더 신뢰할 수 있는 존재다. 분석가는 대체로 시간을 엄수하고, 급격한 분노에 사로잡히지 않으며, 사랑에 빠지는 등의 억제할 수 없는 충동에 순순히 따르지 않는다. 10. 분석가는 위협적인 꿈 때문에 상처받지 않도록 현실과 환상을 명확하게 구별해야 한다. 11. 환자는 분석가가 응보주의의 방식으로 반응하지는 않으리라는

---

* C. Voyenne, 같은 글.

** D. Winnicott, "Les aspects métapsychologiques de la régression au sein de la situation analytique"(1954); C. Voyenne, 같은 글에서 재인용.

점을 신뢰할 수 있다. 12. 분석가는 계속 살아간다[!].*

여기서 우리는 분석 내담이라는 틀이, 피분석자와 분석자 모두를 사랑과 증오 욕동이라는 폭력으로부터 보호하고 있음을 알 수 있다. 초반에는 많은 환자가, 특히 분석가 측의 사랑을 엄청나게 갈구한다. 모든 일이 감정에 따라 해석되며, 언제든지 증오만큼이나 사랑도 솟아날 수 있다. 마찬가지로 수많은 분석가가 이러한 감정을 가볍게 다루다가―그들이 감정을 갖고 노는 걸까, 아니면 감정이 그들을 갖고 노는 걸까?―이후에 매우 큰 혼란을 겪는다. 분석에서 마주하는 어려움은 아리스토텔레스적 중용의 어려움, 달리 말하자면 되도록 확실하고 되도록 복수심을 일으키지 않는 신뢰의 문제다. 열렬한 사랑의 화려함은 없지만, 버림받지 않을까 두려워하는 감정 같은 위험 요소는 일으키지 않는, 말하자면 권태 속의 신뢰 같은 것. 그저 신뢰할 수 있는 존재가 된다는 것은 겸허한 도전이지만, 환자의 자기소외를 해소하기 위해 반드시 필요한 일이다. 단지 신뢰할 만한 사람으로 여겨진다는 것은 환자가 그 고마움도 몰라보는 지경까지 이르도록 꼭 필요한 여정이다. 때때로, 얼마간 시간이 더 지나고 나면, 환자가 그 도움의 진가를 알아볼 수 있으리라. 그러나 이보다 불확실한 것도 없고, 피분석자가 제 담당 분석가를 이상화하는 순간이 그리 오래 지속되지도 않으니, 자기소외를

---

* 같은 글.

해소하는 문제에 있어서는 다행스러운 일이나 분석가가 자신의 제한적인 역할을 다시금 상기하게 된다는 점에서 이는 제법 고통스러운 일이다.

그러나 분석가가 느낄 법한 증오가, 예상 가능할 뿐 아니라 꽤나 합당한 근거가 있는 환자의 배은망덕에서 비롯하는 것만은 아니다. 환자의 의식적 무의식적 도발로 자신의 죽음욕동이 깨어나는 것을 두고볼 수밖에 없는 분석가에게서는 증오가 갑자기 깨어날 수 있다. 부아옌은 위니콧을 해설하면서, 증오의 전개가 환자와 분석가 양측에 공히 안겨줄 수 있는 희열의 양상을 강조한다. 아마도 여기에, 르상티망에 빠진 인간과 르상티망에 사로잡힌 채로 머물지 않고 그것을 횡단하는 사람의 차이가 있을 것이다. 그 차이란 미움이라는 행위에서 오는 주이상스의 문제다. 횡단하는 사람…… 그가 아마도 미워하는 상태일 때는 아무런 주이상스도 맛보지 못하기 때문에 횡단할 것이며, 그런 상태로부터 진정 불쾌감을, 심지어는 어떤 죄책감을 느낄 따름이므로 르상티망에서 벗어나는 일이 그에겐 절대적으로 시급한 문제가 될 것이다. 반면 증오를 즐기고, 거기서 활력을 찾고, 증오를 정당화하기 위해 온 의식을 기울이고, 증오를 분노로 치장하는 일에 익숙해진 사람에게 횡단은 보다 어려운 도전이 되는데, 주이상스와의 분리가 어리석은 일로 여겨질 테니 말이다. 따라서 다음과 같이 교육의 목표가 하나 그려진다. 되도록 빨리, 주체가 증오욕동을 자유롭게 발산할 때 불쾌감을 경험하도록 가르칠 것, 달리 말해 좌절 능력을 쾌락과, 정확히는 어떤 형태로든 제어하고 상징화하는 쾌락과 관련짓도록 가르칠 것. 바로 이 승화된 좌절 능력 덕택에 나는 여기가 아닌 다른 곳에 존재할 수 있으며, 부재를 현존으로, 소유를 존재로, 혹은 그 반대로 바꿀 수 있다. 나는 움직일 수 있고, 벗어날 수 있고, 마침내 내 자유를 탈소외 상태로서 조금이라도 곱씹을 수 있다.

"충분히 좋은" 어머니,* 달리 말하자면 완벽의 결핍 즉 형성 중인 주체가 자신의 좌절을 경험하고, 머리로나마 상징적으로나마 거기서 벗어나 자신의 여정을 만들어갈 수 있게 만드는 덕목을 연상시키는, 분석가의 신뢰도 문제로 돌아가보자. 더구나 분석 치료의 잠재력은, 물리적인 분리와는 닮은 구석이 전혀 없는 저 분리의 몸짓이 있기 전까지는 발휘되지 못하며, 이에 더하여 나는 육체적 분리 속에는 상징적 분리가 의미하는 이 진실이 부재할 수 있다는 점도 이야기하고자 한다―분석가를 떠나는 것이 분석의 중단을 의미하지는 않는다는 점에서 이것은 분석가를 떠나지 말라는 주장이 아니다. 위니콧에게는 역전이를 통한 증오가 발생할 가능성이 단지 결함인 것만은 아니다. 문제는 상황 반전의 가능성이 아니라―물론 이러한 욕동을 승화시키는 분석가 고유의 방식도 존재한다―서로의 증오를 맞대면시키면서도 내담이라는 상황 속에 매개된 실험을 통해, 분석가

---

* 아이의 욕구에 지나치지도 부족하지도 않게 반응함으로써, 아이가 적당한 좌절과 실패를 경험하게 하고, 어머니와의 분리를 통해 진정한 자아를 형성할 수 있게 하는 관계를 가리킨다. 이 개념은 아이의 욕구에 과도하게 반응하여 아이를 전능함과 자기만족의 거짓자기에 종속시키는 "지나치게 좋은 어머니", 이에 더하여 모든 욕구를 충족시키는 이상화된 보살핌으로서의 "완벽한 어머니"와도 구별된다―옮긴이.

와 피분석자 사이에서 나타날 변증법의 가능성에 놓여 있다. 왜냐하면 무엇으로도 매개되지 않은 일상에서는 두 증오 사이에 일어날 수 없을 법한 일이, 여기서는 신뢰할 만한 틀이 존재함으로써 발생하기 때문이다. 틀과 주변 환경의 신뢰도, 말하자면 순전히 절차에 기반한 그 틀의 특성이 아니라 질에 대한 요구, 즉 환자의 특이성 및 상호관계 역학의 특수성에 발맞추라는 요구로서의 신뢰도는, 두 증오를 중재하고 증오만으로는 이루어낼 수 없는 상징화를 함께 완수하게 한다. 부아옌은 역전이를 통해 일어나는 증오의 규정 안에서 위니콧이 특별히 기여한 바를 짚어낸다. "역전이에 대한 그의 두 논문은 새로운 개념화 작업의 초석을 놓았다. 바로 환자와 분석가 사이에 공동 작업이 필요한 영역이 있음을 밝힌 것이다. 내담중 발현된 본능적 충동은 두 인물 모두에게 영향을 미쳐 둘이 함께하는 창조를 가능케 하며, 이런 창조 작업은 환자가 치료 과정에서 이미 경험한 것을 반복할 뿐만 아니라 분석 작업 자체가 진정으로 변증적인 것이 되는 데 필요한 새로운 경험을 해나갈 수 있도록 이끌어줄 것이다."[*]

이것이 분석가 쪽에서 역전이를 통해 증오가 나타나길 바라야 한다는 의미일까? 전혀 그렇지 않다. 하지만 여기서 우리는 어느 특별한 공간이나 환경이 어떻게 개인의 해방을 위한 핵심적 매개 수단이 될 수 있는지, 또 결함인 것처럼 보였던 무언가

---

[*] C. Voyenne, 같은 글.

가 어떻게 이후 주체의 자격에 결부된 것으로 밝혀지는지 알게 된다. 그러면서도 이것이 여전히 어떤 형태의 희망이 될 수 있는 건, 르상티망에 사로잡힌 두 사람이 서로를 마주하여 그 관계를 특수한 틀에 맞추는 데 성공한다면 이들은 르상티망을 극복할 수 있을 것이며, 둘에게 공통적이면서도 한편으로는 개별적인 탈출로를 뚫을 수 있기 때문이다. 물론 그런 공간을 찾아내는 능력 면에서 절대 어려움은 사라지지 않는다. 르상티망에 사로잡힌 주체는 그 공간을 찾아야 한다는 의무감을 느끼지 않으며 찾아보지도 않기에, 이런저런 공간의 이면에 내면을 변화시킬 기회가 있다는 것을 알아보지 못하기 일쑤다.

27
르상티망의 근원을 향하여, 몽테뉴와 함께

몽테뉴는 여느 인본주의의 건설자들이 그렇듯 르상티망, 인간의 허약함, 관습, 조건반사적 행동, 자기만족, 사소한 비겁함 혹은 그보다 더 커다란 씁쓸함의 본질을 사유하기 위한 단서들을 『에세』 안에 집약해냈다. "진실한 목표를 잃은 영혼은 어째서 그릇된 목표에 열정을 쏟는가"(1권, 4장)라는 제목의 용어 하나하나가 앞서 말한 르상티망의 요소를 가리킨다―쏟다, 열정, 그릇된 목표, 진실한 것의 쇠락.

르상티망 안에는 언제나 범람, 제어되지 않은 욕동, 판단 오류 같은 것이 있으며, 거짓을 진실로 착각하는 행위, 어떤 대상에 초점을 맞추는 족족 자기소외가 일어남을 알면서도 대상에 초점을 맞추는 경향이 나타난다. 이 장에서 몽테뉴는 평범하면 서도 우스꽝스럽기까지 한 인물을 묘사하는데, 자기기만에 빠져 있는 이 인물은 그 사실을 알면서도 극복하려 하지 않으며, 나아가 그것으로부터 즐거움을, 혹은 적어도 자신의 고통에서 오는 불쾌감을 달랠 구실을 찾는다. "우리 고장의 한 신사가 통풍으로 유난히 고생하고 있었는데, 의사가 소금에 절인 고기는 절대로 먹지 말라고 하면 그는 농담조로, 병이 도져서 아플 때는 소시지건 우설牛舌이건 절인 돼지다리건 탓할 만한 무언가가 있어서 고함을 지르고 욕이라도 해야, 그만큼 덜 아프게 느껴진다고 대답하곤 했다." 이 일화는 실소를 유발할 수도 있고, 그 안에서 저마다 제 모습을 발견할지도 모르겠지만, 주체가 욕망에 굴하지 않으려는 노력을 떠안을 의무, 책임감에 대한 의무보다는 대상을 증오하는 데서 오는 즐거움, 불평하고 탓하는 즐거움을 선호할 수 있다는 점을 드러낸다는 점에서 의미심장하다. 몽테뉴는 이어 루카누스를 인용한다.* "울창한 수풀에 부딪치지 않으면 그 힘을 잃고 텅 빈 공중에 흩어지는 바람과 매한가지다." 달리 말해 미워하거나 걸고넘어질 만한 대상이 정해지지 않은 르상티망은, 적어도 르상티망 그 자체로서 남아 있을 수 없는 것이다.

이것은 르상티망을 규정하는 불확정성에 관하여 셸러가 말한 바와 모순되는 듯 여겨진다. 하지만 꼭 그렇지도 않은데, 르상티망이 초반에는 대체로 대상에 초점을 맞추다가 나중에는 그저 혐오의 장場을 열어둘 따름이기 때문이다. 이런 불확정성의 단계도 중요하지만, 종종 집단적인 경우에는 그것이 인간이건 아니건 어쨌든 미움의 상징으로 지정된 "대상"을 향한 강력하면서도 소위 비합리적인 혐오가 수반되기도 한다. 걸고넘어질 대상을 찾지 못하는 르상티망은 허무주의의 한 형태, 모든 '사회적 유대 의지affectio societatis'로부터도 벗어난 궁극적 회피와 닮았다. 르상티망이 정치성을 띠고 공론장에 나타나려면 주관적 불만이라는 순전히 내면적인 특성을 탈피해야 한다. 그러니까 자신이 아닌 무언가를 낙인찍어야만 하는 것이다. 이 대상이한 명의 타인과 동일시되면, 그 사람은 살아 있는 한 움직이고 변화하며 본의 아니게 르상티망의 확고한 기반을 제공하게 되므로, 르상티망은 지속적인 것이 될 수 있다. 이에 르상티망을 지닌 인간은 대상의 삶을 단지 응시하는 것만으로도, 대상이 취하는 모든 행위나 몸짓의 본질괴는 무관히게, 자신의 르상디밍을 항구적인 방식으로 재활성화하는 것이다. 미워하는 대상을 단지 보는 것만으로도 르상티망을 지닌 인간에게는 부정적인 에너지가 지칠 줄 모르고 되살아나니, 그는 자기소외에서 벗어나기 위한 분석 작업을 스스로 떠안는 대신 자꾸 그같이 부정적인 에너지만 갈구하게 된다.

거짓말쟁이에 할애된 장에서(1권, 9장) 몽테뉴는, "아테네 사람으로부터 받은 모욕을 절대로 잊지 않고자 〔……〕 시동을 시켜 식탁에 앉을 때마다 자신의 귀에다 대고 '전하, 아테네 놈들을 기억하십시오'라고 세 번씩 되풀이하여 이르라 했다는"

다리우스 왕의 기벽을 언급한다. 여기서 우리는 르상티망에 빠진 인간이 긴장을 풀고 간단한 식사를 즐겨야 할 순간에 자신의 굴욕을 상기시키는 속삭임을 의도적으로 만들어내는 상황을 본다. 속삭임이 자꾸 들려오고, 그것을 개인이 마치 낯선 목소리처럼, 환청처럼 그저 어쩔 수 없이 참아내고 있는 게 아니다. 물론 이것이 특히 극심한 편집증, 조현병, 경계성성격장애 등 정신증적 양상에 해당할 수는 있다. 그러나 르상티망이 이처럼 정신질환으로 진단되는 정신증의 전유물은 아니니, 여기에는 무엇보다도 사회생활에서 겪는 어려움이 놓여 있다. 반복 속에서 반복이 고착되는 것은 르상티망의 전형으로, 몽테뉴라면 "분별없이 한 지점에서 옹고집을 부린다"고 표현할 만한, 곱씹고 집착하는 행위다—비록 몽테뉴가 자기보다 훨씬 대단한 존재 앞에서 미친 사람처럼 끈질기게 고집을 부리는 인물에 대해 말하고 있긴 하지만 말이다. 이런 주장은 비겁함을 옹호하려는 것이 아니라, 아리스토텔레스의 훌륭한 독자로서 중용이라는 미덕의 중요성과 오로지 중용만이 이성에 어울린다는 점을 상기시키기 위한 구실이다. 달리 말해 여기서 중요한 것은 과도함으로 이어질 수 있는 하나의 유일한 관점이 아니라, 상황의 전반을 참작하는 균형 감각이다. 어쨌든 몽테뉴는 악덕과 미덕 사이의 경계와 한계가 늘 간단히 정의되는 개념은 아니라는 점에 대해 처음으로 성찰한 사람이다.

제2부

파시즘

집단적 르상티망의

심리적 근원을 향해

집단적 르상티망에 대한 역사적 물음에 할애된 2부의 배경에는 "어머니"가 있다. 이는 물음을 어떤 식으로 여성화한다는 의미가 아니며, 그보다는 분리를 거부한다는 맥락에서 어머니를 단지 은유와 해석의 방식으로—우리는 세 줄(쓰라림, 어머니, 바다)로 된 뫼비우스의 띠를 풀어내고 있으므로—강조하기 위함이다. 원초적 합일에 대한 환상과 영원히 보호와 사랑을 주는 젖가슴에 대한 환상에서 벗어나는 일, 보호받고자 하는 저 영원한 욕망을 극복하는 일은, 르상티망으로부터 빠져나오려면 둘 다 필수적이다. 우리는 분리된 채로 존재하며, 물론 승화와 노동을 통해 서로 연결되어 있지만, 그럼에도 홀로, 분리되어, 보호 없이 존재한다. 인간의 소명은 어머니(또는 아버지)로부터의 분리, 달리 표현하자면 망망대해처럼 인간을 감싸는 보호 및 회복으로부터의 분리와 따로 떼어 생각할 수 없다. 우리는 홀로 자기 자신을 회복해나가야 할 것이다. 물론 타인과 세계에 힘입어, 우리가 세계의 실재를 맞닥뜨린 상태에서 발명한 창조물에 힘입어, 그럼에도 불구하고 어디까지나 혼자서 해나가야 할 것이다. 어머니에서 바다로 나아가야 할 것이다.

1
망명, 파시즘, 르상티망. 아도르노 I

르상티망이 개인적이고 집단적으로 전개되는 과정에서 일어나는 문제를 포착하고 그것에 저항할 방법을—적어도 어떤 종류의 성격이 르상티망으로 상처받고 파괴되는 한이 있더라도 거기서 빠져나올 수 있는지—파악하기 위한 작업에서 아도르노는 핵심적 사유를 제공한다. 아도르노 자신이 벌써 르상티망에서 빠져나온 사람이다. 아도르노는 심연을 보았고, 모든 사람에게 그 심연이 곧 들이닥칠 거라 인식했다. 이때 무기력과 망명한 삶의 어려움 속에서 르상티망이 그를 죽음에 몰아넣을 수도 있었으리라. 아도르노의 저작은 거기서 빠져나왔으니, 『미

니마 모랄리아: 상처받은 삶에서 나온 성찰』은 릴케적 의미에
서 열림을 선택했다. 이는『부정변증법』의 또다른 이름, 말하자
면 부정의 방식으로 무언가를 이루려는, 부정성을 마법이라도
부린 듯 긍정성으로 치환하지 않고서, 허무주의에 굴복하지도
않고서, 현기증에 대적하여 하나의 길을 세우는 아도르노 고유
의 사유형식, 어쩌면 현기증을 일으킬 수도 있지만 모든 것이
제자리를 찾는 어떤 체계, 나아가 거짓일 뿐이거나 거짓일 수밖
에 없는 해결 방법을 모색하는 그런 체계를 발명하기보다는 차
라리 사유의 현기증을 과감하게 선택하는 길을 닦아가는 사유
형식의 또다른 이름일 수 있다. "진리의 깨어지기 쉬운 성격"
이라고 그가 다시 쓸 수 있던 건 헤겔적 종합의 모든 이념에서
멀어지기 위함이다. 아도르노는 그보다 작곡과 즉흥연주가 가
능한 음악이론의 생각을 선호한다.

마찬가지로 철학은 어떤 범주들로 요약되는 것이 아니
며, 어떤 의미에서는 스스로를 구성해나가야 할 것이다.
철학은 진행 과정에서 자체의 힘을 통해, 그리고 그 척도
가 되는 것과 마찰을 빚음으로써 부단히 스스로를 쇄신
해야 한다. 여기서 결정적인 것은 테제나 명제 설정이 아
니라 철학 내부에서 구성되는 작업이다.*

---

* Theodor Adorno, *Dialectique négative*(1966), Payot, "Petite Bibliothèque
Payot", 2016, 47~48쪽(한국어판: 테오도르 아도르노,『부정변증법』, 홍승용 옮
김, 한길사, 1999).

이것은 만년의 텍스트, 강제 망명 이후의 텍스트, 세계의 퇴락인 나치즘을 마주하고 자신의 생명을 보호하기 위해 도망쳐야만 했던 이후의 텍스트이지만, 멀리서도 참화는 눈에 보이고 손에 닿을 듯 덮쳐오니, 자신이 도망쳤다는 것을 알고 있기에, 물론 다른 대안은 없었지만, 그렇게 도망쳤다는 죄책감이 언제나 아도르노의 작업의 중심에 놓일 것이다. 저 자신이 음악가로서 아도르노는 그러한 흔적을 들을 수 있다는 것, 흔적이 하나의 이론보다 음악 속에 훨씬 더 분명히 스며든다는 것을 알았다. 일어난 일을 정당화할 수 없다고, 단지 그 일을 직시하고 남겨진 사람들에게 눈앞에 펼쳐졌던 공포에 맞서 싸우기에 충분한 의식과 경계를 불어넣을 수 있을 뿐이라고, 부정변증법은 바로 그렇게 이해되어야 한다. 더구나 공포에 직면했을 때, 그 공포가 이미 일어난 것이든 혹은 일어날 조짐을 보이든, 결과는 거의 동일하다는 사실을 우리는 안다. 결국 공포는 과거의 순간을 넘어 미래의 순간까지 예비하며 사방으로 퍼져나간다. 공포는 오수汚水가 스며들듯, 그러나 동시에 폭발이 일어나듯, 모든 곳에서 새어나온다. 공포가 무서운 건 그것이 존재한다는 사실이다. 공포의 실재성 앞에서 철학적 회의는 멈추고 만다. 공포는 의심할 수 없이 존재하고, 어찌할 수 없이 거기에 있다. 그런데 아무것도 이해할 수 없고, 설명이 되지 않는다. 혹 이게 설명이 된다 해도, 그 의미를 찾는 과정에서 우리의 마음에는 절망만이 뿌리내리거나, 적어도 우리가 절망 속에 뿌리박힐 커다란 위험이 따른다. 공포는 승리하고, 언제나 우리가 생각하는 것보다 더 넓은 토양을 확보한다. 이 터가 필시 부정변증법이 펼쳐지는 지평이니, 그 암담한 터전을 앞에 두고 스스로를 속이지 않으면서도 부정성을 변형할 줄 아는 또다른 열림이 필요한 것이다.

　나치즘의 위험이 날로 짙어지자, 아도르노는 유럽으로, 또 미국으로 망명한다. 그로써 아도르노는 주변에 산재한 르상티망 안에서 무슨 일이 일어나고 있는지 해독할 역량을 갖춘 여러 사상가를 만나게 된다. 조금만 예리한 시선이라면 한눈에 그 약점을 꿰뚫을 수 있을 터인데도 사람들이 그토록 총통Führer과 스스로를 동일시할 수 있던 근거가 바로 이 르상티망에 있었던 것이다. 그런데 여기서 그는 저 유명한 니체적 진리, 즉 노예도덕이나 약자들의 복수심에 관한 사유로 되돌아간다. "선동가들은 자신의 우월성을 모조리 부인함으로써, 지도자가 〔……〕 그 동지들과 마찬가지로 약한 존재이긴 하지만 그럼에도 불구하고 과감하게 자신의 약함을 인정할 수 있는 사람이며 그런 면모 덕에 강자가 된다는 점을 넌지시 암시한다."* 자신을 약자와 동일시하면서도 결정적 전환점을 발생시키는 파시즘 사상의 작동기제, 이 기제를 아도르노는 파악하고자 노력하게 된다. 왜냐하면 파시즘은 대중에게 수용될 때 약자들의 복수심을 빌미로 삼으나, 점차 강자들과 동일시되며 약자들에게 복수하는 방식으로 작동하기 때문이다. 파시즘이 더 오래 지속되도록 하려면,

---

* Th. Adorno, "Anti-semitismus und faschistische Propaganda", Stefan Müller-Doohm, *Adorno. Une biographie*, Gallimard, 2004, 295쪽에서 재인용.

"취약한" 방어와 반발의 기술이 으레 그렇듯 과거에는 은폐될 수 있던 어떤 폭력까지도 마침내 막강히 자리잡게 하려면, 일종의 상처받은 나르시시즘을 복기하는 어떤 형태의 전환점이 있어야만 하는 것이다. 아도르노는 사람들이 집단을 휘어잡는 지도자와 맺는 양가적 관계를 파악하려 할 때 특히 적절한 개념인 "억압적 평등주의égalitarisme répressif"*에 대해 이야기한다. 사람들이 지도자와 맺는 관계는, 취약한 자아인 자기 자신의 확장이자, 제 모든 마적魔的 욕동을 누구에게도 저지받지 않고 취할 수 있는 "거짓자기"의 확장과도 같다. 하지만 자신이 차별화될 수 있고 개별화를 향해 나아갈 수 있다고 생각하는 사람들은, 비난받고 무척 곤란해지며 구성원들의 큰 적대감을 불러일으키기 마련이다. 우리는 집단에서 벗어나지 못한다. 개별화는 설 자리가 없으니, 지도자가 설령 자유롭고 소외로부터 해방된 사람이라는 환상을 준다 해도 실상은 그렇지 않다. 그는 물화된 위인이자, 사물-되기의 존재방식을 최대치로 밀어붙인 자이며, 퇴행이 최대치로 전개된 무소불위의 흐름 속에 있으면서도 자아에는 결코 도달할 수 없는 자다. 그리고 아도르노가 제시하는 —"희생자들의 모든 박해 불안을 실현하는 박해망상환자들의 독재"**라는—파시즘의 정의는 질병으로서의 르상티망, 즉 르

---

* Th. Adorno, "Die Freudische Theorie und die Struktur der fascistischen Propaganda", *Zur Metakritik der Erkenntnistheorie*, 1971, 56쪽; 같은 책, 56쪽에서 재인용.
** 같은 글; 같은 책, 296쪽에서 재인용.

상티망의 정신병적 실체와도 부합한다.

르상티망은 박해의 병이다. 자신은 외부로부터 박해를 당하는 어떤 대상, 그저 희생자라고 곱씹어 느끼며, 자기가 선 위치에서 주체적 책임을 거부하는 병. 그리하여 이 박해의 병은 미움의 주이상스로 바뀌며, 이때 실제로 복종하는 처지에 대한 증오가 표출되기도 하지만, 이 관계를 역전시키고 완전히 정당화된 파괴욕동을 타자에게 마음껏 표출하고자 복종 관계를 하염없이 따르는 경우도 있다. 그래도 다른 선택지가 있긴 하다. 하지만 르상티망을 지닌 인간은 자신을 속이고 나머지 선택지는 보지 않으려 하는데, 그 선택지로부터 하나의 해결책이나 탈출구의 가능성뿐 아니라 노력과 자기 책임을 다할 가능성까지 요구받을 것이기 때문이다. 행동하는 것보다는 증오하는 편이 낫고, 자신과 마찬가지로 빈틈없는 복종의 환상을 택한 개인들이 모인 집단과 그 증오를 함께 나누는 편이 낫다는 것이다. 그럼으로써 일반화된 증오기제가 작동하고, 오로지 욕동의 잔인성으로만 이루어진 어떤 행위, 결코 행위라고는 할 수 없지만 그 수가 늘어나고 양이 많아지면 질적 반전이 일어나는, 즉 단지 대중의 반발일 뿐인데도 진정한 행동이라는 착각을 심어주는 어떤 행위를 유발할 수도 있으니 말이다.

1950년대에 아도르노는 성격, 특히 "파시스트적 잠재성"*의

---

* Th. Adorno, "Wissensschaftliche Erfahrungen in Amerika". 같은 책, 297쪽에서 재인용.

원인이 될 수 있는 성격에 관한 이론을 계속해서 구상해나간다. 이 성격에는 "관습주의, 권위에 의지하는 노예근성과 공격성, 자기를 투사하는 성향, 조작하려는 성향 등"* 다양한 특성이 수렴된다. 여기서 우리는 '르상티망적' 성격의 기준을 발견할 수 있다. 이 성격은 자신의 이익과 존립을 확보해주는 것을 곧 질서와 동일시하고, 결과에 대한 감당 없이 제 권위를 더 잘 행사하는 데만 혈안이 되어 있으며, 그 유명한 수동-공격성을 유발하고, 자기 멋대로 환상을 꾸며내고, 자신의 편견과 고정관념을 강화하기 위해 온갖 종류의 거짓 표상을 투사하며, 도착적이고 물화된 조작을 행함으로써 타자를 주체로 간주하지 않는, 타자가 주체임을 납득하지 못하는, 그저 타자와 도구적 관계밖에는 맺지 않는 상태에 안주한다.

다른 사람들이 저 집단적 증오의 움직임에 휘말릴 때, 우리는 저항하고 자기 안에서 방편을 찾아낼 수 있어야 한다. 자신을 비우는 깊숙한 상처, 수렁, 막다른 길, 창조漲潮와 낙조落潮를 포함하는 '최소의 도덕minima moralia'을, 그러니까 '막중한 도덕magna moralia'이라는, 구멍 없이 충만한 환상과는 정말로 거리가 먼, 저 파편으로 이루어진 도덕을 발명해야만 한다. 그 미미한 것들을 통해 바다, 물, 대기, 난바다를 향해, 타자에 여전히 생명이 있고 자아에 여전히 가치가 있는 저 너머의 어딘가를 향해

---

* Th. Adorno, "Studien zum autoritären Charakter", 1973. 같은 책, 299쪽에서 재인용.

나아가야 한다. "존재한다는 것의 측량할 길 없는 슬픔으로 측정되지 않을 행복이란 무엇이란 말인가? 세상의 가치 흐름이 너무도 불안해졌으니 말이다. 그런 세상에 조심스럽게 순응하는 이는 광란에 협조하게 되지만, 거기서 물러나 있는 사람만은 홀로 버티면서 부조리를 멈출 수 있으리라."* 여기서 도덕으로 향하는 입구는 아도르노의 추억 속에서 되살아난 노래, 그에게 행복을 안겨주었던 〈산과 골짜기 사이에서〉라는 노래를 통해 세워진다. 두 마리 토끼가 풀밭에서 뛰노는데 갑자기 한 사냥꾼이 나타나 토끼들을 쏘고, 자기가 죽었다 믿은 토끼는 쓰러져 죽은 시늉을 하다가 살아 있음을 깨닫고서 줄달음질쳤다는 내용이다. 여기서 어떤 교훈을 끌어낼 수 있을까? 시늉하라는 것? 부조리가 필요하다는 것? 불의에 관한 교훈? 어리석음과 무사안일의 교훈? 아도르노는 딱 잘라 말하는 대신 그저 "절망의 비실존적 본질"**을 떠올릴 뿐인데, 이는 공포스러운 일이 일어나고 있으며 일어났고 일어날 것이라는 확신, 공포가 실제로 존재하고 실존과 떼어놓을 수 없으며 실존의 목적은 아니지만 실존에 불가피하게 동반되는 것이라는 그런 확신과—슬프게도—온전히 양립 가능하다는 것이다. 이처럼 한 자락의 노래가, 사소한 무언가가 입구가 되니, 이 쥐구멍을 통해 열쇠구멍을 만들

---

* Th. Adorno, *Minimia Moralia. Reflexionen aus dem beschädigten Leben* (1951): 같은 책, 301쪽에서 재인용(한국어판: 테오도르 아도르노, 『미니마 모랄리아』, 김유동 옮김, 도서출판 길, 2005).

** Th. Adorno, *Minima Moralia. Réflexions sur la vie mutilée*(1951), 단편 128, Payot, 1980, 268쪽.

고 활로를 꾀해야 할 테지만, 절망이 그렇듯 활로조차도 실재하지 않는 듯한 모습을 하고 있을 터라 그 무엇도 확신해서는 안 된다.

"세상의 가치 흐름"을 말하는 아도르노로부터 "경험의 유통가치 하락", 즉 인간이 자신이 겪는 것을 경험으로, 감각적 체험으로, 자각되고 전달되는 경험으로 바꾸는 법을 모르게 된 상황에 대해 말한 벤야민을 떠올리지 않을 수 없다.* 어지럽혀진 세상의 가치 흐름에 맞서는 도덕적 단편, 성좌적 단상이 존재하니 말이다. 또한 아도르노가 수많은 미해결 임상 사례로 남겨둔 「꿈의 기록」이 있으니, 이 글은 아도르노의 무의식, 보다 넓게는 세상의 불행에 온몸으로 부딪치면서 그런 불행을 정당화하지 않는 길을 내는 한 인간의 무의식 기술 방식이자, 모두가 저마다의 해석능력을 발휘할 가능성을 남겨두려는 꿈의 임상 기록이다. "우리는 〔……〕 둑길을 걷고 있었다. 나는 더 나은 것을 찾기 시작했다."** 르상티망, 파시즘의 출현, 물화 개념의 자리매김을 고발하는 작업과, 정신분석적 해석은 제쳐둔 채—무의식의 보편성은 널리 인정되었으니—무의식적 삶을 고찰하는

---

* 벤야민이 "경험의 유통가치 하락chute du cours de l'expérience" 현상을 논의하는 대목은 「이야기꾼: 니콜라이 레스코프의 작품에 대한 고찰」(『선집 9: 서사 · 기억 · 비평의 자리』, 최성만 옮김, 도서출판 길, 2012, 417쪽)과 「경험과 빈곤」(『선집 5: 「역사의 개념에 대하여」 외』, 최성만 옮김, 도서출판 길, 2008, 172쪽) 참조—옮긴이.

** Th. Adorno, "Traumprotokolle"; Stefan Müller-Doohm, 같은 책, 304쪽에서 재인용.

작업의 교차점에 선 사상가 아도르노, 또한 망명의 괴로움에, 외국어로 사유해야 한다는 의무가 강제된 신세에, 동료들로부터 얻은 불만스러운 인정이라는 쓰라린 경험 속에서 자기만의 환멸에 사로잡힌 아도르노. 그 무엇도 순조롭거나 간단하지 않다. 모든 것에는 얼룩이 남는다. 필립 로스*는 자기만의 표현법으로 아도르노의 상속인 중 하나가 될 수 있었다.

"망명 지식인은 모두 크게 상처를 입으며, 누구도 그것을 피해갈 수 없다." 이러한 도덕적 실존적 정신적 불안정 상황에, 치욕을 당한 자들이 그들끼리의 경쟁 속에 놓이고 교수 자리건 다른 것이건 망명자들 각자가 서로의 적이 되는 그런 물질적 불안이 더해진다. 아도르노는 자신이 "가장 치욕스럽고 치졸한 상황, 즉 서로 경쟁하듯 통사정을 하는 상황"에 처하고, "그런 상황에서 〔망명 지식인들은〕 반강제적으로 서로에게 가장 나쁜 면을 내보이게 된다".** 인정의 부족, 끊임없는 모멸감, 안식처의 부재, 과열된 경쟁을 경험했던 아도르노 그 자신이 르상티망에 넘어갈 수도 있었으리라는 점은 의심할 여지가 없다. 『미니마 모랄리아』에서 그는 망명길에 오른 사람이 망각되는 방식을, 어째서 자신의 차이와 가치를 형성하는 모든 것을 뒤에 남겨두고 나아가야 하는지, 또 그 모든 게 어떻게 저 망명 지식인의 "물

---

* Philip Roth, *La Tache*, 2000(한국어판: 필립 로스, 『휴먼 스테인』, 전2권, 박범수 옮김, 문학동네, 2009)에서, 얼룩tache은 그 안에 다른 얼룩을 숨기고 있다…… 그런 얼룩이 우리 각자에게 끝없이 이어지는 건 아닌지 누가 알랴.

** Th. Adorno, *Minimia Moralia. Reflexionen aus dem beschädigten Leben* (1951): Stefan Müller-Doohm, 같은 책, 226쪽에서 재인용.

화"한 "배경"으로 환원되어 즉각 등한시되고 잊히고 평가절하되는지를 이야기한다. "잘 알다시피 망명자들의 과거 삶은 없었던 것으로 취급된다."* 국경을 건너본 경험이 있는 모든 사람은 엄청난 비용을 치르면서 이 사실을 배웠다. 건너간 순간부터, 망명자는 이제 아무것도 가진 게 없으므로 아무것도 아닌 존재가 된다. 지적 경험은 "전달 불가능한 것"으로 간주된다. 나아가 수많은 사회적 지위 또한 전달 불가능한 것으로 간주되니, 이는 망명자로부터 고유의 찬란함을 빼앗고 '어쩌다 한번'이나마 자신이 벗어났다고 생각하는 그에게 자신의 열악한 조건을 상기시키기 위한 술책이다.

자신이 보편적인 존재이며 전 인류가 필요로 하는 국경을 초월한 능력을 지닌다고 자부하는 지식인에게, 이런 치욕은 훨씬 엄청나다. 자신이 속한 좁은 반경을 넘어 자신의 세계뿐 아니라 전 세계에 영향을 미지는 무언가를 사유하겠다는 것은, 필경 지식인의 허영이겠지만 동시에 책무이기도 하다. 나로 말하자면 망명을 떠날 용기, 망명을 의무로 삼는 그런 용기가 부족했다. 내 삶의 상황들이 그런 의무를 면제해주었고, 또 그런 의무를 스스로에게 강제하는 것이 내 소임이라고 생각하지도 않았다. 그러는 편이 유리하다고 판단했다고, 내게는 물리적 망명보다 훨씬 더 어렵게 느껴지는 언어적 망명에 대한 두려움 앞에서 내가 물러선 것이라고 말해두자. 난관을 피할 수 있는 이런 행운

---

* Th. Adorno, *Minima Moralia. Réflexions sur la vie mutilée*, 단편 25, 59쪽.

을 아도르노는 얻지 못했다. 『미니마 모랄리아』 전부는 "망명한 지식인"의 고달픔을 묘사하는 데 바쳐진다. 이 책은 아도르노가 우리에게 전해주는 "슬픈 지식"을, "내적 대화"*의 기록을, 필경 그가 르상티망욕동에 굴복하지 않도록 해준 무언가를 그려내고 있다. 이 지식은 슬픈 것이면서도 여전히 변증법적이요, 또한 내면적인 것으로, 그런 내면성을 거부하지 않을 뿐 아니라 오히려 그 반대다. 아도르노의 삶은 『미니마 모랄리아』에서 엄격히 정제되고, 그럼으로써 새로운 형태의 승화된 존엄성을 획득하며, 이 물화하지 않은 존엄성은 삶이 잘려나가는 처지를 즐기면서 저 자신이 처형자가 되는 희생자의 길을 택하는 대신 자신이 아닌 다른 무언가를 향해 열려 있다.

아도르노에게는 유머가 부족하다. 물론 그에게서 노래의 예술, 수공업에 대한 무의지적 기억, 아름다움을 보증하는 다양한 표지에 대한 감수성을 발견할 수 있고, 그런 표지들이 매개 작업을 수행하기에 아무리 자질구레한 것이라 해도 무시되거나 폄하되지 않는 것은 분명하다. 모든 것이 스스로를 구제할 기회가 된다. 그러나 기이하게도, 유머는 거의 등장하지 않는다. 유머는 행간에서, 보다 특징적으로는 단편들의 제목을 통해서야 드러난다—확실히 「망각에 처하여」에는 짙은 조소의 능력이 드러난다. 하지만 마치 유머가 부정성을 부정하기라도 하는 양, 사실은 전혀 그렇지 않은데도 그는 희극적 힘vis comica의 필요

성을 긍정하는 법이 없다. 유머는 부정성에 근거하면서도 부정성을 파면할 권한을 지니며, 어쩌면 부정성이 비극으로 치달을 때조차 그것을 심각하게 받아들이지 않을지 모르지만, 그럼에도 분명 힘찬 "구성composition"의 몸짓을 지닌다. 아도르노가 우리에게 건네주는 것은, 인생의 사소한 순간들, 이를테면 부모를 찾아온 손님의 방문에 아이가 기뻐하는 순간 같은 것, 더없이 예사로우나 다른 세상을 알리고 평소와 같은 생활의 중단을 알리는 전조, 그날 밤은 자고 갈 손님을 대접하기 위해, 그리고 상황에 따라 아이도 학교를 하루 쉬고 어른들과 마찬가지로 자야 할 의무에서 벗어나 밤의 모임에 처음으로 낄 수 있도록 규칙들의 무효화를 약속하는 그런 순간들에 관한, 극도로 예민한 감수성이다. 여기서 그는 얼마나 행복한가. 아도르노의 이 단편은 「반사경」인데, 우리는 "가장 가까운 이웃집의 행복에서 저주를 풀어내어 가장 먼 곳에 혼인을 맺어주는"* 이 반사경이 바로 유머에서 왔다고, 이것이 태양의 방향으로, 찬란한 빛 한줄기를 향해 끊임없이 우리를 돌려놓는다고 말할 수 있으리라. 시공간과 결합한 저 유머의 유희, 요컨대 상징화하는 기술을 우리는 잘 알고 있으며, 순간 속에 작은 탈출구를 열고서, 현재를 부정하는 것은 아니지만 현재에 순응하는 것도 아닌, 적어도 병리학적 의미에서 현실감을 잃어버리지는 않을 만큼 거리를 두고 보는 그런 경험은 누구에게나 가능하다. 인간의 정신건강을 최

---

* 같은 책, 단편 114, 237~238쪽.

소한으로라도 유지하는 데 희극적 힘은 필수적인데도 너무 쉽게 간과된다. 우리는 희극적 힘의 진가를 알지 못하므로, 이 힘이 실제적 각성을 가져다주는 게 아니라 단지 기분전환에 적합한 무엇, 사람들을 금방 웃길 수 있는 여분의 성공 수단이나 상업적 수완이라 여긴다. 그것은 유머의 아주 작은 일면, 가장 덜 흥미롭고 승화 작업에는 가장 적절치 않은 부분인데 말이다. 이 부분은 오히려 가림막 역할을 한다. 인간적 르상티망과의 싸움에서 희극적 힘이 발휘하는 능력에 관해서는 나중에 다시 살펴보려 한다.

2

자본주의, 물화, 르상티망. 아도르노 II

르상티망이 생겨나는 기제의 중심에 자리한 물화物化의 개념으로 다시 돌아와보자. 마르크스가 자본주의의 물화하는 측면을 인식했던 만큼 물화는 이 철학자의 핵심 개념이기도 하다.[*] 물화 개념은 아도르노에게서도 찾아볼 수 있으며, 프랑크푸르트학파 내에서 수십 년간 여러 저자를 거쳐 이어진 일련의 해석 작업 대상이 된다. 물화는 또한 발터 벤야민이 제대로 해석했듯이 현대성이 값비싼 대가를 치르고 얻은 성과로서, 사물들을 규격화하여 대량생산으로 최대의 이윤을 얻는 한편 제조비용을

---

[*] 마르크스에게 이것은 '자기소외aliénation'와 '대상화objectivation'를 말한다.

절감하는 복제 과정의 산물이다. 전 세계가 이 과정을 강요받는다. 문화 자체가 물화 과정에 내맡겨져 그저 문화산업이 될 따름이다. 루카치에게* 물화는 삶과 주체의 사물화**이며, 이는 베버가 말한 합리화raionalisation, 즉 양量에 "질質의 가치를 부여하는", 말하자면 양적인 것이 과대평가되도록 질적인 것의 가치를 박탈하여, 양이 새로운 질의 표지가 되고 숫자가 이름의 힘을 대신하게 되는 합리화의 병폐를 떠올리게 한다.

그리하여 오로지 경제적 범주화의 체로만 걸러지고, 그처럼 규정하기 좋게 재단되는 대가로만 가치를 획득하는 환원주의가 발생하여, 인간 주체의 삶에서 모든 요소에 영향을 미친다. 세계와 주체와 삶 모두는, 그런 범주들로 구획지어질 수 있기라도 한 듯 이익과 비용이라는 면에서 "계산 가능한 것"이 된다. 세계는 이분법적으로 나뉘며, 합리화의 저 거대한 움직임이 더 큰 진폭으로 진개됨에 따라 "부적격"인 부분들이 치지히는 몫은 커져간다. 물화는 도구적 합리성의 또다른 이름으로, 기술

———————

* Georg Lukács, *Histoire du développement du drame moderne*(1908)；*Histoire et conscience de classe*(1923)을 참조(한국어판: 죄르지 루카치, 『역사와 계급의식』, 조만영, 박정호 옮김, 지만지, 2015).

** "1959년경 코스타스 악셀로스와 자클린 부아가 독일어 'Verdinglichung'과 'verdinglichen'을 번역하기 위해 '물화réification'와 '물화하다réifier'라는 용어를 마르크스주의에 도입한다. 독일어 'Versachlichung'과 'versachlicht'는 각각 '사물화chosification'와 '사물화한chosifié'으로 번역되었다(Lukács, 1960, 86쪽 각주). 이전 몇 년 동안 그들은 이 용어들을 적절히 표현할 프랑스어 단어를 찾지 못했다. 'réification'과 'réifier'는 쥘리앙 방다에 의해 각각 1917년과 1930년에 고안된 용어다(Benda, 1917: 66~67 et Benda, 1930: 156)." Jean Ferrette, "Les (més) aventures de la réification", *Anamnèse* n° 6, 2010.

편중적이고 계산적인 현대성에 의해 촉진된 세계의 환멸에 대한 베버의 분석 이후로 널리 알려졌다. 이후 호네트A. Honneth가 물화를 재론할 때, 인정 개념 속에서 하나의 해독제가 출현한다. 아닌 게 아니라, 인정은 우리의 상호의존성과 평형을 맞춤으로써 우리가 의존성을 자기비하적인 방식으로 경험하진 않도록 해주기 때문이다. 우리는 모두 의존적이면서 상호의존적인 존재인바, 지배란 이런 의존성을 비가시적인 것으로 두면서 비인정 체제 속에 타자를 등재하는 행위로 정의된다. 의존성이라는 것이 모두가 저마다 타자의 도움 없이는 궁지에서 빠져나올 수 없는 상호의존 체제 속에 포함되어 있는 한, 의존하면서 살아가는 것이 더 수월하다는 점은 분명하다. 인정윤리는 이러한 의존성을 정당하면서도 건전하게, 개개인의 질적 자격을 박탈하지 않는 방식으로 경험할 수 있게 만드는 틀이다. 그런 의미에서, 인정은 자본화한 세계에서 작동하는 물화 과정에 개인이 저항할 수 있게 해주는 원리인 셈이다. 호네트는 상징적이면서 보다 구체적으로는 물질적인 인정의 여러 층위를 풀어 설명한다. 누군가를 인정하지 않으려 한다는 건, 그 사람을 물화하는 행위이자 그를 물화하는 관계에, 즉 인간은 없어도 그만인, 대체할 수 있는 한낱 객체에 불과한 관계 속에 집어넣는 행위로, 그만의 자율화 과정에서 그가 지니는 독특하고 결정적인 가치는 부정된다.

물화와 르상티망 사이의 변증법을 꿰뚫어보았던 아도르노로 돌아가보자. "자본주의적 생산은 소비자들의 육체와 영혼을 얽어매어 주어진 모든 것에 조금의 저항도 없이 이들을 빠져들게 한다. 피지배자들이 지배자들로부터 부과된 도덕을 늘 지배자들보다 더 심각하게 받아들였던 것과 마찬가지로, 오늘날 기만당한 대중은 성공한 사람들보다 더 강하게 성공신화에 이끌린다. 대중은 그들이 가진 것을 욕망하며 자신들을 노예로 삼는 이데올로기에 집요하게 매달린다."* 달리 말해 자본주의적 합리화 과정의 힘은, 무엇보다 자신의 것이 아닌 욕망에 빠져드는 상황, 한편으로 정신 법칙에서 잘 알려진 모방 경쟁에 내몰린 개인이 자신이 갖지 못한 것을 갈망하고, 자신이 주체로 인정받으려면 꼭 필요하다고 믿는 무엇을 갈망하게 만드는, 항구적인 좌절의 체제 속에 매몰되는 상황으로 개인을 몰아넣는다는 데 있다. 소비자는 자신의 것이 아닌 어떤 욕망을 단숨에 선택하고, 그것을 의문시하지 않으며, 소비 대상을 지정하지 않음으로써, 즉 객체 딘게에 미무를 뿐 어떤 인정의 환상도 약속하지 않기에 그 대가로 개인을 물화하지도 않는 그 대상을 소비자 스스로가 지정하지 않음으로써, 필경 기만당하고 만다.

개인을 얽어매는 문화산업의 작동방식에 대한 아도르노와 호르크하이머의 설명을 보면, 우리는 물화와 인정 부재와 르상티망을 연결하는 고리를 감지할 수 있다. 오늘날 우리는 비슷한 방식으로 이렇게 말할 수도 있을 것이다. 노동 세계에서 작동하

---

* Max Horkheimer et Th. Adorno, *La Dialectique de la raison* (1944), Gallimard, 1974, 142쪽(한국어판: Th. W. 아도르노, M. 호르크하이머, 『계몽의 변증법』, 김유동 옮김, 문학과지성사, 2001).

는 '탈자기애dé-narcissisation'라는 거대한 움직임, 다시 말해 개인이 항구적인 압력 아래 자신을 "대체 가능"하고 교환 가능하며 불안정하고 처분을 기다리는 존재로, 압력의 지속되는 속성에 비추어 임의적인 존재로 자신을 만들어버리는 이 현상을 굳이 강조할 필요도 없으며, 이 탈자기애 현상이 노동 연쇄의 다른 쪽 끝에 해당하는 소비 세계 즉 개인이 한결같이 개별성을 없애는 비합리적 규칙에 복종하면서 자신을 노동으로 환원 가능하도록 '재자기애화re-narcissiciser'하려는 목표를 갖게 되는 세계와 맞물려 원활하게 작동해나가고 있다고 말이다. 한편에는 강력한 정신적 보상의 상실이 있고, 다른 한편에는 오로지 일시적으로만 보상의 기교를 부리는 중독적 이윤을 통한 보상이 있는데, 보상적 유흥으로 주체에게 거짓 자기애를 재부여하게 하려면 주체가 조바심에 들뜬 상태로 있어야 하기 때문이다.

1944년부터 호르크하이머와 아도르노는 이러한 작동방식이 도착적이면서도 그 효과는 완강하다는 점을 알아챈다. "그럼에도 불구하고 문화산업은 다른 무엇보다도 유흥산업이다. 문화산업은 유흥을 매개로 소비자들에게 영향을 행사하는데, 이때 유흥은 단순히 강요에 의해서가 아니라 유흥 이상이 되려 하는 무언가를 향한─유흥 자체에 내재하는─적대감에 의해서 결국 파괴되고 만다. 〔……〕 후기자본주의에서 유흥은 노동의 연장이다. 유흥을 찾는 이들은 자동화된 노동 과정에서 벗어나 다시 한번 그 과정을 감당할 수 있도록 하려는 사람들이다."* 여기서 논제는 다소 차이를 보이지만 동일한 전제에 기반한다. 인간은 노동에서 자동화 과정을 겪는다. 그런데 이 과정이 사회 전반에 걸쳐 그처럼 보편화되고 따라서 그토록 많은 생명 요소에 영향을 미치기에, 이제 개인은 여가시간에 더이상 표준화된 것, 자동화된 것 외에 다른 것을 누릴 수 없는 지경에 이르렀다. "공장이나 사무실에서 이루어지는 작업에서 해방되는 유일한 방법은 여가시간에도 그런 작업에 자신을 맞추는 것뿐이다. 모든 유흥은 결국 이러한 불치병으로 고통받게 되어 있다. 즐거움은 권태로 뻣뻣하게 굳어버리는데, 왜냐하면 이제 즐거움은 즐거움으로 남기 위해 어떤 노력도 들일 필요가 없고, 그로써 닳아빠진 일상적 연상 궤도 위에서만 움직이게 되기 때문이다."**

오늘날 누구나 경험할 수 있는 이러한 보상 기능 상실은 누군가의 우울증, 번아웃증후군 혹은 정신병적 행동 및 장애로 이어지고, 그로써 개인에게 과도한 조바심과 심지어 즐거움에조차 노력을 쏟지 못하는 무력감을 초래한다. 이 즐기움은 결국 즉석에서 보상 작업을 수행해야 하므로 즉각적이고 과도한 것, 반복적이면서도 전례 없는 무엇이 되어야 하는데, 그러나 즉각적 보상은 결코 회복탄성력이 될 수 없다. 그 둘 사이에는 중독과 욕망 사이에, 경험하는 즉시 사라지는 쾌락과 순간을 넘어서는 기쁨 사이에 존재하는 차이만큼이나 크나큰 차이가 있다.

---

* 이 대목에서 독일어 '유흥Amusement'이 프랑스어판에서는 'divertissement' 'amusement'으로 번역되었다. 두 단어를 각각 '오락'이나 '유흥'으로 구별하여 옮길 수도 있으나, 『계몽의 변증법』의 원맥락을 살리고자 '유흥'으로 통일한다. 참고로 저자는 'divertissement'을 대표어로 채택하여 논의하고 있다—옮긴이.
** M. Horkheimer et Th. Adorno, 같은 책, 146쪽.

인식과 르상티망

르상티망의 쓰라린 아픔에 맞서, 나탈리 하이니히는 노르베르트 엘리아스의 저작에서—그리고 필시 여러 저작에서도 나타나는—변화와 승화를 향한 놀라운 시도들을 발견한다. 예술 작품에 대해 말하는 것은, 더구나 현상을 설명하는 동시에 현상과 거리를 유지하고 그 반성성réflexivité을 통해 인간 안에 상징화하고 행동하는 능력을 마련한다는 의미에서, 사회학적 작업 그 자체라 할 수 있다. 하이니히는 엘리아스에게 할애한 한 논문에 "르상티망보다는 사회학"이라고 쓴다. 지금 이 세계에 임계점이 없다는 점을, 목적 지향에 따라 행동을 무산시킬 뿐 아니라 노동해방 개념 속에서 행동과 분리될 수 없는 사유마저 파괴하는 도구적 합리성에 의문을 제기할 수 없다는 점을, 어쩔 수 없이 감내하기보다는 비판적 사회학을 택하자는 것이다. 사회학을, 인식을, 이성을, 분석의 전개를, 인간적 모순과의 대면을, 인간적 욕동의 해독을 선택하고, 이런 분석을 르상티망의 범람을 막는 방파제로 삼아야 한다는 것이다.

그렇다, 나는 엘리아스의 저작이 단 하나의 문제를 승화하기 위한 걸출하고 비상한 기획이라 생각한다. 어떻게 비유대인 사회 안에서, 더군다나 반유대주의 사회 안에서, 한 명의 유대인으로 존재할 수 있을까. 이 문제는 다양한 배경으로, 무엇보다 궁정사회라는 배경으로 옮겨져, 사회적 계급 이동시, 특히 하급계급에서 상승 이동시 상층계급에 동화되기 위해 행하던 몇 가지 범주의 노력이 사회를 어떤 식으로 수정하기에 이르렀는지에 대한 체계적 연구가 되며, 또한 사회구조에 발생한 이런 변화가 가장 내밀한 경험 차원에서 개인의 삶에 어떤 식으로 영향을 미치는지에 관한 연구가 된다.[*]

상징적 인정의 범위에서 배제되고 동화되지 못하며 모욕감을 느낄 때, 개인을 죄어오는 부당하다는 감정 문제로 다시 돌아와보자. 사회적 경제적 문화적 결정론이 남긴 이 잔상들을 개인 각각은 어떻게 마주하는가? 유대인이라는 원형적 예시는 남성과 여성을 막론한 모든 인간존재를 암시할 수 있다. 어떤 곳에서 살아가지 못하게 가로막힌 처지가 어째서 개인의 영혼과 육체에 절대적 위험으로 다가오는가? 엘리아스는 여러 번 신경증적 억압이나 정신증적 부인 혹은 치명적인 르상티망 속에서 수차례 흔들렸을 수 있겠지만, 그러나 피해자로서의 길을 밟는 대신 사회학적 작업을 선택했다. 자신에게 우선시되는 문제를 타인에게 열어 보이고, 자신이 목표하고 추구한 바를 보편화하며, 누구에게나 호소할 수 있으며 그래서 저마다의 세계를 확장시

---

[*] Nathalie Heinich, "Sublimer le ressentiment. Elias et les cinq voies vers une autre sociologie", *Revue du MAUSS*, vol. 44, n° 2, 2014, 289~298쪽.

킬 수 있는 사유를 발전시키기 위해서였다.

　물론, 이런 트라우마를 다루는 또다른 방법이 있었을지
도 모른다. 트라우마는 억압되고, 그 결과 신경증이나 정
신증 외에는 그 무엇도 발현되지 않았을지 모른다. 아니
면 르상티망이나 분노, 가해자를 향한 끊임없는 비난, 피
해자인 자신의 고통에 대한 불만으로 변형되었을 수도 있
었다. 그러나 그런 것들은 엘리아스에게서 찾아볼 수 없
다. 억압도 없고, 르상티망도 없다. 오로지 자신이 태어난
곳에서 태어났다는 이유만으로 그처럼 무거운 난관을 겪
으며 반유대주의 사회 밖에서 안으로, 안에서 밖으로, 아
래에서 위로, 위에서 아래로 동화되려 할 때, 그들 유대인
이 처한 근본 조건에 바쳐진 어느 방대한 저작 안에는, 단
지 유대인에 대한 침묵만이 있을 뿐이다.*

　우리는 다시 내부와 외부의 본질적인 범주들, 즉 르상티망을
지닌 인간에게 극복할 수 없는 쓰라림을 주기에 그가 더이상 곱
씹으려 하지 않는 바로 그 범주들로 되돌아가보자. 르상티망을
지닌 인간은 경계를 없애려 하고, 각자의 적대적 욕동이 제공하
는 결속을 통해 다른 사람들과 동화되려 하니 말이다. 하이니히
는 "개념 작업을 통해 르상티망을 극복하는 놀라운 능력"이라

---

* 같은 곳.

고 재차 기술함으로써, 엘리아스가 "지배"라는 개념 자체를 호네트의 인정 개념을 통해 재론된 상호의존성 개념으로 발전시킬 수 있었다는 점을 보여준다.

> 여러 제약의 내면화와 결부된 상호의존성 개념은 "개인"과 "사회"의 이분법적 대립에서 벗어나게 해주고 〔……〕 정신적 신체적 정서적 결정이 개인적 차원과 집단적 차원 사이에서 이동한다는 점을 이해할 수 있게 해준다. 〔……〕 르상티망은 "나쁜" 대상들에 초점을 맞추는 행위를 내포한다. 그들의 이름이 무엇이건, 엘리아스는 적들과의 끝없는 싸움에 자신의 지성적 에너지를 바칠 수 있었으리라. 하지만 반대로 그는 대상 중심의 관점을 모조리 파기하고, 사람들이 욕망하는 집단에 속하려고 사회적 계층화에 도전하려 할 때의 현실적인 관건, 바로 개인들 간의 관계로 눈을 돌린다.*

앞서 보았듯 르상티망은 나쁜 대상들에 초점을 맞추는 행위를 내포하며, 더하여 모든 강박적 집중은 중립적일 수도 있을 대상의 본질을 변형시키는 경향이 있다. 개인은 욕망해서는 안 될 것을 욕망할 뿐 아니라, 바로 욕망이라는 개념 자체를 왜곡시킨다. 욕망의 대상에 의해 소외됨으로써, 그는 잘못 욕망한다. 이 욕망

---

* 같은 곳.

의 기술은 승화된 좌절이라는 가르침인바, 필시 환상이고 따라서 그 환상을 넘어서지 못하면 필시 잔인해질 수밖에 없는 전능함과 이 좌절은 동일시될 수 없기 때문이다. 제대로 된 분석 작업을 행하는 것과는 별개로, 르상티망에서 벗어난다는 건 개인 간 제대로 된 관계를 설정하는 것으로 귀결된다.

앞서 호네트를 통해 보았듯, 오로지 인정의 개념만이, 개인들 사이에 불가피하게 존재하는 상호의존성이 지배로 변질되는 것을 막는다. 호네트의 비가시성 개념 또한 이 작업과 관련된다. 인정의 결여는 개인들이 서로를 볼 수 없는 비가시성을 초래하며, 여기서 우리는 왜 르상티망이, 응당 부당한 것으로 여겨지는 비가시성이 늘어가는 현실에 분풀이라도 하려는 양, 그토록 응징을 갈구하게 되는지 더 잘 이해할 수 있다. 이로써 르상티망을 지닌 인간들은, 주체성과 삶의 비가시화를 경험한 당사자로서 가시화되길 원하고, 보여지길 원하며, 이해받기를 원한다. 하이니히가 탁월하게 통찰했으며 엘리아스가 전적으로 떠안은 관점은, 자신이 연구한 사회학을 새로이 하나의 권력적 입장으로, 말하자면 저 자신이 배제의 폭력을 겪었으니 이제 자기 차례라며 과학의 옷을 차려입고 폭력을 행사하기에 적합한 입장으로 이용하진 않는다는 것이다. 동료의 이름Nom-des-Pairs은 권력 놀음을 하는 그런 인식의 형태로, 호네트가 말한 맥락에서 개인을 "왜곡된" 인정에 예속시키는 한편, 르상티망으로부터 개인을 보호해줄 수도 없을 것이다. 하지만 엘리아스는 제 스승인 베버로부터 사안에 거리를 두면서, 이론화하려는 시도를 빌미삼아 "자신의 결산을 치르게" 하지 않도록 해준 가치중립성을 배웠다.

교사와 연구자의 직무를 수행하는 과정에서 가치중립성, 혹은 가치판단의 유보에 관한 막스 베버의 유명한 교훈. 이것은 잘 알려져 있듯, 엘리아스가 "몰입"과 "거리두기"의 대립이라는 형태로 훌륭하게 전유한 교훈이다. 소위 "자신의 결산을 치르기" 위해 즉 적들과 맞붙기 위해 사회학이나 여타 모든 지적 학문을 이용하려는 사람은, 필경 누구나 무의식적으로 어떤 규범적 자세를, 달리 말하자면 사회학을 상대의 자격 박탈과 고발과 비판의 도구로 보는 관점을 채택하기 마련이리라. 〔……〕 반대로, 자신의 사회적 지위를 정당화하거나 확립하기 위해 사회학을 활용하려는 사람은, 아마도 있는 그대로의 사회직 계층화의 원인과 이유를 부각시킴으로써 그 지위기 사회를 조직하는 유일하게 합리적인 방식으로 간주될 수 있도록 노력할 것이다.*

그러므로 우리는 "무언가를 떠안는다"는 의미에서뿐 아니라, 함께 책임지고, 당사자가 된다는 의미에서 이해행위를 목표로 삼아야 하는데, 이는 가치론적 거리두기 현상을 없애기 위해서라기보다, 자신의 우월감이나 배제에 대한 헛된 환상을 품

---

* 같은 곳.

지 않기 위해서다. 우리가 바로 이곳에, 이 혼돈 속에, 이 역사 속에, 지금 눈앞의 현재 속에 존재해야 하는 것은, 주어진 자리에서 마치 금리생활자가 바랄 법한 제 몫의 이자를 챙기기 위해서가 아니라, 지금 여기에 존재하며 현실을 체험하기 위해, 여기서 무언가를 이해하기 위해, 이 세계를 풀어내기 위해, 이 "막막함"을 어떤 식으로든 펼쳐보기 위해서고, 어떤 면에서 이 모두는 결국 역으로 지성적이고 도덕적인 주름, 즉 르상티망의 주름이 전개되는 것을 막기 위함이다. 한쪽에는 펼침이 다른 한쪽에는 범람이 있고, 한쪽에는 차이의 진폭이 다른 한쪽에는 폐쇄가 있으니, 팽팽한 긴장이 시작된다. 열림을 연습하기 위해, 죽음욕동을 진정시킬 무언가를 붙잡기 위해, 우리는 언제나 깨어 있어야 한다.

여기서 윤리는 인식을 향한 모든 기획의 배후에 깔려 있는 메타비평의 장을 가리킨다. 제반 조건을 문제삼는 메타비평의 요청은 분명 진리 생산의 학문적 체제와 분리될 수 없지만, 진공 상태에서 전개되는 것은 아니다. 이와 같은 학문적 요청을 둘러싸고 혼돈이 들끓고 있으며, 그러한 맥락에서 학문이라는 움직임, 바로 그 욕망과 작업은 욕동이 우글대는 세계의 혼돈에 맞서는 저항의 형태다. 여기서 윤리와 인식론, 앎의 과정과 저항의 과정은 분리되기 어렵다. 과학자들이 사회와 관련하여 저들의 자율성을 마땅히 요구할 때, 우리는 그 자율성이 모든 종류의 편견과 사교적 요구에 맞서 저항하는 행위임을 안다. 사유한다는 것은 곧 편파 없는 공정성의 추구이지만, 그런 공정성이 아무런 충돌 없이 나오는 것은 아니다.

4

성좌적 글쓰기와 둔감함. 아도르노 Ⅲ

달라 보여도 필경 닮은꼴에 해당하는 또다른 경로가 있다. 그것은 사회학적 욕망 없이—이 욕망이 사회철학을 배양하고 한층 총체적인 이해의 몸짓을 길러줄 수 있다 해도—언어를 통해 접근하는 길, 요컨대 시가 될 수 있는 작품을 향하는 길, 혹은 아도르노를 참조하자면, 마치 수놓인 별들이나 티끌, 때에 따라 자갈이나 원석이 되는 무엇과도 같이 단편과 아포리즘으로 구성된 '성좌적星座的' 글쓰기를 향하는 길이다. 아도르노에게 "성좌constellation"*란, 부정변증법이 바로 그 자신과 거의 뗄 수 없는 방법론적 도구를 생산하는 가운데 사유하려는 무엇에 해당한다. "사물이 위치한 성좌를 인지한다는 것은 형성된 것으로서의 그 개별자가 자체 내에 담고 있는 역사를 해독하는 일이라 할 수 있다. 〔……〕 대상이 위치한 성좌 속에서 대상을 인식한다는 것은 대상 내에 축적된 그 과정에 대해 인식하는 것이다."

아도르노는 개별자에 대한 인식만을 겨냥하지 않는다. 그 유명한 헤겔식 운동 개념에서 (비록 아도르노가 이를 부정한다

---

* Th. Adorno, *Dialectique négative*(1966).

해도) 개별자는 보편자로 향하는 길이지만, 아도르노의 사유는 체계를 형성하고자 하지 않으며, 체계보다는 성좌를 선택함으로써 사유에 드나들 수 있는 구멍들을 남겨놓는다. 그리고 성좌를 가장 적절하게 이야기하는 데, 그 사유가 터놓는 길을, 잘못 사유해서가 아니라 실재를 좇고 자신의 고유한 현상 기술법을 얻어내면서 생겨나는 우여곡절과 엉뚱한 샛길까지도 고스란히 되밟는, 파편적 글쓰기보다 더 알맞은 방식은 없을 것이다. 아포리즘에 가까운 이 성좌의 이념을 제대로 이해할 필요가 있다. 아도르노는 사유의 우여곡절을 무작정 따르진 않지만, 결국 그 과정은 온전히 드러내지 않으면서도 과정을 흠뻑 머금은 형태, 가장 '성좌적'인 형태의 글쓰기를 선택하게 된다. 누구나 과정을 감지할 수 있을 것이며 나아가 그 과정을 펼쳐낼 수도 있을 터, 아도르노는 바로 그런 움직임이 그득 차오른 글쓰기, 결코 흘러넘치지는 않는 열린 글쓰기를 구상하는 것이다. 「거울 뒷면」에는 이런 글쓰기 규칙들이 제시되어 있다. "어떤 교정도, 없어도 무방할 정도로 너무 사소하거나 무의미하지 않다. 〔……〕 구성상 필요하다면 더 일구어볼 만한 사유도 스스로 포기할 줄 아는 것이 문필가의 테크닉이다. 사실상 그처럼 삭제된 사유가 힘있고 폭넓은 구성에 도움이 된다."*

아도르노의 글쓰기는, 아포리즘이나 단편에 가깝기 때문에 시적인 것으로 보일지언정 그의 감상적 성격을 드러내는 군더

---

* Th. Adorno, *Minima Moralia*, 단편 51, 115~119쪽.

더기가 많다거나 내면적이라고는 할 수 없다. 오히려 아도르노는 사라져버리고, 그의 글쓰기마저 절망을 승화하고 르상티망의 범람에 단호하게 맞서며 그와는 완전히 다른, 온전히 열림의 빛을 펼치는 능력을 보여준다. 아도르노는 전적으로 '미시적 시선regard micrologique'을 취한다. 이때 그가 고안한 또다른 형이상학은 "미시적 관점으로 파고들기"로, 이는 "존재자에 대한 연역적 판단의 연쇄"와는 다른 무엇이리라. 여기에 연쇄는 없을 것이며, 파열과 불협화음, 불연속, "극히 미세한 현실세계 내부의 특징들"이 자리할 것이다. 이것이 "미시적 시선"에 관한 아도르노의 결론으로, "그러한 사유는 형이상학이 몰락하는 순간에도 형이상학과 연대한다".* 이 마지막 인용문은 수없이 해석된 바 있을 정도로 인류의 퇴락에 대한 자각 면에서 많은 것을 시사한다. 인간은 확실히 퇴락의 늪에 빠진 상태이지만, 그럼에노 아주 작은 입자들을, 영영 고립되이 있으면서도 열쇠를 갖고 있지 못한 관계의 소용돌이에 휘말려 있는 입자들 자체를 포착하려는 저 미시적 시선을 택함으로써, 어떤 책임과 연대를 유지하며 그 늪에서 빠져나가려는 노력을 보여주는 것이다.

아도르노가 위대한 사상가인 것은 아우슈비츠 이후를 사유했다는 이유도 있지만, 그보다는 오히려 아우슈비츠가 아우슈비

* Th. Adorno, *Dialectique négative*, 490~491쪽. 또한 Th. Adorno, *Jargon de l'authenticité. De l'idéologie allemande*(1964), Payot, "Petite Bibliothèque Payot", 1989, 7~37쪽에 실린 엘리안 에스쿠바Éliane Escoubas의 탁월한 서문, 특히 아도르노 글쓰기의 특수성에 관한 논의를 참조.

츠 이후 세계의 종언을 고했으며, 역사적 진보의 가능성에 대한 환상 자체를 파괴했고, 공포의 존재를 영영 공인해버렸다는 사실에 기인한다. 반인류적 범죄의 시효가 소멸하지 않는다는 것은 곧 범죄가 영속하리라는 의미이기도 하다. 물론 이 범죄는 언제까지고 처벌 대상이 되리라. 우리는 늘 그 책임을 감당해야 하리라. 그러나 이와 관련하여 암시된 더 엄격한 반성은 범죄가 영속한다는 성찰에 놓여 있다. 공포는 발생했고, 발생하고 있으며, 발생할 것이다. 이것은 주체에게 책임이 없다는 뜻이 아니라, 오히려 주체가 언제까지나 책임을 안고 있다는 것, 끊임없이 경계해야 하리라는 것, 그 싸움에서 자주 패배하리라는 것, 문명 전체에서 이루어져야 할 윤리적 몸짓은 필경 "몰락의 상태"와의 끝없는 대결이 될 수밖에 없다는 것을 의미한다. 실존의 더없이 깊숙한 차원에서, 글쓰기의 더없이 깊숙한 차원에서, 아도르노는 인간과 역사를 지탱할 체계적 사유가 사라지는 것을 보았다. 그런 사유는 무너져내렸다. 아도르노는 아우슈비츠 이후에 시를 쓰는 것이 불가능하다고 단언하게 되지만,[*] 작가로서 그의 글쓰기는 시와 전혀 무관한 것이 아니다. 그가 말하고자 한 것은, 이후의 모든 글쓰기에는 온통 저 끔찍한 굉음이 가득차 있을 것이고 그리하여 시를 향한 진입은 곧 추락이라는 것이다. 더욱이 아도르노가 제 글쓰기의 중심에 두게 되는 원칙은 저자가 거주할 공간의 불가능성이다.

아도르노의 글쓰기는 스스로를 소멸에 이를 정도로 추적하고 몰아붙임으로써 그 자신과 분리되어, 보편적 성좌를 위한 잠재성의 장소가 된다. 모든 작가가 아는 사실이다. 작품은 스스로 열린다. 만일 작가가 문학 창작 과정에서 제 글쓰기 안에 정착하기라도 한 것처럼, "마치 자기 집인 것처럼" 시작한다 해도, 작가는 필히 그 장소를 떠나야만 하고, 자신의 처지를 가련히 여기지 않아야 한다. 우리는 여기서 글쓰기를 위한 노력과 완전히 같지는 않더라도, 르상티망을 넘어서기 위한 정신의 노력을 발견한다. 한편으로 어째서 더없이 아름다운 행위인 글쓰기마저 르상티망에 빠져듦으로써 아도르노가 "쓰레기들"이라 표현한 무절제한 폭발에 휩쓸리고 마는지도 짐작할 수 있다. 우리는 "괜히 헛돌고 있는" 말들로부터, "잡담이 만들어준 따뜻한 분위기"로부터 떠나가야 하며, 이 지겨운 안락함에 굴복하지 않아야 한다.** 아도르노는 글쓰기를 르상티망 자체에 저항하는

---

* 아우슈비츠 이후의 시인 파울 첼란Paul Celan은 그 불가능성을 말한 또다른 작가다. 정신분석가 미셸 부세루Michel Bousseyroux는 첼란에 관한 논문에서 사형집행자의 언어로 글을 써야 하는 정신적이고 문명적인 강제 속에서 어떤 일이 벌어지는지 파악하려 한다. "아우슈비츠 '이후' 쓰는 시는 어떤 것이 될까? 아우슈비츠 이후, 특히 유대인이 '사형집행자의 언어로', 즉 독일어로 시를 쓴다면, '여전히' 시라고 할 수 있는 글쓰기가 가능한가? 이것이 파울 첼란의 경험이 우리에게 안겨주는 물음이다. 그는 1946년(아우슈비츠 해방 일 년 후)의 편지에서 이렇게 쓴다. '유대인이 독일어로 시를 쓰는 것이 얼마나 어려운지 말씀드리고 싶습니다. 나의 시가 세상에 나오면 독일에도 가닿게 될 것이고—끔찍한 일을 감히 떠올려본다—내 책을 들춰볼 손이 내 어머니를 죽인 자의 손을 잡았던 손일 수도 있다는 것이겠지요…… 그보다 심한 일도 일어날 수 있을 것입니다…… 그럼에도 독일어로 시를 써야 한다는 것이 나의 운명입니다.'" Michel Bousseyroux, "Quelle poésie après Auschwitz? Paul Celan: l'expérience du vrai trou", in M. Bousseyroux(dir.), *Au risque de la topologie et de la poésie. Élargir la psychanalyse*, ERES, 2011, 302~323쪽.
** Th. Adorno, *Minima Moralia*, 단편 51, 115~119쪽.

행위로 이해한다. 그래서 그는 다시금 글쓰기의 파괴적인 힘을 완전하게 묘사하며, 상호이해com-prendre라는 용어의 사회학적 의미에서 함께 책임을 떠안는 행위로 향하는 글쓰기의 진보를 설명하고, 자신은 면책받았다는 환상으로 스스로를 기만하지 않을 수 있다. 아도르노가 내심 그런 환상에 굴복하는 것은 아니다. 만약 굴복한다면, 아마 그는 글을 쓸 수 없게 될 것이거나, 굴복한 그 글쓰기가 타인들에게 피난처가 되어줄 수 없을 것이므로 그로써 글의 생명을 잃는 일이 되리라. "예술과 더불어 시는 아도르노에게 차라리 개인과 사회의 대립, 즉 '인류의 향방과 〔……〕 세계를 조직하는 질서가 인간을 바꾸어놓는 방향 사이의 간극'이 자리한 피난처라 할 수 있다. 〔……〕 아도르노의 근본적인 신념은, 문학이란 '각 개인이 적대적인 것, 낯설고 냉담하며 숨통을 조여오는 것으로 경험하는 사회체제에 대한 하나의 이의제기'라는 사실이요, 또 역사적 조건은 미적 재현 속에서 부정적인 방식으로 새겨져 있다는 것이다."*

아마도 자신의 글쓰기가 아우슈비츠 이후의 저 불가능성과 인간의 영혼에 영원히 뿌리내린 환멸의 위험에 맞섰기 때문에, 아도르노는 베케트, 카프카, 횔덜린, 아이헨도르프**와 같이 야만적 부조리와 대결했던 작가들, 더이상 투쟁하지 않는 듯 보이

---

* Stefan Müller-Doohm, 같은 책, 363쪽. 강조는 아도르노의 인용으로 다음의 문헌들을 참조한다. 1) 아도르노, 「아이헨도르프를 기리며」, 2) 아도르노, 「서정시와 사회에 관한 논설」.
** 같은 책, 365쪽.

는 순간에도, 바로 그들 자신이 실패할 운명이었음에도 과장 없이 자기과시도 없이 계속해서 고군분투했을 뿐인 이 작가들에게 눈길을 돌린다. 베케트의 「승부의 끝」에서 전형적으로 나타나는 그 상태를 아도르노는 둔감한 상태hébétude[*]라 부른다. 퇴행하는 세계를 마주한 자에게서 나타나는 마비 상태, 베케트의 극작품을 열고 또 닫는 건 바로 이 둔감함으로, 어쨌든 우리는 두 가지 둔감함 사이에서 하나의 길을 다시 발견해야 한다. "클로브: (시선을 고정한 채, 잠긴 목소리로) 끝이야, 끝, 끝날 거야, 끝나겠지. (사이) 낱알이 하나씩 하나씩, 쌓이고 쌓이면, 어느 날, 뜻밖에, 그건 하나의 더미, 작은 더미, 불가능한 더미가 되지. (사이) 이제 누구도 날 벌할 수 없어. (사이)"[**] 「승부의 끝」은 이렇게 열린다. 이것은 열림이 맞는가? 뿌연 회색빛 지평선, 우리가 바라지 않는 세계를 잣대로 삼아 던지는 수많은 해석의 제안들. 그러면서 저들의 불만스러운 처지로부터가 아니라, 타인을 향한 증오심을 통해 그 처지를 뒤바꾸는 역전의 상황으로부터 헤어나오고자 애쓰는, 그렇다고 이런 결정론을 마냥 수긍하지는 않는 인물들. "정해진 길을 가는 거겠죠." 여전히 클로브는 이렇게 말하리라. 햄이 "이제 먹을 걸 더는 안 줄 거다. 〔……〕 딱 네가 죽지 않을 만큼만 줄 거야. 너는 늘 배가 고프겠지" 혹은 "달라질 이유가 없지"라 말할 때, 클로브는 햄

---

[*] 같은 책. 이와 함께 Th. Adorno, "Pour comprendre *Fin de partie*", *Notes sur la littérature*, Flammarion, 1984, 201쪽을 참조.
[**] Stefan Müller-Doohm, 같은 책, 363쪽.

에게 이렇게 대답한다―그게 대답이긴 한지 모르겠지만. "끝날 수도 있어요. *(사이.)* 평생 같은 질문에, 같은 대답이네요."* 베케트의 글쓰기를 따라야 할 도덕으로 내세우려는 건 아니다. 베케트는 저항하는 글쓰기 그 자체로, 저항을 무대에 올리지 않은 채로도 부조리의 한가운데를 유영하면서 나아가 두 인물 간 관계의 모험을 시도한다. 더이상 서로에게 해줄 게 없다 해도 이들은 상호의존 상태를 벗어나지 않는다. 여기 르상티망에 사로잡힌 사람들 사이에 설정될 수 있는 관계의 궁핍을 정의하는 한 가지 방식이 놓여 있으니, 그들은 더이상 저 자신에게도, 타자에게도 의지할 수 있는 존재가 아니게 되는 것이다. 그들은 헛돌고 있으며, 이 공회전을 가리려는 어떠한 겉치레도 없는 베케트의 글쓰기는 메마름 앞에 우리를 덩그러니 내버려두기에 더 가혹하다. 우리는 의지할 대상이 부재하는 삶을 살고, 우리 앞에 놓인 저 우울한 체스판, 모든 것이 사소하지만 그럼에도 모든 것이 스스로 열릴 수 있는 우스운 체스판에서 살고 있으니, 그 헐벗은 초라함이라는 면에서 베케트가 그리는 부조리는 너무도 아름답다.

---

* Samuel Beckett, *Fin de partie*, Éditions de Minuit, 1957(한국어판: 사뮈엘 베케트, 『승부의 종말』, 오세곤 옮김, 연극과인간, 2020).

5

어떤 사람들은 진실되지 않고, 어떤 사람들은 영리하고

르상티망을 지닌 인간은 르상티망이 마치 분노와 다르지 않은 정당한 화인 양, 그저 저 자신은 희생자일 뿐인 어떤 불쾌감의 표현인 양 느낀다. 어떤 이들에게 이 불쾌감은 진정성에 가까운 것이다. 게다가 르상티망에 사로잡힌 사람들은 자주 집단을 이루는 실체로 나타난다. 이런 진정성의 문제는 징후적이다. 이들은 자신들이 정당하다고, 자신들은 "진실"하다고, 희생자의 "위치"에 있으니 보호받는다고 확신하는데, 왜냐하면 자신들이 믿어 의심치 않는 금리로서 이해하는 이 희생자라는 처지에 이들은 안주하고 있기 때문이다. 이들이 보기에 자신들은 진실을 말하는 반면 다른 사람들은 거짓말을 하는 강탈자들이다. 자신들이 진실성의 진영을 대표한다는 것이다. 그러나 아도르노는, 앞서 말한 바와 같이 대개 르상티망에서 연유하는 반유대주의 현상을 연구하면서 이러한 양상을 완벽히 파악했다. "진심에서 우러나온 반유대주의라는 것은 없다." "분노는 무방비 상태의 희생자들에게 퍼부어진다. 희생자는 상황에 따라 서로 뒤바뀔 수 있다. 집시도, 유대인도, 신교도도, 구교도도 희생자가 될 수 있으며, 이들 각각이 자신의 명분을 밀고 나갈 힘을 지니면 마찬가지로 살육의 의지로 눈먼 살인자의 자리를 차지할 수 있다."* 그러므로 르상티망을 이러저러한 부류의 사람들의 탓으로 돌리는 것이 불가능할 정도로, 르상티망은 움직이는 것이며, 그런 욕동과 희생자적 망상에 속수무책으로 휩쓸리는 모든 사람들을 관통한다—그 망상은 말하자면, 자신은 전혀 책임이 없는 피해자로 다른 사람들이 날조한 규칙들에 전적으로 복종했을 뿐이라는 믿음 따위를 이른다.

그러나 진실성의 부재야말로 그런 욕동의 본질을 온전히 이해하는 데 필수적인 특징이다. 그 욕동은 진심에서 우러나온 듯한 모습을 띠지만, 온전히 희생자의 옷차림을 걸친 덕에 강제된 것이므로 더이상 진실한 말이 아니라 궤변이자, 자신의 명분을 밝히지 않은 채 억압하고 복수하려는 의지요 이데올로기가 된다. 앞서 보았듯이, 르상티망은 항상 치명적인 고착의 다음 단계에 온다. 누구나 르상티망의 시기를 보낼 수 있고, 누구나 욕동에 휩쓸릴 수 있지만, 그렇다고 모두가 르상티망에 완전히 빠져드는 것은 아니다. 쓰라린 감정, 굴욕감과 무력감을 실제로 경험하면서도 그 감정의 지속을 거부하는 것과, 자신을 전 인류적 속죄의 희생양으로 여기면서 이것을 하나의 지위로 내세우고 쓰라린 원한을 되갚아주길 원함으로써 그 원한을 체계적 망상의 근거로 두어 반발과 감정의 범람을 표출하는 것 사이에는 헤아릴 수 없는 차이가 존재한다.

진실하지 못하다는 것도 잘못이 될 수 있는데, 적어도 르상티망이 자리를 잡은 경우 타자를 향한 증오는 자기증오에 변증법적으로 결부되기 때문이다. 말하자면 질투, 시기, 일그러진 이상

---

* M. Horkheimer et Th. Adorno, 같은 책, 180쪽.

을 향한 투사, 정당한 가치를 인정받지 못했다는 느낌, 곱씹어 느낀 부당함, 이 모든 감정이 개인을 자기비하에 빠뜨려, 그는 자신의 권리를 앗아갔다고 여겨지는 타자에게 악랄한 비하를 돌려주며 분풀이를 하는 것이다. 이러한 이유로 르상티망에 빠진 인간들은 자신들이 경멸의 뜻을 담아 "지성주의"라 부르는 것, 즉 진실성의 결여와 저들이 내세우는 소위 "진정성authenticité"이라는 가상을 간파하는 지성을 증오한다. 자기들이 바로 진실이므로 이들은 그 어떤 학문적 접근법도 그런 식으로 주장할 권리는 없다며 인정하려 들지 않는다. 모든 사회학적 작업은 철저히 평가절하될 것이며, 르상티망을 지닌 인간에게 심각하게 결여된 이 객관성을 그런 연구에 부여하는 것도 용납하지 않을 것이다. 더욱이 자신의 욕동으로부터 소외된 이들은 다른 사람들이 그러한 자기소외에서 벗어날 수 있다는 상상조차 하지 못한다. 애초부터 그들이 그럴 수 있는 사람이라서가 아니라, 그것이 자기소외 상태로 있지 않으려는 그들의 끊임없는 노력을 증명해해주고 있음에도 말이다.

이러한 이유로 아도르노는 반만 똑똑한 사람들, 르상티망은 합리적이지 않으며 그 감정을 곱씹는 사람들에게 역효과를 일으킨다고 주장하면서 르상티망의 확산으로부터 자신이 안전하다 믿는 "너무 영리한" 사람들도 마찬가지로 고발한다. 자신이 사안에 정통하다고 믿어 인간의 의식과 무의식에 대해 끝까지 의문을 제기하려는 노력을 하지 않는 그런 사람들 말이다. "히틀러의 시대는 우리에게 무엇보다도 지나친 영리함이 곧 어리석음이라는 교훈을 주었다. 유대인들은 탄탄하게 근거를 갖춘 숱한 주장을 제시하면서 히틀러가 집권할 가능성이 거의 없다고 논증하지 않았던가."* 이런 사람들 또한 스스로 의식하지 못한 맹목에 빠지고, 겸손과 통찰력이 부족하며, "똑똑하다는 우월감"을 갖고 있다고 아도르노는 쓴다. 결과적으로 르상티망욕동에 굴복한 사람들과 자신의 우월함에 너무 취한 나머지 실제로 벌어지는 현상을 놓치는 사람들 사이에서, 저 르상티망은 빠르게 옮아가 마치 전염병처럼 병에 굴복하려는 모든 사람을 사로잡고야 만다.

6

감정전염병으로서의 파시즘. 빌헬름 라이히 I

　집단적 르상티망의 본질과 특히 그 출현을 포착하고, "대중"이 지도자를 선택하는 방식, 대중이 단지 지도자를 따르는 추종자가 아니라 그 선택에 책임을 갖게 되는 방식을 파악하려면, 빌헬름 라이히의 『파시즘의 대중심리』(1933)를 참조해야 할 것이다. 라이히는 군중을 이끄는 위대한 지도자라는 관념, 혹은 헤겔에 대한 다소 왜곡된 이해에서 비롯한 이성이라는 관념의 전통적 논제를 뒤집는다—사실 헤겔에게 이성의 간계란 오히려 가장 위대한 인물을 도구로 부리는 더없이 위대한 정념들로,

---

위대한 개별자와 사건 사이의 복합적인 변증법의 매개를 통해 역사를 이루어나갈 무언가를 발아시키는 데 있다. 라이히의 논지가 흥미로운 것은, 그가 "비정치성apolitisme"의 호소 속에 가려진 대중의 책임을 간파한다는 데 있다. 라이히 덕분에 우리는 르상티망 말고는 다른 연결점이 없는 개인들이 어떻게 조금씩, 은밀하고 돌이킬 수 없는 방식으로 하나의 통일체를 이루는지 쉽게 이해하게 된다. 이 기형적인 비체卑體, corps abject가 죽음욕동을 공식적으로 표명하기 위해, 말하자면 오랜 기간 자신을 괴롭혀온 반추를 노골적으로 표출하기 위해, 어떻게 의도적으로 한 명의 "지도자"를 알아보게 되는지도 알 수 있다. 너무 추악해서 오랫동안 드러내기를 꺼려왔던 충동을 감히 드러내려면 이처럼 선택된, 심지어 선출된 "타자"가 필요하다. "히틀러는 그때까지 거의 정치성을 띠지 않았던 대중을 기반으로 권력을 굳혔을 뿐 아니라, 원래 투표하지 않던, 말하자면 비정치적인 시민들을 자그마치 오백만 명이나 동원함으로써 1933년 3월의 합법적 승리를 약속받을 수 있었다."* 그리고 라이히는 이 공공연한 비정치성이 결코 "중립"이나 "무관심" 따위가 아니라 개인적 르상티망이 잠복한 상태임을 보여주는바, 르상티망은 때를 기다린다는 자각 없이도 드러날 기회를 기다리고 있으며― 반추가 바로 이런 것이기에 ― 행동을 개진하는 대신 불만만 깊

---

* Wilhelm Reich, *La Psychologie de masse du fascisme*(1933), Payot, "Petite Bibliothèque Payot", 1979, 183쪽(한국어판: 빌헬름 라이히, 『파시즘의 대중심리』, 황선길 옮김, 그린비, 2006).

어지게 하고, 자발적으로—의식적이든 무의식적이든—개인의
책임을 방기한다. 그런 "대중"이 탄생하는 순간은 구성원들이
주체이기를 스스로 포기할 때, 보복이라도 하듯 자기 인생에 대
한 책임을 놓아버릴 때, 주체가 스스로를 희생자로 규정하면서
도 곧장 정의를 바로 세울 집행자의 역할을 자처할 때다.

　　대중 안에서 평균적인 위치에 있는 인간이 비정치적이
되면 될수록 정치적 반동 이데올로기에 접근하기는 더
쉬워진다. 비정치적이라는 것은 사람들이 믿는 것처럼
수동적인 심리 상태를 말하는 것이 아니라, 오히려 대단
히 능동적인 입장으로서, 개인이 지닌 정치적 책임의식
에 대한 방어를 가리킨다.*

　비정치성은 스스로 책임을 떠안지 않는다는 하나의 이데올로
기로, 개인의 신념과 사회적 양심이 결여된 근시안적 입장에서
온다. 이는 결코 "거리"의 문제가 아니라 개인의 익숙한 자기회
피이니, 토크빌이 민주주의적 이기주의**가 개인을 복수심과 정

---

* 같은 곳.

** "이기주의는 자기 자신에 대한 열정적이고 과장된 사랑으로, 인간으로 하여금 모
든 것을 자신과 연결시키고 만사에 자신을 우선시하게끔 한다. 개인주의는 냉철하
고 평화로운 감정으로, 시민 각각으로 하여금 동류 집단으로부터 떨어져나와 가족
이나 친구들하고도 거리를 두게 하여 일인용의 작은 사회를 창조하고 거대한 사회
는 저버리게 한다." A. de Tocqueville, *De la démocratie en Amérique*, II, Michel
Lévy, 1864(*Œuvres complètes*, 3, Gallimard, 1990, 162~165쪽). 여기서 이기주
의와 개인주의는, 둘 사이의 공통된 지점을 발견할 수 있다고 하더라도, 서로 구분

넘에 차 흔들리는 팔랑개비로 변화시킨다고 규정했을 때 이미 잘 드러난 바 있다. "정치에 대해 듣고 싶어하지 않는 평범한 지식인들 대다수는 실제로 자신의 직접적인 경제적 이해관계를 옹호하면서도, 자기 지식과 신념을 기괴한 방식으로 희생하게 만드는 여론에 제 존재를 전적으로 의탁한다는 데서 두려움을 느낀다."*

라이히는 가볍게 다음 논의로 넘어가, 앞서 언급한 "비정치적 정신"이 공동체의 중요한 현안들을 알지 못하며 오로지 자신의 즉각적 이익만을 바라는—그러한 개인은 상대적으로 겁이 많고, 적어도 소수파에 속한다고 판단될 때 공동행동의 위험에 특히 민감하기 때문에 정치참여의 대가를 줄이려 한다—근시안적 이데올로기만이 아니라 "성갈등"**도 드러낸다고 설명한다. 이 논제는 완전히 새로운 것이 아닌바, 개인의 리비도 집중에 관한 프로이트의 유산에 속한다. 그러므로 여기서 성적이라는 것은 제한적 의미로 파악되기보다는, 욕망을 세계에 투자한다는 점, 제대로 인정받지 못할 경우 좌절될 수 있는 '세계를 향한 욕망désir du monde'이라는 의미에서, 성적이면서도 생명적인 에너지의 개념으로 이해될 필요가 있다.

이 성적인 생명 에너지의 상징, 또는 개인의 생물학적 에너지

된다. 그렇다고 해서 민주주의적 개인주의가, 사람들이 개별화 과정이라 지칭할 만한 무엇, 즉 법치주의와 주체의 발전에 꼭 필요한 결정적 과정인 것은 아니다.

* W. Reich, 같은 책, 183쪽.

** 같은 책, 184쪽.

와 민족적 집단 에너지가 교차하는 상징인 하켄크로이츠는, 라이히에 의해 다음과 같이 해독된다. 십자가가 땅을 짓밟으며 지나는 길의 모든 것을 쓸어가는 난폭한 바퀴를 표현한다면, 그것은 또한 남성과 여성의 근원적 결합으로 해석될 수도 있다. "말하자면 하켄크로이츠는 원래 성적 상징이었는데 시간이 지나면서 다양한 의미를 내포하게 되었다. 특히 물레방아의 바퀴를 상징하게 되면서 노동까지 의미하게 된 것이다. 〔……〕 이때 풍요로움은 성적인 것, 즉 어머니 대지와 아버지 하느님 사이의 성적 결합으로 묘사된다. 〔……〕 저 하켄크로이츠들은 〔……〕 두 사람이 서로 얽힌 모습을 도식적으로 표현한 것이니, 한쪽은 누운 자세로, 다른 한쪽은 선 채로 하는 성행위임을 쉽게 알아볼 수 있다."*

하켄크로이츠라는 상징은, 인간의 무의식적 열망이 성性경제학을 따르건 혹은 신비주의를 따르건, 그 열망을 하나의 도식으로 요약하려 했을 것이다. 그러나 이것이 개인의 해방을 위한 작업은 아니었으므로, 그 상징은 끊임없이 인간의 본원적 생명 욕구 충족을 대신하려 했고, 당대의 세계 속에서 환상적 인공적 굴종적 충족을 실현시키려던 독단적인 파시스트 이데올로기에 소용되었을 것이다. 라이히가 지적하듯,** 히틀러는 실제로 논쟁, 논리적 추론, 특히 지식 따위로 대중에게 접근하는 것은 무

* 같은 책, 106쪽.
** 같은 책, 91쪽.

용한 일이니 증거나 학식을 제쳐두고, 그보다는 상징들, 특히 성적인 상징들과 순수성의 이상을 향하는, 명확하게 이분법적인 인종적 신념을 이용해야 한다고 수없이 반복했다. "영혼과 그 순수성에 대한 이데올로기는, 바로 성적 무감각의 이데올로기이자 성적 순수성의 이데올로기이며, 노골적으로 말하자면 가부장적이고 권위적인 사회가 초래한 성적 억압과 성적 불안의 한 형태다." 그러니 라이히가 덧붙인 대로 만약 우리가 자유를 비합리적이라며 비웃는 데 그친다면 자유를 저해하는 일이 될 텐데, 그만큼 어리석음의 위력은 어마어마하고 그 효력을 없애기는 어렵기 때문이다.[*]

그런데 책임 윤리를 떠올리면, 감정의 이러한 "신비화mystification"가 왜 지성이나 과학적 증거로 하는 호소보다 더 최적의 방식으로 작동하는지 이해할 수밖에 없다. 라이히에 따르면, 하켄크로이츠 앞에서의 열광 상태는 아버지가 승인한바 처벌 위험 없이 성적 억압을 마침내 해소할 계기가 될 테지만, 반대로 아버지의 승인으로 다른 사람을 처벌할 권한도 부여받음으로써 성적 억압이 너무 오랫동안 지속되었을 때 발생할 수 있는 훼손된 개인성을 진정시켜줄 수도 있는 것이다.

라이히의 작업 속에서, 개인의 정신건강과 대중의 형성 사이

---

[*] 같은 책, 92쪽. 이와 함께 105쪽 참조: "우리는 항상 파시스트가 말하는 것이 무엇인가에 주의를 기울여야 하고, 그것을 단순히 허튼소리나 속임수라며 대충 넘기지 않도록 해야 한다. 민족의 오염이라는 이론과 결부시켜보면, 박해망상을 불러일으키는 것처럼 보이는 이 이론의 정서적 내용을 더 잘 이해할 수 있다."

에, 또 개인의 삶과 이른바 민중의 역사 사이에 복잡하고 비선형적이기는 하지만 전개 가능한 변증법이 이루어진다는 점은 분명하다. "오백만 명에 달하는 비정치적인 사람들, 정치적으로 결정적인 역할을 하면서 사회적으로는 억압받는 이 사람들의 은밀한 생활을 안다면, 우리는 사적 생활, 본질적으로는 성적 생활이 주요한 사회적 사건들에서 수행하는 역할을 더 잘 이해할 수 있다."* 재차 말하지만, 여기서 성적 생활은 개인 간의 성적 관계—물론 그것이 상당한 역할을 하긴 하지만—에만 한정된 것이 아니라, 세계와 타자를 향하도록 조건지어진, 그로써 엄청난 좌절의 가능성을 함께 지니는 에너지의 발현을 의미한다.

라이히는 감정전염병, 성격분석, 성격 저항, 오르곤 에너지 같은 몇 가지 개념을 새로 만들어 사용한다. 이 용어들 중 다수가, 일회적이기에 재현 불가능한 임상적 방식을 통해서가 아니라면 증명되기 어렵다는 이유로 비과학적인 개념으로 간주되지만, 우리가 인간의 정신현상에 대하여, 또 오늘날에는 라이히가 1930년대에 감지했던 바대로 불분명한 대중의 형태로만 나타나는 것은 아니지만 독특한 유동성을 보이는 저 집단화된 인간의 정신현상에 대하여, 한층 일반적인 분석을 개진할 수 있는 원형들을 제공한다. 앞서 언급한 라이히식 개념들에 비추어 현재 새로이 이루어지는 집단적 결집을 분석하는 일은 여전히 도움이 될 것이다. 과학성의 결여에 대해 라이히는 완벽히 인지하

---

* 같은 책, 184쪽.

고 있었다. "이 논제를 통계로 뒷받침할 수는 없다. 더구나 삶을 비껴가는 통계들의 사이비 정확성을 신뢰할 수도 없는 노릇이다. 반면 히틀러는 통계를 무시하고 사회의 최하층 계급이 겪는 성적 빈곤을 이용하여 권력을 장악할 수 있었다."*

<h1 style="text-align:center">7</h1>

<h2 style="text-align:center">내 안의 파시즘. 빌헬름 라이히 II</h2>

자아가 스스로를 단련하기 위해 만들어내는 저 갖가지 안전장치, 벽, 경계, 방호벽을 라이히는 "성격caractère"이라 부른다. 따라서 주체에게 꼭 필요한 이런 방벽들은, 한편으로 구성되는 과정에서 세계 및 타자들과 관련하여 특정 유형의 저항과 방어를 구축하게 된다. 교육의 관건은, 제대로 된 심리적 방어기제를 형성하여 주체를 성장하게 하는 것, 그러니까 주체가 퇴행이 아니라 세계를 향해—주체가 욕망하는 것이라면, 또 그것이 무책임한 르상티망과 결합된 것이 아닌 한, 은둔조차 세계와 맺는 하나의 관계가 될 수 있다—(그리고 여기서 "세계"와 마찬가지로 중요한) 타자들을 향해 나아가기를 선택하도록 이끄는 것이다. 타인과의 관계를 경험하는 유일무이한 방법 같은 것은 없다. 관계는 오히려 우리를 둘러싼 존재(들)과 맺는 관련성의 질質에 관한 무한한 탐구의 장소로, 이 관련성이란 물리적 인접성과는 전

---

* 같은 곳.

혀 다른 것이다. 어떤 존재의 "성격구조"는 불쾌감 회피를 목적으로 한다. 마찬가지로 우리는, 이 개념과 유사하지는 않더라도 알프레트 아들러에서 그리말디*와 같은 현시대 의학 전문 작가들에 이르기까지 줄곧 논의되어온, 면역(흉선) 항상성에 대해 이야기해볼 수 있다. 그러나 이 상이한 작가들에게 쟁점은 개인이 자신의 감정, 특히 슬픈 감정과 관련될 때 개인에게 무엇이 작동하거나 역으로 작동을 멈추는지 분석하는 데 있다. 라이히에게 성경제학은 누구라도 구상해볼 수 있을 만큼 아주 자명한 내용으로 다가오기도 했다. 논제의 진부함이 우려스러울 수 있다고, 그만큼 우리는 복잡한 이론들의 힘을 빌려 세계를 이해하길 선호한다고, 라이히는 인정한다. 그러나 비록 편향적일지언정 라이히의 임상경험은 인간의 행동을 사실적으로 비추는 거울 하나를 건네준다.

비정치적인 사람은 성갈등에 빠져 있는 사람이다. 성적 문제를 제쳐두고서 그에게 사회적 책임의식을 돌려주려는 모든 시도는 소용이 없을 뿐 아니라, 성적 빈곤을 탁월하게 활용할 줄 아는 정치적 반동의 손에 그를 확실하게 넘겨주는 일이 된다. 〔……〕 이를 간과하거나 심지어 부정하는 것은, 오늘날 (우리가 신비주의와 성적 억

---

* André Grimaldi, "L'éducation thérapeutique: ce que nous apprennent les patients", *Obésité*, mars 2009, vol. 4, n° 1, p 34~38.

압의 관계에 대한 확실한 지식과 성경제학 분야에서의
특정 경험을 보유하고 있음에도) 해방운동의 관점에서,
결코 용납될 수 없는 중세적 사고방식과 경제적 노예제
도에 대해 반동적인 지지를 표한다는 말이 된다.[*]

이런 주장을 통해 라이히는 우리가 인간 행동에 대한 특정 유
형의 해명을, 특히 정신분석학적 해명을—과학적이지 않다는
이유로—철저하게 무시할 때 그것이 어떻게 확고한 반동적 옹
호를 초래하는지, 어떻게 행동의 근간부터 바꿀 이론의 가능성
을 막고 르상티망에 기반한 행위를 조장하는 성격 저항 속으로
의 고착을 유발하는지 보여준다. 개인들로 이루어진 대중이 저
들의 '오르곤' 에너지를 발휘할 수 없던 경우, 달리 말하자면 특
히 유년기와 청소년기 초반부터 오르곤 에너지가 사회적으로 억
압되었으며, 그래서 무엇보다 이후 자유로울 수 있는 능력을 갖
추어야 할 주체가 현실에 굴종하며 흡사 유아기적 입장에 머물
게 되는 경우에, 그런 대중이 만들어가는 사회적 상황의 유형을
정의하고자 라이히는 "감정전염병"이라는 개념을 사용한다.
"자유로울 수 있는 능력"[**]이라는 라이히의 개념 또한, 비록 "인
민대중에게서 나타나는 자유로울 수 있는 능력의 결여"가 "선천
적"인 것은 아니며 따라서 확정적인 것도 아니라는 점을 인정할

---

[*] W. Reich, 같은 책, 184~185쪽.
[**] 같은 책, 196쪽.

지라도, 바로 그런 결여 상태를 논의하기 위해 고안된 것이다.

이것이 다음 세대를 위해 마련된 교육과 돌봄의 목적이니, 그로써―교육과 돌봄이 이미 가족 안에서 개별적으로, 그리고/혹은 가족의 범위를 넘어 사회 안에서 완전히 개진되어 잘 작동한다면―처음엔 신경증에 가깝지만 정신증으로 발전하기 십상인 저 반복으로부터 다음 세대는 해방될 수 있다. 물론 치유되고 심지어 완전히 사라지려면 몇 세대가 걸리는 트라우마나 르상티망도 있지만, 두 경우 주체의 책임 여부가 동일하지 않기에 우리는 지금껏 트라우마와 르상티망을 분명히 구별하기 위해 줄곧 주의를 기울였다. 앞서 살펴보았듯, 개별화의 원리는 르상티망에 저항하는 동력으로 정의된다. 따라서 주체에게서 개별화의 원리가 발생하도록 이끈다는 사명을 지닌 교육의 목표가, 특히 지난 세대로부터 전해온 르상티망의 경우 그 세대 간 전승을 종식하는 데 있다는 것은 논리적 귀결이다. 프로이트에게 문화는 다름 아닌 죽음욕동의 승화로 정의된다. 문명의 과제와 마찬가지로, 세대에서 세대로 이어지는 르상티망의 전달을 끊어내는 것이 바로 교육의 소임이다.

"사회적 성경제학이 임상실험을 통해 충분히 증명하였듯, 인민대중이 자유의 감각을 상실하게 되는 메커니즘은 어린이, 청소년, 어른의 생식기적 성별에 대한 사회적 억압이다. 이 사회적 억압 역시 선천적으로 주어진 게 아니다. 그것은 가부장제 시대를 거치며 발전했으며, 따라서 원칙적으로는 없앨 수 있다."* 이 구절을 읽는 누구라도, 라이히가 가부장제 사회와 희화적이고 권위주의적인 방식으로 이해된 아버지의 이름을 숭배하지 않는다는 점을 알 수 있다. 오히려 라이히는, 나중에 르상티망을 고착시킬 조건반사가 자리잡게 되는 것도, 그처럼 오랫동안 자유에 부적합한 상태로 지내온 개인이 결국 자신이 갈구하는 보호의 환상을 주는 사이비 지도자를 선택하는 것도, 바로 가부장제 예속을 통해서 일어나는 일이라고 강조한다. "보호를 바라는 대중의 욕구"**는 그 대중을 구성하는 개개인의 리비도 경제학과 직결된다. 그리하여 개인은 그와 같은 "리더"를 선택할 뿐만 아니라, 리더가 비공식적으로 자신을 폄하하는 한이 있더라도 자주 그와 자신을 동일시하는 것이다. "대중 개개인이 독립심을 잃어가게끔 양육될수록, 보호에 대한 유아기적 욕구는 총통과의 정서적 동일시를 통해 더 뚜렷이 나타난다."*** 따라서 지도자에게 대중에 대한 권력을 부여하는 것은 지도자의 카리스마나 지성이나 역사 감각이 아니라, 바로 가부장적 교육과 자발적 예속—보에티우스 이후 새로운 것은 없다—으로 사고력이 제거된 개인들, 자신들이 정서적으로 갈구하는 유아기적 보호의 환상을 제공해줄 누군가에 의해 지도되기를 열망하는 개인들이다. 물론 지도자의 카리스마가 이러한 몰아의 황홀경에 일조하고 박차를 가할 수도 있겠지만 이는 필수적인 요소가 아니며, 적어도 역사는 지도자가 대체로 거의 카리스마가 없는 사람이었다는 사실을

증명한다. 모든 일이 지도자의 바깥에서, 바로 자신의 책임과 교육을 포기한 저 대중 안에서 이루어졌음에도 불구하고, 대중을 휘어잡는 지도자의 영향력을 설명할 때 카리스마적 신비로 해석되는 것은 사실 카리스마의 결핍이다.

또다른 결정적인 동기는 총통과의 강렬한 동일시였으니, 그 덕에 국민이 단지 대중 속에 잠겨 있는 보잘것없는 숫자에 불과하다는 점이 은폐되었다. 모든 민족사회주의자는 그 종속성에도 불구하고 자신을 작은 히틀러로 여겼다. 중요한 것은 이런 태도의 성격적 토대다. 따라서 개인들이 스스로를 총통과 동일시하여, 그들을 열등한 인간이라 칭하는 숱한 모욕을 더는 곱씹지 않아도 될 만큼 반동적이고 비합리적인 성향이 발현되는 수준으로 인간의 구조를 개조시키는 에너지의 작동기능들, 그 자체로 교육과 사회적 분위기에 의해 결정되는 이 기능들을 찾아보아야 한다.[*]

이 기제는 불가항력적이다. 개인들은 자발적으로 굴종했고, 또하나의 범인에 불과하되 낙인을 전도시키는 기술에서만큼은 저들을 능가하며 능동성의 환상을 주는 르상티망을 북돋울 줄 알았던 사람을 선택했다. 그렇게 총통이 선택되었으니, 그는 자

---

[*] 같은 책, 89쪽.

신을 뽑은 대중이 단지 대중에 지나지 않으며 그 안에 주체는 없다는 사실을 확인할 수 있었고, 아버지와 보호라는 허상이 본질적으로는 타인에 대한 억압 즉 르상티망을 지닌 인간들이 말썽의 원인으로 지목했거나 자신들에게 피해를 준다고 여겼던 이들에 대한 억압의 형태로 나타날 뿐이라 해도, 그 허상을 둘러쓸 수 있었다. 개인은 "저 자신이 비중도 목소리도 없는 한낱 추종자에 불과한" 여건인데도, 자신이 "지배계급의 일원"이며 "어느 천재"에 의해 지도된다고 믿는다.* 그 어떤 수장도 자유인을 지배할 수는 없다. 그러나 예속된 인간들은 누구나 지배할 수 있다. 이 문장은 이분법적이고 너무 단순해 보이지만 그다지 틀린 말은 아니다. 라이히 또한 제법 단순하지만 대가다운 방식으로 이를 재정의했다. "인간은 자기 자신을 이해하기를 포기했다." 정신분석이건 철학이건 다른 무엇이건, 분석을 향한 진심이런 호소다. 자신을 이해하기를 포기한다는 것은 스스로 판단하고 사유하는 능력의 포기를 의미하며 그것은 계몽의 도래를 막는 주요 걸림돌이다.

인간은 수 세기에 걸쳐 영혼의 존재를 부정했을 뿐 아니라 자신의 감정과 정신적 경험을 설명하려는 모든 시도마저 물리쳤다. 동시에 인간은 자신의 정서 세계를 끼워 맞출 신비주의적인 체계를 고안했다. 신비주의 체계

를 의심하는 이들은, 그 의심의 대상이 성자들이건, 순수
인종이건, 국가건, 죽음으로 처벌받았다. 이런 식으로 인
간은 자신을 이루는 내부 조직에 대한 기계적이고 자동
적이며 동시에 신비주의적인 이해방식을 발전시켜왔다.
인간의 생물학적 이해는 기계를 만드는 솜씨보다 뒤떨어
진 상태로 남았다. 인간은 자기 자신을 이해하기를 포기
했다. 인간이 공들여 만든 기계가 인간의 유기체적 기능
을 설명해주기에 충분했던 것이다.[*]

신기하게도 작금의 현실까지 반영하는 라이히의 가설은, 우
리의 감정이 지성적 윤리적 작업을 통해 분석되고 통제되는 것
이 아니라 기술을 통해 관리된다고 가정한다. 인간은 자기 자
신을 이해하기를 포기했고, 자기 영혼과 고뇌와 공허감을 돌보
는 일을 기계에 위임했으며, 요컨대—파스칼이 했을 법한 말
로 표현하자면—무한한 허무를 직접 대면하고 감당하기보다
는 기분풀이로 유흥을 발명하기로 선택했다. 기술과 신비주의
는 신비화와 독단적 '신화 조작mythologisation'이라는 의미에서
더구나 짝을 이루니, 이는 허무의 불안을 관리하는 데 도움이
되는 두 가지 유형의 '효율적' 수단이자, 독단론을—기술의 경
우엔 상대적으로 '은근soft'하게, 종교의 경우엔 보다 '견고hard'
하게—기획하는 두 가지 방식이요, 유흥을 위한 두 가지 방법

---

* 같은 책, 288쪽.

인 셈이다.

그러니 기분풀이 유흥이 르상티망을 지속적으로 제어하지 못한다는 사실을 밝히는 건 흥미로운 일이다. 유흥은 일시적이고 피상적인 효과만을 발휘한다. 심지어 보상기능 상실을 겪는 사람들이 경험하듯이, 유흥이 중단되면 르상티망은 더 심화될 수 있다. 이것은 다소간 흡입력을 지니는 정보와 통신기술들로 인해 자리잡은 잘 알려진 중독 체제로, 그 기술들은 이미지와 소리 등 감정을 인공적으로 재생산할 수 있는 모든 것을 끊임없이 또 끝없이 사용하면서도, 감정의 진정한 실체를, 나아가 승화로 이어질 수 있다는 의미에서 아리스토텔레스라면 카타르시스를 언급했을 감정의 어둠을 직접 대면하진 않는다. 오늘날의 기술로 카타르시스가 불가능하기 때문이 아니라, 시장경제를 좇으며 소비와 축적을 과업으로 삼는 이 기술에 카타르시스는 핵심 목표가 아니기 때문이다. 앞서 보았듯이 오늘날 기술이 주된 목표는 그 기술을 관전하는 개인, 일반적으로 규제가 완화된 자본주의사회와 노동이라는 현실세계를 몸으로 겪으며 탈자기애에 직면한 개인을 재자기애화하는 것이다.

한편 라이히가 관찰한 바의 이면에 나타나는 문명적 기획은, 왜 대다수의 개인이 스스로를 이해하지 못하게 되는 식으로 (오늘날 우리가 사회에서 경험하는, 보복심리가 높고 과열된 형태의 나르시시즘은 이러한 자기분석 포기의 징후다*), 또 '자기배려souci de soi'를 수행하는 주체는 주체가 아니라고 여기는 식으로 살게 되는지를 이해하려는 시도일 뿐 아니라, 나아가—반대로—사회의 조직방식을 부정하는 이 상황을 마침내 극복해보려는 노력이다. 그렇다면 정치적 물음은 이것이 된다. 사회가 법치주의/국가의 원칙들을 정교하게 고안했음에도 불구하고 왜 그 원칙들의 전면적인 실천에는 꾸준히 저항하는지 알아보자는 것이다. 사실 "사회"를 논하는 것은, 대문자역사를, 역사의 진보적 진행을 "만들어가는" 저 "사회"가 절대다수에게 맡겨지는 일이 드물다는 점에서 지나친 일반론일 수 있다. 사회란 끝없이 결집하며 특정한 임의적 순간에 다른 사람들에게서 확인을 이끌어내는 몇몇 사람이 이룬 결실인바, 사실 여타 사람들은 심사숙고를 거쳐서 동의하는 게 아니라 그저 "따른다".

우리는 인민대중에게 일반적으로 나타나는 자유에 대한 성격적 부적합성이 왜 공적 토론의 주제가 된 적이 없는지 안다. 이런 논의는 공공연하게 이루어지기에는 너무 어둡고 우울하며 인기가 없기 때문이다. 이는 절대다수의 사람들에게 엄격한 자기비판과 생활방식의 완전한 개혁을 요구한다. 또 소수자들과 소규모 사회집단에 맡

* 르상티망 현상에 대한 분석은 개인이 마주하는 문제의 복잡성을 보여준다. (재)자기애화는 주체가 르상티망에 넘어가지 않기 위한 필수 과정으로, 앙드레 그린은 이를 "일차적 나르시시즘"이라 불렀다. 주체에게 절대적으로 필요한 "일차적 나르시시즘"은 온화한 형태의 자신감, 혹은 적어도 주체가 내면의 혼돈에 직면했을 때조차 견고한 안정감을 의미한다. 이와 대조적으로 자기의식이 없이 과열된 나르시시즘은 해로운 것이며, 피해의식을 내포한 르상티망과 폭발적으로 결합할 수 있다. 이런 의미에서 메데이아는 자신이 모욕당했다고 여기며 정의를 되찾으려 하는 끔찍한 나르키소스이자 테러리스트로서, 르상티망욕동의 전형이다.

194

겨져 있던 모든 역사적 사건의 책임이 노동으로 사회를 지탱하고 있는 절대다수의 대중에게 옮아가기를 요구한다. 노동하는 절대다수는 지금까지 사회의 향방을 스스로 지휘한 적이 없었다.[*]

라이히가—프롤레타리아 대중이 꿈꾸어온 집단적 해방을 실현할 것이라는 의미에서—성공한 마르크스주의의 후예가 될 수 있다면, 오늘날 "다수", 군중, 대중인 우리가 프롤레타리아 대중과 독특한 반성적 관계를 맺으며, 그러한 대중을 구성하는 자들의 것이 아닌 진정한 해방은 상상도 할 수 없다는 것을 우리는 잘 알고 있다. 법치주의는 분명 집단을 구성하는 실체로서의 개인의 헌법과 오직 개인의 해방을 위해서만 소용되는 헌법을 가장 효과적으로 결합하기 위한 정치적 틀이다. 그러나 오로지 라이히만이 여전히 대중과 민주주의가 양립할 수 있다고 믿었던 저 20세기 사상의 계승자로 남아 있다. 우리는 다수파의 독재와 그 전체주의적 광기를 일깨워준 대문자역사의 참상들을 알고 있으며, 그렇기에 집단적 해방의 또다른 방식을, 쟁점이 무엇이든 어떤 경우에도 몰개인화로 가지 않는 방식을 고안해야만 할 것이다. 민주주의를 위한 모든 미덕을 품고 있을 "좋은 정부"에 관한 문제제기는, 그러한 정부의 성립 이전에 선행하는 물음들에 더 많은 자리를 내줘야 하며, 되도록 제한적인 권한을 지닌 채

---

[*] 같은 책, 295쪽.

규범화와 규제를 '최후의 수단'*으로 행사해야 한다―따라서 언제나 최후의 수단이 개입할 여지는 남아 있다. (건강에서 사회적 연대에 이르기까지 광범위한 의미에서) 교육과 돌봄에 관련한 물음들은 개인에게 "자유로울 수 있는 능력", 즉 법치주의/국가를 다지는 작업에 개인이 동조하기 위한 개별화 과정을 일깨우는 데 결정적이다. "자유로울 수 있는 전반적인 능력은 삶을 자유롭게 조직하기 위한 매일의 투쟁 속에서만 획득될 수 있다."**

삶을 자유롭게 조직하기 위한 저 매일의 투쟁은 유년기에서 성인이 될 때까지 중단 없는 교육과 돌봄의 목표이니, 그만큼 이 과업은 매우 고되며 날마다 새로이 물화와 예속이 행사하는 압력 속에 놓인다. 이 세 가지 업(통치하기, 교육하기, 돌보기)에 관해서는, 1937년 프로이트의 『끝이 있는 분석과 끝이 없는 분석』 이후로 수많은 저자가 그 해석에 말을 얹은 바 있다. 비록 프로이트는 돌봄이라는 말 대신 그보다 더 전문적이고 기술적인 용어인 "분석"***을 사용했지만 말이다. 프로이트는 거의 유언과도 같은 이 텍스트의 서두를 열면서, 분석이 "긴 호흡의 작업"이라는 점, 그러나 허다한 분석가들이, 또 아마도 허다한

---

* 제왕의 최후 수단ultima ratio regum은 명분을 뜻하는 라틴어 문구로, 무력의 행사, 나아가 전쟁을 가리키는 고전적 정치표현이지만, 여기서는 특히 국가권력의 정당화가 어디까지 가능한가에 관한 정치철학적 물음과 결부된다―옮긴이.

** 같은 책, 296쪽.

*** "분석은 불충분한 성공만을 확신할 수 있는 저 불가능한 작업 중 세번째에 해당하는 것으로 보인다. 그보다 훨씬 전부터 잘 알려진 다른 두 가지 작업이란 교육과 통치다." Sigmund Freud, *L'Analyse avec fin et l'Analyse sans fin* (1937).

피분석자들이 신경증을 순식간에 전부 "해소liquider"할 방법을 꿈꾸었다는 점을 지적한다. 이어 그러한 정신분석가의 훌륭한 전형인 오토 랑크Otto Rank를 언급하는데, 랑크의 논제는 "어머니, 여기 잠들다"와 무관하지 않다. 실제로 랑크는 『탄생의 트라우마』(1924)에서 탄생이라는 행위 자체가 신경증의 진정한 원인이라고 간주하면서, "어머니에 대한 고착이 극복될 수 없으며 원초적 억압으로 지속될 가능성을 암시한다. 랑크는 그런 원초적인 트라우마를 사후에 분석적으로 해소함으로써 신경증을 완전히 제거하고, 이 작은 분석으로써 나머지 분석 작업 전체를 할 필요가 없게 되기를 바랐다."* 랑크의 주장은 과감하다고, 무엇보다 환자의 신경증 전체를 속전속결로 치료하겠다는 그 구상, 아니 그 환상이 과감하기 그지없다고 프로이트는 말한다. 비록 프로이트가 랑크의 논제를 부정한다 해도, 자유로울 수 있는 능력을 갖추는 주체화 과정을 구성하는 데 여전히 필수적인 시련이 있다는 점은 변함이 없다. 신경증 치료와 관련하여 프로이트가 사용한 한결 더 그럴듯한 표현에서는, 캉길렘 같은 사람이 특히 만성질환의 치료를 위한 새로운 교육법을 논의하며 썼을 법한 내용이 울려나온다. 프로이트는 "욕동의 요구를 항구적으로 해소하는 것"이 욕동의 소멸을 의미하지는 않으며,

---

* Sigmund Freud, *L'Analyse avec fin et l'Analyse sans fin*, in Joseph Sandler(dir.), *Freud Aujourd'hui. L'Analyse avec fin et l'Analyse sans fin*, Bayard, 1991, 23~24쪽에서 인용.

정확히는 오히려 욕동의 "제어"*를 의미한다고 설명한다. 르상티망욕동 같은 경우도 마찬가지다. 르상티망욕동은 결코 사라지지 않으며, 적어도 원한, 질투, 시기, 두려움, 분노, 좌절에 대한 거부 등의 정동들은 서로 꾸준히 결합할 가능성이 있는바, 그렇기 때문에 르상티망에 저항하는 주체란 르상티망을 모르는 자가 아니라 그것을 길들이는 자라는 말은 변함없는 진실이다. 분석 작업이란 욕동을 길들이는 이 기술을 배우고, 한편으로는 내담 시간을—이 시간에 더하여, 분석은 이 순간을 넘어서 이어지는 것이기에 그 이상까지도—할애하여, 배운 바를 실천하고 욕동으로 인한 이 갈등을 현재적으로 경험하게 하는 것이다.

비유적 언어를 선호하는 프로이트는, 주체가 욕동을 극복하도록 돕기 위해 때로 저 욕동을 "깨어나게" 할 필요가 있다는 점을 매우 간결한 표현으로 설명한다. "잠자는 개를 깨우지 마라, 정신구조의 지하세계를 탐사하려는 우리의 노력에 맞서 종종 제시되는 이 경고는, 정신생활에 관한 한 특히 부적절하다. 왜냐하면 욕동이 장애를 일으키는 것은 개가 잠들어 있지 않다는 증거이기 때문이다.**" 게다가 자주 되풀이되는바, 르상티망에 물든 사람들은 분명 곱씹는 행위를 보이면서도, 마치 자신을 배반할지 모를 저 "개들"로부터 스스로를 보호하기 위한

---

* 같은 책, 33쪽.
** 같은 책, 39쪽.

행동인 양, 곱씹는 행위에 대한 한결 심층적인 분석은 거부한다. 그러므로 우리는 어떻게 이 악순환이 작동하는지 살펴보아야 하는데, 왜냐하면 욕동으로 인한 갈등의 동기를 반드시 밝힐 필요가 있는 바로 그 사람들이 그 갈등을 정면으로 겪고 있음에도 그 갈등이 "깨어날까" 두려워 이를 거부하는 사람들이기 때문이다. 프로이트는 또한 치료의 거부가 르상티망의 주체에게 일어날 수 없는 현상은 아니며, 오히려 환자가 분석 치료에서 "호전"의 기미에 매우 서둘러 만족할 때 보이는 관성은 비교적 일반적인 현상이라고 설명한다. 많은 경우 그들은 더이상 할말이 없다고, 이제 분석을 받으러 내원하는 데 별다른 흥미를 느끼지 못한다고, 지루하다고 알리며, 분석가에게 그동안 잘 돌봐준 것에 감사를 표한다. 프로이트는 이렇게 논평한다. "분석 경험을 통해 우리는 조금 더 잘하려다가 도리어 일을 그르친다는 것을, 환자가 회복되는 매 단계에서 우리는 불완전한 해소에 만족하려 하는 환자의 관성과 싸워야 한다는 것을 알게 된다."*

"완전한 해소"를 믿지 않는 나로서는 분석에 따라 환자에게 계속 질문하는 것이, 분석을 중단한다거나 다른 곳에서 그리고/혹은 다른 방식으로 계속하려는 가능성이 있더라도, 전혀 무용한 일이라고는 생각하지 않는다. 분석에 끝이 없다는 점은 명백하지만, 분석의 다양한 문턱을 경험하고 그 한계가 어떻게 정신구조의 짜

---

* 같은 책, 40쪽.

임 속에 통합되고 그것을 발전시키는지 살펴보는 게 중요하다는 점 또한 명백하다. 다시 니체의 용어를 빌리자면 이처럼 "소화"하는 작업에는 시간이 소요되는 법이니, 차후 환자가 원할 경우, 일시적으로 또는 장기간에 걸쳐 정기적으로, 분석을 재개하는 일에 그 시간이 방해 요소로 작용하지는 않는다. 마지막으로, 프로이트는 분석 치료에서 저항을 초래하는 두 가지 주요 주제를 검토하는데, 엄밀히 말하자면 주체가 극복하지 못할 때 이 두 주제는 어떤 면에서 치료의 "끝나지 않는" 특성을 드러낸다는 것이다. 둘 모두 "여성성의 거부"와 관련 있다. 남성 주체가 "남성적 자기주장"의 극복을 거부하는 한, 또 여성 주체가 남성 생식기의 소유를 계속해서 갈망하는 한, 이들은 신경증을 좀더 보편적이고 건강한 차원에서 해소할 수 없다.* 매우 흥미로운 논제 아닌가. 이 논제와 "어머니, 여기 잠들다"의 절충점을 마련하기 위한 맥락에서, 나는 완전히 개인적인 해석을 여기에 제시해보려 한다. 프로이트는 분명 이런 말로 논의하지 않았지만, 그의 성찰은 우리가 "어머니, 여기 잠들다"라는 문장을 좀더 확장하여 다루는 데 도움을 준다. 사실 저 표현은, 주체가 필연적으로 겪는 분리, 즉 부모와의, 아버

---

* 프로이트는 성격분석과 치료분석에서 공통적으로 난관이 되는 두 주제가, 성의 차이에 따라 다르게 표현되긴 하지만 사실 같은 요인에서 연유한다고 지적한다. 정신분석은 거세콤플렉스에 대한 태도로 여성에게서는 '남근선망'이, 남성에게서는 '여성적 입장'에 대한 반발이 나타난다고 보는데, 알프레트 아들러는 후자에 '남성적 자기주장'이라는 명칭을 사용했지만, 프로이트는 두 주제의 공통분모가 '여성성의 거부'에 있다고 기술하면서 이를 치료에 대한 저항으로 나타나는 일반 현상으로 논의한다―옮긴이.

지와의, 나아가 아버지의 이름과의 분리, 더 나아가 무한한 보호를 바라는 요구와의 단절을 묘사하면서, 모든 남성성의 캐리커처에서 나타나는 거울에 비친 영웅의 망상까지를 기술한다. 그것은 요컨대 결핍과 겸손의 반대항이자, 전능한 힘에 대한 욕망이요, 충족시키고 충족될 수 있다는 환상이다.

분석하기, 교육하기, 통치하기. 여기서 앞의 두 용어가 세번째 용어의 유효성을 가능케 하는 조건을 이룬다는 점을 고려하면서, 이제 우리는 이 세 용어를 변증법적으로 전개해나갈 필요가 있다. 이 텍스트에서 흥미로운 지점이자 라이히의 작업과 공명하는 바가 없지 않은 한 지점은, 치료의 진전에 궁극적으로 제동을 거는 요소 중 하나가 남성 혹은 여성에게 나타나는 여성성의 거부, 즉 남근phallus이 사회적으로 재현할 수 있는 무언가에 대한 왜곡된 의지라는 것이다. "이런 성격론적 관점에서 보면, 파시즘은 권위주의적인 기계문명과 이 문명의 기계론적-신비주의적 세계관의 억압을 받은 인간이 지니는 근본적인 감정적 태도다. 파시스트 정당을 낳은 것은 우리 시대 인간들의 기계론적-신비주의적 성격이지 그 반대가 아니다."* 라이히는 의학적이고 생리학적인 은유를 풀어나가면서, 악을 교정하는 것(통치)보다는 유감스럽게도 악을 예방하는 것이, 그러니까 예방의 방향으로 이끄는 것(교육과 돌봄)이 더 쉽다고 지적한다. 정부의 목표가 바로 이런 것일 테니, 설령 정부가 최종적으

---

* W. Reich, 같은 책, 11쪽.

로 중재를 결정하는 주권적 권한을 지킬 수 있다 해도, 정부를 해산할 수단을 마련하기 위한 집단행동은 이어나가야 한다.

수천 년에 걸친 삶의 억압으로 인해 의지를 잃고, 귀가 얇으며, 생물학적으로 병들고, 굴종하게 된 인민대중을 높은 곳에서 통치하는 것이 아니라, 그들이 모든 억압을 생생하게 감지하고 적시에, 최종적으로, 돌이킬 수 없이 떨쳐버리는 방법을 익히도록 이끄는 것이, 바로 모든 민주적이고 혁명적인 운동의 과제다. 신경증을 치료하는 것보다는 예방하는 편이 더 쉽다. 유기체에서 결함을 없애는 것보다는 결함을 미연에 방지하는 편이 더 쉽다. 독재적 제도들을 없애는 것보다는 사회적 유기체를 그런 제도들과 떨어뜨려놓는 편이 더 쉽다.*

신경증을 논하는 한, 라이히는 여전히 비교적 낙관적인 셈이다. 우리는 심각한 신경증을 알고 있다. 하지만 대체로 치유되기 어려운 게 사실이라 해도, 신경증은 나아질 수 있으며 언젠가는 승화될 수 있는 질병으로 남는다. 반면 정신증은 승화나 조정이 가능한 영역이 아니다. 개인의 정신병, 정신증과 공포증의 경향은 주위를 둘러싼 물화의 압력 속에서 처음에는 방어기제로, 나중에는 그 사회의 물화하는 움직임이 주는 상처를 피하

---

* 같은 책, 198쪽.

기 위해 삶의 새로운 정신병적 "규범"을 고안하기에 이르는, 대개 무의식적이며 거의 돌이킬 수 없는 정신손상의 징후로 널리 퍼져나갔다. 라이히는 기계론적-신비주의적 성격에 대해 말했는데, 이 어휘는 오늘날의 정신병, 조현병, 경계성 혹은 자기애적 도착증 환자들의 경우에 제법 잘 들어맞는다. 이처럼 이런 환자들에게서 나타나는 기계적 행동은 대체로 더없이 구구절절하고 장황하며 궤변적인 언술, 혹은 근본주의적 종교운동을 연상시키는 강박적 독선의 화법으로 장식된다.

라이히가 보기에, 노예 상태에 동의하는 것, 정신적 지적 독립성 결여로 자유로울 수 있는 능력이 상실된 상태와, 우리의 사회적 개인적 삶을 짓누른 채 그 자체로 종교적이거나 신비주의적인 유혹과 속히 불가분의 관계를 맺는 가부장제라는 무거운 형틀 사이에는, 깊은 상관관계(나아가 인과관계)가 있다. 이런 유혹이 위조된 승회를 향하는 유일한 길처럼 보이는 것은 "신비주의적 경험이 자율적인 생체기관 속에서 마약과 동일한 과정을 일으키"며, 그 과정이 "실제적 충족을 대체하는 환상적 충족을 제공"하기 때문이다. 한편 앞서 언급했듯이, 이 기술 자체는 실제적 충족 대신 환상적 충족을 제공하는 과정과 그리 다르지 않다. 그러한 점에서 라이히는, 종교가 신경 및 감정의 인지 체계를 마비시킴으로써 대중에게 아편처럼 작용한다*고 말했던 마르크스의 후예인 셈이다. 게다가 라이히는, 대중에게 자

---

* 같은 책, 127쪽.

유로울 수 있는 능력이 없다고는 결코 단정하지 않았다는 점에서, 민주주의 정부의 목표가 사회적 차원에서 대중이 자기소외를 극복하도록 노력하는 데 있다고 여기면서도 대중의 자기소외 극복 과정이 개인적 차원의 것임을 또한 알고 있었다는 점에서, 진정한 휴머니스트이기도 하다. 그는 인간의 책임의식을 믿으며, 인간이 자신의 "자연스러운 도덕성"*으로 가는 길을 되찾을 가능성, 라이히가 붙인 명칭을 따르자면 "자연스러운 생물학적 자기조절"로 향하는 길, 그 자체로 "노동민주주의"나 "우주 오르곤"으로 이어지는 길을 되찾을 가능성을 믿는다. 라이히가 사용한 이 갖가지 개념은 결코 서로 일치하지 않을지언정 전부 상호의존적으로 얽혀 있다.

　정신의학적 정신분석학적 정치적 생리학적 논제들을 이처럼 긴밀하게 엮어놓은 저자도 드물다. 인간의 노예 상태, 혹은 (여기서는 권위주의로 알아들어야 할) "권위에 굴종하는 태도" "사회적 무책임" 혹은 "쾌락에 대한 불안"**을 일소할 유일한 방법이, 라이히에겐 이처럼 서로 다른 현상들을 연계하여 바라보는 것이었다. 반대로 만약 개인이 본래의 생명 에너지를 되찾기를 포기하고, 주체가 되기를 거부하며, 가부장제의 유아적 유혹에 저항하지 않는다면, 그래서 실제적 충족 대신 환상적이고 나아가 신비주의적이며 해방을 위해 모험하려는 사람에게 형

---

* 같은 책, 302쪽.
** 같은 책, 305쪽.

벌을 가하는 식의 어떤 충족을 추구한다면, 그리고 만약 개인이 무에 대한 불안에 굴복한다면, 결국 그런 개인은 "자신의 자아 안에 파시즘을 품은"* 상태가 되므로, 이는 아주 논리적이게도 보다 집단적인 차원에서 정치적 파시즘을 향해, 즉 거짓 카리스마를 둘러쓴 지도자를 통해 억압되었던 전능함의 이상을 염가에 실현시키는 걸로 나아가게 되는 셈이다. 라이히의 설명 방식은 의심스러울 정도로 단순해 보이지만, 간단한 임상실험만으로도 그가 틀리지 않았으며, 나아가 자발적 노예 상태가 공고해지는 상황에도 인간이 투쟁하기 시작하는 순간부터 길을 되돌릴 수 있다는 사실을 보여준다.

오늘날을 살아가는 세대의 인간이 지닌 생물학적 경직성은 제거될 수 없으나, 그들 안에서 여전히 작동하는 자유의 힘이 더 잘 발휘될 만한 환경을 조성할 수는 있다. 한편 날마다 새로운 인간들이 태어나니, 젊은이들이 파시즘에 감염되지 않은 채 태어난다면 서른 해가 지난 뒤 인류는 생물학적 갱신을 맞이할 수도 있을 것이다. 문제는 이 신세대가 어떤 환경에서 태어날 것인가, 자유로운 환경일 것인가 권위주의적 환경일 것인가에 달려 있다.**

---

* 같은 책, 299~300쪽.
** 같은 책, 297쪽.

그러고 보면 한 세대가 지성적으로 또 성적으로 해방될 수 있
도록 애쓰는 것보다는 한 세대를 희생시키는 편이 더 쉬운데,
이러한 판결이 암울한 것은, 가능성을 열어두고 언제나 다시 시
작한다는 미명하에 태연히 성공을 내일의 일로 미룸으로써 지
금 이 순간 실패했다는 죄의식으로부터 모두를 벗어나게 해주
기 때문이다. 그러니까 내일이면, 구조적으로도 가능한바, 저
정신적 "파시즘"에 감염되지 않은 어떤 세대가 출현하게 만들
어낼 수 있을 테니 아무렴 어떻단 말인가…… 그러니까 지금
우리가 실패하면 어떤가, 내일이, 여전히 내일이 있는데라는 식
인 것이다. 물론 누구나 이러한 논증의 한계를, 그리고 자신의
책임을 다시금 다른 인간존재와 다른 시대에 전가하려는 개인
의 간사함을 목도하게 될 뿐인데도 말이다.

8
역사가들의 독법과 현시대의 정신구조

『운동하는 파시즘』*이라는 책이 있었다. 그 책이 또다시 중요
한 이유는, 그것이 역사적 상황이 아니라 정신적 상황으로서
"퇴행의 이상"**을 묘사하고 있어서다. 자기 시대의 고통을 개

---

* Robert Paxton, *Le Fascisme en action*, Seuil, 2004(한국어판: 로버트 팩스턴, 『파
시즘 – 열정과 광기의 정치 혁명』, 손명희 · 최희영 옮김, 교양인, 2005).

** Georges Sorel, *Réflexions sur la violence*(1908), in R. Paxton, 같은 책, 10쪽에
서 재인용.

선해나갈 수 없기에, 세상을 변화시킬 행동을 취하지 못한다는 무력감이 큰 만큼이나 피해망상을 은밀히 구축한 모든 영혼을 부추길 수 있기에, 이 퇴행의 이상은 오로지 저열한 이유에서만 사회정의를 목청 높여 부르짖으면서 그 정의에 대한 직관과는 거리를 두므로 더 고약하다. 스스로 치유되기를 포기한 채 결국 힘에 희생되는 편을 선택하고야 마는 이 상처받은 영혼들, 그들의 편협함을 파고드는 이토록 장대하면서도 근본적인 생각을 알아간다는 건 참혹한 일이다. 도끼를 둘러싼 나뭇가지 다발이라는 상징*은 인간의 위대한 결속, 투쟁을 위한 결속을 표현하는바, 그 상징이 더이상 주권자가 되기를 원하지 않으며 얼마든지 비열할 행동을 할 태세를 갖춘 주체들의 이해관계에 소용되는 행태를 본다는 것 역시 참혹하다.

로버트 팩스턴의 작업이 흥미로운 건, 단지 그가 영웅적인 프랑스의 이미지를 내세우는 드골-공산주의 역사관의 "장밋빛" 신화에서 벗어나 프랑스 역사에 대한 각성의 흐름에 앞장섰기 때문만이 아니다. 1960년대에는 그 영광이 발명된 것이라는 점이 밝혀짐으로써 이 신비화에 첫번째 일격이 가해졌고, 1970년대에는 마르셀 오퓔스(영화 〈슬픔과 동정〉)와 앞서 언급한 팩스턴

---

* 팩스턴은 "파시즘"의 어원을 상기시킨다. 원래 묶음을 의미하는 '파쇼fascio'는 나뭇가지 다발에 싸인 도끼를 가리키는 라틴어 '파스키스fascis'에서 연원하여, 로마에서 19세기 후반 이탈리아의 혁명가들에 이르기까지 정치 투사, 혁명적 노동조합주의자, 민족주의자에게 연대의식을 고취하기 위한 상징으로 거듭 사용되었다. R. Paxton, 같은 책, 10~11쪽 참조.

(『비시 프랑스_La France de Vichy_』[*])에 의해 최후 일격이 가해졌다.

드골은 적에 저항하는 레지스탕스와 자신이 내세운 이상에 합치하는 영원한 프랑스의 이미지를 사수하려 늘 애쓰면서도, 양면적 행동을 보이는 저 프랑스 대중을 한 번도 마음에 품은 적이 없다. 사령관 드골의 입에서 나온 다음과 같은 말은 그에게서 자국민에 대한 경의를 거의 찾아볼 수 없었다는 점을 드러낸다. "사실을 말하자면, 그들〔프랑스인들〕은 그다지 존경할 만한 사람들이 아닙니다. 실로 그들 모두가 휴전협정을 묵인했기 때문입니다. 〔……〕 그중 얼마 안 되는 인원이 내 쪽에 합류했습니다. 정말로 얼마 안 되는 인원이었단 말입니다."[**] 드골은 프랑스인들의 미흡함을 곱씹었다기보다, 프랑스가 겪은 불행 중 대부분의 책임이 국가에 있었다는 점을 줄곧 인정했던 것이리라. 물론 그는 "무기력"에서 벗어난 소수의 엘리트들, 한 줌도 안 되는 사람들의 미덕을 계속 상기시키는 것도 잊지 않는다. 삼천 명의 프랑스인들이 자발적으로 제2기갑사단의 대열에 합류하니, "이것이 1944년의 프랑스 민중"이었다. 골자는 같지만 팩스턴보다 관대한 라보리는, 1980년대와 1990년대에 와서 기회주의자 대중과 두 극단—"대독 협력자들과 저항군들"—으로 삼분되었던 프랑스의 취약성이 윤곽을 드러냈다고 평가

---

* 이어질 논의를 위해, 비시프랑스에 대한 역사가들의 논점들과 논쟁들을 검토하는 다음의 시평을 참조할 것: C. Fleury, "Les Français dans la guerre", _L'Humanité_, 2019.

** Pierre Laborie, _Penser l'événement 1940-1945_, Gallimard, "Folio", 2019.

한다. 라보리는 나아가, 저 대중의 기회주의가 실제로 다양한 행동 양상을 띠고 있었다는 점을 밝히는데, 왜냐하면 비록 프랑스인들이 공공연히 용기를 내지는 않았을지언정, 레지스탕스가 독일인에 대한 프랑스인들의 격렬한 "비동의"로부터 암묵적인 혜택을 보았다는 점은 사실이기 때문이다. 마찬가지로 프랑스인들이 페탱과 맺었던 관계의 성격이 인식의 계기를 상당히 늦춘 것도 사실이다. 친영英파, 드골파, 반독獨파, 그리고 국가원수 페탱에 대한 존경심, 이 모든 감정이 어떻게 공존할 수 있었는지, 보다보면 기가 막힐 정도다. 라보리는 이런 행동 양상을 해독한 역사가로서, 요동치는 역사 속에서 인간 정신이 겪는 굴곡의 무늬들을 이해하는 작업에, 또 역사적 사건을 사유하면서 동시에 경험하는 일이 얼마나 어려운지 이해하는 작업에 많은 가르침을 준다.

게다가 역사가란 결코 자기 시대만의 역사가가 아니다. 역사가가 새긴 기록들은 현재에도 의미를 줄 수 있으니, 그 안에서 은연중에 현재 시대의 윤곽이 그려지기 때문이다. 이로써 우리는 어째서 과거와 르상티망뿐 아니라 모더니티와 르상티망 또한 서로 밀접한 관련을 맺는지 이해할 수 있다. 라이히와 마찬가지로 팩스턴은, 파시즘 지도자가 군중을 이끄는 자라거나, 완전히 순수하고 무구하며 수장의 각인을 받을 준비가 되어 있는 대중을 개종하여 대문자역사를 만들어가는 자라고 믿게끔 유도하는, 파시즘의 세뇌 공작에 속지 않았다. 반대로 팩스턴은 역사가로서 자신의 작업을 개인의 행동 양상, 경험, 개인이 느낀

계급 하락의 감정, 개인 안에 싹트고 있는 르상티망을 해독하는
데 바쳤다. "초기의 파시즘 운동은 급속한 산업화와 세계화의
희생자들—근대화에서 낙오된 사람들—의 반발을 이용했으
되, 그 선전 양식과 기법은 극히 현대적이었다."* 오늘날 세계의
귀를 울리는 문장이다. 왜냐하면 지금도 "새로운" 퇴행적 분열
이, 여전히 장신구가 반짝이는 누더기를 둘러쓴 채, 뜻밖의 역
사가 가능하리라고 우리가 홀딱 믿을 만큼의 참신함을 갖춘 모
습으로, 낱낱이 전개될 만반의 준비를 하고 있기 때문이다.

전능한 독재자의 이미지는 파시즘을 인격화함으로써
그 지도자가 어떤 사람인지 면밀히 따져보는 것만으로도
파시즘 현상을 완전히 이해할 수 있으리라는 잘못된 인
상을 준다. 이러한 이미지는 오늘날 우리에게까지도 효
력을 발휘하고 있으니, 이것이 파시즘 선전이 거둔 최후
의 승리다. 그 이미지는 파시즘 지도자들을 승인하고 용
인한 국가들에 알리바이를 제공하고, 지도자를 도운 개
인과 단체와 제도로 쏠리는 관심을 다른 곳으로 돌리는
역할을 한다.**

팩스턴은 파시즘이 어째서 결코 그 자체가 선언한 대로의 반

---

* R. Paxton, *Le Fascisme en action*, 26쪽.
** 같은 책, 19쪽.

자본주의 운동이 아닌지도 보여줄 수 있었다. 파시즘은 자본주의의 부당함, 자본주의적 분배의 불평등함, 그 이기적인 부르주아적 이상과 능력주의의 환상을 고발함으로써 자본주의에 대항하여 스스로를 구축한다.* 그러나 일단 권력을 잡고 나면 파시즘은 자본주의의 편이 되어 혁명이 아닌 보수적 정책만을 펼치고, 역으로 모든 사회주의 운동을 향해, 그건 너무 국제주의적 운동이라는 이유로 공격의 화살을 돌린다. 파시즘이 자본주의에서 공격하는 부분은 재산의 소유와 축적이 아니라 개인주의적 자유주의인데, 바로 이것이 공동체나 국가로부터 개인을 해방시키기 때문이다. 파시즘은 한 개인이 집단의 쟁점과 관련하여, 설령 그 쟁점이 결코 "사회주의"적인 것이 아니라 엄격히 말해 공동체주의적인 것이라 할지라도, 마치 전혀 빚진 것이 없는 듯 외따로 분리되어 오로지 자신의 삶만을 누릴 수 있다는 사고 자체를 견디지 못한다. "일단 권력을 잡은 파시즘 정권들은 정치적 반대자, 외국인, 혹은 유대인의 재산만을 몰수했다."** 이러한 언급은 라이히가 비정치적 인간에 관하여 경고했던 지점을 상기시킨다. 팩스턴은 나아가 파시즘 체제에서 매우 전형적으로 나타나는 기회주의가, 부르주아계급에 매질을 가하면서도 부르주아적 관행을 이어갈 수 있는 권한을 이들에게 부여하고, 이들을 "모든 계층의 지지를 얻는 주요 정당"***으로 만

---

* 같은 책, 20~23쪽.

** 같은 책, 22쪽.

*** 같은 책, 104쪽.

들며, 혹은 어떻게 해서 그런 비참여 정신을 타자에 대한 적대감으로 이루어진 정책의 바탕으로 만드는지를 고발한다.

　팩스턴의 방법론*은 언제나 파시즘이 내세운 위대함의 이상, 그 위대한 연설과 위대한 강령에 속아넘어가지 않는 것, 그러면서도 언제나 당사자들의 이해관계와 단기 성과주의를 통해 구현된 행동들을 냉철하게 되돌아보는 것에 있다. 우리는 파시즘이 세뇌하려 하는 능수능란한 정치철학과는 그만큼 거리를 두게 된다. 더구나 현재의 포퓰리즘 운동들은 이런 점에서 더 노골적으로 세속적인 입장을 취하는데, 가장 흔하게는 담화를 단칼에 거부하면서도 공공연히 "지성 혐오misologues"를 자처하는 식이다. 그래서 이들이 뻔뻔스레 늘어놓는 신어novlangue**는 유구한 전통을 자랑하는 "정치적 올바름"의 성토이자, 새로울 것 없이 순전히 퇴보적인 선동의 말들이다. 빈약한 논지를 설득력도 없이 말하는 이들의 방식은, 르상티망을 지닌 인간을 다시금 나르시시즘으로 돌아가게 하는 데 특히 효과적인 실리적 미학을 한동안 과시했던 파시즘 운동에서도 특징적으로 나타난 바, 팩스턴이 "지지와 순응을 위한 대규모 기념 의식"***이라 불렀던 이 실리적 미학은 당연히 감각적이고 미학적인 경험의

---

* 같은 책, 33쪽.
** 조지 오웰의 소설 『1984』에 등장하는 전체주의국가 오세아니아의 공용어로, 여론을 조작하고 생각을 통제하기 위하여 상투적이고 모호하며 기만적으로 사용된 정치 선전용 언어를 의미한다―옮긴이.
*** 같은 책, 23쪽.

궁극적 형태인 전쟁으로 이어질 수밖에 없다. "파시즘은 이성적인 논쟁을 직접적인 감각의 경험으로 교묘히 바꿔치기함으로써 정치를 미학으로 변형시켰다." "1936년부터 벤야민은 파시즘의 궁극적인 미학적 경험은 전쟁이 되리라고 경고했다."*

전쟁은 본래 모든 정치적 사건에서 진실에 해당하는 것을 극단까지 밀어붙이며, 말하자면 정치적 사건을 이용하는 모든 사람에게 나르시시즘적 재확인 수단이 된다. 이것은 자신이 사건에서 결정적인 역할을 한다고 확신하며 지도자임을 자부하는 전쟁광이 탄생하는 계기로서, 설령 이 전쟁광이 결과가 불확실하고 전략적 가치를 읽어내기 어려운 어두운 시간들을 미리 알고 있다 하더라도, 이 순간은 그에게 그토록 고대해온 보상을 마침내 가져다줄 카타르시스의 힘, 전쟁 전후의 권력을 채워준다. 당신은 이 모든 것의 의미를 알고 싶은가? 그런 건 없다고, 무솔리니는 반박한다. 강령도 없고, 그럴싸한 구실두 없으며, 우리는 단지 굴욕감을 느낀 자들의 명예를 위해 싸우고 복수하려는 거라고. "'전 세계Il Mondo' 민주주의자들이 우리의 강령을 알고 싶어한다고? 우리의 강령은 '전 세계' 민주주의의 뼈를 부러뜨리는 것이다. 그리고 그건 빠를수록 좋다."** 이 연설이

---

* 같은 책, 35~36쪽. 발터 벤야민, 「기술복제시대의 예술작품」의 인용. "벤야민은 특별히, 막 끝난 에티오피아 전쟁의 아름다움을 표현한 마리네티를 인용한다. '전쟁은 꽃이 만발한 들판을 기관총이 뿜는 연자줏빛 불꽃들로 더욱 풍요롭게 만든다.'"

** R. Paxton, 같은 책, 36쪽; Richard Bosworth, *The Italian Dictatorship. Problems and Perspectives in the Interpretation of Mussolini and Fascism*, Arnold, 1998, 39쪽에서도 인용되었다.

1920년의 성명이 아니라 오늘날의 포퓰리스트 입에서 나왔다 해도 믿겠다.

그렇다고 오해해서는 안 된다. 파시즘은 포퓰리즘이 아니다. 두 현상의 가장 중요한 차이 중 하나는 파시즘이 "군사력"의 이상 위에 세워진다는 점과 관련된다. 파시즘의 신인新人은 "구매력pouvoir d'achat"에 타격을 입은 사람이 아니다. 그는 국가가 쇠퇴할 가능성을 자각하고서, 국가 쇠퇴의 공모자로 간주되는 누군가를 점찍어 그에 대한 폭력 행사를 정당화하기 위해 교묘히 그 가능성을 이용하고 극적으로 부풀리기를 선택한 사람이다. 그렇다면 합법적 무력인 군대의 힘을 빌리는 것보다 더 나은 방법이 어디 있겠는가? 어쨌든 이것이 무솔리니의 전략이었으리라. "정치의 파시즘적 군사화는 시민군이라는 파시즘 고유의 이상을 내세워 시민과 군인의 동일성을 주장하기 때문에 둘 사이의 구분을 없애는바, 이로써 개인과 집단의 삶 전체가 근본주의적 정치 개념의 원칙과 가치에 따라 군사적으로 조직되어야 한다는 것을 말한다."* 포퓰리즘 담론은, 설령 파시즘처럼 "부르주아" 이상을 비판한들, 그 이상에 훨씬 더 영합하는 행태를 보인다는 점에서 위의 입장과는 닮은 구석이 없다. 포퓰리즘은 폭력, 특히 파시즘 세계관 속에 있는 재생이라는 폭력의 신화**와도 다른 맥락인데, 이는 의심의 여지 없이 포퓰리즘이

---

* Emilio Gentile, *Qu'est-ce que le fascisme? Histoire et émancipation*(2002), Gallimard, "Folio", 2004, 361쪽.

** 같은 책, 445쪽.

순수성에 대한 환상에 더 집착하기 때문이다. 포퓰리즘 세계에 정말로 폭력이 존재한다 해도, 그것은 덜 조직적이거나 덜 군사화된 형태일 테고, 충동의 난잡한 표출 정도일 것이다. 국가로서 존립하기 위해 "전쟁 경험"을 거쳐야 한다는 믿음은 포퓰리즘 사회의 강령에는 결코 없으며, 오히려 이런 사회는 전쟁을 원한들 그 대가를 육체적으로든 금전적으로든 정서적으로든 절대 치르지 않는다는 조건에서만 전투적일 뿐이다.

그렇지만 보다 패러디 같은 면이 있긴 해도, 여전히 몇 가지 유사점은 있다. 소셜네트워크에서 증명되듯 오늘날 전 세계적으로 빈곤화를 겪고 있는 수사법을 살펴보면, 미국의 지도자가 북한의 지도자를 향해 쏘아붙인 다음의 발언과 마찬가지로 그 의미는 상당히 유사하다. "북한 지도자 김정은이 방금 '핵 단추가 항상 내 책상 위에 있다'고 했다. 내게도 핵 단추가 있으며, 내 선 그의 것보다 디 그고 더 강력하다고, 게다가 작동도 한다는 것을 저 고갈되고 굶주린 정권의 누군가가 제발 그에게 좀 알려주기를!"* 여기에는 응징, 성적 암시 혹은 남성적 어투, 예방적 차원의 핵 사용에 대한 집단적 논쟁을 주저 없이 부추기는 태도, 관용구의 우스꽝스러운 미니멀리즘, 그 모든 게 담겨 있다. 상징적 물질적 인정을 상실한 평범한 남성이 품고 있는 보상과 안도 욕구를 만족시키기 위한 그 모든 게 말이다.

게다가 현시대 역시 전쟁을 스펙터클한 미학적 경험으로 취

---

* 2018년 1월 3일 도널드 트럼프의 트윗(현 X의 포스트).

급하지 않는다는 보장도 없다. 제1차 이라크 전쟁의 경우가 그랬는데, 미국의 능란한 위력 과시와 치명상을 노리는 무자비한 정밀 타격 능력을 증명하려 했던 이 전쟁은 쉴새없이 "공습"을 보도하는 텔레비전 뉴스 덕에 가능했고, 이로써 구조적으로 스펙터클하고 상업적이며 문화적 경제적 제국주의와 따로 떼어 생각할 수 없는 새로운 연속 정보 중계 장르가 나오게 됐다.

이런 현상은 (네트워크의 익명성과 낮은 규제 수준 탓에 적어도 당분간은 그런바) 누구든 대가를 지불하지 않고 르상티망을 표출할 수 있는 길을 열어주는 소셜네트워크와 불가분의 관계에 있는 만큼, 또 자기 국민들과 마찬가지로 희화적인 포퓰리즘 지도자도 이와 똑같은 행태를 보이면서 이를 정당화하고 있는 만큼, 오늘날까지 계속 이어지고 있다. 새로운 형태의 이 판옵티콘은 자신의 증오를 탄띠처럼 둘러멘 자들에게 잠재되어 있는 치명적인 평범성을 증폭시키는 특수한 공명판이 된다. 혐오 표현의 확산은 새로운 현상이 아니며 역사의 암흑기마다 그처럼 악랄하고 고약한 비난의 홍수가 나타났던 것이 사실이라 해도, 지금처럼 급격히 퍼져나가는 양상이 사실상 전례 없는 일도 아니라는 핑계로 그 현상을 침묵 속에 묻히게 두어서는 안 될 것이다. 오늘날에는 쉴새없이 쏟아진다는 점에서 그 형태가 다르며, 가장 심각한 것부터 가장 시시한 것에 이르기까지 모든 주제에 관하여 발화되고 있으니 말이다.

이것이 바로 오웰이 예견한 "이 분 증오"*인데, 이제 모두는 저마다 비방을 토해낸 뒤 다시 무기력과 무능력 상태로 얌전히 되돌아가게끔 탈중앙화되었으며, 그사이 사람들은 새로 등장한 포퓰리즘 지도자가 들어올 법한 한결 더 "제도적인" 형태의 승인을 기다리는 시간을 보낸다. 스펙터클이라는 전쟁 미학과는 거리가 멀지만, 이런 항구적인 비방 속에서 르상티망욕동의 분출, 규제되지 않는 착취와 학대라는 전쟁의 야만적 진실은 작동을 하고 있는 것이다. 물론 물리적으로는 전혀 그렇지 않더라도, 증오의 분출은 전쟁범죄가 익히 아는 오염시키고자 하는 욕구와 동일한 중독을 조금씩 퍼뜨린다.

이때 독은 동종요법 작용을 하므로, 그리 화려하지 않더라도 상대적으로 되돌릴 수는 없는 디오니소스 축제와 마찬가지로, 복용량은 중요치 않은 것으로 여겨진다. 젊음이 지나가는 것이듯, 범속성도 그렇게 지나가야 하는 게 마땅하다. 저 미량의 독이 우리를 물들이는 르상티망의 침투력을 막아줄 수 있기라도 한 듯, 분명 어딘가에서는 르상티망이 활개를 치고 있는 게 틀림없다. 그런데 이 독은 우리를 전혀 보호해주지 못한다. 오히려 이것은 르상티망의 진화를 뜻하는 확실한 표지다. 르상티망이 공적공간을 그 정도까지 오염시키면서 해로운 결과를 초래할 수밖에 없기에 금지가 필요하겠지만, 금지로는 충분치 않을 것이다. 르상티망은 마음과 대화 속에 깊이 뿌리박힌 채 작동되며, 제 권리를 호소할 준비가 되어 있다. 폭력의 미학이 소외되고 예속된 정신을 사로잡는 것은, 바로 이들에게 권력 만회의

---

* George Orwell, *1984*, Secker and Warburg, 1949.

환상을 심어주기 때문이고, 지금의 억압이 최종 결말은 아니리라 약속하기 때문이다. 파시즘 체제들은 그런 테크닉을 익히 알고 있으며 늘 효과적이고 절제된 방식으로 사용해왔다. 그 기술을 확대할 필요는 없는바, 확대하면 판독하기 어려워져 파시즘의 진정한 본성, 혁명적이기보다는 보수적인 그 면모가 드러날 것이기 때문이다. 폭력은 읽히고 정당화될 수 있어야 하므로, 사람들이 폭력의 정당성을 믿게끔 하려면 그 표적을 한정하고 폭력을 상징화해야 한다. "평화를 중시하는 수많은 부르주아가 (심지어 부르주아 여성까지도) 오로지 '테러리스트'와 '인민의 적'만을 겨냥해서 신중하게 선택적으로 행사한 폭력으로부터 대리만족을 느끼리라는 점을 간파한 것은, 파시즘의 기가 막힌 도박이었다."*

오늘날 폭력의 표적은 바뀌었으나, 그 수법은 거의 흡사하다. 특유의 방식으로 이것저것 가리지 않고 물어뜯기 위해 일정한 파도가 소셜네트워크에 지속적으로 밀려들며, 이러한 행태는 표적이 정신건강을 조금이라도 지키고 쇄도하는 공격 속에 침몰하지 않고자 그 소셜네트워크를 떠날 수밖에 없을 때까지 때로 몇 달 동안이나 멈추지 않고 지속된다. 재차 말하지만 여기서 중요한 점은 서로 비교할 수 없는 범주를, 즉 1940년대의 상황과 오늘날의 상황을 비교해보자는 게 아니다. 모든 것이 달라졌고, 국가도 개인도 변했다. 그럼에도 불구하고 조건반사식으

------

* R. Paxton, 같은 책, 147쪽.

로 돌아가는 일에는 상당한 유사성이 있으며, 인간의 정신적 기
능에는 그것을 구조화하는 오랜 법칙이 있다는 것도 여전한 사
실이다.

9

창조로서의 삶: 열림은 구원이다

다행스럽게도 정신현상이 인간 세상을 설명하는 절대 법칙은
아니다. 정신현상은 개인과 대문자역사의 비밀들에 대한 열쇠
를 쥐고 있지 않다. 사회적 경제적 문화적 그리고/또는 심리적
결정론이 인간존재와 사회를 이해하는 게임에서 결코 승리하
지 못하리라는 데 내기를 걸어도 좋다. 그럼에도 불구하고 "병
든" 정신현상, 달리 말하자면 정도가 심한 신경증이나 정신증
이 주체와 그를 둘러싼 환경에 막대한 영향을 미치는 현상들을
상당수 설명해준다는 점은 분명하다. 이는 부정될 수 없는, 그
렇다고 해서 주체의 진실을 알려주지도 않는—오히려 주체가
어째서 자신이 아닌 것에 압도당하고 거기서 만족을 얻는지, 어
째서 주체가 마냥 속아넘어가는지 알려주는 하나의 관점으로,
결국에는 이런 것들이 유감스럽게도 바로 그 주체에 대한 진실
이 될 수 있다. 주체가 자기 자신을 이해하기를 포기하지 않는
방식은, 주체가 제 자유를 바라보며 역동적이고 실존주의적이
며 인본주의적인 "진실"을 구상하는 법을 파악하는 데 결정적
인 역할을 한다.

나는 언제나 진실이, 그 비역동적인 측면에서 본질적으로 치명적인 것이라 생각해왔다. 그러니까, 인간의 유한성과 먼지와도 같은 인간 실존의 특성이라는 측면에서 말이다. 나는 나를 권태와 절망에 빠뜨리는 바로 이 진실을 안고서 어떻게 살아가야 하는지 잘 모르겠다. 그러므로 내가 관심을 가지는 진실의 몫은, 그것이 예술적인 것이든 아니면 보다 일반적으로 주체화의 질서에 속하는 것(출산, 사랑, 나눔, 세계와 타자의 발견, 참여, 관조, 정신성 등)이든, 오로지 인간의 작품이라는 측면에만 있다. 진실이 다른 곳이 아니라 바로 작품 안에서 영원불멸하는 미소微小한 부분에 존재한다고 가정하는 이 공리는 나를 평생 플라톤주의자나 플로티노스주의자로 만든다. 발화행위를 넘어 지속되기에 다가올 시간에도 의미를 갖게 될 무언가라는 의미에서 내게 말을 걸어오며, 그로써 '진실'의 이념을 차려입고 나타날 수 있는 건 오로지 그 항구성뿐이다. 우리가 내세우는 인본주의에 어떤 의미를 부여하려면 반드시 미래를 기억해야 한다. 나머지는 거품이라 해도 거짓은 아니며, 다른 사람들, 가령 역사가들에게는 분명한 진실이 되기도 한다. 우리의 결함, 우리의 계속되는 병폐들, 반복을 끊어내지 못하는 우리의 무능이라는 진실은, 역사적 사건들을 통해 알려진 본질적 진실이다. 이처럼 대문자역사는 역사의 교훈들을 깨우치기란 얼마나 어려운지 우리에게 말해준다. 이 죽은 태양 앞에서, 우리는 여전히 알려지지 않은 새로운 부분의 존재를 비춰주는 또다른 진실의 빛이 필요하다.

분석 작업은 주체가 열림과 맺는 계약의 진실 안에 반드시 지니고 있어야 하는, 창조의 몫을 파악하도록 돕기 위한 것이다. 릴케의 개념인 열림은 내가 첫 책을 출간했을 때부터 나를 줄곧 따라다녔다. 내가 열림을 발견했을 때, 나는 마침내 숨을 쉰다고 느꼈다. 그러나 보다 추상적이고 이론적이며 다소 플라톤적이었던 나의 사유방식에 비해, 열림은 그것이 불러일으킨 민감한 감수성 면에서 훨씬 힘이 셌다. 열림 안에는 동물이, 자연이, 생명이, 하늘과 산이, 그리고 당연히 죽음이 모두 함께 있었다. 거기에는 고통어린 릴케의 비가가 있었고, 거기에는 오래지 않아 양차 세계대전을 맞이하게 될 불행과 낭만주의의 저 위대한 세기 전체가, 마치 열림을 향할 수 없는 무능력 속에서, 인간존재를 옭아매고 파멸을 향해 몰아가는 바로 그 무능력 속에서 울부짖고 있기라도 한 것처럼, 파국 이전의 세계에서 터져나온 최초의 절규가 있었디. "온 눈을 다해 피조물은 열림을 바라본다."* 나는 이 시구에 대해 『상상력의 형이상학』**에서 하나의 장을 전부 할애했으니, 이는 분명 개별화가 무엇인지, 개별화가 실재와, 칸트의 종합 너머에 자리한 것과 어떻게 만나는지 이해하기 위한 시도였다. 이어지는 장은, 릴케의 시구에 대한 일종의 단호한 설명으로서 「죽음의 상상력과 동물의 고요한 시선」이다.

오늘날 "쓰라림, 여기 잠들다"와 연결을 짓자면, 위대한 시인

---

* Rainer Maria Rilke, *Les Élégies de Duino*, 제8비가.

** C. Fleury, *Métaphysique de l'imagination*, 710쪽. 열림에 관한 92쪽 각주 참조.

의 열림에 대한 화답이 되는 셈이다. 그 무엇보다 드높이, 문학과 시는 세계에, 세계의 영원한 덧없음에, 숭고함의 덧없음에, 자신을 넘어서는 기나긴 시간의 덧없음에, 인간의 손이 닿지 않고는 존재하지 않으나 그럼에도 인간을 초월하는 자연의 덧없음에, 자신을 내맡기는 열림이다. 시인이 아닌 나는, 이 어쭙잖은 육체에 비해 너무 열렬하다고 느껴지는 저 장엄한 폭력에서 멀찍이 떨어져, 구토 없이는 도저히 그토록 어지러이 쏟아지는 감정을 경험할 수 없는 나는, 거리를 유지한 채, 내가 쓰는 것이 한참 부족한 말뿐이더라도, 자신과 세상 사이에 존재하는 간극을 사무치게 느끼고 그것을 자기 존재에 대한 위협으로 경험하는 이들을 위해, 그럼에도 우리가 어떻게 이 세계를 기어코 떠나지 않을 수 있는지, 어떻게 르상티망에서도 심지어 쓰라린 감정에서도 벗어나, 우리의 등허리를 짓누르는 의미의 부재에서 벗어나 버틸 수 있는지 해명하고자, 여전히 나는 글을 쓰기 위해 애쓴다. 열림. 열림. 십대 끝자락에 이 단어를 읽었을 때 나는 여기에 구원이 있음을, 필경 나의 구원이 있음을 깨달았다. 신을 믿지 않는 사람이 영혼의 구원에 관심을 가질 수 있다는 사실에 혹 어떤 이들은 놀랄지 모른다. 영혼이 무엇이란 말인가, 그것이 하나의 멋진 허구가 아니라면, 어쩌면 신의 반전된 허구, 인간이 자기 자신에 대해 품고 있는, 자신을 단지 물질로만 여기진 않는다는 생각이 아니라면. 나는 이에 대해 자주 썼다, 영혼, 여기에는 오로지 타인들의 삶이 있을 뿐이라고, 이 꾸며낸 이야기에 대해 무언가를 증명하려는 시도로서 그들이 우리로부터 붙잡아맨 무언가가 있을 뿐이라고. 문제의 구원은 일찍이, 나에게 인간 세상의 현실에 대한 애정이 전혀 없던 때조차 나를 파고들었다. 나는 본의 아니게 인간으로 태어났다. 선택할 수만 있었다면 나는 곧장 이런 삶을 피해갔을 것이며, 먼지로 남기를, 아니면 부유하는 무언가로, 아주 작더라도…… 아니 아무것도 아닌 것이라 해도, 모든 것에 대한 환상을 줄 수 있는 무無가 되기를 택했을 것이며, 그랬다면 깃털 같은 무위의 멋이라도 있었으리라. 릴케가 이 자취를 밟았다는 사실, 그리고 또 수많은 사람이 그랬다는 사실을 아는 것은, 마치 이게 인류 공통의 발자취라도 되는 것처럼, 부끄럽지 않은 공동의 취약함인 것처럼, 어딘가 위안이 된다.

10

히드라

앞서 언급한 "얼마 안 되는 수"로 돌아가보자. 다른 모든 이들을 구제하려면 단 한 사람, 그저 단 하나의 유일무이한 사람만으로 족하다는, 종교가 마치 바람직한 꿈이라도 되는 양 제시하는 게 바로 이런 꿈이다. 인간이라는 개념만으로도 인류는 구원받기에 충분하며, 희망 속에서, 무엇보다 르상티망의 맹공에 맞서 인간 자신은 똑바로 서 있을 수 있다. "다만 이렇게 묻지 않으면 된다. 우리는 무엇을 희망하는가? 무엇에 희망을 거는가? 나는 희망한다…… 직접목적어나 간접목적어에 지나치게 무게를 두지 않는 한."* 희망이 실제로 작동하려면 어느 정도의 무관심이 있어야 한다. 결국 르상티망에 맞서는 열림. 그러나 그건 하루하루 쉽지 않은 일이므로, 우리는 자주 저 "얼마 안 되는 수"라는 이념의 차원만이라도 넘어서기를 다짐해야 하고, 그렇게 해야만 하며, 그건 필요한 일이고, 그러니 만약 그 차원을 확장할 수 있다면, 이는 문명의 의연한 움직임 속에서 한 걸음 더 내딛는 일이 될 것이다. 열림의 이면에는 매우 구체적이면서도 다채로운 방식으로 증오의 "접착제"**가 발려 있는데, 이것은 팩스턴이 강조하듯 "자유주의와 좌파에 대한 공통의 적대감으로 결합된 파시즘 세력과 보수적 질서"를 만들어내기 위해 "섞어야 하는" 두 가지 물질, "하나는 합성수지요 다른 하나는 응고제"***로 이루어져 있다. 파시즘이 무엇인지 설명하기 위해 팩스턴은 몇 가지 상반된 주장들,**** 가령 경제학적 논의나 정신분석적 논의, 나아가 스스로의 노력으로도 진정시킬 수 없는 불안과 양립할지 모르나 일단 내게는 그다지 문제적으로 여겨지지 않는, 일종의 형이상학적 논의까지도 끌어들인다.

경제학적 논의를 보자. 전통적으로 이는 "약자petits"들의 위기와 굴종에 관한 문맥, 혹은 한 사회가 급격한 성장의 현장이 될 때 분열과 원자화가 심화될 수 있으며, 그것이 결국 공동체라는

---

* V. Jankélévitch, *L'Enchantement musical. Écrits 1929-1983*, Albin Michel, 2017.

** C. Fleury, *La Fin du courage*, Fayard, 2010 참조.

*** R. Paxton, 같은 책, 250~251쪽.

**** 같은 책, 350~368쪽.

이념 자체를 깨뜨리게 된다는 맥락과 닿아 있다. 정신분석적 논의는 지도자의 인격에 초점을 맞추지만, 곧바로 여론이라는 한결 더 흥미로운 사실, 말하자면 독일인들(및 다른 파시즘 정권 관련 추종자들)이 지도자에게 하나의 역할을 투사했으며, 그가 성공적으로 이러한 역할을 수행했다는 지점으로 관심을 돌린다. 팩스턴은 마지막으로 에른스트 블로흐Ernst Bloch와 그의 근사한 이론, 즉 모든 사람이 반드시 똑같은 현재를 살고 있는 것은 아니라는 영혼의 "비동시성" 이론을 인용한다. 그런데 이런 논의가 어떤 점에서 아쉬운가? 여기에는 모두가 동일한 현재를 살고 있지 않으며, 또 우리가 한 번도 보지 못한 방식으로 세상의 시간을 살아가는 방법을 삶의 흐름 속에서 발견하게 되리라는 형이상학적이고 윤리적이며 정신분석적인 진실이 놓여 있다. 그러므로, 결국에는, 그렇다, 똑같은 현재를 살지 못하는 우리의 무능으로부터 깅렬한 불안, 비림받은 듯한 느낌이 생겨날 수야 있을지언정, 그래서 파시즘에 빠져들게 된다는 논리는 전혀 자명하지 않으며, 결론적으로 말하자면 오히려 드문 일이다. 파시즘 안에는 형이상학적 공허라는 장대한 경험이 존재하지 않으며, 작게 졸아든 현재, 형이상학적이지 않은 "지금", 양적으로만 계산된 지금, 사람들이 응당 받을 몫으로 여기는 안락한 지금 앞에서 빠져드는 자기만족적인 공황이 있을 뿐이다.

우리 대부분이 집착하는 그런 시간의 유혹은, 적어도 그것이 최종 결정을 좌우하게 될 때 끔찍한 것이 되는데, 그 유혹이 현재의 시간과 물화에서 벗어나지 못하도록 우리를 붙잡아두기

때문이다. 자신의 두 발이 르상티망 속에 빠져버린 꼴을 보는
위험을 감수하고 싶지 않다면, 언제나 양量으로 계산된 현재 바
깥에 한쪽 발을 빼두어야 한다. 양적 현재에 이처럼 매몰된 상
태는 수락할 수 없는 것을 수락할 수밖에 없는 상황을 조장하는
바, 오로지 자기 자신과 자기의 생존에만 집중하게 하고, 타인
에게는 관심을 분산시킬 수 없는 일종의 "히스테리적 맹목"*을
단단히 자리잡게 한다. 마치 누군가가 사려 깊게 돌봄을 기울이
듯 눈길을 주고 바라볼 줄 아는 것, 그런 시선의 예민함을 잃어
버린 개인이 타자의 얼굴을 인식할 수 없게 되는 것은 논리적
귀결이다. 타자의 얼굴은 지워진다. "물화"한 존재는 물화만을
일으킬 수 있을 따름이다. 더구나 그런 존재에게 자기가 아닌
다른 무언가로 눈에 비친다는 건, 그게 타인에 맞서는 행위에
돌입하고 증오를 맹렬하게 되살리는 계제가 되든, 본래 견딜 수
없는 자기혐오를 향하든, 참을 수 없는 일이다. 사실 르상티망
은 자신의 우울을 막는 비루한 성벽이기도 하다. 르상티망을 지
닌 인간은 우울하고 낙담에 빠져 있는데, 이러한 무기력은 타인
에 대한 복수심을 양분으로 삼고, 전혀 지속되지는 않아도 일용
할 보상 수단들을 날마다 찾아내며, 그 수단들을 비판할 수 없
다면 기쁘게 소비한다. 르상티망은 존재를 잠식하면서도 신체
의 형태를 유지시켜, 그 씁쓸한 즙 속에 부식된 개인을 보존한
다. 포르말린 효과를 지닌 것이다. 르상티망은 이처럼 최소의

---

* 같은 책, 52쪽.

비용만을 요구하는 자기보존 원리다. 즉 르상티망의 기반이 되는 "영혼의 취약함"은 주체에게 거의 노력이 들지 않는, 피해자로서의 자기만족만을 필요로 한다. 르상티망은 크리스토프 드주르Christophe Dejours가 "게으른 의지박약acrasie paresseuse"이라 지칭한 것과 쉽사리 결합하며, 악의가 더 강한 경우에는 "항진된 의지박약"과 결합한다. 전자는 꽤 흔한 것으로 비겁함과 이기심에 닿아 있는 자아의 분열을, 후자는 복수심에 불타는 한층 지독한 열의를 보여준다. "게으른 의지박약"은 논쟁보다는 침묵을, 책임보다는 어떤 관여도 없는 상태를 선호한다.

최종 해결책의 극단을 보자. 나치는 학살 과정에서 일어나는 주요 문제가 "행정적 절차가 아닌 심리적 영역에 있었다"*는 사실을 금세 깨달았다.

> 극단적인 최종 해결책이라는 구상 자체는, 그 실행자들이 그에 수반되는 강력한 심리적 저항과 장애를 감내할 수 있는 능력에 달려 있었다. 이러한 심리적 장애는 행정상의 난점과는 중요한 차이를 보인다. 행정적 문제는 언제든 해결하고 제거할 수 있지만, 심리적 영역에서 직면하는 어려움은 계속해서 처리해야 하는 문제였다. [……] 현장 사령관들은 부대원들에게서 나타나는 심리

---

* Raul Hilberg, *La Destruction des Juifs d'Europe*(1961), II, Gallimard, "Folio", 1991, 868~869쪽(한국어판: 라울 힐베르크, 『홀로코스트: 유럽 유대인의 파괴』, 김학이 옮김, 개마고원, 2008, 전2권).

적 붕괴 증상에 대해 경계를 늦추지 않아야 했다. 1941년 가을, 러시아 중부를 담당하던 고위 친위 경찰 지휘관 폰 뎀 바흐는 힘러에게 충격적인 발언을 했다. "부대원들의 눈을 보십시오, 그들이 얼마나 힘들어하고 있는지 보십시오. 저들의 나머지 인생은 〔……〕 끝장났습니다. 우리가 여기서 어떤 교대 인원들을 양성해내고 있는지 보이는지요! 신경증 환자거나 야만인입니다."*

여기서 우리는 어떻게 르상티망이 심리적 붕괴를 피하기 위한 그나마 덜 아픈 방어 전략이 될 수 있는지를, 또 정신적으로 대가를 치르지 않고서, 즉 더이상 대안적 행동을 취함으로써 저항한다는 어려운 과제를 감행하지 않고서 파렴치한 행위들을 지속할 수 있게 해주는지를 분명히 알 수 있다.** 따라서 르상티망은 파시즘이나 여타 전체주의적 물화 작용의 중대한 순간에 가장 확실한 협력자가 되며, 인간의 비겁함을 전혀 "의도된" 바 없는 그래서 동요할 필요도 부끄러워할 필요도 없는 몹시 효율적이고 규칙적인 기계장치로 만들어버린다. 물론 이데올로기적으로 확고한 개인들, 근본주의자들이 존재하긴 하나 그 수가 지극히 적기 때문에, 비겁한 대중이라는 존재만 없더라도 이들을 막는 일은 그리 어렵지 않았을 것이다. 한편 이들이

---

* *Von den Bach in Aufbau*, New York, 1946년 8월 23일, 1~2쪽; R. Hilberg, 같은 책, 868~869쪽에서 인용.

자신의 르상티망을 승화시킨다는 인상을 줄 수도 있는데, 이론적으로 그건 불가능하다. 그럼에도 어떤 형태의 정신증은 결국 승화에 이를 수도 있는바, 그처럼 부인의 기제는 강력하다. 그게 아니라면 그들이 거의 완벽하게 거짓말하는 데 도통해서는, 더이상 진실과 허위를 구분할 수 없는 거짓자기의 경지에 오른 것이다. 이런 사람들은 자신의 미덕을 과시하고, 악을 더 높은 선으로 포장한다.

1943년 "유대인들이 소유했던 재산을 빼앗았다"고 선언한

** 프란츠 파농은 『대지의 저주받은 사람들』에서 알제리전쟁 당시 자행된 고문행위의 가해자에게서 나타난 이런 현상을 잘 묘사했다. 특히 그 "사건" 이후로 아내와 아이들에게 폭력을 휘두르게 된 유럽인 수사관의 경우를 살펴볼 수 있다. 여기서 흥미로운 것은, 수사관이 고문 임무에 대해 직접적으로 불평하지도 않고, 심지어 고문은 가혹하게 이루어져야만 하며 다른 사람에게 고문을 맡기는 건 자백을 이끌어내는 성과를 빼앗길 수 있으니 어림도 없는 일이라고 생각한다는 점이다. 이 수사관은, 언제 고문을 하고 언제 멈추는지 알려면, 그리고 무엇보다 피해자기 고문에서 벗어날 희망이 있다고 믿게 하려면, "직감flair"이 필요하다고 회상한다. "사람들을 자백하게 만드는 것은 희망입니다." 그런 뒤, 수사관은 "적들"을 합법적으로 고문하면서부터 자신이 미쳐버렸다는 것과, 자신이 아내와 아이들을 폭행한다는 것, 이 두 사실을 어렴풋이나마 관련짓는다. 그는 적군에게 행한 폭력과 자기 가족에게 행한 폭력의 진의를 의문시하는 대신, 의사에게 이 모든 것을 "바로잡아arranger"달라고 요구한다. 파농은 이렇게 덧붙인다. "자신에게 생긴 장애의 책임을 총체적인 사건들의 탓으로 돌리려 했음에도 불구하고, 이 남자는 사실 자신의 장애가 전부 심문실에서 벌어진 취조 활동에서 직접적으로 기인했음을 잘 알고 있었다. 그는 고문 일을 멈추려는(그러면 직장을 잃게 되므로) 생각조차 하지 않았기 때문에(그것은 넌센스다), 내게 단도직입적으로, 자신이 양심의 가책 없이, 행동장애 없이, 평온한 심정으로 알제리 애국지사들을 계속 고문하게 도와달라고 내게 청했다." *Les Damnés de la terre* (1961), in F. Fanon, *Œuvres*, La Découverte, 2011, 1952~1964년 파농의 저작 모음, 640쪽(한국어판: 프란츠 파농, 『대지의 저주받은 사람들』, 남경태 옮김, 그린비, 2004).

힘러를 보자.

나는 당연히 그들의 재산을 남김없이 국가에 환수시켜
야 한다는 엄격한 명령을 내렸고, 친위대 상급 대장 파울
이 그 명령을 실행했습니다. 우리는 아무것도 우리 자신
을 위해 취하지 않았습니다. 이 명령을 이행하지 않은 개
개인은, 〔……〕 내가 제정한 조례에 따라 처벌받게 될
것입니다. 몇몇 친위대원, 많은 수는 아닙니다만, 원칙을
위반한 그들은 가차 없이 처형될 것입니다. 〔……〕 우리
는 병균들을 소탕했다는 이유로 그 병균들에 감염되기를
원치 않습니다. 〔……〕 우리의 정신은, 우리의 영혼은,
우리의 인격은 손상되지 않았다고 말할 수 있습니다.*

이처럼 자신은 아무것도 아니라고, 스스로를 위해서는 아무
것도 취하지 않았다고, 자신은 부패하지 않은 자라고 주장함으
로써, 힘러는 적어도 그 자신의 선언 속에서는 개별화의 자취에
머무는데, 그렇기에 그의 성격을 연구하는 것만으로는 르상티
망의 과정에서 나오는 공허함과 평범성을 파악하기에는 충분
치 않다. 그렇다면 다시 팩스턴의 방법론을 동원하여, 힘러의
연설은 제쳐두고 그가 한 행동들에 집중해보자. 러시아의 군사

---

* 1943년 10월 4일 포즈난에서 개최한 친위대 장군 회의 연설, PS-1919: R. Hilberg,
같은 책, 2권, 869~870쪽.

기록보관소에서 발견된 힘러의 개인 수첩에서는, 잔혹행위를 즐기면서 학대에 동참하느라 바쁜,[*] 학대를 체계적으로 일삼으면서도 그에 따르는 더 고된 대가는 전혀 치르지 않는, 한 잔인한 정신질환자의 모습이 생생하게 그려져 있다. 아니, 그에게 잔혹행위는 오히려 수도 없이 열리는 만찬과 회의[**]의 막간에 행해지는 일종의 유흥으로 여겨졌을 텐데, 이 사실은 힘러의 완전한 "사회적" 자기소외를 보여주는 동시에, 사이코패스에게도 제 나름의 감수성이 있긴 마련이니, 그것이 그를 움찔하게 할 정도가 아니라면 거리낌 없이 잔혹함을 향유하는 그의 정신 이상까지도 드러내는 지표가 된다. 사이코패스적 이상행동은 그 어떤 개별화의 가능성도 중단되었다는 결정적 표시다.

몇몇 다른 저자와 함께, 한나 아렌트Hannah Arendt는 최종 해결책의 단계적 실행을 가능케 한 것이 책임 회피와 개별성 상실의 메커니즘이라는 점을 저화하게 지저했다. 이를 보어줌으로써 이 철학자는 결코 개인들의 책임을 면제해준 것이 아니라, 오히려 그들이 행한, 이미 홀로코스트 부정론의 한 줄기를 이루는 책임 회피라는 가상을 밝혀냈다. 힐베르크는 이렇게 쓴다. "유대인 학살은 중앙집권화된 작전이 아니었다. 유대인 문제를

---

[*] "힘러의 일기에 등장하는 끔찍하면서도 의외로 놀라운 다른 일화 하나. 놀랍게 여겨질지도 모르겠지만, 힘러는 피를 보는 것에 민감했던 듯하다. 그는 벨라루스에서 유대인을 처형하던 중 웃옷에 뇌의 살점이 묻었을 때 하마터면 기절할 뻔했다고 이야기한다"(*Atlantico*, 2016년 8월 3일).

[**] "힘러의 개인 수첩에는 천육백 개의 약속이 기록되어 있었다." *Mashable*, 2016; *Midi-Libre*, 2016.

다루는 특별기관이 설립된 적도 없고, 단계적 절차에 자금을 조달할 그 어떤 예산도 편성된 적이 없다. 반유대주의 사업은 공공기관과 군대와 당이 주도했다. 독일의 조직생활을 결정하는 모든 구성원이 이 사업에 동원되었다. 모든 기관이 저마다의 방식으로 기여했다. 모든 공적 권한이 사용되었다. 사회의 모든 계층이 희생자들을 점차 포위해가는 운동의 대열에 동참해나갔다."*

이것이 바로 르상티망을 규정하는 정의다. 즉 희생자들을 조금씩 포위하는 어떤 움직임, 사실은 수십만 개의 머리가 달린 히드라지만, 몸통도 머리도 없다는 착각을 심어주며 그만큼 더 대단한 효과를 발휘하는 비정형성. 히드라는 서로 대치된다고 여겨지는 개인과 대중을 한꺼번에 조종하기에, 르상티망에 걸맞은 괴물이다. 히드라는 양과 질 사이의 변증법을 상당히 효과적으로 구현하는데, 둘은 처음에 완전히 분리되어 있으나 과정이 전개됨에 따라 서로 침투할 수 있게 된다. 그러므로 히드라를 제거하려면 머리 부분을 제거해야 하는데, 양과 질의 변증법이 언제 중단될지는 미리 알 수 없다. 머리 전체나 상당 부분을 잘라내는 일이야 필수가 아니라 해도, 지시를 내리는 쪽과 여타 부분들 사이의 교묘한 조합은 끊어내야 한다. 이 거대한 집합체들이 보이는 살인적인 탈선으로부터 우리 자신을 보호하기 위해, 기꺼이 식별해내야 할 그 조합 말이다.

---

* R. Hilberg, *Exécuteurs, victimes, témoins*(1992), Gallimard, "Folio", 1994, 46쪽.

제3부

바다

인간을 향해

열린 세계

1

파농이 말하는 개방

르상티망의 해독제는 무엇일까?

길은 여러 갈래이니, 주체가 하나를 택해 헌신과 내밀한 참여와 소신을 키워가는 한, 모든 것이 가능하리라. 내가 릴케의 열림을 발견하고 그것을 나의 내밀한 글쓰기로 직조하는 법을 발견했을 때, 그 발견은 쓰라린 감정에, 아니면 벌써 똬리를 틀고 있던 멜랑콜리에라도 저항할 수 있는 하나의 "가능성"이었다. 물론 음률과 통사법을 아찔할 정도로 구사하는 운문의 대가 말라르메조차도, 아나톨에 관한 미완성 시들*에서는 거의 끊어질 듯한 호흡을 보여준다. 말라르메의 「무덤」을 읽다보면, 힘에 겨워 헐떡이는 숨과 함께, 그럼에도 읽는 이를 위해 마련된 다른 무언가의 힘을 느끼지 않을 수 없다. 작가들은 다른 사람들을 위해 이런 힘을 제 안에 품고 있다. 자신의 무력증에 맞서 고군분투하면서도, 우리가 다시 태어날 새봄을 데려온다.

스타일로 벼려낸 고군분투의 또다른 예시로서, 철학적 표현법에 부합하는 장켈레비치의 문장은 여전히 울림을 준다. "비장할 필요는 없다, 진지한 것으로 충분하다." 과장할 필요도, 실제보다 더 어렵다고 넘겨짚을 필요도 없다. 어려운 것은 사실이며, 우리가 고통스럽고 결함 있는 집단의 역사를 목도했던 만큼 더 힘겹게 여겨진다. 역사에서 확인된 결함뿐 아니라 타자들이 우리에게 부과하는 결함까지도 짊어져야 한다. 여성들은 알고 있다. 모두가 알고 있지만, 그렇다고 상대화하지는 말자. 여성들을, 나아가 사회가 "하위계층" "불가촉민" "불순분자"로 간주했던 모든 사람, 르상티망을 지닐 이유가 충분한 사람들을 상대화하지 말자. 이들에게도 각자 정의의 몫이 있기 때문이다. 그들 모두를 위해 우리는 저 르상티망에 맞서 싸워야 할 것이고, 또 우리 자신과 우리의 뒤를 이을 사람들을 위해, 대문자역사의 흐름을 뒤집기 위해, 이제 자신의 소외감과 피해망상 앞에

---

* C. Fleury, *Mallarmé et la parole de l'imâm*(2001), 같은 책. 특히 아들의 죽음에 관한 장인 「아나톨의 무덤」을 참조. 자식의 죽음은 불가능한 애도로 남는다. 말라르메의 작품은 그런 소리 없는 울부짖음, 무한한 비탄의 울림을 지닌다. "자녀 사별désenfantement"은 분석 치료를 통해 알려진 개념으로(*Le soin est un humanisme*, Gallimard, 2019을 참조), 죽은 아이뿐 아니라 태어나지 못한 아이, 그토록 바랐으나 영영 볼 수 없는 아이의 애도까지도 표현한다.

서 다시는 고개를 떨구지 않기 위해, 그 너머로 나아가야 할 것이다.

이처럼 자기만의 방식으로 맞서 싸우는 길을 창조한 작가들은 흔히 발견할 수 있다. 나는 프란츠 파농Frantz Fanon의 발자취를 따라가보기로 결정했지만, 사실 다른 작가들을 택해도 괜찮았을 것이다. 파농, 위대한 파농. 정신의학자이자 탈식민주의 사상가인 그는 너무도 탁월했고 젊어도 너무 젊었으며, 너무 일찍 떠나갔기에 영원히 젊은 날에 머물러 있다. 아쉴 음벰베는 『작품집』을 위한 서문에서* 파농의 사유뿐 아니라 그의 실존과, 그가 다른 사람들과 그들이 이어나갈 작업을 위해 작성했던 범례의 기저에 깔린 "실재에 대한 세 가지 임상진단"을 재검토한다. 실재에 대한 세 가지 임상진단—나치즘, 식민주의, 프랑스 본토와의 충돌—은 서로 상이한 역사적 맥락을 지니기에 비교 불가한 것처럼 보이지만, 파농에게는 한 존재, 바로 그 자신과 그의 저항, 승화를 직조하는 요소다. 음벰베가 파농에게서 "치료의 사명injonction de soigner"이 나타난다고, 말하자면 파농과 마찬가지로 절대다수에 의해 주입된 저 세 가지 살육 명령의 강제성에 예속되어버린 사람들을 "치료한다는 사명"이 존재한다고 지적한 것은 옳다. 치료의 사명은 어떤 도덕, 즉 물화 과정을 중지하고, 물화에 맞서 싸우면서도, 실재의 임상진단을 통해 한

---

* Achille Mbembe, "L'universalité de Frantz Fanon", in F. Fanon, *Œuvres*, 서문, 9쪽.

발짝 더 나아가 물화의 이론적 법적 무효화를 조금씩 구축하게
될 윤리의 토대가 될 수 있다. 치료한다는 것은 끝까지 치료하
는 것이거나, 적어도 끝까지 시도하는 것이며, 개인을 위한 사
물의 새로운 질서를 창조하는 것이다. 여기서 치료는 식민주의
와 나치즘이 남긴 상처를 고발하고, 그들이 행한 폭력의 절대성
을 증명하며, 인류의 불가침성에 반하는 반인도적 범죄, 즉 쇼
아Shoah나 노예제와 관련한 세력들을 무너뜨린다는 것을 의미
한다. 그래서 치료는 인류의 불가침성을 통해 미래를 열어가는
일이다.

장켈레비치는, 여타 체제가 책임지지 않는 부분들에 대해서
도 책임을 요구하는 민주주의적 정의正義를 바로 법치주의/국
가 이념이 규정한다는 맥락에서, 어떻게 저 "불가침성"이 후자
의 필수 토대가 되는지를 보여주었다. 다른 체제들과는 대조적
으로, 민주주의적 정의는 대문자역사의 연속성을 떠안으면서
비로소 "수정"하거나, 더 단순하게는 헌법이 제정되기 이전에
거쳐온 사건들과 그 자체의 연대기에 대한 비판 작업과 역사 서
술 작업이 가능하게 한다. 법치주의/국가로 존재한다는 건 역
사적 진실과의 새로운 관계를 상정하는 것, 대문자역사의 블랙
홀에 과감히 맞서는 것, 한 가지 공식적인 역사에 만족하지 않
는 것이다. 사실들에 입각하여, 이해당사자들이 다시 쓴 역사를
끊임없이 해체하는 "학문적" 역사 기술의 냉혹한 가르침을 선
택하는 일이다. 그러한 "역사가들의 논쟁"은 민주적 절차의 핵
심이다. 파농에게 이는 "어떤 희생을 치르더라도 열어가야만

하는 미래와 투쟁의 문제다. 이 투쟁은 삶의 창조를, 또 익히 정당한 이유 없이 정복해왔던 자들이 세운 위계질서의 전복을 목표로 하며, 이런 작업 속에서 절대적 폭력은 마비 상태에서 벗어나기 위한 해독과 입제立制의 기능을 한다. 이 투쟁은 〔……〕무엇보다 파괴하고 제거하고 분열시키고 눈멀게 하며 두려움과 분노를 조장하는—물화되는—것을 파괴하는 데 목적이 있다."* 파농은 불만과 타협하지 않고도 '불만을 받아들이는'** 방법을 알고 있기에, 르상티망에 용맹히 맞서 싸운다. 그는 이를 이중의 형벌로 만들지 않을 것이며, '치료를 하게 될' 테고 "피와 분노의 회반죽"에서도 곧바로 "전례 없는 인간 주체"***가 솟아나게끔, 상처 입은 뒤 회복탄력성을 만들어내는 능력 중심의 치료를 택할 것이다.

르상티망과의 투쟁은 즐거운 일이 아니며, 또다른 고통과 싸우는 와중에도 우리에게 고통을 준다. 악에 맞선 투쟁은 즉각적인 보호를 약속하지 않는다. 자신을 괴롭히던 고통으로부터 해방되면서도 자신의 감정 동인을 배반한다고 느끼지 않으려면 시간이 필요할 것이다. 해방을 위한 길에서는 거쳐야 할 단계가 있다. 자신의 고통을 물론 인정하되, 무엇보다 고통과 스스로 분리되어 그 감정을 뒤로하고 나아가야 하는데, 이는 아무 실효 없이 그저 그 고통을 잊기 위함이 아니라 건설적 계기로 삼기

---

* 같은 글, 10쪽.

** 같은 곳.

*** 같은 곳.

위함이니, 우리는 다시 반복하지 않는 법, 반복되는 고통에 안주하지 않는 법—비교적 건전한 신경증이 남기는 이 보상—을 배울 필요가 있다. 그러므로 우리는 자아의 일부를 이루던 무엇, 그나마 일부에 지나지 않는 무엇을 포기해야 한다. 그리고 그 일부에 열림의 미래를 위한 자아는 존재하지 않았다는 점을 납득해야 한다. 음벰베가 평하는바 파농은 "인종 문제의 짐을 벗어두었으며 사안의 외적 특성에서 자유로웠는데", 여기서 우리는 인종주의 역사의 가장 핵심적인 기저에 여전히 물화가 자리한다는 점을 알 수 있다.

파농은 물화된 주체에게 광기를 유발하고 그 주체를 제 고통에 얽매이게 만드는 식민주의의 사회적 심리적 자기소외를 끈질기게 추적해간다. "식민지 상황에서 행해지는 인종차별은 일차적으로는 내면적 자아와 외부적 시선 사이의 모든 구분을 업애려는 게 그 목표다. 감각을 마비시키고 피식민자의 육체를 마치 시체를 연상시키는 뻣뻣한 무언가로 바꿔버리려는 것이다."* 역사 서술과 치료를 결합하고 철학과 정신분석을 결합하는 파농의 작업은, 대중과 개인이 통제와 사물화 기제에서 완전히 벗어나 세계 속에 자신의 고유한 자취를 남길 수 있도록 이끄는데, 파농은 이 작업을 "개방déclosion"**이라고 명명했다. 마치 그 반대의 작업, 즉 주체를 가두어 저 자신의 완벽한 감시자

---

* 같은 글, 11쪽.
** 같은 글, 12쪽.

로 만드는 폐제forclusion를 되받아치려는 듯 말이다. 거꾸로 개방은 저들의 "문화"에 엮여 있는 정체성을 만들어내는 극적인 감정의 마그마 분출이다. 집단적 역사와 개인의 역사가 서로 얽혀 있음을 표현하면서 주체의 병리학이 어째서 주체들이 경험하는 역사와 내밀한 연관을 맺고 있는지를 설명하는 데 개방은 완벽한 용어다. 정신역학은, 비록 고유한 유전적 소인의 영향을 받을 수 있긴 하지만 사회문화적 경제적 제도적 친족적 맥락이 그런 유전적 소인의 발현은 물론 교정에도 결정적인 역할을 한다는 게 여전히 사실이라는 점에서, 개인 병리학의 진정한 원리로 남아 있다. 따라서 현재의 임상진단은 이민, 강제추방, 의사에 반하여 이루어지는 임의적 구성원들의 대규모 이주 같은 다양한 사건이 어떻게 모종의 병리현상 및 정신병을 강화하는지를 보여주는데, 필시 추방으로 인한 외상후장애인 그런 증상에, 여선히 종교나 환각이나 미신의 영향권에 있는 몇몇 문화에서 특수하게 나타나는 병리현상도 추가할 수 있을 것이다.

소수 그룹에 속하는 개인들을 분류하고 재편성하고 분열시킴으로써 2급 시민권을 부여하는 "폐쇄의 논리"를 다시금 무너뜨리고자, "개방"은 그 논리에 공명한다. "정상sain"이 되는 건 모든 인간존재의 쟁점이요, 여기서는 모든 흑인의 쟁점이다. 관건은 단 하나, "자기 자신으로부터 자유로워지는 것"에 있다. 그리하여 파농은 『검은 피부, 하얀 가면』(1952)의 서두에서 식민주의적 탈식민주의적 인본주의적 해방이라는 차원에서 보편적 가르침을 전하는 또하나의 위인 에메 세제르를 인용한다. "내가 말하는 것은 교묘한 방식으로 공포감, 열등감, 전율, 굴종, 절망, 하인의식을 주입당한 무수히 많은 사람들에 관한 것이다."* 세제르와 파농이 호소하는 대상은 바로 피부색 때문에, 문화적 또는 사회적 출신 때문에, 성별 때문에 강제로 "하인의식"을 경험해야 했던 사람들, 정신을 깨어 있게 하고 육체를 바로 세우는 자극제인 비판정신의 정반대를 주입하려 한다는 의미에서 배움의 정반대라 할 수 있는 굴종을 가르침받아야 했던 그 모든 이들이다. 그리고 서문을 여는 다음과 같은 문장은 이미 그러한 상태에 있는 사람들에게 상처를 입힐 수도 있는데, 왜냐하면 흑인의 "존재론적 인정"을 거부하고 있기 때문이다. "이런 말은 내 유색인 형제들의 울분을 사겠지만, 흑인은 사람이 아니라고 나는 말하겠다." 피부색에 관계없이 모든 사람은 한 명의 인간존재다. 반면 자신이 피부색으로만 규정되게끔 그저 내버려두는 사람은 자각조차 없이 물화의 빌미를 제공하고 있는 것일 수 있다. 여기에는 식민주의 연구와 탈식민주의 연구가 수없이 비판해온, 몹시 보편주의적인 목표가 있다. 그리고 이런 논쟁은 무한정 지속될 것인바, 왜냐하면 흑인들의 요구와 보편주의적 요구는 일치할 수도 있고 서로 반대로 갈 수도 있기 때문이다. 파농의 말은 개인이 가진 정체성 콤플렉스를 위무해주지 않기 때문에 상처를 줄지 모른다. 파농은 오히려 개인이 이러한 출신을 제대로 승화할 수 있도록, 그것을 부정하거나 심

---

* Aimé Césaire, *Discours sur le colonialisme*, 1950.

지어 억압하지 않고도 승화하도록, 말하자면 출신 너머에 자신을 곧바로 위치시킴으로써 세계 속에 존재하면서 세계를 구성하도록 유도한다. "우리는 유색인이 자신으로부터 해방되는 것, 단지 그것만을 목표로 한다."* 흑인은 흑인에 관심을 가질 것이 아니라 인류에 대해 관심을 가져야 한다. "백인은 자신의 백색에 갇혀 있다. 흑인은 자신의 흑색에."**

　파농이 권고하는 것은 바로 자신이 속한 공동체로부터의 해방이다. 저마다의 육체와 분리된 개인성을 예찬하기 위해서가 아니라, 세계의 운명을 누구에게나 열어두기 위해, 파농은 문화와 성별과 역사적 특수성의 이면에서 보편성이 돌출하는 지점을 파악하려 한다. "우리는 지난날의 통치자들, 지난날의 선교사들에게 일말의 자비도 베풀지 않을 것이다. 우리에게는 검둥이들을 찬미하는 자들 또한 그들을 증오하는 자들만큼이나 병든 인간들이다. 반대로 자기 인종을 하얗게 표백하려는 흑인 역시 백인을 향한 증오를 설교하는 자만큼 불행한 것이다."*** 흑인과 백인은 "노예들"인데, 전자는 자발적 "열등성"의 노예요 후자는 자발적 "우월성"****의 노예로서, 둘 다 대대로 전승된, 개별 주체에게 응당 요구되는 주체화 과정을 저마다 포기함으

---

* F. Fanon, *Peau noire, masques blancs*(1952) in F. Fanon, *Œuvres*, 64쪽(한국어판: 프란츠 파농, 『검은 피부, 하얀 가면』, 노서경 옮김, 문학동네, 2014).

** 같은 책, 65쪽.

*** 같은 책, 64쪽.

**** 같은 책, 105쪽.

로써 축적된 개인들의 실패로부터 나타나는 "신경증"의 노예다. 저마다의 신경증이 고착되는 과정에서 타자의 신경증과 이리저리 엮이게 되므로, "자신의 인종으로부터 탈피"*할 수 없게 된 모든 이에게는 일종의 반사된 신경증이 나타난다.

르상티망에 대한 파농의 서술은 민코프스키의 논의를 좇아 과거, 좌절, 실패에 대한 강박으로 인해 "생을 향한 충동"을 마비시키는 "부정 공격성"** 혹은 수동 공격성 유형과의 공통점을 지적함으로써 한결 임상적인 접근으로 향한다. 르상티망이 보다 집단적인 차원에서 정치적으로 발현되기에 앞서, 주체가 수數 뒤로 숨어 자신이 행한 보복의 결과를 혼자 감당하지 않아도 되기에 바로 그 수가 거짓 주체를 안심시키고 그의 복수심을 더 부추기는 시점에, 르상티망을 지닌 인간은 굴종자들에게 전형적으로 나타나는 내향성 위장과 위선의 태도를 취하면서—위선이 반드시 굴종의 결과라는 말은 아니다—스스로 모순 속에 갇히고 만다. 즉 타인들을 비방하는 동시에, 상황을 바꾸어 보고자 그들에게 의존하는 행동을 보이는 것이다. "자기 안으로만 침잠하는 그 내향성은 자신의 과거를 보상해줄 그 어떤 적극적 경험도 허용하지 않는다. 또한 그에게는 자아존중감과 그에 따른 감정적 안정이 거의 완전히 결여되어 있으며, 이로써 삶과 존재들을 마주할 때면 압도적 무력감과 함께 그에 따른 책

---

* 같은 책, 114쪽.

** Eugène Minkowski, *La Schizophrénie*(1927); F. Fanon, *Peau noire, masques blancs*, 118쪽에 인용됨.

244

임감을 전적으로 거부하게 된다. 다른 사람들이 그를 배신하고 좌절시켰는데도, 그런데도 그는 오로지 다른 사람들을 통해서만 자신의 운명이 개선되기를 기대한다."* 그리고 파농은 제르멘 게를 인용하면서 자기 자신에 대한 "가치 부정"에 사로잡힌 이 인물의 묘사로 마무리하는데, 그러한 자기 가치의 부정은 그에게 하나의 강박으로 작용하여 "배제되었다는 고통스럽고도 끈질긴" 감정을 일으키고, 그를 돌이킬 수 없는 정서불안과 유기불안에 빠뜨리며, "예측된 재난이 일어나는 데 필요한 모든 일을 무의식적으로 행하"**게 되는 반복행동을 강제한다.

게의 진단에서 메아리처럼 퍼져나오는 것은 셸러 역시 지적했던, 채울 길 없는 충족 불가의 보상 욕구인데, 바로 이런 욕구 탓에 르상티망을 품은 인간은 자신의 고통의 포로가 되며, 무엇보다 그런 보상을 결코 끝이 있는 것으로 간주하진 않을 테니, 그가 거의 회복될 수 없는 상태에 접어드는 것을 막고자, 우리는 예방치료 차원에서 개별적으로, 집단적으로, 제도적으로 할 수 있는 건 모두 다 해봐야 한다는 의무를 떠안게 된다. 이제 주체는 계속해서 실패만 하게 되는데, 그가 (그나마 가장 나은 경우) 심각한 신경증에 발이 묶여 있어, 더 흔하게는 이미 르상티망의 정신증에 사로잡혀 있어, 실패의 조건이 유지될 수밖에 없는 것이다. 이때 작가와 시인의 작업은 결정적 역할을 하는데,

---

* 같은 책, 119쪽.

** Germaine Guex, *La Névrose d'abandon*, PUF, 1950, 35~36쪽; F. Fanon, *Peau noire, masques blancs*, 118쪽에 인용됨.

왜냐하면 그들의 작업은 문체를 통해 우리가 그 상태에서 벗어나 상처를 인식할 수 있게 해주며, 우리로 하여금 그처럼 재기 넘치는 문체를 통해 치유로 나아가게끔 해주기 때문이다.

"린치당하는 불쌍한 사람, 고문당하는 불쌍한 사람 같은 건 이 세상에 없다, 그곳에서 내가 유린당하고 모욕당하는 것이 아닌 한." 세제르가 쓴 또하나의 글귀가 『검은 피부, 하얀 가면』의 네번째 장을 연다. 세제르는 돌려 말하지 않는다. 그가 바로 모욕당한 자고 유린당한 자다. 그는 대문자역사가 자의적으로 "열등"하다고 간주해버릴 "그런" 문화에서 태어난 사람들에게 따라붙는 낙인을 자기 안에 간직하고 있다. 그런 문화 속에 흐르는 모든 것을 상대화하고 위계를 제거해야 한다는 뜻은 아니다. 오히려 각각의 문화는 저마다 보편과 비판적 감각을 연결하고, 과학적 정신과의 긴밀한 연관을 통해 사고의 자유를 발전시켜나갈 임무가 있다. 모든 문화에는 비판적으로 검토되고 개혁되어야 할 부끄러운 면들이 있다. 그러나 여기서 다루는 건 그런 것이 아니다. 이것은 각자의 망상적 신경증, 곧 타인에게 선의로든 악의로든 투사하는 것, 그리하여 집단의 운명을 좌우하게 되는 것으로, 어떤 정당한 이유도 없이 타인에게 짓밟힘당하고 있는 인간의 보편적 조건에 관한 얘기다. 그래서 세제르는 그 짐을 스스로 짊어지고서 그처럼 학대받은 자, "불쌍한 자"가 된다. 그러나 그가 "불쌍한 자"라고 쓰는 순간 그것은 더이상 그에게 영향을 주지 못한다. 이것이 문체의 힘이다. 말하는 순간 벗어나게 해주고, 말하는 순간 다른 사람이 말하는 대로 존재하지 않을 수 있게 해주며, 오히려 자신의 삶과 실존을 장악하고, 자신의 실존이 타자의 실존을 이끌며 실어나르게 해준다는 점에서, 그 힘은 타자의 실존을 장악하고 민족의 언어 또한 강탈하는 식민주의 기획에 맞서 언어를 장악할 수 있게 해준다. 세제르는 악을 말하고 악의 극복을 말하기 위해 타자의 언어를 취함으로써 보편적 언어를 만드는 빛나는 작업을 이루어낸 작가다. 글쓰기를 통해 그는 "모욕당한" 인간을 인식하고, 그를 복권시키고, 그에게 정당성을 부여하며, 그를 회복시키고, 그를 해방시킨다. 물론 시詩만으로는 충분치 않을 테니, 일단 시적인 사건으로 피어난 것을 바로 행동으로 실현해야 하리라.

「흑인과 언어」 장에서 파농은, "흑인"을 만날 때 그들에게도 언어, 문화, 국가, 존엄성이 있다는 사실을 잊기라도 한 양 대뜸 "프티네그르"*로 말을 거는 식민지배자들의 위선적 오만함에 대해 언급한다. 파농은 이렇게 선포한다. "사람들은 나더러 이상주의자라고 할 것이다. 하지만 아니다. 다른 이들이 비열한 것이다."** "당신이 루앙이나 스트라스부르의 카페에 있다고 치자. 불행히도 어느 늙은 주정뱅이가 당신을 알아본다. 대뜸 그는 당신의 테이블에 앉는다. '너 아프리카 놈이야? 다카르, 루피스크, 사창가, 여자들, 카페, 망고, 바나나……' 당신은 자리에서 일어나 나간다. 인사치레로 욕설 폭격이 한바탕 쏟아진

---

* 프랑스 식민지와 군대에서 쓰던 간소화된 프랑스어—옮긴이.
** F. Fanon, *Peau noire, masques blancs*, 83쪽.

다. '망할 검둥이, 너희 촌구석에서나 그렇게 꼴값 떨지.'"* 그
래서 파농이 그저 "인간은 세상과 제 동류를 향한 움직임이다"
라고 썼을 때, 그것은 어리석은 자들의 머리통을 울리는 보이지
않지만 영원한 따귀 한 방, 문체로 먹이는 소리 없이 호된 따귀
한 방, 문체이자 문체를 통한 해방의 따귀 한 방이다. 여기서 르
상티망은 어느 편에 있는가? 틀림없이 자신이 "우월하다"고 믿
으나 실제로는 처참한 현실을 살고 있는 자들에게 있다.

2

개인성 상실을 무릅쓴 보편성

이것은 1950년대의 일이지만 동시에 우리 시대의 문제이기
도 하다. 프랑스 본토에 도착한 파농은 자신이 타인들의 시선과
행동에 의해 끊임없이 물화되는, 즉 "다른 대상들의 한가운데
있는 대상"**임을 깨닫는다. 그러나 "감정적으로 경직되기"***
를 그는 끝까지 거부한다. 그는 다른 사람들과의 싸움이 아니라
자기 자신과의 싸움, 희생자가 되려는 자기 성향과의 싸움을 시
작한다. 그들이 그를 두 번 죽이지는 못할 것이며, 이제 싸움을
시작하기만 하면 된다. 파농은 글쓰기와 전투적 행동의 접점을
택한다. "나는 인간이기를, 다른 무엇이 아니라 인간이기를 원

했다. 어떤 이들은 나를 노예가 되고 린치를 당한 내 조상들과 결부시켰다. 나는 그것을 받아들이기로 결심했다. 내 안의 친족성을 깨달았던 것은 바로 지성이라는 보편적 차원을 통해서였다―르브룅 대통령이 부역賦役과 인두세에 시달리는 농민의 후예였던 것과 같은 이유로, 나는 노예의 후예였다."* '지성이라는 보편적 차원을 통해 받아들이기', 이로써 르상티망에서 벗어날 수 있는 경로, 즉 자기 자신과 타인에게 승리하는 법을 알기 위한 모든 게 말해진 셈이다. 바로 이렇게, 당신에게 허용되지 않는 것으로 부정된 저 보편적 차원으로 옮겨가면 되는 것이다. 그러나 그 부정의 말에 속지는 말자, 대부분 자각 없는 말들이니까. 들여다보면 대체로 술주정일 뿐이다. 진짜 적수는 드물고, 그의 멸시에 대처하기란 늘 더 까다롭다. 하지만 그런 멸시조차도, 우리 모두가 모욕당한 자이며 우리 모두가 되살아나고 있는 자임을 받아들이는 사람, 우리를 서로 엮어주는 '내적 친족성'을 알고 있는 사람 앞에서는 아무것도 아니다.

나는 종종 "페미니스트"가 아니라고, 작업에 젠더연구 결과들이 충분히 반영되어 있지 않다고, 모두를 포괄하는 글쓰기를 실천하지 않는다고, 명사를 반사적으로 여성화하는 데 취약하다고, 그런 능력이 거의 없다시피 하다고 비난받았다. 하지만 내게 페미니즘은 인본주의와 떼려야 뗄 수 없는 것이다. 나는 전투적 페미니즘을 만들어낸 여성들의 방식을 충분히 납득하

며, 그 당위를 인정할 뿐 아니라 심지어 나도 그 유산을 당당히 물려받았다고, 책임을 짊어지고 있다고 느낀다. 모두 저마다의 전투방식을 선택할 권리가 있다고 해도, 투쟁에서 사소한 목적이라는 건 없다. 나는 포괄적 글쓰기도, 명사의 여성화 작업도 가벼이 여기지 않지만, 그럼에도 나는 또다른 세계, 교육으로 새겨진 보편주의의 세계에 발을 붙이고 있다. 그게 내 사정이다. 그리고 젠더연구 사상가들은 나의 경력에서도 중요한 부분을 차지하니, 그래서 나는 정체성이 대체로 사회적 허구라는 점을, 또 사회가 어떤 식으로 우리의 활동 영역을 지정하는지를 잘 알고 있다. 흑인, 유대인, 무슬림으로 사는 것, 여성으로 사는 것. 이봐, 너. 거기, 너. 잠시 솔직해지자. 나는 정말이지 여성으로 존재한다는 것이 무엇을 의미하는지는 잘 모르겠지만, 대문자역사가 내게 알려준바 그건 이 세상에서 만병통치약과는 거리가 멀고 기껏해야 오류나 결함이며, 최악의 경우 하나의 드라마요, 남자들 사이에 교환되는 황금덩어리처럼 사라지거나 소유해야 한다고 여겨지는 무언가라는 것이다. 교환에 혈안인 사람들, 그런 망상에 사로잡힌 사람들, 나는 그들을 동정하지 않는다. 나는 그들의 어리석은 분노와 그들의 위험성을 될 수 있으면 피하려고 거리를 유지한다. 다행히도 남자든 여자든 가릴 것 없이 그와는 다른 이들이 꽤 많아서 그런 사람들과 함께 나는 저 인본주의의 지반을 밟고 나아가는데, 위선으로 가린 오만함 없이 기꺼이 내게 많은 것을 가르쳐주고 사랑과 우정과 존중까지도 베푸는 그들은 아마도 내 안에서 한 명의 여성을 보긴 했겠지만 결국에는 그 사실을 잊고서 나를 대하거나, 아니면 적어도 여성이냐 아니냐의 문제에 개의치 않았던 것이리라. 아무튼 나는 이게 무슨 문제인지는 잘 모르겠고, 다른 수많은 주체, 이를테면 말라르메가 '스스로를 보여주는 우주의 능력'이라 말한 것, 혹은 그가 '비인칭l'impersonnel'이라 지칭한 무엇에 비해, 이 주제에서의 주체는 여전히 매우 취약한 주체다. 우리는 시를 읽을 때, 인칭이 남성이든 여성이든, 흑인이든 백인이든, 혹 미지의 인물이라 해도 인칭을 존중하는 것이 비인칭에 대해서도 얼마나 중대한 인식을 가져다주는지, 저 위대한 개별화의 역사가 어떻게 개별성 소멸의 역사와 관련을 맺는지 알게 된다. 1867년 5월 14일 말라르메는 카잘리스에게 다음과 같이 쓴다. "이제 나는 비인칭이며, 더이상 자네가 알던 스테판이 아니라, 과거에 나였던 것을 통하여 정신적 우주가 스스로를 보여주고 스스로를 전개해간다는 하나의 능력이라는 걸세." 탈개인화 선언, 나는 『말라르메와 이맘의 말』에서 그렇게 썼다. 파농도 표명했을 법한 선언이라고 확신한다.

비인칭이 주는 자유를, 나는 젊은 날에 마치 자아를 비추는 빛처럼, 자아에 내리쬐는 뜨거운 태양처럼, 맛보았다. 나는 어째서 "여성으로 존재하기"가 "남성으로 존재하기"와 다를 바 없이 무의미한 말인지 알 수 있었다―물론 남성은 '남성homme'과 '인간être humain' 사이의 거짓 등가에 깜빡 속아넘어가기 쉬우니 후자가 더 간단한 일이긴 하다. 하지만 솔직히 말해, 착각의 미끼는 제 끄나풀들보다 아주 조금 더 합리적일 뿐인 사람한

테는 잽싸게 들통난다. 반면 다른 사람들의 어리석음이 더 쉽사리 "세계"를 이루는 건 사실이며, 그런 작은 세계 속에서 자신들이 곧바로 보편성과 인류 전체에 화합할 수 있다고, 전부 보장받았다고 믿는 이들 모두를 수용할 만큼, 그 끄나풀들의 소굴이 거대한 것도 사실이다. 더구나 문제는 이들이 그렇게 믿는 데 있는 것이 아니라, 그렇게 착각할 권한이 자기들에게만 있다고 주장하면서 그 착각을 진실이라 부른다는 데 있다. 어쨌거나 저 대단한 환상에 속아넘어갈 권리는 훨씬 너그럽게 주어지는 것일 텐데도 말이다.

그처럼 재기 넘치는 파농마저도, 르상티망을 넘어 나아가는 일이 쉬웠으리라 여기지는 말자. 희망을 놓아버리려는 마음이 드는 법이니까. 그런 세상 앞에서는 피로를 느끼는 법이니까. 자꾸 망설이기 마련이니까. "그렇지만 나는 온몸으로 그런 절단을 거부한다."* '흑인으로 살아가는 경험'을 들려주면서 그는 이렇게 쓴다. "나는 세상만큼 드넓은 영혼, 가장 깊은 강만큼 깊은 영혼을 정말로 내 안에서 느끼며, 내 가슴은 무한한 확장의 능력을 지니고 있다." 자기 존재로부터 고통을 느끼고, 세상의 깊이를 느끼는 데 어려움을 겪으며, 제 동류들로부터 인정받지 못해 힘들어하는 사람은 수없이 많다. 그렇다, 우리는 그들이 겪는 곤경을 안타깝게 여길 수 있고, 어쩌면 그들의 말이 옳다고 인정해줄 수도 있겠지만, 그것은 고통을 퍼뜨리기 위한 르

---

* 같은 책, 176쪽.

상티망의 술수들을 망각하는 일이 되리라. 궁극적으로 책임은 개인에게 있으며, 최소한 개인은 그것을 알고 있어야 하고, 자신에게 책임이 있는 것처럼 행동해야 한다. 이 책임의 허구가 책임면제의 허구보다는 더 규제력을 발휘한다. 이는 죄인을 자처하거나 자신에 대한 다른 사람들의 평가절하를 납득하는 것과는 다른 문제다. 결국에는 주체가 "절단amputation"을 거부하고, 제 절단을 확신하는 저 어리석고도 끈질긴 평가절하를 거부함으로써 주체로 남을 수 있다는 점을 이해하는 것이 중요한데, 한편으로 그런 기계적 평가절하의 어리석음은 매우 효과적이고, 체계적이며, 때때로 제도적인 방식으로 나타날 수 있다. 일단 보편성에 발을 들여놓는 것, 그건 있는 그대로의 모습에서 도망치는 게 아니다. 탈개인화dépersonnalisation는 곧 인격화personnalisation다. 이것이 모순인가? 아니다, 인간성을 탐구한 장켈레비치의 철학이 우리에게 가르쳐주듯, 그저 역설일 뿐이다. 만약 의도적으로 개인을 지워버리는 게 보편성이라면, 그건 억압이자 부정이며, 궁극적으로 스스로를 망각시키는 어둠이자 문화 제국주의에 포섭된 하나의 도구일 뿐이리라. 온갖 특이성이 저마다 승화의 모험을 떠날 준비가 되어 있는 한, 보편성은 모든 특이성을 제 안에 품는다.

가려져 있던 두 눈을 간신히 떴건만, 벌써 사람들은 내가 보편성 속에 푹 잠기길 원한다? [……] 나는 내 네그리튀드négritude에 완전히 몸을 담근 채 잿더미, 인종 격리, 탄압, 강간, 보이콧을 볼 필요가 있다. 우리는 이 검은 하인복을 갈가리 할퀸 상처를 하나하나 손으로 만져볼 필요가 있다.

분석 과정에서는, 사전 정의된 순서 없이 언어화가 일어나는 갖가지 순간이 종종 나타난다. 때로는 고통이 또렷하게 떠오르는 순간이 있기에 분석 주기가 처음부터 다시 시작되기도 한다. 어떤 내담도 결코 끝나는 법이 없다. 진전이 있다고 말할 만한 추이가 나타날지언정, 언제나 치료할 수 없는 부분은 남아 있을 것이며 그 때문에 발이 걸리고, 중단되고, 상처와 흔적을 남기는 순간들이 생겨날 수 있는데, 그럴 때 분석가는 다시금 자신을 조여오는 분노와 현실적이고도 정당한 앙심에 굴복하지 않고 언어를 짜맞추는 업을 이어가야만 한다.

우리 모두에게는 스스로의 불완전함과 피할 수 없는 부당함에 괴로워하는 저마다의 이유가 있다. 파농은 단지 한 인간으로 존재할 수 있는 보편성을 열망하면서도, 자신의 "네그리튀드"가 마치 모두가 잠겨들 수밖에 없는 바다, 즉 보편성이라도 되는 양 온몸을 던져 거기 빠져들고자 한다. 그리고 그 또한 하나의 보편성이다. 나 역시 네그리튀드가 마치 나 자신의 것인 양 거기 완전히 빠져볼 수 있길 바라는바, 일단 파농과의 연대로 우리 모두가 얼마나 긴밀한 '내적 친연성parentés internes'을 지니는지 확인할 수 있을 것이다.

문학이 인간성에 대한 진리를 담고 있다면, 이는 그 스타일을 통해 네그리튀드를, 묻혀 있거나 완전히 드러나 있는 우리의 면모를, 남성과 여성으로 존재한다는 현실을, 자신이 아무것도 아니라는, 자신이 '저주받은 최악의 인간'인 것 같다는, 결핍의 하해와도 같은 고통을 우리 모두가 경험해볼 수 있어서다. 파농이 그랬듯 나도 이 길을 택함으로써, "계속해서 실재의 목록을 작성하고 상징적 구체화의 계기를 확정하려 노력하다보니, 자연스레 융 심리학의 문 앞에 서게 되었다."* 이 문들은 내게 개별화라는 개념을 떠올리게 했고, 나아가 대체 불가능성이라는 개념으로 확장되어, 개별화 과정의 풍부함과 특히 아렌트적 의미에서의 공동체 세계, 즉 법치주의의 창출과 맺는 잠재적 공모관계를 이해하기에는 턱없이 부족한 개인주의 개념으로 돌아가 그 개념들을 다시 돌아볼 수 있게끔 나를 이끌었다.

분석 과정에서는 환자들이 어쩔 줄 몰라 하는 일이 종종 생긴다. 제자리걸음을 하고 있다는 느낌, 많은 것을 이해했지만 그럼에도 불구하고 여전히 르상티망의 수레바퀴에 갇혀 있다는 느낌을 받는 것이다. 내담에서 자신을 옥죄는 울분, 질투, 갈망 따위를 내려놓으러 온 그들은, 그것들이 자신의 의사와는 상관없이 거기에 있다고, 어디에라도 그 감정들을 내려놓아야 한다고 말하며, 자기변명을 하고, 분석가에게 신경질을 내고, 침묵을 지키며 그들의 사소한 시선이나 한숨까지도 들여다보는 이 거울에 자극받아 분석가에게 직접 욕설을 퍼붓기도 한다.

---

* 같은 책, 213쪽.

파농은 시간이 기회를 주었다면 완벽한 분석가가 될 수 있었을 정신과의사였기에 내담에서 이런 모습을 보이는 환자들을 잘 묘사할 수 있었고, 특히 "흑인"으로서의 삶을 경험하는 사람들에게 나타나는 몇 가지 특이사항과 더불어, 그들이 늘 스스로를 비교하며 비하하거나 재평가하려 한다는 점에서 어떻게 그런 특수성이 결국에는 자기소외로 귀결되는지 기술할 수 있었다. 지칠 정도로, 내담의 와중에도 비교는 중단되지 않는다. 치료에서 구제 작업이 이뤄진다면 비교는 나중에라도 멈출 수 있을 것이다. 그러나 치료 초기에, 자신이 흑인임을 곱씹는 사람은 무의식에서조차 그 생각에서 벗어나지 못하는데, 파농이 지적하듯 그처럼 피식민지인이자 앤틸리스제도 출신인의 몸에 밴 집단적 무의식은 앤틸리스인 개인의 두뇌구조와 관련이 없으며, 오히려 "검다는 것"을 당연하게 어둠, 이방인, 악, 명明이 아닌 암暗의 편에 두는 "무반성적인 문화적 강제"의 결과다. 이런 생각을 하려면, 이 정도로 스스로에게 상처를 입히려면, 자신이 흑인이라서 빛나지 않는 존재라 믿으려면, 흑인일 수밖에 없다. 너무 비현실적이고 잘못된, 어리석은 생각으로 여겨진다. 어떻게 한 인간이 자기 자신에 대해 그렇게 생각할 수 있느냐고, 그건 말도 안 된다고, 육체적으로 흑인이 아닌 우리는 전부 그렇게 말할 것이다. 하지만 집단 및 개인의 신경증에 숨겨진 비밀들을 누설하는 집단 및 개인의 무의식을 한번 살펴보면 그건 자명한 이치임이 밝혀진다. 그곳에서 자기들끼리 서로 미워하는 인간의 총체적 어리석음이 드러난다. "서구인homo occidentalis의 집단무의식 안에서 검둥이는, 아니 이렇게 말하는 게 나을지 모르겠는데, 검은색은 악, 죄, 비참, 죽음, 전쟁, 기근을 상징한다. 맹금류는 전부 검다. 집단무의식의 측면에서 유럽 국가에 속하는 마르티니크에서는 '청색bleu' 검둥이가 방문하면 이런 말을 한다. '무슨 불행을 몰고 오려고?'"*

"나쁜" 태생이라는 짐, 스스로 나쁜 태생이라고 믿거나 실제로 나쁜 태생으로 여겨지는 것에 대한 부담을 짊어진 존재들은 셀 수 없이 많으며, 그 수는 줄어들지 않는다. 따라서 그들 스스로 온갖 그럴듯한 이유를 들어 정당화할 만큼 내면화되어버린 악, 이 자행되는 고통을 치료해야만 한다. 그러나 이러한 치료는 간단하기는커녕 거의 불가능한 작업이다. 이때 분석가로서 내가 가장 많이 시도하는 건 여전히 다른 무언가를 창조하는 길, 자기소외의 현실 속에서도 빼앗기지 않을 잠재적 미래의 진실을 창조하는 길이다. 그들이 자행하는 고통mal은, 사회가 존중하는 틀 바깥에 못박힌 사람들이라면 누구나, 적어도 한순간쯤은 곱씹어 느껴보았을 것이며, 때로 그 순간은 영원히 지속된다. 여성들, 이방인들, 남성을 사랑하는 남성들, 여성을 사랑하는 여성들, 아버지에게 인정받지 못하고 어머니에게 사랑받지 못한 채 오로지 "아들"로만 살아가는 남성들을 비롯하여 그런 사람들의 목록은 끝이 없지만, 그럼에도 그들은 지대한 존엄성을 보여주며, 그들이 수행하는 분석 작업은 너무도 존경스러워

---

* 같은 책, 216쪽.

서, 이 숭고한 승화의 기획에서 우리가 그들에게 보탬이 되는
데서 더 나아갈 수 있기를 바랄 뿐이다. 위대한 대문자역사 곁
에 비껴나 있는 역사, 이처럼 어두운 간극 속에 빠진 특이성들
이 이루는 역사 또한 진정한 역사로서, 자신이 선택한 동맹과
더불어 스스로의 힘으로 자유와 탈소외를 건설해나가는, 바로
진보하는 개별성의 역사다.

검둥이들은 비교 대상이다. 〔……〕 그들은 언제나 타
자의 망령에 종속된다. 나보다 덜 똑똑한지, 나보다 더
검은지, 나보다 덜 착한지가 늘 문제다. 자신의 모든 입
장, 자신의 모든 버팀목은 타자의 붕괴와 의존 관계를 맺
는다.*

이 문장은 르상티망을 지닌 인간이라면 누구에게나 해당된
다. 그러므로 우리는 합리적인 판옵티콘의 뒤틀린 메커니즘을
이해할 필요가 있다. 주체는 타자의 시선 아래에서, 타자와의
관계 속에서, 다름 아닌 모방적 경쟁(르네 지라르)을 통해서만
자기 자신을 인식하며, 특히 자신의 가치를 타자의 가치에 종속
시키고, 타자의 평가절하 속에서만 자기확신을 얻는다. 오로지
상대자, 적수, 경쟁자로만 경험되는 타자의 "붕괴"가 없다면
오히려 저 자신이 붕괴할 위험이 있는데, 왜냐하면 르상티망을

---

* 같은 책, 233~234쪽.

지닌 인간은 실체 없는 "자아", 즉 너무나 유아적이며 정서지능이 불안정한 "자아"이기 때문이다. 그런 사람은 여러 특이성이 공존하는 세상을 상상할 수 없다. 만약 누군가에게 무언가주어졌다면, 그건 반드시 자신이 빼앗긴 무엇이요, 자신은 이질서의 희생자라 여긴다. 그는 타인에게 감탄할 수 없다. 단지질투하거나 부러워할 수 있을 뿐이고, 이런 사고방식은 반작용으로 그 자신의 정신적 붕괴를 야기한다. 하지만 병이 진행되면서 그는 점점 더 자신의 병에 무뎌지기 때문에 제 정신을 돌보지 않게 된다. "타자의 붕괴에 의존하는 것"—이것이 바로 르상티망이라는 병이 초래하는 것이므로, 우리는 이에 대한 제재를 작동시켜 이를 개인이 위치한 사회역사적 환경으로 확대 적용해볼 수 있다—이는 그야말로 세계의 붕괴와 몰락에 의존하는 셈이다. 요컨대 세상의 몰락을 확신해야만 부끄러움 없이 자신의 르상티망을 마음껏 펼치고 자신을 희생자로 만듦으로써쾌락을 얻을 수 있는 것이다.

타자의 붕괴에 의존하는 것과 대조적으로, 파농은 인간을 위한, 백인도 흑인도 아닌 그저 인간을 위한 변론을 펼치는데, 여기서 인간은 바로 파농 자신이자 그를 포함한, 그와 함께, 그와관계없이도 존재하는 인간을 말한다. "나는 한 명의 인간이고, 따라서 내가 되찾아야 하는 것은 세상의 모든 과거다."* 우리앞에 선행하는 대문자역사, 세계 곳곳에서, 자유에서 투쟁까지

---

* 같은 책, 247쪽.

를 아우르는 민중들의 역사, 그건 한층 더 공동체적인 구상을, 콩도르세라면 인간의 완성이라 말했을 인본주의 문명의 구상을 완성해가려는 하나의 이야기-역사histore로서, 이는 현실만큼이나 문학에 속하는 것이며 몇몇 사실의 결과이면서도 욕망과 의지의 소산이므로, 그렇다, 그건 "기록"되고, 열망되고, 갈구되고, 방향지어진 역사다. 이러한 의미에서 이야기-역사는 인간이 이룩한 것이기에, 말하자면 현재를 넘어서기 위한, 더 위대한 미래라는 결실을 맺기 위한, 다가올 법치주의에 먹칠을 하지 않기 위한 노력에서 얻어지는 것이기에, "진실"이다. 파농은 자신이 오로지 하나의 집단기억으로, 마치 인간의 기억이 토지처럼 나뉘고 분배될 수 있기라도 한 것처럼, 이 기억이지 저 기억은 아니라는 식으로 규정되기를 거부한다. 파농은 흑인을 위해 유일하게 실행 가능한 도덕을, 하지만 결국 모두를 향하는, "흑인 세계가 꾸며낸 간계의 희생양이 되지 않고자"* 하는 도덕을 발명한다.

상처받은 자존심을 회복할 수 있는 다른 여러 방식이 존재한다는 건 나도 알고 있다. 그러나 그런 방식은, 아무리 적절하다 해도 보편화의 방법론만큼 지속가능성은 없다. 탈식민주의 연구, 문화 연구, '하위주체subaltern 연구' 등은 많은 경우 우리에게 주류적 역사관을 해체하는 법을 알려주므로 필요한 작업이다. 이런 연구들 없이도 우리는 그 작업을 할 줄 알아야겠지만,

---

* 같은 책, 249쪽.

그런 일은 드물다. 따라서 이 연구들은 결정적인 도움을 준다. 그러나 모든 흐름이 그러하듯, 연구를 수행할 땐 자기 자신에 대해 비판적 태도를 견지하는 한편, 자신이 자주 맞서 싸우는 이분법이나 본질주의적 경향에 빠지지 않도록 경계해야 한다. 그러므로 보편성 개념과의 협력은 필수적이며 이로써 그 권위를 되찾게 된다. 다양성은 보편성의 신뢰도를 검증하는 시금석이지만, 보편성 또한 다양성의 신뢰도를 검증하는 시금석이다.

3
피식민자 돌보기

"진정한 도약은 존재에 발명을 도입함으로써 이루어진다는 점을 나는 늘 되새겨야 한다."* 이 인용문은 저 먼 수평선의 어귀로 통하는 히니의 문, 르상티망의 덫에서 벗어나기 위해 붙잡아야 할 한 가닥 끈으로서, 각자 마음에 간직해둘 만하다. "내가 나아가는 이 세상에서 나는 끊임없이 나를 창조한다."**

스스로 자기 생의 동력을 창조한다는 생각은 베르그송에게서 찾아볼 수 있으며, 그 기원은 고대로 거슬러올라가, 비록 "자아"의 자리가 아직 마련되지 않았기에 그 의미는 크게 다르지만, 당시 자신을 둘러싼 환경이었던 도시국가 및 세계질서cosmos에 밀

---

* 같은 책, 250쪽.
** 같은 곳.

접하게 관련된 자기 조각술에서 발견된다. 여기서 포착해야 할 역설은, 발명의 이념이 어떻게 상속의 이념과 양립할 수 있는지의 문제다. 우리는 앞선 시대를 양도받은 사람들이고, 과거는 우리의 신경증을 유발할 정도로 끝없이 쌓여 있다. 우리는 갖가지 다른 삶들의 상속자이며, 때때로 이 삶들의 의지에 반反하여 우리가 물려받을 만한 부분들을 찾는다. "나는 내 아버지들의 인간성을 말살했던 그 노예제의 노예가 아니다."* 단 하나의 인본주의적 진리를 제시해야 한다면 저 문장이 될 것이다. 그 무엇도 존재를, 그러니까 타자를, 그러나 또 자기 자신을, 자유로울 수 있는 능력의 결여 때문에 가두어선 안 된다(빌헬름 라이히). 과거도, 잘 보이지 않는 미래도, 존재를 가둘 순 없다. 인간의 결핍과 "안일한 병적 상태"**로부터 인간을 보호하는 인본주의를 우리는 지켜내야 한다. 그들이 계속 "탐색"할 마음을 먹도록 그들을 "돌보아야"*** 한다. "세상의 이곳저곳에서 무언가를 탐색하는 사람들이 있다."**** 혹자는 "탐색"이 관건이라는 사실에 어쩌면 놀랄 것이고, "탐색"이 어떤 면에서 존재를 돌보는 작업의 결과라는 사실에 더욱 놀랄 수도 있다. 그렇지만 "탐색한다"는

---

* 같은 곳.

** F. Fanon, *L'An V de la révolution algérienne*(1959), in F. Fanon, *Œuvres*, 265쪽(한국어판: 프란츠 파농, 『알제리 혁명 5년』, 홍지화 옮김, 인간사랑, 2008).

*** 'soigner' 'soin'은 좁은 의미에서 치료를 뜻하지만, 보다 넓게는 돌봄을 뜻한다. 이 장에서는 정신분석 치료에 관한 논의와 집단적 돌봄의 가능성을 결합하고 있으므로 문맥에 따라 번역어를 선택했다—옮긴이.

**** F. Fanon, *Peau noire, masques blancs*, 249쪽.

건 삶의 중대한 도전이자, 욕망과 행동을 잇는 한 가지 방식이다. "탐색"이란 지성과 의지를 발휘하는 것, 나아가 단지 이론화 작업에 그치지 않고 실제로 해보려 시도하는 것을 의미한다.

따라서 나와 같은 분석가에게, 돌봄을 제공한다는 것은 피분석자가 다시 탐색을 시작하도록 만드는 행위, 달리 말해 대체로 삶이나 무언가에 대한 욕구를 상실한 상태에 빠져 있는 피분석자가 집단적 신경증에 예속되지 않고 새로운 가능성들을 전개하며 자기 삶의 새로운 장을 써나갈 마음을 먹게 한다는 의미에서 주체의 자격을 되살리는 행위이기도 하다. 로널드 랭*은 우리가 얽혀 있는 "연계nexus"에 대해 말한다. 우선 가족적 연계가 있는데, 이 매듭은 다른 사람들, 우리보다 앞서 존재했던 사람들의 신경증으로 이루어져 있다. 그러나 또한 문화적 연계가 존재하니, 이것은 집단적 신경증의 거대한 매듭일 뿐 아니라 (이렇게 말해도 된다면) 씽빙 신경증의 매듭으로, 우리가 거대한 순환 고리를 통해서뿐만 아니라 더 친밀한 동시에 온갖 갈등을 유발하는 일대일 관계를 통해서도 서로 얽혀 있다는 점에서 그러하다. '나'는 대부분의 경우 누군가의 아들이나 딸이고, 누군가의 반려자이며, 형제거나 자매거나 기타 등등인 존재다. 이로써 각각의 신경증이 서로 갈라지고 배가되며, 이런 연계들은

---

* 로널드 랭은 내가 바라는 글쓰기와 더불어 돌봄까지 실천했다. 비록 그가 실천한 치료법은 때때로 정당한 이유에 근거하여 강하게 비판받기도 했지만. 무언가를 시도하는 사람들은 어딘가에 부딪치고, 틀릴 수 있으며, 바로 그런 오류들 덕에, 그들에게 빚을 진 사람들을 통해, 중요한 진전을 이룰 수 있다.

모종의 프랙털이 되어, 들뢰즈와 라이프니츠가 비범하게 그 정수를 보여주었으나 개인들은 대체로 해석에 어려움을 겪는 주름들plis을 형성한다. 개인을 치료하라. 개인이 주름에 접근할 수 있도록, 무엇보다 그 창조적 해석학에 접근할 수 있도록 하라. 반복의 끝은 이처럼 매듭을 풀 가능성으로부터, 그러나 사실 매듭은 풀리지 않으므로 매듭을 극복할, 매듭을 잘라버릴 가능성으로부터 시작된다.

곁에 머물면 좋지 않은 균열들이 있는데, 그런 균열들은 마치 하나의 심연처럼 엄청난 현기증을 통해 사람을 끌어당기고 유혹하기 때문이다. 우리 스스로를 실제보다 더 강하다고 믿어서는 안 된다. 그런 신경증을 마주했을 때 우리는 겸손해야 하며, 물론 용기를 내야겠지만, 그래도 겸손을 지켜야 한다. 스스로 나서지 않는 게 나은 싸움들이 있다. 그것은 굴복하려는 것이 아니라 더 큰 승산이 있는 다른 싸움을 벌이기 위해서다. 물론 너무 까다롭거나 패배가 예상되는 싸움을 포기해야 한다는 말이 아니다. 그래야 한다면 대문자역사도, 시작도 없었을 것이며, 반복이 아닌 것은 아무것도 일어나지 않았을 것이다. 싸움을 주도하는 것과 완전히는 아니더라도 싸움을 피하는 것 사이의 현명한 중도는, 개별화를 이뤄내려 애쓰고 자신의 노고를 신중하면서도 아낌없이 투자할 줄 아는 자유로운 인간의 몫이다. 미리 적혀 있는 결말은 없다. 게다가 탈출구를 함께 구상해갈 사람을 찾는 것은 쉬운 일이 아니다. 하지만 사랑과 우정이 있고, 또 전문적으로 타인을 돌보는 사람들이 존재한다.

치료자의 윤리, 정신분석의 윤리, 라캉이라면 정신분석의 경계선이라 말했을, 치료에서 발견해야 할 적정 거리, 표현해야 할 적당한 공감, 치료자 자신의 개입 수준 따위를 정하기 위해 다양한 기준을 마련해야 할 것이며, 보다 폭넓게는 치료자가 몸담고 있는 제도의 윤리, 나아가 그 윤리를 승인하거나 방해하는 제도적 조직체를 위한 기준들 또한 마련할 필요가 있을 것이다. 돌봄은 표명된 바를 넘어 입증되어야 한다. 파농은 알제리의 사례를 들어 의료행위와―제대로 자격을 갖추었든 아니든, 식민 지배자들이 의료를 제공하는 경우―지역주민 사이에 유대가 불가능하다는 점에 관해 재론한다. 우리는 의학이 사회적이고 문화적인 소외로부터, 무엇보다 폭력과 편견으로부터 안전한 자율적 영역을 구축하기를 원하지만, 그런 '안전한 영역'은 존재하지 않는다. "동질적 사회에서 환자는 어떤 순간에도 의사를 경계하지 않는다."* 이 난언은 우리가 너무도 자주 잊어버리는 사실, 의료행위가 철두철미하게 시행되려면 정치체제로부터 제공된 가능성의 조건들에 달려 있기 마련이라는 점에서, 모든 의료행위는 정치적이라는 사실을 상기시킨다. 이는 과학적으로나 윤리적으로 존경받을 만한 의료행위를 실천하는, 의사라 불릴 자격이 있는 개별 의사들이 존재하지 않는다는 뜻이 아니라, 원래 의료행위라는 것이 그 자체로 돌봄의 공공정책에 해당하므로 법치주의/국가 없이는 존재하지 않는다는 것을 의미

---

* F. Fanon, *L'An V de la révolution algérienne*, 357쪽.

한다. 만약 지속적이고 효과적인 돌봄을 원한다면, 우리는 치료 제공에 있어 치료사 개인이 지닌 전문성에만 집중하는 것에서 나아가 무엇보다 이 치료가 어떤 "제도적"* 영역에 편입되어 있는가를 해독할 필요가 있다. 치료에 대한 합의 또한 제도상의 전반적 합의에 달려 있기 때문이다. 자신의 의지는 아닐지라도 식민지배자로 존재하는 의사의 의료행위가 아무리 전문적이고 적절하다 한들, 피식민자가 그 의료행위를 온전히 받아들일 수 없다는 것은 자명하다. 파농은 돌봄과 통치가 어떤 면에서 서로 불가분의 관계를 맺는지 제대로 보여주는데, 바로 개인의 권리를 존중하는 민주주의 정부가 부재할 때 공익성이 의심받지 않을 돌봄의 제공이 불가능해진다는 점에서 그렇다. 그런데 돌봄 행위는 의심을 용납할 수 없다. 돌봄의 기반은 전문적 기술력에 대한 신뢰뿐 아니라, 우리를 돌보는 사람과 제도적 체계에 대한 신뢰에 전적으로 근거한다.

우리가 해체해야 할 복합적 소인이 여기에 있다. 왜냐하면 르상티망을 품은 인간, 아니면 최소한 르상티망의 경계에 있는 인간, 여전히 한 발은 다른 쪽을 딛고 있어서 회복의 가망이 있는 인간에게도 치료는 필요하기 때문이다. 그러나 정신증이나 심

---

* "농촌이나 시골 마을에서는 의사의 의무 방문 진료에 앞서 경찰 당국에 의한 주민 집합이 이루어진다. 이처럼 전반적인 압박감 속에 도착한 의사는 결코 현지인일 리 없으며, 언제나 지배 사회에 속하는 의사, 대부분의 경우 군의관이다." F. Fanon, *L'An V de la révolution algérienne*, 355쪽. 방문하는 의사가 현지인이라 해도 상황은 바뀌지 않을 것이다. 그 또한 권위주의 질서에 어느 정도 복무하고 있다는 의혹을 받을 수 있으며, 이는 다시금 치료 효과를 떨어뜨릴 수 있다.

각한 정도의 신경증을 앓고 있는 이들과 마찬가지로, 이런 사람은 치료가 필요하지 않다거나 의사가 자기 신뢰를 충족시키지 못한다고 주장하면서 치료를 거부한다. 그러면 감정전이가 일어나지 않고, 신뢰가 주어지지 않으며, 동의 여부도 명확하지 않기에, 모든 작업이 차단된다. 파농은 이 현상을 일컬어 "능동적 쇠약화" 혹은 "피식민자의 존재에 새겨진 상처", 말하자면 피식민의 삶에 "불완전한 죽음의 태도"*를 부여하는 모든 것이라 이른다. 피식민자는 자신에게 절대적으로 필요한 치료를 거부함으로써 스스로를 단죄한다. 이것은 르상티망을 지닌 인간에게 일어나는 것과 같은 메커니즘이다. 그로써 식민지배는 피식민자가 자기 고유의 문화와 맺는 관계 전부를 혼란에 빠뜨리는 결과를 낳는다고 파농은 언급하는데,** 우리는 여기에 피식민자가 자기 신체와 맺는 관계를 덧붙일 수 있을 것 같다. 우리가 우리 자신과 맺는 관계 자체가 바로 문화에 의해 매개되니 말이다.

다수의 치료 제공 기관을 위협하는 병원 내 감염에 대해 생각하면, 비위생적 환경이 환자에게 위험하다는 점을 상기하게 된다. 장 우리Jean Oury는 의료 집단의 바람직한 분위기를 파괴하는—예컨대 병원 운영자들의 집단 괴롭힘 문제 같은—병원 내 심리적 감염이 존재한다고 설명한다. 그러나 제도적 역기능의

---

* 같은 책, 361쪽.
** 같은 책, 363쪽.

문제 너머에는 문화적 역기능, 즉 치료행위가 편입되어 있는 정치 및 사회경제 체제의 역기능이 자리한다. 식민주의가 정신적 육체적 병폐를 낳는다는 점은 명백하며, 그런 문제가 치료 제공을 구조적으로 방해한다는 점도 부인할 수 없는 사실이다. 그러므로 치료한다는 것은 공식적으로든 비공식적으로든 저항에 돌입하는 것이요, 그처럼 전반적인 감염으로부터 자신이 분리되어 있음을, 환자의 상태가 악화하는 것을 방지하기 위해 자신이 방벽이 되어 지키고 있음을 입증하는 일이다. 물론 파농이 전체주의와 의료행위의 야합이라는 비극적 역사, 혹은 전자가 더 효과적으로 이루어질 수 있도록 후자가 개개인의 신체를 망가뜨렸던 사태의 전말에 대해 이야기한 최초의 인물은 아니다. 제2차세계대전 이후 법치국가의 도래는, 분명 (프랑스에서는) 사회보장의 보편성이라는 측면에서 법제도와 건강권의 결합을 이뤄내기도 했지만, 무엇보다 의학의 학문적 공정성에 대한 규칙을 정립함으로써 의료 가치를 보호하는 질적 문턱을 마련했다. 이러한 점에서 이론적으로 법치국가의 가치와 원칙은 개인의 신체를 보호하는 데 있다.

이것은 매우 구체적인 논점으로, 한편 긍적적인 측면에서는 모든 법치국가가 일종의 생명정치 체제의 모습을 보인다는 점을 드러낸다. 다만 이 생명정치 체제가 개인의 신체와 개인의 자유를 위해 봉사해야 한다는 사실에 모든 문제가 있으니, 선한 의도 뒤에는 자유를 침해하는 그보다 보수적인 의도가 슬그머니 도사리고 있기 때문이다. 그 결과 많은 사람이, 자유주의 전통에 따라 정당하게, 시민들의 신체를 통치권의 밖에 남겨두는 제한된 정부 이론을 도출하기 위해 투쟁하게 되었다. 이론상으로 그것은 정당한 해결책이지만, 재차 강조하자면, 국가나 제도의 규제가 없다는 것이 남성과 여성의 신체에 대한 간섭의 부재를 의미하지는 않으므로, 오로지 이론상으로만 괜찮은 해결책이다. 따라서 정치가 가급적이면 최소한의 수준으로, 그러나 환원 불가능한 정도로만 개인의 신체에 실질적 영향을 행사할 수 있게끔 감시하는 편이 낫다. 여기서 "실질적positif"이라는 말은, 시민들이 국민의 대표자들에게 그 의미에 관한 심사숙고를 위임하면서, 그리고/또는 참여 민주주의와 시민불복종을 통해 한층 더 직접적인 방식으로 책임을 행사하면서, 시민들 스스로가 규정해야 한다. 파농이 의사와 피식민자 사이의 진료와 끊임없는 불화를 묘사할 때, 그 속에서 우리 모두는 주변 환경이라는 틀이 권력과 지배관계로 인해 기울어지는 순간 돌봄의 제공은 불가능해진다는, 이미 잘 알려진 상황에 대해 다시금 깨닫는다. 이는 한편으로 자신의 거주지 안에서조차 하나의 "피식민자"인 양 모욕당했다고, 특권을 박탈당했다고, 지위를 빼앗기고 신용을 잃었다고 느끼는 르상티망에 빠진 인간이 겪는 상황과 상당히 흡사하다. 이러한 이유로 식민주의 관련 문헌은 르상티망의 메커니즘을 해독하는 데 훌륭한 가르침을 주며, 또한 치료를 받는다는 발상과 관련하여 르상티망에 잠긴 자아와 피식민자에게는 동일한 양가감정이 특징적으로 나타나는 것이다.

4

존재의 탈식민화

르상티망과 대문자역사의 관계, 어떤 존재의 성격구조와 한 민족의 선조에서 현재에 이르는 문화사의 관계를 이해하는 작업에서, 파농은 핵심적인 저자다. 또한 여전히 문화적 지배의 틀에 갇혀 있는 고통스러운 집단적 역사 속에서 태어났기에 르상티망을 경험할 충분한 이유를 지닌 일개 "자아"가, 작품과 성찰, 철학적이면서 전투적인 창조행위를 통해, 나아가 집단적이면서도 르상티망의 마수에서 벗어나려는 "자아"의 헌신을 내포하기에 벌써 개별적이라 할 만한 참여행위를 통해, 어떻게 역사의 굴레보다 강인해져 거기서 벗어날 수 있게 되는지를 이해하는 작업에서도, 파농은 핵심적이다. 역사의 굴레에 속박되지 말 것. 굴레를 제대로 인지하여 그 구속력을 부정하지 말고, 그 억압이 이따금 정당화될 수도 있다는 것도 부정하지 말고, 그러나 그에 굴하여 모든 걸 수긍하지도 말 것. 때로는 거의 시적이면서도, 피식민자의 고통을 묘사할 때는 대단히 "의학적"인, 파농의 대범하면서도 날이 선 문체에서는 극도로 팽팽한 긴장감이 느껴진다. 파농 개인의 삶에 영향을 미쳤던 사건들이 그를 좀 도와주었다면 좋았으리라. 그러나 운명은 악착스럽게 그를 추격했고, 골수성백혈병에 걸린 파농은 서른여섯의 나이로 사망한다. 사망 일 년 전 의학 진단으로 죽음이 확실시되던 시기에, 파농은 『대지의 저주받은 사람들』을 집필한다. 1960년의 일이다. 그리고 파농이 주장한 다음의 논제가 마침내 입증된다. 가장 위험한 식민화는 존재에 타격을 가하는, 인간존재의 외부에서 정치경제적 방식 따위를 통해서가 아니라 내면으로부터 굴복을 이끌어내는, 보다 형이상학적이며 영혼의 내면성이라는 윤리적 차원에서 이루어지는 식민화다. "파농의 분석은 민중뿐 아니라 개인의 노예화에 따른 결과들, 그리고 무엇보다 개인의 해방, 즉 존재의 탈식민화라는 개인의 해방 조건에 역점을 두고 있다."*

르상티망은 존재의 식민화다. 르상티망의 승화는 존재의 탈식민화를, 즉 주체를 일으키고 자유로울 수 있는 능력을 일깨우는 유일한 추진력을 낳는다. 파농은 피식민지의 민중에게 가해지는 용납할 수 없는 폭력을 묘사하면서 그러한 폭력이 사람들을 어떻게 변화시키는지, 또 자기 자신을 향한 폭력과 타인을 향한 폭력 사이에서 어떻게 불순한 양자택일을 강요하는지 백일하에 드러내는 작업을 절대 손에서 놓지 않는다. 폭력은 선택의 여지를 남기지 않으며, 결국에는 늘 주체가 폭력에 예속되어 다시금 노예로 전락할 수밖에 없는, 강요된 선택지만을 남겨둘 따름이다. 『대지의 저주받은 사람들』의 1961년판 서문을 쓴 장폴 사르트르 또한, 식민 사업이 자행하는 말살, 즉 타자의 모국어를 금지하여 소멸시키고 언어 통용에 필요한 합법성을 공인하지 않음으로써 문화를 말살하는 행위를 재론한다.

---

* Alice Cherki, *Damnés de la terre*, 2002년판 서문, in F. Fanon, *Œuvres*, 424쪽.

식민지에서의 폭력은 이 노예화된 사람들을 꼼짝도 못
하게 옥죄는 것은 물론이고, 그들을 비인간화하려는 목
적을 가지고 있었다. 그들의 전통을 말살하고, 그들의 언
어를 우리의 언어로 대체하고, 우리의 문화를 그들에게
주지 않으면서 그들의 문화를 파괴하기 위한 온갖 짓을
행했다. 기진맥진하게 해서 그들의 얼을 빼놓는 것이다.[*]

그리고 사르트르는, 외부적으로는 오랫동안 지배의 폭력에
노출되었고 내면적으로는 점차 그 폭력에 물들어버린 사람이
처한 이중적 구속 또한, 이처럼 완벽하게 묘사한다.

피식민자들은 자신들을 겨눈 우리의 총구와, 그들의
마음 깊은 곳에서 솟구치지만 항상 자각되는 것은 아닌
끔찍한 욕동, 즉 살인의 욕망 사이에 끼어 있다. 조금씩
자라나 그들을 파괴하는 이 폭력은 사실 원래부터 그들
이 가진 것이 아니라 반사된 우리의 폭력이다. 〔……〕
이 억눌린 분노는 표출되지 못한 채 맴돌다가 억압받는
자들 스스로를 파괴한다.[**]

폭력의 정당성이 합리화되는 한, 제대로 된 진단은 어렵다.

---

[*] Jean-Paul Sartre, 같은 책, 1961년판 서문, in F. Fanon, *Œuvres*, 437쪽.
[**] 같은 책, 439쪽.

더구나 그 정당성만으로는, 그 폭력을 당하고 있거나 곱씹고 있는 개인에게 치료적 도구로서 가치 부여를 하기에는 충분치 않은데, 왜냐하면 이런 폭력은 필연적으로, 개인이 자각하고 있든 아니든, 그가 그런 역전을 바라든 아니든, 자신에게 되돌아올 수밖에 없기 때문이다. 저 "끔찍한 욕동"의 표출은, 집단은 물론이요 개인을 위한 역사조차 만들어내지 못하며 궁극적으로 "공동의 타락"*을 초래할 뿐이다. 이런 타락은, 프랑크푸르트학파와 물화 이론의 후계자로 비판이론을 대표하는 주요 저자인 악셀 호네트가 무시를 널리 확산시키는 현재 신자유주의 사회의 윤곽을 그릴 때 기술했던 바로 그 해악이다. 이 타락은, 르상티망에 물든 영혼을 악화시키는 해악이다. 인정의 결핍을 겪었다고 주장하며 더이상 인정윤리를 수행할 수 없게 되는바, 한편으로 이건 사실이기도 하다.

그러나 타인을 인정한다는 것은 이미 인정의 부재만으로는 무효화될 수 없는 또다른 단계에 해당한다. 개별화의 길을 헤쳐나가는 사람은 누구나 반드시 이러한 인정윤리를 거쳐야 하며, 자신의 삶 속에서 인정윤리의 흔적조차 본 적이 없다면 승화 작업을 통해 이를 온전히 발명하기라도 해야 한다. 문학적 삶이라는 게 있고, 존재를 인정받기 위한 독서가 있으며, 심미 감각을 통해서만 존재 인정이 가능한 예술이 있다. 미적 경험은 자신의 이름을 밝히지 않는 인정윤리다. 그리고 사람들이 실패할 때,

---

* 같은 곳.

그러니까 사람들이 우리가 절실히 갈구하는 그 약간의 인정조차 건넬 능력이 없을 때, 우리는 지나간 삶을 붙잡아야 하고, 죽은 자들, 대체로 인정받지 못했던 과거의 위대한 예술가들과 연대해야 한다. 예정된 타락이라는 재앙에서 벗어나기 위해 문화와 동맹을 맺어야 한다.

어떤 경우에는 오로지 폭력만이 폭력을 잠재울 수 있다는 말, 그러니까 사르트르가 서문에 썼듯이 피식민자의 무장 폭력이 식민자의 폭력을 잠재울 수 있다는 말은 진실이다. 그렇다 해도, 여기서 이야기하는 게 오로지 "폭력"에 관한 것인가? 이는 정당방위의 문제일 수 있으므로 꼭 그렇지만은 않다. 다만 그런 폭력도 보다 장기적인 관점에서 순수한 폭력으로 판명된다면, 그것이 피식민자에게 되돌아가 파멸을 초래하리라는 것 역시 변함없는 진실이다. 폭력은 결코 무언가를 건설하기 위한 지속적 방법이 될 수 없기 때문이다. 폭력은 파괴하는 힘이요 어쩌면 악을 파괴하는 데 전적으로 정당하고 때때로 필수적인 것이지만, 결코 건설적 동력은 될 수 없으며 르상티망을 제거할 수도 없다. 폭력은 동어반복적이니, 폭력은 폭력만을 낳는다. 폭력은 반복이다. 폭력은 기계적이고 살인적인 반복의 힘을 지닌다.

그 엄청난 위력을 경험할 일이 없었던 사르트르는 이상주의의 후예로서, 어떤 폭력은 궁극적으로 "식민지의 어둠"*을 걷어낼 수 있다고, 거의 낭만에 젖은 믿음을 보여준다. 사르트르의

---

* 같은 책, 442쪽.

표현이 자주 그렇듯 다음과 같은 표현 또한 거침없는 문체로 나타나는바, 마치 『더러운 손 *Les Mains sales*』의 양양하고 우쭐대는 산문이 귀에 들리는 것만 같다. "싸우는 자의 무기는 바로 그의 인간성이다. 반란의 초기에 그는 살인을 해야 한다. 유럽인을 죽이는 것은 일석이조의 행위이니, 억압자와 피억압자를 동시에 제거하는 일이기 때문이다. 그러면 결국 남는 건 죽은 자와 해방된 자다."* 말하자면 자신의 자유로울 수 있는 능력을 다시 발견했으나 여전히 자유롭지 않은 자가 남는 것이다. 왜냐하면 이제 그는 지금껏 존재하지 않았던 주체의 구성, 더구나 상처받은 무의식과 불행한 의식에 젖어 있는 주체의 재건, 더불어 공동체 사회의 건설을 통해 이러한 자유를 계속 지탱해나가야만 할 텐데, 이는 폭력만으로는 이루어질 수 없기 때문이다.

증오에서 연유한 폭력만으로는 이 어둠에서 벗어날 길이란 없다. 폭력은 오히려 주체를 유폐시키고 병들게 하는 일종의 외상후증후군을 유발한다. 파농은 정신과 임상의로서 그 증상에 대해 속속들이 알고 있었고, 그토록 적극적인 투쟁가였음에도, 그가 일반화된 폭력에는 호소하지 않고 무엇보다 너나없이 모두가 폭력에서 벗어나게끔 "돌봄"이라는 소임을 다하는 데 헌신한 것은 필시 그래서였으리라.

그럼에도 파농의 철학이 그리 명확하지 않으며 실제로 폭력의 사용에 대한 그의 입장에 어떤 양면성이 존재한다는 점은 나

---

* 같은 곳.

도 잘 알고 있다. 자신이 "알제리인"이라 선언할 때, 스스로에게 "이브라힘Ibrahim"이라는 이름을 부여하면서 일종의 새로운 정체성을 택할 때, 파농에게도 어쩌면 급진적이면서 패러다임적인 면모가 있을 수 있음이 잘 드러난다. 자신이 늘 존재해온 방식과 관련을 맺는 일일지라도, 이처럼 다른 존재가 된다는 것은 얼마간 급진적이고도 혁명적인, 하나의 온전한 승화행위다. 이런 승화는 새로운 주체가 출현한다는 점, 이 행위가 하나의 건설 작업이요 미래와 맺어지는 관계라는 점에서 급진적이다. 그러면서도 이 행위는 파괴에 호소하지 않는다. 파농이 타인의 폭력, 특히 피식민자들이 행하는 폭력에 대해 한결 타협적인 입장을 견지했던 건 사실이지만, 그럴 때조차도 의사로서의 에토스는 확고했다. 자기를 새롭게 빚어낼 대상으로 둔다는 점에서, 파농이 보여준 정체성 변화는 "자기배려"의 극단을 보여준다.

개인적인 것이든 타인을 향하는 것이든, 여기서 말하는 "돌봄/치료soigner" 행위를 정치적인 것으로 바라봐야 한다면, 우선은 이 행위가 돌봄 대상자에게 새로운 삶을 구축하게 해주기 때문이고, 또 정치와 돌봄을 결합할 필요가 있다는 점이야 누구도 속일 수 없는 사실이기 때문이며, 마지막으로 정치적인 것의 진실은 모두가 개인성을 꽃피워나갈 연대에, 이제 싹을 틔워나가야 할 연대에 놓여 있기 때문이다. 그러므로 돌봄은 정치적 참여의 약속이지, 불필요한 행동이나 자선 혹은 동정의 발현으로 여겨질 만한 것이 아니다. 돌봄/치료는 개인과 집단을 막론하고 미래의 삶을 열어가는 행위이고, 누구도 맞서지 못하는 폭력이 야기할 돌이킬 수 없는 결과를 거부하는 일이다.

5
창조력을 회복하라

다시금, 파농이 식민화와 그 반대인 탈식민화에 대해 말한 바를 르상티망과 르상티망의 극복에도 적용해볼 수 있다. 르상티망을 품은 인간은 자기 안에서 식민화를 겪는다. 그는 이제 주인공이 아니라 "부차적 존재인 초라한 방관자"*일 따름이다. 달리 말하자면, 부차적 존재라는 처지가 그를 갉아먹고 그를 옥죈다. 부차적 처지에 잠식되면서도 오히려 자신이 옳고 정의롭다고 믿는 것, 이는 바로 저 불합리한 감정이 일으킨 망상이다. 그리고 개인은 이 잘못된 전제에 의지함으로써 명확하고 객관적인 추론, 즉 본인의 독립적 판단능력을 증명한 비판적 사고를 수행할 수 없게 된다. 내가 "쓰라림, 여기 잠들다"라는 표현을 고수하려는 것도, 우리가 살아가는 사회라는 실재의 영역, 가족이라는 영역, 더 정확히는 우리가 성장하고 처음으로 고통스러운 감정을 경험하는 유년기라는 영역과 떼려야 뗄 수 없는, 정신의 영역을 건드리기 위해서다. 이 영토에서 우리는 열매를 맺기 위해 묻어야 하고, 적절한 정도의 억압을 찾아야 하며, 포기하지 않되 제쳐둘 수 있어야 하고, 부정하지 않고 나아가야 하

---

* F. Fanon, *Les Damnés de la terre*, 452쪽.

며, 요컨대 소속에 얽매이지 않은 채 뿌리내려야 하리라. 파농은 개별화로 이해될 수 있을 인격의 승리가 소속의 상실*에 뒤따르는 것이라고 종종 설명하는데, 이는 우리가 단지 이러저러한 인간, 이를테면 여성이나 흑인이나 다른 무엇으로 규정되는 것에 그치지 않고, 결국에는 한 명의 인간으로서 존재하려면 각자가 저마다 분리를 경험해야 한다는 맥락에서다.

여기서 다시, 장켈레비치가 확실하게 설명할 수 있었을 법한 하나의 역설을 마주한다. 바로 우리의 영토가 소속과 탈소속을, 결속과 단절을 아우른다는 사실이다. 세계시민권이라는 것이 가능하다는 사실을 이해하기 위해서 우리는 자주 어딘가에 소속되어야 하며, 우리가 속한 시공간의 경계로부터 해방되고 모든 인간이 이런저런 경계 너머에 존재한다는 것을 파악하기 위해 우리의 고유한 시공간인 지금-여기를 경계로 정의해야 한다. 개인이 저 너머로 뻗어나가려면, 그리고 지평선으로 한계지어진 세계가 열리려면, 무언가가 남아 '여기 잠들어_{ci-gît}' 있어야 한다. "쓰라림, 여기 잠들다." 나에게 이 말은 블랑쇼에게 헌정된 최고의 텍스트인 『머묾_{Demeure}』을 쓴 데리다와 더불어 앙리 코르뱅_{Henri Corbin}과 횔덜린이 행한 글쓰기의 경계에서 시작되었던 『상상력의 형이상학』의 기나긴 작업을 떠올리게 한다. 코르뱅의 사유에서 섬, 바다, 대양은 그가 영혼의 생성에 필요하다고 정의했던 실재적 심상계_{imaginal}를 이해하는 데 필수적인

---

* F. Fanon, *L'An V de la révolution algérienne*, 333쪽.

모티프들이다. 어떤 면에서 실재적 심상계의 '대응물pendant'이
라 할 수 있는 '심상적 바다'*는 가시성과 비가시성 사이에 자리
한 물의 영역으로, 감각적 경험과 형이상학적 경험의 또다른 유
형을 제공한다. "바다, 여기 잠들다Ci-gît la mer"는 이처럼 영혼
이 자기 자신을 찾아 항해하는 시작점이자 도착지로서의 대양
을 가리키는 표현이리라. 그리고 이와 같은 울림을 주는 횔덜린
의 시구가 있다. "바다는 기억을 앗아가고 또 돌려주니, 지치지
않는 그 눈길의 사랑은 흔들림이 없고, 머무는 것은 그러나 시
인들만이 창조해낸다."** 바로 여기에 비非지리적 바다와 인지
적이고 심리적인 바다, 곧 영혼의 영역 사이의 끊을 수 없는 연
관이 있으니, 기억을 돌려주거나 앗아가는 그 바다를 이해하는
이들, 이 장소를 발견하는 것을 두려워하지 않는 이들에게 그
바다는 시에 대한 능력을, 그리하여 이 세계 속 어느 자리보다
앞서 존재하는 실재의 영토성에 대한 감각을 부여한다.

세상에서 시인으로 살아가기, 하이데거는 엄밀히 말하자면
언제나 시인으로 살았던 것은 아니나 이렇게 말했다. 쓴맛amer
이 심상적 바다mer가 되는 것은, 파농이 식민지 청년들에게 침
투하는 오락의 유형을 기술할 때 언급한 "정신을 와해시키는
경험"***과는 반대다. 오늘날의 젊은이들에 대해서도 같은 말을

---

* C. Fleury, *La Métaphysique de l'imagination*. 어휘 목록에서 "심상적 바다" 항
목을 참조.

** Friedrich Hölderlin, "Souvenir", in *Odes, Élégies, Hymnes*(1802).

*** F. Fanon, *Les Damnés de la terre*, 578쪽.

할 수 있으리라. 이들은 대체로 주의를 분산시키는 상업적 세계에 빠져드는데, 그 세계의 유혹은 몹시 자극적인지라, 부모가 언제나 중심을 잡아줄 수도 없는 노릇이긴 하지만, 교육이 부재할 경우 정신을 파괴해버릴 정도다. 그렇다고 이민자 출신 구역의 젊은이들이 피식민자와 같다는 건 아니다. 많은 사람이 그런 진단을 공고히 하고 그에 따른 르상티망을 표출할지라도, 그러한 비교는 하나도 적절하지 않다. 이와 전혀 달리, 존재의 식민화는 민족과 주변국 사이의 경계를 초월하여 이루어진다. 어떤 유형의 오락에 홀로 노출된 아이는 모두, 반드시 자각된 상태는 아닐지언정, 정신적 피식민자가 될 가능성이 있다. "정신을 와해시키는" 중독적 경험들에 우리는 작금의 현실을 추가할 수 있으리라. 저 거짓된 보상 경험은 자아에 결코 지속적인 안정을 제공하지 않는다. 오히려 자아는 무관심의 한 형태인 어떤 감정에 물든다―화면 뒤에서 몸을 늘어뜨린 채, 점차 주변 세계에 관여할 흥미를 잃어가는 젊은이들이 수없이 많다. 한편 파농은 이처럼 정신을 와해시키는 경험을 묘사할 때 라이히의 이름을 밝히지 않은 채 그의 발자취를 따라가는데, 왜냐하면 라이히 또한 파농과 마찬가지로 수數의 집중에 관한 진단, 즉 주체의 부재로 형성된 대중으로서의 개인"들"이 지닌 책임과 관련해 진단을 내리고 있기 때문이다.

가장 중대한 과제는 우리에게 일어나고 있는 일을 매순간 제대로 이해하는 것이다. 우리는 비범한 사람을 기르거나 영웅을 추구해서는 안 되는데, 그것은 곧 지도자의 또다른 형태일 따름이기 때문이다. 그보다 우리는 민중을 고양시키고, 민중의 두뇌를 계발하며, 생각과 분별력을 갖추게 하고, 그들을 진정한 인간으로 만들어야 한다.*

이 임무는 명확하다. 반드시 비범한 사람이 될 필요는 없으며, 책임의 가능성에 대한 조건들을 마련하고 세상 속에서 행동을 취하는 것은 모두의 과제란 것이다. 이건 문제가 아니다. 오히려 관건은 정규교육에 있다. 두뇌 계발을 잠시도 늦추지 않는 것, 정신을 "성장"시키는 미학적 실존적 경험을 계속해서 늘려가는 것이, 수고스러우나 유일하게 효과를 내는 방식이다. 재차 말하지만, 돌봄과 교육은 통치행위에 필수적으로 요구되는 과제다. 라이히가 노동민주주의에 관해 논의한 대목들을 떠올려보지.

여기서 다시금 우리는 아프리카 정치인들이 다 같이 고민해봐야 할 문제에 맞닥뜨린다. 민중의 힘을 일깨우고 노동의 불을 밝혀 민중에 드리운 역사적 암흑을 걷어내야 한다는 것. 저개발국가에서 책임자의 지위에 있는 사람이라면, 궁극적으로는 모든 것이 대중의 교육에, 대중의 사고 수준을 높이는 일에, 대략 정치화 교육이라 불

---

* 같은 책, 579쪽.

리는 것에 달려 있다는 사실을 알아야 한다.*

이 말은 저개발국가에 국한된 진실이 아니다. 이는 공적이면서 개인적인 합리성을 구성하자는 요청으로, 법치주의의 진실이기도 하다. 물론 우리는 그 사실을 잘 안다. 그러나 슬프게도 우리는, 좋은 정부에 대한 물음이 대통령 임기보다 훨씬 더 긴 주기를 향해 열려 있음에도 불구하고, 이를 정치권력의 집행기구나 대통령 및 내각이라는 의미에서의 정권에 관한 것으로 축소함으로써 좋은 정부에 대한 단 하나의 물음에 계속 헛된 기대를 품는다. 좋은 정부에 대한 물음은 집행의 순간에만 국한된 것이 아니며, 교육과 돌봄의 상위 단계에 자리한다. 우리 중 여럿은 좋은 정부란 무엇인가에 대해 정당한 물음을 제기하고, 특히 개인─대표자로 기능하는 제한적 의미에서의 정부를 선출하는 이들─의 교육과 돌봄이라는 쟁점을 통해 좋은 정부의 정당성과 실효성을 마련할 조건들을 창출하려 노력하고 있다. 이 물음은 지정학과 불가분의 관계에 있으니, 국가주권이 다국 간 관계의 틀 속에 포함되어 "주권적 자격"을 부여하는 인접 국가들의 조치와 충돌을 빚기도 한다는 점에서 모든 국가주권이 서로 공유되는 이 세계화 시대에는 더욱 그렇다.

이를 오해하여 파농을 거짓 평화주의자로 매도해서는 안 된다. 파농에게는 폭력의 정당한 사용, 즉 민족과 인간이라는 위

---

* 같은 곳.

대한 해방운동과는 불가분의 관계에 있는 폭력의 개념이 존재
한다. 파농에게 자유는 "탈소외"로 정의된다. 그러나 가령 식
민화된 국가에서 일어나는 "문화적 부정"과 흡사한 자기소외
과정을 겪을 때, 이른바 "문화적 말살"* 과정을 겪을 때, 그와
같이 견딜 수 없는 부정성을 마주할 때, 이들에 대항하기 위한
폭력은 여전히 하나의 가능성이자 때때로 유일한 가능성이 된
다. 최후의 수단으로서의 폭력은 정당한 것일 수 있다. 게다가
때로 폭력은, 적어도 처음으로 행사되는 순간에는, 지금 벌어지
는 일을 용납할 수 없다는 거부의 징후이자 건강함의 표현이기
도 하다. 그리고 이런 반응의 시기가 지나면 폭력은 반드시 승
화된 형태로, 다른 무엇을 창조할 수 있는 형태로 재탄생해야
한다.

다만 문제가 더 심각해지는 건, 식민지적 자기소외 과정이 개
인들에게서 문화를, 말하자면 압제자들에게 저항하고 무엇보
다 삶의 새로운 규범 질서를 확립하는 데 필요한 힘과 자원을
앗아가기 때문에 끔찍해지는 것이다. 식민화된 문화를 묘사하
는 대목들에서 파농은 폭력에 대한 신랄한 비판적 시선을 견지
하면서, 아마도 폭력이 그 문화를 내부에서부터 갉아먹기 시작
하는 르상티망으로 진화할 것이기에 이러한 문화가 "쪼그라들
어, 점점 더 활력을 잃고, 점점 더 공허해진다"고 단언한다.

---

* 같은 책, 613쪽.

한두 세기에 걸쳐 착취가 이루어지고 나면, 민족문화의 전경소경은 상당히 황폐해진다. 민족문화는 관례의 축적물이 되어, 일부 복식 전통이나 단편적인 제도들로만 명맥을 이어나가게 된다. 그런 잔존 문화에서는 거의 활력을 찾아볼 수 없다. 거기에는 실질적 창조력도 없고, 넘치는 생명력도 없다. 민중의 비참과 민족의 억압과 문화의 억제, 이들은 모두 하나이자 동일한 것이다.*

요컨대 식민화한 문화는 자기 자신을 풍자하는 캐리커처가 된다. 그러지 않았으면 그 문화는 아마 점령자에 의해 파괴되었으리라. 물론 식민화한 문화를 구제하려는 지하운동도 존재한다. 그런 운동은 수많은 사람을 개별적으로 구제할 수 있겠지만, 개인의 것보다 시급한 대중의 교육과 해방을 위한 주체의 능력 확충에는 적합하지 않은 방법이다. 파농이 민족의 독립투쟁에만 의존해서는 진정한 문화적 독립을 이룰 수 없다고 말한 것은 바로 그 때문이었을 것이다. 그렇다, 싹트기 시작한 독립은 오랜 세월 동안 존속해온 무엇, 바로 자기 자신의 유령에 "들린hantée" 것일 수밖에 없다. 우리는 잿더미에서 곧바로 다시 태어나지 않는다. 우리에게는 승화로서의 비판행위가, 특히 실제로는 대개 반동의 이름일 뿐이지만 온갖 미덕으로 수식되면서 자라나는 민족주의의 망상에 대한 비판행위가 필요하다.

---

* 같은 책, 614쪽.

탈식민화 치료법

식민지 사람들을 돌보고 그들의 병을 치료하기 위해 파농은 프랑수아 토스켈*의 방법에 의지한다. 생탈방의 전성기를 열었던 이 방법은 장 우리가 애용했던 제도적 심리치료의 기원이자, 사회치료와 (무엇보다 파농이 기여한 바가 큰) 민족정신의학 ethnopsychiatrie의** 교집합에 해당한다. 이중 후자는 정신역학적 접근법에 입각하여 사회학과 정신의학 사이에, 혹은 파농이 "사회발생학sociogénie"***이라 부르는 것 즉 사회학과 끊임없이 균형을 이루며 대문자역사가 어째서 "집단 콤플렉스의 체계적 가치화에 불과한지를"****를 설명하는 발생학으로서의 역사와 주체성 사이에, 연결점이 있다고 주장한다. 랭,***** 라캉, 푸

---

* François Tosquelles(1912~1994). 에스파냐에서 프랑코의 독재에 반대하여 프랑스로 이주한 정신의학자로, 파농은 생탈방병원에 근무하던 무렵 그에게 많은 영향을 받았다─옮긴이.

** Jean Khalfa, "Fanon, psychiatre révolutionnaire", in F. Fanon, *Écrits sur l'aliénation et la liberté*, 2ᵉ partie, "Écrits psychiatriques", La Découverte, 2018, 164쪽.

*** 같은 책, 166쪽.

**** F. Fanon, *Altérations mentales, modifications caractérielles, troubles psychiques et déficit intellectuel dans l'hérédodégénération spino-cérébelleuse*(의학 박사학위 취득을 위한 논문, 1951); J. Khalfa, 같은 글, 164쪽에서 재인용.

***** Ronald Laing, Aaron Esterson, "L'équilibre mental, la folie et la famille"(1964): "광기는 어떤 상황이 견딜 수 없을 때 나타나는 특수한 반응으로 볼 수 있다."

코…… 또한 관계의 매듭에 엮인 모종의 광기를 사회적으로 이해하는 작업을 이어나간다. 토스켈의 후계자인 파농의 관점에서, 개인을 치료하는 기관이나 개인을 둘러싼 사회를 치료하려 하지 않은 채 개인들을 치료하려는 시도는 거의 무의미하다. 앞서 여러 번 언급했듯이, 파농은 온전히 정신과의사의 방식으로나마 개인과 제도와 사회에 정치적 영향을 끼쳤다. 그가 실천한 "치료"가 서로 분리될 수 없는 의학적이면서 정치적인 쟁점에 해당하기 때문이다.

생탈방병원이 토스켈에게, 라보르드가 우리에게, 킹슬리홀이 랭에게 그런 곳이었던 것처럼, 파농은 새로운 종류의 장소가 부상하는 과정에 몸담게 된다. 장소에 대한 사유는, 설령 예상과 어긋나는 점이 있더라도, 적절한 치료를 위해서는 결정적인 것이다. 어쨌든 이 장소들에서 새로운 치료법이 등장하고, 치료방식과 사고방식을 혁신한다는 의미에서 패러다임의 전환을 이루는 성찰이 풍부하게 이루어진다는 점은 명백하다. 파농에게 그 장소는 블리다주앵빌병원으로,* 여기서 그는 세상을 향해 기관을 개방하는 사회적 요법과, 치료 관계자들을 위한 활동 및 역할 유형을 실험하게 된다. 그렇다고 해서 파농이 세계와 병원의 완전한 동화를 고수하는 강경파로 옮겨갔다는 건 아니다. 그런 동화는 거짓일 뿐 아니라 속임수이고, 치료 면에서도 결코 바람직하지 않다. 이후 파농은 튀니스의 샤를니콜병원에서 자

---

* Jean Khalfa, 같은 글, 186쪽.

신의 접근법을 공고히 한다.* 다른 한편으로 그는 식민주의 국가의 역기능, 즉 자기소외를 강제하고, 개인의 문화적 정체성을 말살하며, 인간을 대상화하고 분류함으로써 그 가치를 낮추고 복종시키는 과정과 동일한 역기능을, 정신의학의 제도 기관들 안에서 발견한다.** 파농의 논문은 학술적 등단을 알리는 신호탄이었으나, 사실 중요한 것은 그 너머에 있다. 그의 논문은 피식민지인, "선주민들"의 행동 및 심리 장애를 기술하는 방식을 취하되, 다른 무엇보다도 탈소외를 위한 정치적이고 지적인 전략을 겨냥한다.

파농의 텍스트가 늘 그렇듯 이 논문의 기획도 복합적이다. 보기 드물게 강렬하고 적확한 분석을 제시함에도 불구하고 이런 복합성으로 인해 그는 엄밀성이 부족하다는 학계의 비난과 반감을 사기도 했다. "철학이란 정신이 그 존엄성을 감당하기 위해 떠안는 위험이다."*** 이것은 그의 논문 심사위원 중 한 명을 겨냥한 발언이다. 파농에게 철학이란 대학에서 이루어지는 학문적 태도가 아니라, 실존적 윤리적 정치적 쟁점들의 영역에 속한다. 이 호소에서 우리는 진지하고 엄숙하면서도 과장된 어조에 주목할 수 있다. 그러한 어조는 파농이 사유하고 정신과의사가 되어가는 과정에서 제 인간적 삶 전체를 걸고 있다는 점, 그리고 그가 인간적 삶의 결정론에서 끊임없이 벗어나고자 열

---

* 같은 글, 198~199쪽.
** 같은 글, 200~201쪽.
*** F. Fanon, 같은 책, 203쪽.

망했음에도 사안들을 분리하는 것이 쉽지 않았다는 점을 보여
준다. 그러나 그가 겪은 개인적 집단적 역사와, 때로 완전히 당
파적으로 전개되는 제도 기관의 역사가 겹쳐지는 가운데 나타
나는, 복합적인 물화 현상에 그가 끊임없이 주의를 기울였다는
증거는 바로 저 경계하는 태도에서 나타난다.

파농이 생탈방병원 신문에 기고한 사설들은 지극히 개인적이
면서도 임상적인 문체로 쓰였기에 발화자인 "나" 뒤에 숨은 자
가 누구인지 알기 어렵다. 누가 말하고 있는가? 정신과의사로
서의 파농? 그건 확실하다. 그런데 한 인간으로서의 파농이라
면? 설령 흑인으로서의 특수성을 완전히 수용하려는 움직임의
일환일지라도 거기에서 벗어날 필요성을 인지하고 있는 흑인으
로서의 파농이라면? 누가 말하고 있는가? 목소리를 낼 힘이 없
는 몇몇 환자를 대신해서 파농이 말하고 있는가? 1952년 12월
26일 사설*에서 파농은 어느 지친 사람의 초상, 르상티망에 빠
지게 될 수도 있는—누가 알랴?—개인의 모습을 묘사한다. 이
후 어떻게 되었는지 우리는 알 수 없으리라. 묘사된 인물은 자
신을 "잊힌" 사람, 오지 않을 무언가를 평생 기다려왔으나 마
흔이 되도록 자신의 기대에 대한 세상의 응답을 듣지 못한 채
그대로 지쳐버린 사람으로 여긴다. 파농은 누구를 묘사하는 것
일까? 자기 자신? 그때 파농은 마흔이 채 되지 않았고, 마흔 이
전에 죽음을 맞게 된다. 그는 어떤 사람이 되었을 것인가? 잊힌

---

* F. Fanon, "Traits d'union", in *Écrits sur l'aliénation et la liberté*, 287쪽.

자? 그가 자신의 것이나 다름없는 암울했던 집단적 운명을 "승화"할 줄 몰랐다면 그렇게 되었을까?

1953년 3월 6일의 다른 사설에서, 파농은 인간이 시간을 여행할 수 있어야 한다고, 과거와 현재와 미래의 연속성을 받아들여, 기억을 간직하고 미래에 대한 희망을 지녀야 한다고 언급한다. 시간의 세 차원*을 성공적으로 다루지 못하는 사람은 분명 정신건강 면에서 다른 사람보다 취약해질 수밖에 없다. 나는 시간을 '크로노스chronos' '아이온aiôn' '카이로스kairos'로 나누어 이야기하곤 하는데, 그러한 세 차원이 시간과 주체의 변증법을 고려할 때 한결 적확한 것이라 여겨지기 때문이다. 주체로 하여금 각각 세계, 기억, 작품 속에 동화할 수 있게 만드는 이 세 가지 시간을 주체가 더이상 영위할 수 없는 경우, 주체의 개별화 과정, 즉 자기 존재를 탈소외하거나 탈식민화하려는 기도는 위협에 빠진다. 세 가지 시간의 차원을 다루지 못하는 주체는 주체로서의 역량이 "제한됨"을 느끼며 고뇌에 빠질 수 있다. 르상티망의 위협은 시간의 변증법적 전개가 실패할 경우 나타난다. '크로노스'는 선형적인 시간이자 역사요, 나를 앞서고 또 나를 뒤따르는 시간의 연속성이며, 돌멩이가 하나하나 쌓이듯 축적될 수 있는 가능성이다. 이 시간 위에 새겨진다는 건 필수적이지만 돌이킬 수 없는 일이기도 하며, 지나가고 흘러가는 시간

---

* "과거, 현재, 미래는 인간에게 주된 세 가지 관심사를 구성하며, 이 세 요소를 살피지 않는 한 긍정적이고 유의미하며 지속되는 무언가를 이해하고 실현하기란 불가능하다." 같은 책, 290쪽.

은 자아보다 강한 힘을 지녔기에 시간에 짓눌린다는 느낌을 갖게 된다. 그래서 '아이온'의 시간, 혹은 프루스트가 강조했던, 잠시 지속되는 순수의 상태인 유보와 영원의 느낌이 필요하다. '아이온'은 승화와 행간의 또다른 이름이자, 방해로 인한 중단이 아니라 완전한 장악의 의미에서 충만한 중지다. 이 순간 주체는 영원히 지속되는 현재에 머무르며 숨을 쉬고, 자신의 유한성 혹은 타인의 유한성을 초월하는 느낌 속에서 현재를 만끽한다. 그리고 또다른 시간, '카이로스'가 있다. 이 시간은 붙잡아야 하는 순간이자 가능성이요, 나아가 모두에게 주어진 시작의 권리, 역사를 만들어갈 권리다. 이때 주체의 행위는, 그다지 달라진 것이 없어 보여도 이전과 이후를 가른다. 카이로스의 시간을 포기할 경우 주체 안의 무언가는 어둠 속에 잠긴다. 우리가 보았듯이 르상티망의 인간이란 바로 이 세 차원과 더는 관계를 맺지 않는 사람이다. 그에게 현재는 받아들일 수 없는 것이자 자신이 겪는 불의의 증거다. 그에게 미래는 존재하지 않는 것이며, 그에게 과거란 대체로 환상적인, 환영에 가까운 노스탤지어가 되는데, 이는 기억의 개념과 전혀 상관이 없다. 기억은, 비록 언제나 한 편의 서사일 뿐이지만, 주체에게는 발판이나 토대로 삼을 만한 생생한 체험이 될 수 있다.

그저 위험으로만 그칠 르상티망의 위험을 감수하는 쓰라린 감정과 실제 르상티망 사이의 차이는 아마도 이런 것이리라. 쓰라린 감정은 매우 무거운 고통으로 짓누르지만, 그 아픔이 언제나 정치적으로 타자를 향한 증오의 형태로 표출되지는 않는다.

오히려 아픔은 그러한 감정을 경험하는 주체의 우울을 드러낸다. 성인이 되어 망명한 자들은, 특히 조국과 함께 자신의 지위나 자신이 받았던 사회적 인정을 당연히 포기해야 했다는 느낌을 받는 이라면, 이러한 쓰라림을 이해하기 마련이다. 다른 곳에서 교수, 의사, 변호사, 기술자였던 망명자들은 정신적 정서적 경제적 가정적 측면에서 매우 취약한 상황에 처하게 되었음에도, 어떤 동등한 자격도 인정받지 못한 채 너무 늦게 다시 경쟁에 참여해야 하는 처지에 놓이곤 한다. 그들은 과거로 회귀하려는 마음을 잘 추스르지만, 너무 과하게 추스른다. 과거는 자신이 누구인지 기억하는 데 필요하지만, 그로 인해 자신이 이제 적어도 외적으로나 사회적으로 전과 같지 않다는 것을 상기하게 될 경우 치명적인 요인으로 작용하기도 한다. 과거와 맺는 관계, 구조적으로 주체에게 꼭 필요한 그 관계가 연대-없음, 퇴보가 되어버리는 것이다. 그러나 과거와 관계를 끊는다고 해서 치유가 이루어지는 것도 아니다. 이렇게 개인은 '크로노스'로도, '아이온'으로도, '카이로스'로도 존재하지 않는 어떤 시간에 갇힌다. 마치 더이상 시간 속에 새겨지지 못하는 듯한, 물론 실제로 그건 불가능한 일이지만, 그런 느낌 속에서 주체는 현실 감각을 잃어가고, 병은 더 은밀하게 진행된다. 활력이 점차 사라진다. 그는 쓰라린 감정 속에 침잠한 채, 이 "쓰라림"으로 무언가를 이루려는 시도조차 하지 못한다.

그러나 이런 상태일 때조차 쓰라림l'amer을 바다la mer로 바꾸는 일, 분리를 감행하고(어머니la mère), 자신이 믿는 자아 이미지에서 벗어나고, 자아 이미지의 필요성을 제쳐두고, 작품의 창조를 향해, 자신만의 작업을 향해 나아가는 일은 여전히 가능하다. 일부 사람들만이 간헐적으로 이 모든 작업을 완수한다. 그들은 글을 쓰게 되고, 글쓰기의 시간 동안 잠시 스스로를 구제한다. 그러나 쓰라린 감정은 자주 되돌아오며 낙담도 반복될 수 있다. 망명의 압박에 짓눌리는 사람들, 또 망명한 사람들, 자신의 유한성을 승화할 수 없다고, 다른 곳에서는 실현 가능한 패를 손에 쥐고 있었으나 그럼에도 자신은 할 수 없고 시간은 흘러가고 있다고 망명 속에 자꾸만 되새기는 사람들, 우리는 일순간이라도, 아니 적어도 긴 시간 동안, 이들의 손을 놓지 않아야 하리라. 이처럼 진정 상처 입은 사람들 가운데, 훌륭한 인격의 자질을 갖췄으며 이 세상의 바다에서 여전히 우리와 동행할 가능성을 지니고 있기에 마땅히 우리가 관심을 쏟아야 할 이들이 있다.

그러나 쉰이 넘은 나이에 삶을 재발명한다는 건 결코 쉬운 일이 아니다. 마치 보이지 않는 벽 같은 것이 존재해, 그 경계 너머에서는 모든 게 완전히 불가능하지는 않더라도 다소 늦은 감이 있어 더는 영원의 환상 따위를 주지 못하는 것 같다. 젊은 날에도 영원성은 언제나 하나의 환상이었으니 새삼스러울 것도 없지만, 인생의 중반을 지나면 영원성은 벌써 붙잡기 힘든 것이 된다. 그래서 인간의 영혼은 환상의 부재, 건강하고도 성숙한 이 결핍 상태에 순응하면서도, 여전히 이 새로운 성숙을 제대로 마주할 방법은 갖추지 못한 상태다. 나의 작업의 목표는 이미,

이런 사람들을 쉰 살 이후에도 삶을 발명할 수 있는 길로 되돌려놓으려는 것이다. 생존 본능에 시달리지 않는 처지라서 은연중에라도 저 자신에 대한 물음을 허용할 여유가 있는 사람들에게 이런 도전이 과분하다 여긴다면 잘못된 생각이다. 개인 진료실에서는 거의 볼 수 없는 그런 사람들을 우리는 사회의료센터에서 자주 만나게 된다. 그들에게 나타나는 병은 심지어 도처에 퍼져 있다. 한편 개인 진료실에서는 모든 종류의 운명과 만나게 되는데, 현지인과 이민자, 토박이와 망명자, 부유층과 취약계층, 남성과 여성 등 이 모두가 저마다 다른 방식으로 쓰라린 감정에 사로잡히며, 모두가 그 감정에 잠식당하지 않으려고는 하지만 그렇다고 어떻게 해야 그게 가능한지 반드시 알고 있진 않다. 그들 모두 쓰라린 감정에 지쳐 활력을 내기 힘든 상태에 있다. 서른에서 쉰 사이에 아직 갈 길이 멀다는 것을 깨달았다면 이른 것이다. 그들을 조금이라도 웃게 해주고자, 나는 그들에게 몰두해야 한다고, 자기 자신에게 의미 있는 몰두거리를 찾는 게 좋다고 이야기한다. 몰두하라, 그럼으로써 웃을 수 있고, 얼굴을 더 빛낼 수 있다. 그러나 자신의 욕망만을 충족시킬 몰두거리를 찾아 헤맨다면, 미소는 다시 흐려지고 자기 자신을 알지 못한다는 저 거대한 심연 앞에 고뇌는 커져만 가리라.

7

시오랑을 통한 우회로 하나

나는 문학, 예술, 인문학이 쓰라린 감정을 경험하는 모든 이들에게 열려 있는 문이며, 심미적 경험 속에 잠재적 탈출구가 있다고 늘 믿어왔다. 인문학은 지고한 노력을 요구하는데, 쓰라린 감정에 시달리는 사람들에게는 노력은 물론이요 그 무엇에 대한 의욕도 더이상 남아 있지 않기 때문에, 이것이 그리 간단치 않다는 점을 나는 잘 알고 있다. 쓰라린 감정을 승화시킨 사람들의 이야기를 읽을 때조차 심미적 경험은 쉽지 않으니, 그러한 독서가 심연의 경험을 거듭 포개어놓으며 양날의 검이 될 수 있기 때문이다.

시오랑을 보자. 존재 전체를 휘감는 지루함, 쓰라린 감정, 심지어 허무주의까지 삶으로부터 영영 버림받은 듯한 하나의 존재방식을, 그러나 동시에 버려짐에 응수하려는 듯 솟아오르는 시적 능력을, 시오랑보다 더 잘 표현할 수는 없다. 『태어났음의 불편함』*은 너무나 사소하고 너무나 세세하지만 우리의 숨통을 죄는 이야기, 바로 우리 이야기의 덧없음을 훌륭하게 표현하는 문구다. 그렇다, 『태어났음의 불편함』은 과연 그 누구도 부정할 수 없는 문구이며, 여기에 슬픔이나 버려짐의 감정을 한 겹 덧

---

* Emil Cioran, *De l'inconvénient d'être né*(1973), Gallimard, "Folio", 1989(한국어판: 에밀 시오랑, 『태어났음의 불편함』, 김정란 옮김, 현암사, 2020).

입히려면 『눈물과 성자들』의 아포리즘을 읽어야 한다.

모든 것이 이미 존재했던 것들이다. 나에게 삶이란 실체 없는 잔물결처럼 보인다. 사건들은 결코 반복되지 않지만, 우리는 뒤늦은 메아리를 길게 늘어뜨리는 과거 세계의 반영들 속에 살고 있는 것만 같다.*

시오랑의 힘겨운 과업은 경이롭다. 그는 쓰라림의 감정, 살아갈 의욕과 의미의 부재함, 거의 권태에 가까운, 욕망의 부재를 들려준다. 그런데 바다를 염두에 두었다는 언급은 없을지라도, 이런 쓰라림을 들려주기 위해 그는 벌써 바다의 흐름을 닮은 어떤 흐름, 실체 없는 잔물결, 반영을 말하고 있다. 바다는 실체가 있는 물결이요, 양양한 일렁임이다. 시오랑을 읽는 우리가 쓰라린 감정에 빠져 있어도, 그 시적인 문장은 우리를 무심히 내버려두지 않는다. 여기에는 저 자신은 구제하지 못하더라도 우리를 구하기 위해 온 창조자의 위대한 승화능력과도 같은 것이 있다. 우리를 구제하는 일에 능숙하지만 자기 자신을 구제하는 일에는 미숙한, 시오랑은 그런 작가다. "어떤 쾌감도 순수한 가능성의 상태에 머무를 수 있었으리라는 생각에서 오는 쾌감을 능가하진 못한다."** 너무도 예민해서 멜랑콜리에 빠지곤 하는 영

---

* E. Cioran, *Des larmes et des saints* (1937), Le Livre de Poche, 1986, 21쪽.
** E. Cioran, *De l'inconvénient d'être né*, 9절, 171쪽.

혼들은 이런 악에 물들기 쉬우니, 그들은 실재가 아닌 가능성의 세계에 갇혀, 어떤 면에서는 유아적인 제 세계를 닫아건 채, 계속되는 애도와 포기의 경험, 즉 스스로가 아무것도 아니라는 걸 알면서도 무언가를 해보겠다는 의무감과 함께 느끼는 극단적인 실망감에 천착하게 되기 때문이다. 시오랑이 떠올린 건 누구도 벗어날 수 없는 "태어남이라는 재앙"인데, 어떤 면에서 이러한 사고는 우리를 죽일 수도 있는 르상티망의 근저를 이룬다. 태어나면서부터 부여받은 유한성뿐 아니라, 이렇게 잉여로 존재할 수밖에 없는 우리를 이루고 있는 게 공허라는 생각. "내가 죽은 뒤에 대홍수가 올 거야. 이것은 우리 모두 비밀스레 품고 있는 믿음이다. 우리가 죽은 뒤에도 다른 사람들이 살아남으리라는 것을 납득한다면, 그건 그들이 살아남음에 따르는 대가를 치르기를 바라는 소망에서다."*

이것이 시오랑의 반인본주의적인, 말하자면 인간 혐오적인 인간관이다. 그에게 인간은 초라하고, 그 도량은 한줌이며, 자신의 자디잔 자아 속에 숨느라 바쁜 만큼이나 이기적인 존재다. 그에 따르면 인간의 비루함은 르상티망에서의 탈피를 불가능하게 만드니, 그게 다름 아닌 인간의 운명이다.

아니면 행간을 읽고서, 시오랑이 이를 증명하듯 글쓰기 스타일을 통해 르상티망에 의한 마비 상태에서 빠져나오는 사람들도 있다고, 그럼에도 불구하고 믿어야 한다. 때로는 매서운 유머를

---

* 같은 책, 222쪽.

동반해서라도 말이다. 시오랑이 바로 이런 경우이니, 우리는 그가 내뱉는 독설의 어조가 실제로 어떠한지, 우울한 건지, 원한에 찬 건지, 너그럽게 말하는 건지, 빈정대는 건지 결코 알 수 없다. 어쨌든 모든 예상이 암울하며, 암울하기에 진실성이 있다.[*]

시오랑만의 문체가 있다는 점, 그리고 그가 의도적으로 반현대적 인간을 자처했을지 모른다는 점을 감안한다면, 달리 말해 현대성의 마력에 홀리지 않고 자신만의 강렬한 개성을 온전히 지켜내며 현대성의 파도를 헤쳐나갈 방법을 터득한 결과가 그가 쓴 언어임을 감안한다면, 우리는 시오랑이 보여준 인지적 정교함의 부족을 용인할 수 있다. 그가 아무리 "나"를 축소하더라도, 시오랑의 "나"를 의심할 수 있는 이는 없기 때문이다. 카발라에서 발췌한 다음과 같은 이야기를 들려줄 때 시오랑은 인간에게 조금의 호의도 품지 않은 채 독설을 퍼붓지만, 그가 입증하는 저 유머, 블래유머는 그 자신이 경멸에 미지않는 주체의 부인할 수 없는 흔적이다.

침춤Tzimtzum. 우스꽝스럽게 들리는 이 단어는 카발라의 주요 개념을 가리킨다. 그 자체로 만물이며 도처에 편재하던 신은 이 세계가 존재하도록 하기 위해 자신의 몸을 수축시키고 자신이 들어서지 않은 빈 공간을 남긴 채물러나기로 했으니, 바로 이 구멍 안에 세계가 자리를 잡

---

[*] 같은 책, 163쪽.

았다. 그로써 우리는 신이, 자비에서든 변덕에서든 우리에게 양보한 이 모호한 영역을 차지한 것이다. 우리가 존재하기 위해 신이 쪼그라들었다. 〔……〕 신이 충분한 식견과 안목을 지녀 온전히 남아 있기로 했더라면!

요컨대, 신조차도 결핍을 면할 수 없다. 시오랑은 쉬운 길을 택하지 않았다. 그는 메스꺼움에 시달리면서도, 자기 자신과 타인에 대해 느끼는 불쾌감을 승화하려 했다. "태어났다는 재앙"에 직면하여, 기원에서 다른 기원으로 옮겨가는 숭고한 공식을 알고 있었던 것이다. 한편 이로부터 우리는 최초의 보금자리에 결부된 고뇌라는 의미에서 멜랑콜리, 쓰라린 감정, 노스탤지어 사이의 친연성을 알아본다. "태어났다는 사실에 집착하는 대신, 나는 내 양식良識에 따라, 위험을 무릅쓰고, 나 자신을 뒤로 끌어당기며, 무엇인지 모를 시초를 향해 역행하고, 기원에서 다른 기원으로 옮겨간다."* 여기서 우리는 환자가 문제의 시발점과 계속해서 대면하도록 유도하는 프로이트식 치료의 고통을 거의 묘사하는 듯한 표현을 발견한다. 더구나 인생에서 그러한 기원은 너무 많이 존재하며, 이에 환자는 자신이 무의미한 퇴행 속에서 맴돌게 될까 두려워 때로 저항을 택한다. 사실 "기원에서 다른 기원으로 옮겨가기"는, 그 시초라 단정할 만한 기원이 있는 게 아니기 때문에 좋은 방법이 아니다. 역사의 차안에는

---

* 같은 책, 27쪽.

확고부동한 안정성, 요컨대 전체tout 혹은 우리라는 존재의 무
rien를 태어나게 했을 그 무언가가 존재하지 않는다. "태어났다
는 사실에 대한 집착은 해결될 수 없는 것에 대한 광기에 가까
운 취향이나 다름없다." 이처럼 시오랑은 막다른 길을 인지하
고 있었으며, 광기insanité의 개념은 그 자체로 건강santé의 개념
과 직결되므로, 이 길을 택하는 건 결국 병에 걸리기를 택하는
것과 같음을 보여준다. 르상티망에 휘둘리는 사람들을 갉아먹
는 악이란 바로 그런 것인바, 여기서 "태어났다는 사실에 대한
강박"으로 정의되는 "막다른 길에 대한 갈구"는 사실상 정신증
에서 특징적으로 나타나는 탈출구의 거부, 해결되지 않음에 대
한 강박을 의미하기 때문이다.

시오랑에게 중요한 건 돌봄이 아닐 것이다. 치유가 아무런 의
미도 없으니, 돌봄도 실체 없는 행위로 보인다. 그럼에도 불구
하고 다른 사람들과 시오랑 자신을 돌보는 무언가가 있다면, 그
건 분명 그의 글쓰기 스타일이다. 타인에게 시오랑은 벽을 뚫는
사람으로 남아 있어, 비록 시오랑을 읽는 우리가 낙담에 휩싸일
수 있기에 탈출은 결코 쉬운 일이 아니지만, 그가 트는 길은 독
자인 우리에게 탈출로를 만들어낼 가능성을 열어준다. 이처럼
시오랑은 그 스타일을 통해 미학적 치료의 자원으로 남아 있다.
게다가 우리를 승화의 방향으로 이끈다는 점에서 그 글쓰기 스
타일은 윤리를 드러낼 수 있다. 시오랑에게는 현대의 라로슈푸
코와도 같은, 그처럼 신랄하고, 그처럼 재치 넘치며, 그처럼 비
관적인 인간성 탐구가의 면모가 있다. 시오랑은 자신의 악덕과

결핍을 너무도 잘 알고 있기에 스스로를 기만하지 않는다는 점에서는 으뜸가는 인물이고, 그러므로 그의 지독한 문체 뒤에는 정직함이 있다. 그러나 "비탄에의 도취"가 누구에게나 주어지는 상황은 아니므로, 재차 강조하지만 우리는 제 나름의 스타일을 지니든지, 아니면 자신의 처지에 대해 어떤 회의도 남기지 않는 제 나름의 삶의 양식style de vie을 지니든지 해야 하리라. 달리 말해, 자신만의 스타일을 갖추고 악인이 되든 거룩한 성인이 되든 해야 한달까. 그렇지 않은 사람들은, 죽음욕동에 저항하지 못할 경우, 원래 그랬던 것처럼 남루한 인간으로 남게 될 것이다. "자기 자신에게 저항할 수 없다는 건 슬픔의 선택지에서 교육이 결여되었을 때 도달하는 지점이다."* 달리 말하자면, 자신의 운명에 대해 한탄하는 것은 그 한탄이 아무리 정당하다 해도 부끄러운 일이요, 스스로 어떻게 살아가야 하는지 전혀 알지 못한다는 증거다. "자신의 슬픔을 선택하기"란, 모든 우울이 다 같은 본질을 지닌 것은 아니며, 웃음거리가 되지 않으려면 옆으로 제쳐둘 줄 알아야 하는 종류의 슬픔이 있음을 드러내는, 가혹한 표현이다. 이 윤리적 진실은 시오랑의 경우 오로지 글쓰기 방식을 통해 발화되는데, 왜냐하면 그는 감히 인간성 탐구가를 자처하려 하지 않기 때문이다. 파농 또한 세제르의 말을 빌려 자신만의 고유한 말을 창조한다. 파농은 자신만의 스타일을 가지는 법을 알았고, 제 스타일을 "돌보는" 방법과, 문학적

---

* E. Cioran, *Des larmes et des saints*, 26쪽.

도정을 통해 가부장제 사회에서 몰래 탈출하는 법까지도 알았다. 그러나 파농은 또한, 더 구체적이고 실제적인 방식, 가장 일상적인 관심을 아낌없이 베풂으로써 타인을 돌보는 법도 알고 있었다.

8

치료사 파농

병원 신문에 실린 파농의 사설들을 읽다보면 우리는 그의 치료 방법을 알게 된다. 그가 어떤 식으로 환자들의 시간을 체계화했는지, 아니 적어도 어떤 체계를 환자에게 제안했는지, 혹은 어떤 식으로 주체 주도적 시간을 재창조할 방법을 모색했는지 말이다. 누군가 정신적 문제를 겪거나 낙담에 빠져 고통을 겪는 경우, ㄱ 첫번째 증상 중 하나는 바로 시간 운용에서 나타나는 혼란이다. 아픈 사람은 눈앞에 펼쳐지는 시간에 어떻게 대처해야 할지 더이상 알지 못한 채, 아무것도 할 수 없는 무기력한 상태로, 관성에 잠겨 그 속으로 도피하며, 그로써 자신에게 상처를 입힌다. 그러니 주체를 본래의 궤도로 되돌려놓기 위해서는, 의례적으로 수행된다는 의미에서 거의 기계적인 어떤 작업을 설정해야 한다. 유흥으로 주체의 관심을 돌린다거나 거기에 무분별하게 빠져들게 하기 위해서가 아니라, 다시금 주체에게 몰두거리의 의미에 관한 실마리를 건네주기 위해서 특정한 활동을 제안하는 것이다. 일단 주체가 지시를 따르면, 내면의 발전기라 할 만한 것이 다시 작동하기 시작하고, 이어 주체는 더욱 내밀한 방식으로 자신의 시공간을 운용할 통제권을 되찾는다.

치료란 바로 그런 것이다. 이 작업은 매우 간단하고 일견 소박해 보일 수 있다. 아마 그런 이유로 치료 및 돌봄 제공자의 일이 그토록 평가절하당하는 것일 텐데, 아닌 게 아니라 이들의 작업은 매우 전문적으로 이루어지지만 그 전문성이 어떤 비결savoir-faire이나 처세술savoir-être과 닮아서 거의 드러나지 않기 때문이다. 즉 타인이 고통받을 때, 그를 곤란하게 하거나 부끄럽게 하거나 난처하게 하거나 불쾌감을 주지 않으면서 그와 함께할 줄 알기, 그 상황 속에 있으면서도 거기 존재하지 않는 듯 보이지 않는 채로 있기, 그러나 환자에게는 자신이 홀로 버려지지 않았다는 사실, 망가져버린 스스로의 자율성을 치료하는 중이라는 사실, 그로 인해 판단받지 않는다는 사실에 대해 일말의 의심도 남겨두지 않기.

이런 치료의 실천은 성과만을 만끽하고 성과만을 찬미하는 이 세상에서 매우 어려운 일이 되었다. 파농은 이처럼 소박하고 간단하면서도 효력이 있는 치료법을 토스켈 곁에서 배웠다. 가령 "단순한 언어를 사용하기" "환자의 이름을 부르기" "무관심과 관성을 깨뜨리기 위한 일정표 짜기" "간호사의 존재가 방해 요소가 되지 않도록 하기" "노동, 소일거리, 휴식이라는 삼교대 원칙을 적용하기" "환자들과 외부 세계의 연결을 유지하기" "글쓰기의 필요성을 상기하기" "종교 축일을 기념하고 마음껏 누리기" "소일거리를 허용하기" 같은 것들 말이다.* 이는 자아

쇠약 단계를 겪는 사람들이라면 누구에게나 적용될 수 있는 상식적 규칙들이며, 나아가 치료자라면 누구나 숙지해야 할 내용이다. 파농은 결코 치료를 당연시하지 않는데, 스스로를 "치료자"로 규정하는 사람이 어쩌면 방해 요인이 될 수 있기 때문이다. 따라서 치료자가 자신의 역할을 남용하지 않는지, 적절한 거리를 두고 있는지, 치료행위의 배후에 쉽사리 설정되는 권력관계가 작동하고 있지는 않은지 확인하는 것이 중요하다. 여기서 치료는 주체의 자격을 돌려주는 행위로서, 이를 통해 환자는 반드시 가족만이 아니라 살아갈 환경으로서의 생활 영역과 "연결된" 상태를 유지하며 말하자면 미적 인지적 감각적 지적 원천으로서의 세계와 계속 접촉할 수 있게 된다. 글을 쓰고, 이야기를 만들고, 단어를 조합하고, 언어로 표현할 필요성, 더 간단하게 보자면 주체가 분열되는 느낌을 받는 한이 있더라도 글쓰기의 실을 하나의 줄기로 풀어나갈 필요성이 있다. 끝이 나지 않는 듯 여겨지는 나날들, 대개 우리가 어찌 힘을 써볼 수 없어 죄책감을 느끼게 되거나, 보통은 무력감을 유발하는 이 하루하루를 조직하기 위해서는 규율이 권고된다. 집단의식이 이룩한 위대한 나날들을 기리는 행위는 타자와 관계 맺는 한 방법인 동시에, 우리 이전에 존재했던 세계와도, 계속해서 달려나가는 지금의 세계와도 화합하는 방법이다. 누구나 이해할 수 있겠지만

---

* Amina Azza Bekkat, "Introduction: du côté de chez Fanon", in F. Fanon, "Notre Journal", *Écrits sur l'aliénation et la liberté*, 321~322쪽.

이는 포교 논리와 상관없는, 가장 기본적인 형태의 의례가 존재함을 받아들이자는 말이고, 그럼으로써 다른 사람들과 교통하는 제전을, 그러니까 광신적 측면이 아닌 공동체의 측면에서 성스러움을 향유하자는 말이다. 나아가 아픔을 겪을 때 자신이 "노동" 개념과 맺는 관계를 재정립하자는 말이다.

파농은 환자가 일종의 과잉 진료로 인해 더욱 취약해져 유아기로 돌아가는 사태를 우려했다. 환자들을 치료하려면 제재를 가하거나 과잉보호하기보다, 그들에게 책임을 부여할 필요가 있다. 그는 치료라는 업業의 이상을 다음과 같이 묘사한다. "우리가 업을 포기할 때마다, 이해하려는 태도를 버리고 제재하려는 태도를 취할 때마다, 우리는 잘못을 저지르는 것이다."* 병원 신문 간행은 무엇을 위한 일인가? 회피, 무감정, 피해자성, 배제에 사로잡히지 않도록 하기 위함이다. 파농은 거의 천진한 감수성에 젖어 이렇게 쓴다. "항해하는 배 위에서 우리가 하늘과 물 사이에 있다는 말은 진부하다. 세상과 단절된 상태라는 말도, 혼자라는 말도 마찬가지다. 바로 그렇기에, 우리 신문은 될 대로 되라는 우리의 마음, 우리의 고독과 맞서 싸운다. [……] 날마다 이 신문은 삶을 선박에 올린다."** 병원을 한 척의 배로, 치료를 항해로 보는 시선은 치료를 행하는 파농의 몸짓에 담긴 인간성을 드러낸다. 그의 방식에 불가역성이란 없다.

---

* 같은 곳.
** 같은 책, 324쪽.

치료는 삶과 고통을 횡단하는 여정이며, 파농은 운행의 지휘자로서, 환자들뿐 아니라 치료 종사자들로 구성된 탑승자 일행과 한 팀을 이루는 선장의 책임을 떠안고 있다. 환자들과 치료자 집단 모두에게, 일기를 쓰는 행위와 함께 공동체 신문의 글쓰기에 참여하는 행위가 권장된다.

파농은 개인들로 이루어진 집단 전체가 무언가를 "행하고" 더 나은 경험을 하는 도정에 올라서도록 만드는 이런 임무가 고결하며, 치료 효과를 내고, 주체의 능력을 되돌려준다는 점을 통감했으나, 그럼에도 사람들이 이 임무에 대한 열의를 거의 내비치지 않는다는 사실에 충격을 받는다. "글쓰기는 분명 가장 아름다운 발견이다. 글쓰기가 인간의 기억행위, 즉 지나간 일들을 질서 있게 배치하여 제시하는 작업을 가능케 하고, 무엇보다 타자가 부재하는 순간에도 소통할 수 있게 해주기 때문이다."* 우리는 여기에, 글쓰기는 미래의 세계로의 기투를 가능게 한다고, 글쓰기는 시공간적 이동성의 마지막—경우에 따라서는 첫 번째—동력으로 남아 있다고 덧붙일 수 있다. 글을 쓴다는 것은 움직임을 되찾는 것이니, 그리하여 『검은 피부, 하얀 가면』에서 파농의 문장들은, 덜 형이상학적이면서 보다 임상적인 또 다른 의미로 다가온다. "인간은 세상과 자신의 동류를 향한 움직임이다."** 그러나 인간이 육체적 운동능력에 타격을 입은 경

---

* 같은 곳.

** F. Fanon, *Peau noire, masques blancs*, 91쪽.

우라면 영혼과 마음의 깊은 바닥에서부터 움직임을 되살릴 정신적 에너지의 잔여분을 끌어모아야 할 텐데, 이 작업은 쾌락이나 영감을 자동기술적으로 분출하는 글쓰기가 아니라, 그보다 불명확하고 고되며 많은 사람이 그 유용성을 곧바로 깨닫지 못하는 하나의 관문과도 같은 글쓰기를 통해 이루어질 수 있다. 영감을 받아 이루어지는 글쓰기의 기회는 나중에 다시 찾아와 그 나름의 쾌락을 안겨줄 수 있으리라. 여기서 쟁점은 그게 아니라 삶과 제 자신에게 상처 입고 약해진 어떤 존재를 최대한 회복시키는 것, 그 존재를 낙담과 쓰라린 감정 밖으로 빼내는 것, 그러기 위해 그가 글쓰기의 길을 밟도록 거의 강제하다시피 권유하고, 그로써 또다른 사람들이 그 길을 밟아가거나 스스로를 쇄신하게끔 만드는 일이다. 이는 육체를 위한 건강법hygiène 이상의, 그저 공공질서에 관한 것이 아닌, 위생이라는 용어의 가장 고귀한 의미에 해당하는 임무다. 이러한 글쓰기는 타인을 위해 우리가 실행할 수 있는 하나의 "돌봄행위"이자 치료의 몸짓이다. 그로써 환자들은 타자의 말을 경청하며, 타자에게 글쓰기의 길을 제시할 수 있다. 타자의 말에 녹아 있는 의심과 고통과 슬픔을 종이 위에 옮겨 그를 윤리적 공동체에 가입시키고 공감으로 그를 환대하자. 환자가 직접 관여하도록, 환자가 주도하도록, 환자에게 명령하지 않도록 언제나 주의하자. 이런 돌봄이 쉽지 않은 이유는, 꼼짝달싹할 수 없이 무겁고 고통스럽게 환자를 짓누르는 불안과 심각한 신경증의 더미 아래 그의 의지가 파묻혀 있기에, 그가 무언가를 주도하려 하지 않고 아무것도 하려 하지 않을 뿐 아니라 무언가를 바라는 마음 자체가 없어진 의지의 병을 앓는다는 데 있다. 그는 아무런 의욕이 없으나 자신이 제대로 관여하지 않고 있다는 점을 깨닫게 될 때 반발하기도 한다.

　　　머칠 전 나는 아주 노골적인 답변을 들었다. 레노관館에 있는 어느 환자에게 날짜를 물어보았을 때였다. 내가 날짜를 어찌 알겠습니까? 아침이면 사람들이 내게 일어나라고 말합니다. 드세요. 안뜰로 가세요. 정오가 되면 사람들은 내게 먹으라 말합니다. 안뜰로 가세요, 그런 다음엔, 잠자리에 드세요. 아무도 내게 날짜를 알려주지 않습니다. 오늘이 며칠인지 내가 어찌 알겠습니까.[*]

　이른바 돌봄의 장소들이 드러니는 것보다 디 양면성을 떤다는 사실은 간과될 수 있으므로, 늘 원칙과 관행을 주시해야 한다. 파농이 사람들에게 주체의 능력을 돌려주려 하고 그들이 참여하기를 원한다 해서, 관련자들이 그 뜻에 잘 따라주고 환자들이 행위의 주체가 되어주는 것은 아니다. 내가 이와 같은 방식의 치료에 대해, 특히 파농과 블리다주앵빌병원의 사례(1953년) — 그러나 생탈방, 라보르드, 킹슬리홀이나, 그 밖에도 각자 다른 방식으로 치료를 시도하면서 제 안에 반영된 사회를 발전시키

---

[*] 같은 책, 325쪽.

려는 여러 장소를 예시로 들 수도 있었으리라―에 대해 이토록 길게 논의하는 건, 우울증을 비롯한 정신질환과 더불어, 무엇보다도 르상티망으로 변질되기 쉬운 모든 형태의 자기비하에 맞서 싸우는 한 가지 방식을 설명하기 위함이다. 때로는 그 방식이 아주 사소한 것, 말하자면 규모의 측면에서 자그마한 것을 이루어냄으로써 시작된다는 점을 나는 보여주고자 한다. 그 대신, 방황하는 우리의 의지에 날마다 도전장을 내밀려면 규칙적이고 절도 있는 방식으로 그 일을 수행하는 것이 중요하다. 바로 거기에, 과감하게 자기만의 길을 택한 어느 정신과의사가 더없이 얌전한 집단구조 안에서 무슨 변화를 만들어갔는지, 어떻게 그런 차이를 양분삼아 돌봄과 연대라는 공공정책의 절차를 밟아나갔는지, 개인의 정신건강과 공중보건의 관계를 재구성하기 위해 그가 어떤 작업을 했는지 들려주는, 아주 구체적인 예시가 바로 여기에 있다.

우리가 파리 "정신의학·신경과학" 대학병원그룹의 철학 강좌에서 구현하고자 하는 것도 이처럼 돌봄이 재발명되는 장소다. 아직 갈 길이 멀기만 하니, 우린 기껏해야 한쪽 끝자락에 이르렀을 뿐이다. 도전 과제는 무엇일까? 인문학에 이론적이고 학술적인 만큼이나 실험적으로도 중요한 몫을 할당함으로써 오로지 치료와 여타 공중보건 사업에 공헌하는 곳, 치료 제공자들과 환자들에게 봉사하는 곳, 임상 방식의 발명에 전념하는 곳을 만드는 것이다. 그처럼 필수적인데도 그만큼 지쳐 있는 이들을 지원하는 그런 장소를. 여러 집단적 제도 기관들의 중심에서, 연대와 의료 제공 방식의 발명을 이어가는 행위 그 이상도 이하도 아니다. 다만, 일단 이런 장소가 확립되면 파농이 우리에게 가르치듯이 경계를 늦추지 말아야 한다. 자명한 사실이 모두에게 자명하게 다가오는 것은 아니며, 야망을 이루기 위한 시간과 물질적 인적 자원은 늘 부족하니 말이다. 그렇다고 이 야망을 포기한다는 건 있을 수 없는 일이다. 그건 의학을 약팔이들에게 넘겨주는 일, 아니면 새로운 보건의 시대로 우리를 데려갈 결정적인 보건의 신기술을 포기하는 일이 되리라.

9

특이성의 인정

1954년 4월의 사설에서 파농은, 환자들의 이름을 정확하게 부르도록(예긴대 기혼 여성을 미혼 시절의 성으로 부르지 않도록) 할 것과 그들의 개인 소지품이며 옷가지며 결혼반지를 보관할 수 있도록 할 것을 권고하는 정부 공문을 환기한다. 오늘날 개인 소지품 보호 관련 정책은, 특히 개인 상호작용과 관련한 복합적 대상인 휴대전화의 경우 자주 문제에 휘말리곤 하지만, 이러한 권고는 자명해 보인다. 여기서 우리는 고프먼*의 가차없는 사회학적 조사를 떠올리게 된다. 고프먼은 수용소 내부

---

* Ervin Goffman, *Asiles. Études sur la condition sociale des malades mentaux*, Éditions de Minuit, 1968(한국어판: 어빙 고프먼, 『수용소─정신병 환자와 그 외 재소자들의 사회적 상황에 대한 에세이』, 심보선 옮김, 문학과지성사, 2018).

에서 작동하는 기제와 완전히 구시대적이며 위협적인 "인격모독"*의 절차들을 발견하는데, 이 절차들은 환자들을 매우 해롭고 치료 측면에서 역효과를 내는 자기혐오 상태에 몰아넣기에 위험하다. 물화 현상이 반인본주의적인 성격을 드러내며 소위 돌봄의 장소들에서 이제 기승을 부리고 있는 것이다. 파농은 이렇게 논평한다.

> 인생에서 큰 고비를 겪을 때마다, 인간은 자신의 의미를 되찾고 자신의 입장을 확보할 필요가 있다. 이 입장을 파괴하는 일에 우리가 협력해서는 안 된다.**

이 강렬한 논평이 오로지 병원이라는 영역에만 해당한다고 여기진 말자. 회사에서, 학교에서, 아니 모든 공공기관에서는, 개인의 "입장을 파괴"하는 것을 즐겨 일삼듯, 동일한 물화 기제가 작동하여 개인을 감시하에 두고 개별화를 향한 의지를 전부 빼앗는다. 이런 보편화한 물화 체계에 동참할 때 우리는 "협력"을 하고 있는 셈이다—비시정부라는 역사를 떠올려보라. 인간존재임을 보증하는 데 협력해야 할 때에 사실상 그들 존재의 식민지화를 초래하고 있는 것이다.

어빙 고프먼의 『수용소』를 읽다보면 자연스레 추측할 수 있

---

* 같은 책.

** F. Fanon, "Notre Journal", *Écrits sur l'aliénation et la liberté*, 327~328쪽.

듯이, 자잘한 세부에 대한 애착에서 전체주의적 지향은 없다. 고프먼에 따르면 1960년대의 수용소는 환자의 삶의 모든 세부를 통제하려 들고 환자에게 개성을 드러낼 만한 주도권을 넘기지 않았던 곳으로, 말하자면 총체적 물화 기능을 담당하는 장소였다. 이것은 규범화, 나아가 낙인찍기의 시도다. 고프먼의 명명에 따르자면 이런 총체적 기관에서는 그 무엇도 빠져나갈 수 없다. 특이성에 대한 거부는 이 기관을 배려나 돌봄의 장소가 아니라, 개인을 구미에 맞게 재단하여 상처를 입히는 장소로 만든다. 파농이 자잘한 세부에 대한 관심을 촉구할 때, 거기에는 확실히 전체주의적 의도가 없다. 이름, 의복, 소지품, 결혼반지처럼 환자가 자신의 소유라 여기는 소소하고 사적인 세부까지 존중하는 일이 파농에게는 중요했다. 환자가 자신의 취약함을 인식한 경험과 무관하게, 그것들이 바로 그들이 늘 간직해온 정체성을 다시 확인시켜주고 공고히 하며 인정하게 해주는 근거인 것이다.

오늘날 분석의 기능이 사회에서 더욱 전반적인 영역으로 확장될 수 있다는 점은 흥미롭다. 자잘한 것, 사소한 것, 특이성이 묻어나는 세부들에 대한 관심으로 무엇을 할 수 있는가? 정치적 영역에 이를 위한 자리가 있는가? 혹자들이 "하위정치infra-politique"라 적절하게 명명한 영역, 국가가 한발 물러나 특이성의 존중이라는 애초의 지향과는 모순될 공동체주의로 치우치지 않도록 하면서 특이성이 꽃피어나게 할 이 영역에?

이성은 역사와 사회 속에 강제로 도입될 수 없으며, 역사와 사회 속에서 이성이 은밀한 방식으로 이미 작동하고 있다고 상상하는 것도 헛된 일입니다. 게다가 프랑크푸르트학파가 강조했던 지점이기도 합니다만, 사회적 삶을 합리화하려는 노력은, 그것이 노예 상태를 일반화하는 조건을 확립하는 한, 대단히 파괴적인 것으로 드러납니다. 그런 합리화의 노력은 노예화의 영향을 직접 경험하는 사람들이 노예 상태를 있는 그대로 인식하지 못하게 하는데, 이것이 규범 사회를 작동시키는 근본원리이기도 하니 말입니다. 사회의 전반적 변혁을 위한 계획을 신뢰하는 건 위험한 일이 되었습니다. 적어도 오늘날에는 대규모 혁명을 일으키는 일은 포기해야 하며, 혁명이 실존의 구체적 세부들에 관한 구상으로 작게 축소되어버린 상황을 받아들여야만 하지요. 최선이 언제든 최악으로 뒤집힐 수 있다는 점을 알면서 말입니다.[*]

프랑크푸르트학파의 이론이 우리에게 가르쳐주는 것이 있으니, 돌봄 시설에서만이 아니라, 사회와 대문자역사 자체를 이루는 보다 일반적인 제도 전반에서 물화가 일어나고 있다는 점이다. 사회와 대문자역사는 새로운 시대에, 즉 대량화와 표준화가

---

[*] Pierre Macherey, Jean-Philippe Cazier와의 대담, "Il n'y a pas de bon sens de l'histoire", *Chimères*, 2014/2, n° 83, 23~33쪽.

아니라 전체주의로 탈선할 가능성을 지닌 문명적 변화기에 들어섰다. 그로 인해 집단적 기획은 실험적으로 설정된 고립된 장소, 말하자면 지역의 내생성內生性 요인과 국가 전반의 이익이 조화롭게 맞물리는 제3의 장소에 발맞추어 개진된다. 요컨대 이는 법치국가의 고유 인자인 특이성에 의거하여 보편적 이익을 창출하는 새로운 방식이다.

이는 야망의 결여를 변명하려는 게 아니라, 부적절하며 결과적으로도 너무 위험한 수단으로 우리의 선한 의도를 망가뜨리지 않도록 고심하자는 것이다. 보편성으로의 편입이 여전히 시민 평등을 위한 주요 과제로 남아 있기에, 분수령에 선 상황에서 방향을 결정하기란 어렵다. 양쪽에 서로 상충하는 두 세계가 존재한다는 점은 분명하다.* 한쪽은 개별화가 실질적이고 창조적 의미를 지니는 세계이지만, 개인 고유의 전문성을 충분히 존중하지 않는 지나치게 수직적인 접근법 탓에 각자의 재능이 잘려나가는 곳이다. 그러나 오로지 이런 통치 방식만이, 쟁점들의 복잡성과 무엇보다 이 접근법이 초래할 세세한 반응을 전부 포괄한다는 점에서, 실질적인 효과를 발휘한다는 사실은 말할 것도 없다. 유감스럽게도, 이 접근법이 효과적이려면 개개인의 높은 수준의 개별화가 여기서는 필수적이다. 한편 그 맞은편에는 개별화보다 개인주의에 매몰된 또다른 세계가 있다. 그 안에서

---

* 분류는 이분법적이라 할 수 있기에 명백히 "잘못된" 것이다. 그러나 우리는 분류를 통해 사회의 다양한 흐름을 가름하는 뿌리깊은 대립 작용을 파악할 수 있다.

때로 더 불안정하고, 더 근시안적인 모습을 보이며, 현행 쟁점들의 특수성에 그다지 관심이 없는 개인들은, 도움을 구하고 섭리에 따라 나타날 위인에 대해 환상을 품는 동시에, 지도자의 자질을 그다지 모범적으로 갖추지 못한 엘리트들이 이끄는 정부를 과두제적이라 판단하여 거부하면서 갈팡질팡한다.

오늘날 사회를 구성하는 두번째 거대한 움직임은, 완전히 르상티망에 잠식당해 있거나 적어도 그런 경향이 강하다는 점이다. 개인들은 르상티망의 올가미에 걸려 공격성과 비방 사이를 번갈아 오간다. 어린아이처럼 무력감을 느끼면서, 피해자 위치에서 벗어나려 하지 않는다. 이런 현상은 출구-없음에 갇혀버린 환자의 임상적 상황과도 상응한다. 환자들은 해결책의 불가능성을 꾸며내는 데 특출난 재주를 보인다. 제안받은 모든 방법을 벌써 시도해보았고 효과가 없었다고 말한다. 시도하지 않았던 방법들은 폄하된다. 이들은 엄청나게 오만한데—아마도 그게 돌이킬 수 없는 자기비하의 침투를 막는 유일한 방벽일 것이다—해결책을 절대 찾아내지 못하는 이 환자들이 사실 탈출구가 무엇인지 누구보다도 잘 알고 있다고 주장한다. 그렇다면 탈출구는 없는 것이나 다름없다. 탈출구가 생겨나는 일을 막고자 하는, 정신증 직전에 도달한 이 맹렬한 의지에 맞서 입장을 취하기란 쉽지 않다. 하나 또는 여러 개의 탈출구를 제안하면 틀림없이 거부당하고—이들은 여전히 분석가의 실패에서 유일한 즐거움을 발견한다—아무것도 제안하지 않는다면 출구-없음이 반복되는 일을 막지 못한다. 우리는 행동의 또다른 문턱을, 모방적 경쟁에 더이상 지배받지 않는 어떤 공간을, 파농이라면 "비교"가 멈추는 곳이라 말했을 장소를 찾아내야 한다. 스스로 위로받을 수 없다거나 회복될 수 없다고 여기는 저 자기도취에서 그들을 빼내야 한다.

출구에 대한 거부는 정신질환자가 여전히 자신의 주체성을 장악하고 있다는 유일한 징후다. 그것이 환자가 주체를 형성하는 방식이니, 그에게서 이 "부정적" 방식을 빼앗는 일은 그를 더욱 공격적으로 만든다. 모든 문제가 저 자신에게 있을 때 문제를 놓아버리기란 불가능에 가깝다. 조금씩 조금씩, 작동을 멈춘 저 무행동의 주체와는 달리 여전히 작동하는 이 환자들의 진짜 주체가 따로 존재한다는 인상을 주지 않으면서 설득해나가야 할 것이다. 여기서 물론 유머, 즉 희극적 힘vis comica은 훌륭한 도구가 되리라. 다만 이들은 유머 감각이 없는 주체들로, 막다른 길을 만들어내는 자신들의 교묘한 능력이 아이러니라는 방식으로 의심받을 때 대체로 크나큰 괴로움을 느낀다. 유머가 지닌 상냥함은 아무런 도움도 되지 못하며, 오히려 사안의 중대함과 특이성과의 관련성을 분명히 파악하지 못한 분석가의 무능을 보여주는 표지가 된다. 이는 자신이 남에게 조종받지 않는다고 자부하지만 실은 조종 가능성에 취약한 자기애적 병리현상으로, 이런 메커니즘은 자유로울 능력을 중심에 두는 치료에서 간단치 않은 문제다.

1956년 12월의 사설에서 파농은 전통적 사회 기능과 정신병동 내 생활 사이에 존재하는 확고한 차이에 대해 친절한 예시를 들어 설명한다. 그가 예시로 든 것은, 치료의 방법으로 사용되는 스포츠였다. 그런데 간호사들이 언제나 "간호사"에 머물러 있지 않고, 그들이 원래 해야 하는 중재자 역할을 수행하는 대신, 중재자라는 용어의 전통적 의미에서 외부 세계의 규칙과 규범 체계를 따르는 "심판arbitre"이 되기 시작하면서 필연적으로 중대한 역기능을 일으키고 마는 모습을 보며, 파농은 몹시 충격을 받는다.

정신병동에서는 익명의 대중을 상대하는 것이 아니기 때문에 일반적인 규칙을 설정할 수 없다. 우리는 이미 특정된 사람들을 상대하며, 치료자로서 환자들 간의 섬세한 차이를 고려해야 한다. 즉 입원자 각각에 맞추어야 할 필요성이 있다. 다음과 같은 말은 정신병동에서 들을 수 없다. "알고 싶지 않아, 다들 하는 것처럼만 하면 돼." 왜냐하면 입원자들은 다들 하는 것처럼 하는 법을 다시 배워야 하기 때문이다. 이들은 대개 다들 하는 것처럼 할 수가 없어서 우리에게 맡겨졌다.*

르상티망을 지닌 인간이 이러한 유형의 환자들과 공유하는 부분은 자기애적 병리증상을 보인다는 점, 또 인정은 결코 귀로 들을 수 있는 게 아닌데도 자신의 특이성에 대한 절대적 인정을

---

* F. Fanon, "Notre Journal", *Écrits sur l'aliénation et la liberté*, 360~361쪽.

요구한다는 점이다. 그러나 르상티망을 지닌 인간은 거기서 나아가 특유의 감정적 폭력성으로 인정을 전부 물리치며, 자신이 자아의 이상으로부터 몇 광년이나 떨어져 있다는 사실을 너무도 잘 알기에 제 특이성을 상기하는 것만으로도 커다란 고통을 느낀다. 그리고 그가 앞서 묘사된 입원환자와 공유하는 또다른 특징은, 그 또한 일반적인 방식의 대우를 받아들이지 못한다는 점이다. 그는 군중 속으로 사라지지만 이 군중은 일반적 군중이 아니라 그의 병든 에고를 감싸는 일종의 아우라이자 왜곡된 자아의 확장된 형태요, 위축되어 오그라든 자아에 해방감을 줄 수 있는 거대한 욕동의 웅덩이일 따름이다. 하루 거의 스물네 시간을 그와 함께하고, 그의 특이성을 인정하면서도 그러한 인정을 통해 압박을 가하지 않으며, 설령 그가 적대감을 내비칠지라도 모든 판단을 내려놓고 그에게 순수하게 감응sympathie하면서(반드시 유난스레 어떤 공감empathie을 내보일 필요는 없으며 그저 함께한다는 의미에서), 단지 그의 곁에 있어야만 할 것이다. 다시 강조하지만, 한번 르상티망의 경계선을 넘어가면 다시 되돌리기 어렵기 때문에 르상티망을 예방하는 쪽에 힘쓰는 것이 낫다. 장켈레비치의 생각에 대체로 동조하는 나도 이 지점에서는 그와 의견이 크게 갈린다. 내가 보기에 르상티망은 쉽게 되돌려질 수 없고, 일단 문턱을 넘으면 생체 회복력에 대한 믿음과 상호주관적 신뢰가 거의 마멸될 정도로 손상되기에, 그 예방을 위한 사전 작업은 분명 필요하다. "망각"을 선택하며, 정의와 진실의 의무를 더 쉽게 방기하기 위해 용서를 행하는 "속 시원한

철학"을 장켈레비치는 비판한다. 요컨대, 그런 철학은 용서의 가상만을 그려낼 따름이다. 장켈레비치는 차라리 르상티망을 택하라고 당부한다. 르상티망이 진지함과 깊이를 수반할 수 있기 때문이니, 언제나 희망을 품으려는 저자로서 그는 르상티망이 진심어린 용서의 서막을 열어갈 수 있으리라 여긴다.* 나는 그렇게 생각하지 않는다. 망각이 용서라는 가상을 벗어던질 수 있듯이—주체가 망각하되 용서하지 않기로 결심할 수 있으니—또 용서하지 않는다고 반드시 르상티망이 생겨나는 건 아니듯, 르상티망은 존엄이나 질적 인식이 될 수 없다는 의미에서, "진지한" 것도 "깊이 있는" 것도 아니다. 르상티망은 고통과 동일시될 수 없다. 르상티망은 심각하고 진지한 고통으로부터 유해한 부산물처럼 피어오르는, 순전히 주관적인 구조물이다.

10
개인의 건강과 민주주의

개인의 정신건강과 민주주의의 건강을 연결짓는다는 것은, 사회의 원활한 기능이 무엇인지 물음을 던지고, 말하자면 흔들림 없이 덕을 실천하고 있는가가 아니라 그 사회가 자체의 엔트

---

* V. Jankélévitch, *Le Pardon*(1967): "속 시원한 철학은 희화화한 용서다. 〔……〕 속 시원하게 털어버리는 것 외에 달리 용서할 방법이 없다면, 차라리 르상티망이 낫다! 사실 르상티망이야말로 진지함과 깊이를 수반할 만하다. 르상티망에는 적어도 진심이 개입하며, 이러한 이유에서 르상티망은 진심어린 용서의 서막이 된다."

318

로피에 저항하는 능력이 있는가를 묻는다는 점에서 그 의미가 있다. 캉길렘을 비롯한 몇몇 작가가 우리에게 가르쳐주었듯, 건강한 상태라는 건 병을 앓게 될 수 있다는 뜻이면서 동시에 회복될 수 있다는 뜻이다. 민주주의의 건강은 정신건강과 똑같은 자질을 공유한다. 즉 내부에 생긴 혼란으로 인해 마비되는 것이 아니라 혼란에 대처하고, 끊임없이 그리고 끝없이, 역풍이 불어와도 앞으로 나아갈 방법을 찾는 능력 말이다. 그러한 역풍이 반드시 양질의 다원주의를 입증하는 건 아니다. 이는 갈등에 대한 평화로운 관점, 즉 규범에 관한 합의를 정성껏 떠받드는 논쟁만 그 갈등 대상으로 삼는 관점일 뿐이다. 역풍은 이와 정반대로 반민주적이고 반인본주의적인 것일 수 있으며, 따라서 역풍에 휩쓸리지 않은 채 역풍을 통합하고 이해하기란 훨씬 더 어려운 일이다.

많은 사람이 개인의 신체와 집단의 조직체 사이를 비교하는 건 무의미하다고 여긴다. 일리가 있다. 수數에 대한 물음이 질質을 왜곡하는 데는 필수적이니까. 두 조직체를 관련짓지 않는 것도 마찬가지로 우스운 일인데, 오늘날 우리 사회는 정신건강 상태가 제각각인, 개별성을 주장하는 "개인들"로 이루어져 있기 때문이다. 이는 사회 전체라는 보다 집단적인 "조직체corps"에 영향을 미치지 않을 수 없으며, 비록 사회 전체의 유기성과 통일성을 점점 더 포착하기가 어려워지고 있긴 하지만, 해당 사회의 전全 조직체 내부에는 그렇게 서로 다른 "몸"들이 존재하고 있으니 말이다. 하여 사회의 정치사회적 기능을 연구하는 데 정신분석의 문제를 제기하지 않고서는 불충분할 것이다. 악셀 호네트는 정신분석가가 아니었음에도, 특히 "인정"이라는 적절한 개념을 구축할 때 그 두 조직체를 관련지어야 할 필요성을 인식하고 있었다. 개인에 대한 연구에서뿐 아니라 민주주의 연구에서 정신분석이 그토록 중요한 까닭은 무엇일까? 바로 정신분석이 "주체가 자신의 합리적 이익에 따라 행동하는 것을 막는 무의식적 힘을 해명"*할 수 있기 때문이다. 하버마스와 달리, 호네트는 인간의 특이성으로 이루어진 역사에 대해서, 또 정신분석이 비판이론에 기여한 이론적 의의에 대해서도 한 걸음 더 나아가 설명한다.

비판이론은 인간의 특성을 되도록이면 관찰된 현상들에 가깝게 바라보는 사실적 관점을 요구한다. 그런 관점은 또한 주체의 무의식적이며 비합리적인 연관을 이루는 힘들을 이해하기 위한 여지를 마련할 수 있어야 한다. 성찰에 고분고분 들어맞지 않는 주체의 동기와 정동을 반영하지 못하는 한, 비판이론은 사실 개인들의 고유한 합리적 원천을 과신하는 도덕적 관념론에 빠질 위험이 있다.**

우리는 욕동과 감정의 이해를 포기한 합리성의 개념, 쉽게 말

---

* Axel Honneth, *Un monde de déchirements. Théorie critique, psychanalyse, sociologie*, La Découverte, 2013, 232쪽.
** 같은 책, 233쪽.

해 한 개인을 구조적으로 구성하는 것, 즉 유한성이나 죽음에 대한 두려움과 같은 "개인의 조건을 이루는 실존적 토대"와 단절된 허상적인 합리성 개념으로 늘 되돌아간다. 우리가 민주주의의 전 지구적 정치 기능을 사유하고 이해하는 방식에 이와 같은 실존적 토대들을 녹여내지 않는다면, 그 기능은 더 큰 엔트로피 상태에 빠지게 된다.

오늘날 개인의 인격과 결코 동일시될 수 없는 개인정보가 끊임없이 수집되는 현상과 함께, 법치주의를 구성하는 특이성에 대한 연구 역시 한 편의 캐리커처로 변질되고 있다는 이야기를 하려는 게 아니다. 중요한 것은, 개인의 정신건강이 사회의 작동 기능에 부인할 수 없는 영향을 미친다는 점, 그리고 사회의 작동 기능이 양量적인 것으로 바뀔수록 더욱 그렇다는 점을 이해하는 일이다. 『대체 불가능한 존재*Les Irremplaçables*』에서, 나는 스스로를 대체 가능한 존재, 교환 가능한 존재로 느끼고 특히 제도적 영역과 전문적 영역을 비롯하여 자신을 둘러싼 공적 환경에서 존중받지 못하고 있다고 여기는 물화된 개인과 관련하여 이러한 연관성을 밝히려 했다. 개인이 이런 정신적 학대에 저항하기 위해 어떻게 조금씩 분열되는지, 그러다가 어떻게 병이 드는지를. 과연 그는 처음부터 분명 건강했는지, 아니면 반대로 이미 집단적 역사와 무관하지 않은 개인적 내력에서 연유한 내적 기능장애가 어떻게 이 집단적 기능장애로 인해 강화되는지에 대해서도 말이다. 그런 강화기제 속에서는, 개인은 더이상 민주주의를 지키는 일, 달리 말해 민주주의를 갈망하고 민주주의에 헌신하는 일을 감당할 수 없는 상태가 된다. 오히려 가해적 피해망상에 빠져 희생양을 찾고, 나아가 직접 대가를 치르지 않고도 자신의 적대적 욕동을 해소해주고 자신을 보호해주리라는 이중의 거짓된 믿음을 품게끔 하는 아버지의 형상을 찾게 된다.

금융이론이 노벨상 수여를 통해* 행동과학을 보다 공식적으로 인정했듯이, 정치철학 또한 행동과학, 특히 여전히 무의식이라는 개념을 연구하는 정신분석과 연계되어 이루어져야 한다. 르상티망을 인간 주체의 정신건강과 민주주의의 올바른 작동에 가장 큰 위험이 되는 해악 중 하나로 규정하는 순간부터, 제도적으로는 물론이요 임상적으로도 어떻게 르상티망에 대비할 것인지 파악하는 일이 중요해지니, 이것은 르상티망욕동으로 일어나는 현상들에 대한 연구를 의미한다.

> 억압된 욕동의 환상 속에서든, 그 욕동의 연관을 꿰뚫어볼 수 없다는 운명 속에서든, 아니면 의지로는 가닿을 수 없는 정동의 성좌 안에서든, 인간은 항상 합리적 숙고로는 뛰어넘기 어려운 한계를 떠안는 무의식의 비약적 충동이라는 관점에서 파악된다.**

이어서 호네트는 사회에 대한 비판이론을 제대로 구상하기

---

* 리처드 탈러Richard Thaler는 행동경제학에 대한 공로로 2017년 노벨상을 수상했다.
** A. Honneth, 같은 책, 233쪽.

위한 두번째 주요 논거로서, "규범적"일 뿐 아니라 "설명적"인 논거를 끌어들인다. "인간 행동의 동기"를 이해하려면 정신분석이 필요하다. "불안, 연결되고자 하는 마음, 융화되려는 욕망, 복종의 환상으로 표현되는, 자아와는 무관한 불투명한 동기를 파악하려면, 주체 개인의 역사 속에서 무의식적 정동의 기원에 관심을 두는 주체의 심리이론, 사회화 이론이 필요하다."

정치가 개인의 사적 영역에 침투하는 건 바람직하지 않음을 알기에, 한 사회의 구성원 전부하고는 이 위업을 달성할 수 없다는 건 분명해 보인다. 여기서 중요한 것은, 삶의 투명성이란 것이 오히려 진짜 정신증과 온갖 거짓자기의 혼란한 뒤섞임을 양산할 수 있으므로, 인간존재의 삶에서 투명성을 기대해서는 안 된다는 것이다. 우리의 제도 기관들이―학교에서 관공서, 병원, 대학 등을 포함하여 기업에 이르기까지 넓은 범위에서― 인간 조건에 내재한 취약성, 말히지면 욕동이 초래하는 길등과 유한성으로 인한 우울감 등을 증폭시키지 않도록 충분히 주의를 기울여야 한다는 점, 나아가 개인과 민주주의에 차례차례 해를 입히는, 즉 우선 개인을 병들게 한 뒤 정신장애와 특히 르상티망이 정치적으로 표출될 여지를 마련함으로써 민주주의 자체에도 악영향을 미치는 물화가 제도 기관 안에서 자라나지 않도록 주의해야 한다는 점을 이해하는 것이 중요하다. 정신분석학, 나아가 인문학 전반과의 연계는, 우리의 합리적 의사결정 과정과 분리될 수 없는 감정적 합리성의 중요도를 인식하는 일이 현재의 디지털 및 알고리즘 환경에도 자리잡고 있는 만큼,

앞으로는 더 필수적인 작업이 될 것이다. 기술은 인간을 이해하는 데 있어 점점 더 억압적이고 자유를 침해하게 될 여지가 있는 방식으로 인문학과 상치하고 있다. 기술은 이른바 개인적인 정보들, 그러나 개인의 총체적 진실에 대해서는 아무것도 말해주지 않기 때문에 그런 명칭이 부당하다 할 수 있는 정보들을 과도하게 수집하면서, 이미 개인적 감정의 "추적 가능성"을 제시하고 있다. 이제 모든 정보는, 개인의 자유에 대해 무언가를 "말해줄" 수 있다는 의미에서 개인정보다. 이러한 디지털정보를 통해 일어나는 개인의 물화는 인간의 존엄성과 자유를 존중하는 분석 과정과는 정반대의 것이다.

11

언어 훼손

가장 분명하고 노골적인 르상티망의 표출방식 중 하나는 저속한 언어 사용이다. 르상티망을 품은 인간은 복종의 뜻으로 위장되곤 하는 떳떳하지 못한 침묵을 지키다가, 스스로를 "놓아버리면서" 원한의 말을 토해낸다. 언어는 구토가 되고, 무엇보다 다른 사람을 더럽힐 수 있는 수단이 된다. 바로 그래서 문제가 된다. 언어를 단순히 자신의 감정을 표현하는 매개나 타인과 소통하는 도구로서가 아니라, 다른 사람을 공격하는 힘으로 이용하는 것. 타인에게 충격을 가하고 위력을 행사해야 하는데 물리적 폭력을 가할 수는 없는 노릇이니, 언어폭력을 휘두르게 되는 것이다. 언어로 모욕하고, 폄하하며, 깎아내리고, 온갖 오욕을 덧입히며, 중상하고, 비방하며, 욕설을 퍼붓는다. 언어는 악의를 분출할 수 있는, 무엇보다 스스로 주장하는바 자신에게 피해를 입힌 모든 악의 원흉으로 추정되는 타인에게 피해를 입힐 수 있는, 제일의 권역이다. 언어는 분노와 거부를 빈틈없이 표출하고, 타자를 악과 위험으로 몰아가기에 제격이다. 심지어 나중에 새로운 정당성을, 정의를 구현해야 할 필요성을 구축하는 밑거름이 되기도 한다. 그런 대의를 위한 폭력 또한 꽤나 합법적인 방식으로 존재한다. 그러나 오늘날 익명성과 끊임없이 이어지는 고발을 가장하여 횡행하는 지성 혐오는, 르상티망적 증오가 사람들의 가슴을 옥죄고 있다는 증거다.

그러므로 이는 타인에 대한 공격일 뿐 아니라, 언어 자체에 대한 공격, 언어가 지닌 상징화와 승화능력의 훼손이다. 저속한 자기만족적 궤변으로, 언어의 왜곡된 용법으로 돌아가는 일이다. 그러한 언어는 비판이 아니라 권력에 봉사하는 한낱 도구에 불과하다. 칼 포퍼Karl Popper가 묘사한 이 지성 혐오는 로고스와 문화에 대한 증오를 가리킨다. 르상티망에 사로잡힌 인간은 오로지 타자와 세계를 비하하기 위해, 또 자신이 그것들과 맺는 관계를 변질시키기 위해서만 언어를 사용하기로 결정한 자다. 그의 언어는 탈상징화에 봉사한다. 이제 언어는 비판정신을 위한 것이 아니라 욕동을 위한 것이 된다. 욕동을 토해내지 않는 언어는 진정성이 없는 것으로 간주된다. 그러나 실제로는 정반대의 일이 벌어진다. 상징화의 역량을 가지지 못하게 된 언어는 언어로서 사멸해버린다. 통제되지 않은 욕동과 합치되면서 언어는 그 변화무쌍한 현시顯示 능력을 잃고 만다. 그 자체로 법치국가를 보증하며 더 일반적으로는 인본주의적 사회를 보증하는 공적 합리성 구축에 있어, 언어가 더이상 필수적인 도구가 되지 못하는 것이다.

언어적 구토는 오늘날 소셜미디어에서 거의 끊이지 않는데, 바로 익명성이 이런 공간을 조직하는 규칙 가운데 하나이기에 더욱 그렇다. 일방적인 익명성은 르상티망을 지닌 인간이 정확히 특정될 수 있는 타자를, 그래서 직접 육체적 폭력을 가할 수도 있을 법한 타자를 표적삼아 증오를 토해낸다는 의미에서, 언어폭력을 승인해주고 있는 셈이다. 그의 목표는 이렇다. 어떻게든 손해를 입히자, 최대한 강력하게 한 방 먹이자, 오늘날 이미지는 정체성이나 다름없으니 상대의 이미지를 훼손하자. 이런 자기애적 결함을 강화하고 사실보다 이미지에 힘을 실어주는 것이야말로, 현대사회의 취약점이라는 사실은 누구도 부인할 수 없다. 오늘날 우리는 새로운 형태의 우상숭배 앞에서 무력한 세상에 살고 있다. 초월성이 더이상 존재하지 않기에 우상숭배는 이제 종교적인 것과 신성만을 향하지 않되 그와 똑같은, 심지어 어쩌면 더 치명적인 방식으로 비판정신과 판단능력을 망가뜨린다. 우상은 성상聖像이 아니니, 누구도 그 사실을 모르지 않는다. 우상은 자기소외, 중독, 행동장애, 보편화한 판옵티콘 목록에 속한다. 그래서 대부분의 소셜네트워크는 증오를 토해내느냐, 아첨을 토해내느냐 하는, 잘 알려진 터무니없는 이항 논리에 사로잡혀 있는데, 사실 그 둘은 결코 이원적인 게 아니다. 둘은 서로 떼어놓을 수 없는, 완전한 등가의 선택지다.

이른바 "헤이터hater"로 지칭되는 사람들은 하나의 조직된 무리를 이루고 표적을 정하여 집단적 괴롭힘을 행할 수 있다. 언어적 혐오는 표적을 생각할 때 촉발되지만, 표적이 없을 때도 지속된다. 이것이 고삐 풀린 르상티망 충동이 처음으로 표출되는 방식이다. 여전히 욕동은 익명성 뒤에 숨은 채 백일하에 몸을 드러낼 대대적이고 집단적인 기회를 엿보고 있는 것이다. 물론 가치가 하락한 "파괴된" 말 앞에서도, 질적 담화가 법치국가를, 적어도 법치국가의 흔적이라도 보장해주리라는 사실을 알기에 그 담화의 실천을 포기하지 않으려는 사람들은 늘 존재한다. 이들의 과제는 결코 채워지지 않으며 쉴새없이 흔들리는 다나이데스의 물통 채우기를 닮아 있으니, 이들에게 감사히지.

미래에는 모든 사람에게 십오 분 동안 명성이 주어질 것이라는 1968년 워홀의 예언은 실현되었고, 또 뒤집혔다. 이제 모든 사람이 물리적 현실과 가상현실이 뒤섞인 세계 속에서 십오 분 동안의 손가락질을 경험하고 있다. 어떤 면에서 오웰의 작품에 나타난 "이 분 증오"는, "사상경찰"에 의해 "인민의 적"으로 지목된 하나의 이미지와 얼굴이 등장할 때 이미 집단 혐오 의례의 출현을 예고한 셈이다. 증오, 모함, 비방, (적어도 19세기 전통에서의) 여론에 대한 반발 즉 일종의 '공적 평판fama publica' 훼손은 도덕 및 공공의 질서를 확립하는 가장 범속하면서도 효과적인 수단이었다.*

　외견상 비방행위는 거짓말보다는 명예훼손에 가깝다. 오로지 겉보기에만 그러한데, 왜냐하면 비방은 동기에 대해 거짓말을 하고 있는 것이기 때문이다. 비방은 진실을 말하기 위한 것이 아니라, 너무 밝게 빛나는 무언가의 빛을 꺼뜨리기 위한 행위다. 사랑받는 대상을 사랑하지 못하도록 선동하려는 행위다. 차마 명분을 밝힐 수 없는 증오를 조장하는 일이다. 이는 타자에 관한 거짓말인 것만은 아니며, 오히려 자기 자신에 관한 거짓말이다. 증오와 비방과 거짓말 사이의 연결고리는 무엇일까?

　플라톤은 『국가』에서 "진짜 거짓"과 "말에서의 거짓"을 구분한다. 전자는 "미움"받아 마땅하나, 후자의 경우 반드시 그런 것은 아니다. 전자는 고의로 속이는 행위다. "진짜 거짓은 [······] 신들만이 아니라 인간에게도 미움을 산다."** 신들은 거짓말을 하지도 속이지도 않으니, 정확히 그 반대를 행하는 시적 허구는 도시국가와 교육이 경계해야 할 거짓말임이 틀림없다. 이것은 플라톤이 시인들에 대한 검열을 정당화하려 꺼내든 논거 중 하나로 다음과 같다. "어느 시인이 신들에 대해 거짓을 말한다면 우리는 불쾌해할 것이고, 동조하지 않을 것이며, 스승

---

* 이어지는 문단은 증오, 비방, 거짓말 사이의 연관성에 관한 논의로 다음의 논문에서 가져왔다. C. Fleury, "La haine se ment", in *Dis-moi qui tu hais. À propos de quelques formes contemporaines de la haine*, in *Le Diable probablement*, 2014.

** 플라톤, 『국가』, 제2권, 382a~382e. 또한 Pierre Sarr, "Discours sur le mensonge de Platon à saint Augustin: continuité ou rupture", *Dialogues d'histoire ancienne*, 2/2010 (36/2), 9~29쪽 참조.

들이 젊은이들을 교육할 때 그 시인이 꾸며낸 시가를 사용하도록 내버려두지 않을 것이다."* 한편 "말에서의 거짓"과 관련하여, 플라톤은 그것이 "미움을 사지 않을 만한 수준에서 어떤 사람들에게 유용한" 것으로 나타날 경우에는 정당화될 수 있다고 본다. "우리가 친구라 부르는 자들과 적들이 광기나 어리석음으로 나쁜 짓을 저지르려 할 때, 말에서의 거짓은 그들을 되돌릴 치료제로 유용하지 않은가?"**

달리 말해 타인의 나쁜 행동을 막는 데 사용되는 한, 거짓말은 보편적 이익에 도움이 될 경우엔 정당화된다.*** 그러므로 치료법으로서의 거짓말은 누구나 사용할 수 있는 것이 아니다. 오로지 "의사들"에게만 허용되어야 하며, 일반인의 이용으로부터 보호되어야 한다. "거짓말할 권한을 지닌 다른 사람이 있다면 도시국가의 통치자들로, 도시국가의 이익을 위해서는 적이나 시민들을 속일 수 있다. 그 밖의 누구에게도 거짓말은 허용되지 않는다."**** 마지막으로 플라톤은 "고귀한 거짓말"에 대해 말한다. 이 거짓말은, 시민들이 모두 같은 영토에서 "도시국가의 형제들"로 태어났지만 어떤 이들은 신이 금으로 만들어 더 고귀하고 그 밖의 사람들은 은이나 동으로 만들어 덜 고귀해

---

* 플라톤, 같은 책, 382e~383c.

** 같은 책, 382a~382e.

*** 이 주제와 관련하여 다음의 논문도 참조할 것: C. Fleury, "Typologie des mensonges dans l'espace public: quelle régulation numérique?", *International Review of Sociology*, volume 25, 2015.

**** 플라톤, 『국가』, 제2권, 388d~389d.

서 이렇듯 모두가 같지는 않다고 여기게끔 하여 시민들 간의 불화를 방지하기 위해 지어낸 것이다. 정치지도자들에 의해 수호되는 이 신화는, 궁극적으로 시민들을 도구화하여 기존 질서에 의문을 제기하지 않게끔 하기 위한 거짓말이다. 국가는 시민들의 태생적 불평등이 자의적인 것이 아니라 능력주의에서 연유한다고 시민들을 설득한다. 의식적으로든 무의식적으로든, 여기서 나타나는 역설은 다음과 같다. 시민들 사이에 우애fraternité가 부재하는 상황을, 또 서로 닮은 동류들 사이의 불화나 증오를 불식시키기 위해 정치가는 거짓말을 하는데, 그로써 결국 그가 방지하고자 했던 증오와 르상티망을 불러일으킬 수 있는 신화가 서서히 퍼져나간다는 것이다. 비방이 승리를 거두는 이유가 바로 여기서부터 시작된 건 아닐까? 아닌 게 아니라, 여론은 왜 그리도 비방을 향하는 경향을 띠는가? 이런 욕동은 어떠한 르상티망에 근거하는가? 권력이 행하는 거짓말, 즉 권력 찬탈과 신화화에 대한 반응인가? 비방에 가짜 조절 기능을 부여함으로써 비방을 정당화하려는 게 아니라, 그저 증오가 권력의 거짓말에서 태어난다는 가설을 세워보자는 것이다. 증오는 우애와 위계질서의 신화로 위장된 권력 찬탈에 따른 반작용이다. 사회질서로서 제시되는 무엇은 벌써 증오에서 비롯한 것인바, 사실상 사회질서라는 건 다른 사람들을 제압한 이들이 행사했던 폭력과 힘의 결과물에 불과하기 때문이다. 랑시에르는 다음과 같이 말한다.

장인과 전사가, 전사와 통치자가 서로 역할과 기능을 바꿀 수는 없으며, 도시국가를 무너뜨리지 않고는 동시에 두 가지 일을 할 수 없으리라. 질서의 장벽은 곧 거짓말의 장벽이다. 분업의 바람직한 기능은 무엇도 남지 않는다. 모두가 저마다 부여받은 천성대로 정해진 한 가지 직무를 수행해야 했다. 그러나 기능도 천성 못지않은 환상일 뿐이다. 오로지 금지만이 있을 뿐이다. 자기 자리를 지키는 장인이란, 대개 자신에게 자리를 점지해준 절대 명령의 거짓말을 널리 퍼뜨리는 일을 하는 사람일 뿐이다, 설령 또하나의 거짓말을 대가로 치를지라도.*

12
증오에 기댄다는 것

제안되었다가 억압되고 부정된 가상 앞에 실재가 귀환할 때 그러하듯, 증오는 갑자기 나타난다. 정신분석학은 증오를 단순한 반응으로 간주하지 않고, 보다 원초적이고 자기보존적인 욕동과 연결시킨다. 거짓말에 대한 증오가 아니라 증오에 대한 거짓말이 우선한다. "태초에 말씀이 있었다라는 훨씬 더 안심이 되는 진술에 맞서, 프로이트는 그 요지상, 태초에 증오가 있었

---

* Jacques Rancière, *Le Philosophe et ses pauvres*, Flammarion, "Champs", 1983, 52쪽.

다고 말한다."* 줄리아 크리스테바가 쓴 말이다. 그런데 원시 유목민의 장면만으로 그 자식들의 증오를 담아내기에 충분할까? 극도로 자유주의적인 민주주의국가들의 모방 경쟁이 벌어지는 전장은 유구히 이어지는 유목민의 전장에 다름아니다. "증오는 사랑보다 오래된 것이다. 증오는, 자극을 퍼붓는 외부 세계에 대한 나르시시즘적 자아의 거부에서 유래한다."** 성서에 나오는 또다른 신화는 우애의 불가능성을 말한다. 인류 최초의 살인은 형제에 대한 증오, 즉 "형제를 지키는 자"가 될 수 없는 카인의 존재론적 불가능성에서 비롯되었다. 이는 원초적 증오를 승화하는 데 있어 작금의 문화가 내보이는 무능함의 결과를 보여준다. 문화는 형제 살해의 금지라기보다, 오히려 인간이 제 욕망의 끝없는 심연에 저항할 수 있도록 부여받은 실존적 자원이다. "제가 제 형제를 지키는 사람이나이까?" 이것은 질문이 아니라 신과 자기 자신을 속이는 거짓말이니, 인간으로 존재한다는 것은 곧 창조되어 형제가 되었다는 것, 그저 형제로 창조되었을 뿐이라는 것을 카인은 알고 있는 것이다. 증오는 피조물의 취약함에 내재한다.

증오에 대한 저항을 이루는 문화의 또다른 이름은 '필리아 philia'다.

---

* Julia Kristeva, *La Haine et le Pardon*, Fayard, 2005, 421쪽.

** S. Freud, *Considérations actuelles sur la guerre et la mort*(1915), Payot, "Essais de psychanalyse", 1986, 35쪽.

인류학적 변전變轉, devenir을 이끄는 인간 집단의 연이
은 통합과 확대 과정은, 인간 사회의 변화를 특징짓는 집
단적 심리적 개별화 과정의 역사적 구체화에 해당한다.
이 개별화 과정을 좌우하는 것은 욕동이라는 심리적 에
너지를 욕망이라는 사회적 에너지로 변용하는 원리인 리
비도 경제학이며, 이런 변용이 필리아 즉 사회적 유대의
지속성을 구성하는 조건이다.*

애석하게도 거대 소셜네트워크인 페이스북이 친교를 신어
novlangue의 영역으로 택했다는 사실은 시사하는 바가 크다. 그
런데 친교는 문화와 마찬가지로 약간의 "신비mystère"를 더 요구
한다. 우리는 「인간 혐오자」 속 오롱트와 알세스트의 대화를 떠
올릴 수 있다.

오롱트:

전 하늘이 무너져도 거짓말은 안 합니다.
제 마음을 바로 확인시켜드리는 차원에서
마음을 열고 선생과 포옹하도록 허락해주시고
선생의 친구 자리를 내어주시길 부탁드립니다.
저와 악수하시겠습니까, 괜찮다면

---

* Bernard Stiegler, *La Télécratie contre la démocratie*, Flammarion, "Champs",
2006, 71~72쪽.

저와의 친교를 약속해주시겠습니까?

알세스트:

오롱트 씨……

오롱트:

아니, 거부하시는 겁니까?

알세스트:

선생의 그런 요청은 제게 너무도 영광입니다만,
모름지기 친교란 약간의 신비를 더 요구합니다.*

"친구들" 자리에 "형제들"이라는 단어를 넣으면, 부모 살해와 형제 살해 증오에도 기여하는 소셜네트워크의 다음 단계를 알 수 있으리라. 가상공간의 위력은 증오를 결집시키면서도 놀랍게도—지금까지는—그 증오의 확산을 저지하지 않는 데 있다. 증오는 서로 모순을 빚으면서도 공존한다. 경계의 가상화는 유목민들이 서로를 잡아먹지 못하게 하면서 원시적 장면이 나란히 존재할 수 있게 한다. 현대성은 성서의 유목민을 사라지게 하는 대신 그 수를 늘렸고, 그럼으로써 증오의 확산에 맞서 회

---

* Molière, *Le Misanthrope*, 1막, 2장(한국어판: 몰리에르, 『인간 혐오자』, 이경의 옮김, 지만지, 2013).

복탄력성을 길러야 한다는 새로운 도전을 문화에 제기했다. 아버지의-이름Nom-du-Père은 그보다 훨씬 더 가혹해진 동료의-이름Nom-des-Pairs 앞에서 지워지고 말았다. 귀족이 아니라 인민의 편에 섰던 마키아벨리의 군주를 떠올려보건대, 아버지의-이름은 주체와 주체의 해방에 있어 동료의-이름보다는 덜 위험한 적수다.

태양 아래 새로운 것은 없다. 제1차세계대전과 제2차세계대전 사이에 발표된 『문명 속의 불만』은 문화가 죽음욕동의 억제에 실패했음을 이미 상기시킨 바 있다.

> 인류의 운명을 결정하는 물음은, 문명 발달이 인간의 공격욕동과 자기파괴욕동에 따른 공동생활의 혼란을 제어하는 데 성공할 것이냐, 성공한다면 어느 정도나 성공할 것이냐 하는 문제인 듯 보인다. 바로 이러한 점에서 현재의 시대는 특별한 관심을 기울일 만한 가치가 있다. 인간은 이제 자연의 힘을 지배하는 데서 더 멀리 나아가, 그 힘의 도움을 받아 별 어려움 없이 최후의 한 사람까지 서로를 죽일 수 있을 정도가 되었다.[*]

샤를 페기Charles Péguy와 쥘 이자크Jules Isaac가 나눈 대화[**]만 보더라도, 그 배경에는 더없이 위협적이며 여전히 양면성을 지

---

[*] S. Freud, *Malaise dans la civilisation*, 107쪽.

닌 상황 설정의 모습이 드러나 있었다. 두 사람이 경이로운 우정을 주고받는 가운데, 관용은 결국 타락으로 이어질 수밖에 없다고 간주하면서 페기는 이자크에게 이런 사명을 건넨다. "증오해야만 합니다."

나는 일부 사람들이 증오를 일차적 관점에서 타인의 공격에 맞서는 거대한 보루로 옹호하리라는 것을 알고 있다. 증오가 헛된 망상이 아니라 실제적인 자기방어로 소용된다면 그 말은 진실이 되리라. 내가 보기에, 페기를 읽는 것만으로도 비록 인간이 상처를 받거나 반反현대적 입장을 취할 순 있을지언정 본래부터 르상티망을 지닌 존재는 아니라는 점이 충분히 입증되리라 생각한다―어쩌면 반현대성은 현대성을 비판하는 입장을 고수하면서 현대성을 경험하는 유일한 방법이리라. 페기 특유의 무한하고 숭고한 문체는 그 자신을 대변하며, 영원을 향한 승화행위를 수행한다. 페기가 증오를 호소하는 것은, 흔히 생각하는 만큼 관대하지는 않은 규범적 톨레랑스 개념의 조악한 패러디에 불과한 상대주의적 경향과 가치의 타락으로 말미암아, 공화국이 자체적으로 파괴되는 모습을 보기 두려워한 마음의 표현이었을 뿐이라고, 나는 믿고 싶다.

** Nicole Loraux, "De l'amnistie et de son contraire", in *La Cité divisée. L'Oubli dans la mémoire d'Athènes*, Payot, 1997에서 인용. 또한 Naepels Michel, "Il faut haïr", *Genèses*, 4/ 2007, n° 69, 140~146쪽에도 인용되었다.

13
거꾸로 뒤집힌 세계: 음모론과 르상티망

다른 사람을 향하는 이 증오는, 제도 기관뿐 아니라, 여론의 "방향을 결정"한다고 여겨지기에 거짓을 꾸며낸다는 의심을 사기 마련인 언론까지 표적으로 삼을 수 있다. 오늘날 르상티망이 되어버린 이런 증오는 심히 거북한 생활과 사유의 틀을 세우는데, 르상티망에서 단 한 발짝만 더 가면 피해망상의 집단적 형태인 음모론적 망상에 이르게 되기 때문이다. 포스트-진실, 대안적 사실alternative facts, 가짜 뉴스fake news, 이 항구적인 허위의 우주, 그러나 더 위험한 것은 그릇된 거짓 절차의 결과로 진실을 꾸며내는 사유 틀이니, 그렇게 나온 진실은 폐쇄성, 다른 방식으로 생각하길 거부하는 태도, 스스로를 불의의 희생자이자 자신을 거부하는 질서의 희생자일 뿐이라는 심리적 확신에 의해 완전히 날조된 진실이다. 이 쟁점들을 논의하려면 책 전체를 할애해야 할 테니, 여기서는 그에 관한 성찰을 삼가려 한다. 음모론의 기교는 이미 상당한 수준에 이르렀고, 합리성이 크게 위협받고 있는 만큼 앞으로 더 급격히 확산될 것이다. 오래전부터 음모론 편에 서온 이성에 호소하는 것만으로는 잠재울 수 없는, 강력한 욕동세世를 지금 우리는 살고 있다.

이미 마르크 앙주노Marc Angenot*가 지적한바, 르상티망과 음모론적 이데올로기 사이에는 뚜렷한 연관성이 있어서 하나가 다른 하나에 끊임없이 기름을 붓는 식으로 작동한다.

르상티망의 핵심에는 전도되거나 역전된, 거꾸로 뒤집힌 가치론이 있다. 즉 비열함과 실패가 세속적 가치의 지표가 되고, 우월함은 오히려 저 아래에 자리잡는다. 특히 우월함의 수단과 산물은 사취된 것이요, 르상티망의 입맛에 맞게 축조된 도덕적 초월성에 비추어 평가절하된 것이므로, 비난받아 마땅한 대상이다. 르상티망의 가치론은 지배자에 대한 증오를 급진화하는 동시에 도덕적인 무엇으로 만든다. 성공은 악, 실패는 미덕, 바로 이것이 『도덕의 계보』 전체를 압축한 격언이다. 생쥐스트Saint-Just는 "누구도 죄 없이 군림할 수는 없다"고 말했다.**

생쥐스트의 강력한 논리, 그 반박 불가능한 성격은, 그 논리에서 오류를 찾기란 불가능하므로, 즉 마치 종교적 독단의 말처럼 무결無缺한 것이므로, 그 자체로 그의 이데올로기를 입증한다. 왜 군주 살해를 정당화해야 했을까? 논점은 왕의 기능을 살해하는 데 있으며, 무엇보다 루이 카페Louis Capet가 왕이 됨으로써 불가피하게 언제나 찬탈자로 존재할 수밖에 없었음을—이것은 사실이다—이해하는 게 중요했기 때문이다. 좋은 군주였든 나쁜 군주였든, 루이 16세는 언제나 민중의 권리를 강탈한 사람이었다. 하지만 이에 관한 고찰은 생쥐스트의 논지에서 전

---

* M. Angenot, "Nouvelles figures de la rhétorique : la logique du ressentiment", *Questions de communication*, 2007, n° 12, 57~75쪽.
** 같은 글.

혀 찾아볼 수 없다. 르상티망은 가치가 전도된 세상을 구현함으로써 이와 똑같은 논리를 만들어낸다. 이 편파적인 세상에서 만약 당신이 부유하고 건강하게 지낸다면 그건 당신이 세상의 공범이라는 뜻인데, 왜냐하면 세상이 조직적인데다 인간의 개별가치를 전혀 고려하지 않는 곳이기 때문이다. 그러므로 이런 가치 전도 논리는 모두를 물화한다는 맥락에서 평등주의적인 전체주의의 출현으로 이어질 수밖에 없다. 그런 곳에서는 현재 지배적인 물화 대신 지배받는 자들의 물화가 널리 확산되어, 이들이 지배하는 위치에 서게 되리라. 끊이지 않는 악순환은 그저 새로 출현한 집단에 유리하게 작용할 뿐이다. 따라서 르상티망은 사회정의를 구현하려는 사고방식이 아니라, 스스로가 무언가를 박탈당했다고 여기는 새로운 집단이 자신들의 이익을 도모하고 증진시키려는 권력관계이자 하나의 이데올로기다.

르상티망 담론에서는 단순한 논쟁용 변증법 즉 늘 맞는 말만 하는 논쟁술 같은 논리가 작동해서, 이의제기도, 논박도, 논리의 모순을 지적하는 것도 용납되지 않으며, 전체 담론은 난공불락의 장치와 소진되지 않는 예비 논리를 마련하는 데 소용된다. 즉 우리는 한 번도 이기지 못했고, 우리에게는 여전히 시정되지 않은 오랜 잘못이, 또 과거와 과거의 불행을 상기시키는 상처가 남아 있으며, 우리가 맞서는 지배집단은 늘 적대적이고 우리를 멸시하는데다가—만약 우리가 이 무리를 완전히 처단하지 못한다면, 그러니까 모종의 "최종 해결책"으로 제거하지 못한다면—우리 스스로가 원하는 선한 자아상에 끝없이 방해물로 작용하는 몇몇 특권을 갖게 된다.*

르상티망의 주체가 품은 이상에 잘 맞아떨어지는 "자아상"을 복원하려면, 이전의 지배집단을 없애야 한다. 타자가 소멸하지 않는 한, 주체의 영혼에는 쓰라린 앙심에 찔린 상처와 구멍이 생기며, 이 아픔은 견딜 수 없을 정도로 강렬해진다. "문제"를 해결하는 대신 제거하자는 과격한 해법으로서의 집단학살의 광기 안에서는, 바로 이와 같은 메커니즘이 작동한다. 즉 원인을 완전히 발본색원하면 마침내 안정을 되찾고, 르상티망욕동을 잠재우며, 정의로운 질서를 회복할 수 있으리라 여기는 것이다. 비록 새로운 불평등의 질서가 도래할 뿐이라 해도, 게다가 이전의 희생자가 이제부터는 처형자가 될지라도 말이다. 그로써 완전한 박멸이 이루어진다고 여긴다 해도 이 메커니즘이 끝이 없으리라는 점을 이해하기란 어렵지 않을 것이다. 게다가 타자를 절멸시키는 일이 가능하다거나 새로운 "순수성"이 멀쩡히 보장될 것이라는 믿음은, 그저 범죄적일 뿐인 몹쓸 생각이자 지독하게 낭만적인 전망이다. 아니, 오히려 새로운 르상티망이 모습을 드러낼 테니, 욕동을 해방하는 작업이 아니라 해체하

---

* M. Angenot, "Le ressentiment: raisonnement, pathos, idéologie", in Michael Rinn(dir.). *Émotions et discours: L'usage des passions dans la langue*, Presses universitaires de Rennes, 2008, 83~97쪽.

340

는 작업만이 욕동을 다스리고 진정시킬 수 있기 때문이다. 개인
적이든 집단적이든, 이 작업을 회피할 수는 없다. 게다가 개인
적이고 집단적인 역사의 흐름 속에 늘 새로이 극복해야 할 도전
이 떠밀려오니, 이 작업이 완수될 가능성도 없다. 또한 모든 분
석 작업이 완료된 것도 아니라서 어떤 면에서 우리는 그것을 부
정해야 하며, 나아가 분석 작업을 통해 "반증할 수 없고" 오류
없이 무결한 사물들의 질서와 맞서야 한다. 세계에 대해 눈속임
과도 같은 "웅장한" 독법을 제시한다는 의미에서 "신화적"이
라고도 할 수 있는 그 질서를, 앙주노는 언제나 의심할 수 있는
과학적 추론만으로는 반박될 수 없다는 이유에서 "변증법을 초
과하는 요소들"이라 명명한 바 있다.

르상티망적 사고의 특징은 이리저리 회피하는 논법 외
에도 변증법을 초괴히는 요소들, 즉 거기서 특별히 선호
되는 "신화"만 봐도 알 수 있다. 늘 부정하고 의심에 차
있는 이 사고는 음모론, 사악한 결탁, 기원과 뿌리내림에
대한 미신, 그들의 편에서 태어날 복수자의 신화 등과 같
이 잘 알려진 특정 "신화들"의 대단한 소비자이자 생산
자다. 그런 신화가 호소력을 발휘하는 건, 나와 내 것들
이 마땅히 설 자리가 없는 이 거꾸로 뒤집힌 세계, 전도
된 세계에 대해 거대한 해석을 내놓을 수 있도록 고안되
었기 때문이다.*

거꾸로 뒤집힌 세계mundus inversus는 르상티망과 음모론적 사고 사이의 확고한 연관성을 이해하는 데 중요한 개념이다. 이 개념이 전체를 아우르는 능력을 통해 모든 종류의 물음과 현재 세계의 모든 결함에 대답해주기 때문이다. 이 개념은 모든 것에 대한 답을 가지고 있고, 르상티망에 물든 개인의 나르시시즘적 괴로움을 설명해주며, 나아가 개인의 책임을 놀라울 정도로 희석할 수 있게 해주는, 일종의 마법적 해결책이다. 음모론의 논법은, 모든 외부적 기호를 오로지 한 방향으로만, 자신이 세운 초기 가설을 검증하는 방향으로만 해석하는 편집증적 정신구조의 속성이기도 하므로, 정신의학에서도 잘 알려져 있다. 탈출구는 없다. "많은 정치학자가 〔……〕 오늘날 대중문화에서, 좌우 진영의 음모론이 징후로 나타나는 '편집증적 논리'의 대규모 부활을 진단하고 있다."* 탈출구를 봉쇄하고 치유나 회복을 막는 것이 정신증의 특성인바, 이러한 이유로 음모론적 병에서 치유되기란 거의 불가능에 가까울 정도로 어렵다.

공교롭게도 편집증적 주장은, 더없이 궁극적인 통찰력을 발휘한다고 여겨지는 만큼 해체하기가 더 어렵다. 편집증이 중요한 역할을 한다는 것을, 주체의 나르시시즘적 욕동을 되살리고, 무시당하거나 인정받지 못하는 그에게 어떤 지성의 감각을 되찾아준다는 점을 잊지 말자. 사회가 주체에게 허락하지 않은 무언가를 편집증은 은쟁반에 고이 담아 제공하니, 주체가 이처럼

---

* M. Angenot, "Nouvelles figures de la rhétorique : la logique du ressentiment".

접근하기 쉬운 유일한 보상에 매달리는 것도 당연하다. 우리가 기억해야 할 것은, 정신증이란 이처럼 언제나 타자를 파괴하려는 거대한 움직임 속에 있는, 의식적이든 무의식적이든 자기보존을 위한 사고방식이라는 점이다. 이러한 활력과 자기보존적 에너지로 인해 "질병"으로서의 그런 성질에 의문이 제기될 정도로, 정신증은 아픔에서 연유한 대단한 생명력을 보여준다. 그러나 캉길렘이 말한 한결 역동적이며 주관적인 질병의 정의를 참조하면, 질병이란 건강한 육체를 지닌 존재방식을 지속하려는 "생명의 쇄신"*이라 할 수 있다. 나아가 캉길렘은 질병이 "치료하려는 의도"**를 통해 이루어지는 생명의 쇄신이라고 말한다. 정신증은 결코 "치료하려는 의도"를 지니지 않으며, 보통 질병의 존재를 부인한다. 질병에 대한 도착적 부인은 신경인지장애에 속하는 질병인식불능증과는 구별되어야 한다.

건강이라는 단어의 은유적 용법은 주체와 민주주의의 내적 역학을 파악하는 데 도움이 되며, 바로 그 내적 역학이 개인의 건강과 개인이 살아가는 조직의 건강을 보호하기 위해 우리가

---

* "질병은 이제 그저 축소되거나 확대될 수 있는 하나의 사실이 아니라, 생명의 긍정적 쇄신에서 나온 경험이다." Georges Canguilhem, "IV. Maladie, guérison, santé", *Le Normal et le Pathologique*, PUF, 2013, 155~176쪽.

** "질병은 균형이나 조화가 깨진 상태일 뿐 아니라, 무엇보다 새로운 균형을 획득하기 위한 인간의 자연적 성장통이기도 하다. 질병은 치료하려는 의도에서 보편적으로 일어나는 반응이다. 유기체는 스스로 치유되기 위해 질병을 만든다. 치료는 우선 이 자연발생적인 치료의 쾌락 반응을 용인하고, 필요할 경우 강화해야 한다. 의료 기술은 자연적 의료행위(자연적 치유력)를 본따 이루어진다." G. Canguilhem, "I. Introduction au problème", *Le Normal et le Pathologique*, 11~22쪽.

설정하고, 고안하고, 강화하고, 또 개념화해야 할 자연적 치유력vis medicatrix naturae의 유형을 적절히 설명해준다. 교육과 돌봄의 궁극적 목표는, 치료하려는 의도 속에서 쇄신을 이룰 수 있는, 달리 말해 오로지 민주주의의 지속가능성을 유지하기 위한 개혁을 이루어나갈 수 있는 이 '자연적 치유력'을 구축하는 일이다.

르상티망은 언제나 막스 베버의 핵심 개념인 탈주술화Entzauberung에 대한 반발로서—그것을 부정하기 위해—작동해왔다. 르상티망이라는 이념들은 현대성, 합리화, 탈영토화 앞에서 밀려드는 불안의 물결과 밀접한 관련이 있다. 동질적이고 열렬하면서도 정체되어 있는 공동체Gemeinschaft 정신은, 개방적이고 냉담하며 합리적-기술적인 사회에서는 신랄해지기 쉽다. 앙심을 품은 사람과 피해자를 자처하는 사람 사이에 새로운 연대를 구축하고 공동체의 후퇴를 조장하는 르상티망은, 그런 열기를 경제적으로 재활성화하려는 수단으로 등장한다. 익명적이고 냉혹한 사회적 국제적 발전 메커니즘, 달리 말해 그 어떤 집단적 전술이나 집단적 성공도 용인하지 않는 통제 불능의 "냉혹한 괴물들"에 맞서야 하는 상황에서, 온정적인 비합리성 속에서 공동체적 결속을 다지려 하는 것이다.*

탈주술화에서 나타나는 승화의 부재가 르상티망을 불가피한 현상으로 만든다는 점에서, 앙주노는 르상티망과 탈주술화의 연관을 제대로 본 셈이다. 예방조치로서, 유일한 실제적 관건인 불안의 승화 임무를 떠안지 않고도 우리가 불안의 확산을 막을 수 있으려면, 합리화와 탈영토화가 극한으로 펼쳐지는 과정에 박차가 가해지지 않게끔 늘 경계해야 한다. 이런 과정은 필연적으로 물화의 감정을 불러일으키며, 그에 대한 반발로서 나타나는 저항은 민주시민에 걸맞은 적극적인 참여가 아니라 희생자적 수난이 일으키는 정념에 굴복하는 식으로 빠져들기 쉽다.

<h1 style="text-align:center">14</h1>

자아의 확장을 향하여 I

개인의 정신적 사회적 실존을 구성하는 조건을 부정하고 그들의 내밀한 상호작용을 무시한 채, 조금의 억제도 없이 표출되는 개인의 죽음욕동을 온전히 제작된 합리성으로 통제할 수 있으리라 믿는다면, 그건 지성적 측면에서 어리석은 일이요 윤리적 측면에서는 위험한 일이다. 헤르만 브로흐는 『대중광기이론』으로 구현된 위대한 작업에서, 정치심리학 교육과 그가 "세속에 눈먼 맹목과 세속적 도취"**라 일컬었던 집단적 광기 현상

---

* M. Angenot, 같은 글.

** Hermann Broch, *Théorie de la folie des masses*(1955), Éditions de l'Éclat, rééd. 2008, 8쪽.

들에 대한 연구*가 필요하다고 역설했다. 이 방향으로 아무 연구도 이루어지지 않을 경우, "대중의 정신적 타락"** 즉 "비합리성의 측면에서 득"이요 "합리성의 측면에서 실"***이 되기에 공히 백해무익하다 할 만한 두 가지 현상이 발생할 우려가 있다. 그 첫번째는 종교적 열망의 범람이고 두번째는 포퓰리즘적 열망의 범람으로, 그 두 현상은 물론 밀접하게 결부된다.

왜 "정치심리학"인가? 가령 "대중"과 같이, 독자적 의지를 지닌 고유한 개체로 존재하는 신비주의적 실체는 존재하지 않는다는 점을, 헤르만 브로흐는 인지하고 있었기 때문이다. 집단심리학은 "대중과 같은 사회학적 집단이 존재함으로써 자아가 처하게 되는 외부적 조건들"****에 대한 연구다. 자아가 더이상 세계와 연결되지 못할 때, 달리 말해 자아가 스스로 세계로부터 배제되었다고 생각하거나, 세계를 통한 "자아 확장"의 가능성이 가로막혀, 조금씩, 아주 사소하게라도 세계를 바꾸어나갈 희망을 더이상 볼 수 없을 때, 확장과는 정확히 반대인 현상, 즉 개인을 "황홀경과 대립되는 두려움의 감정, 주지하다시피 늘 죽음에 대한 두려움과 직결되는 어떤 감정"으로 몰아넣는 "자아 위축"*****이 발생한다. 자아는 창조적 생명력과 승화의 힘으로

---

* 같은 책, 13쪽.

** 같은 책, 14쪽.

*** 같은 책, 20쪽.

**** 같은 책, 45쪽.

***** 같은 책, 48쪽.

그런 감정의 공격에 맞서 일종의 중단을 수행하는 한에서만 자신의 죽음욕동, 허무와 죽음에 대한 고뇌에 저항할 수 있다.

이를 위한 몇 가지 방법이 있으니, 자아의 증대는 여러 방식으로 이루어질 수 있다. 가령 단순한 선택적 친화보다 더 넓은 범위를 아우르는, 아리스토텔레스적 의미에서의 사랑과 우정은, 자아 확장과 증대의 요인, 말하자면 하나의 계기가 될 수 있다. 미적 경험, 예술, 인문학 또한 마찬가지다. 지나치게 제한적이고 판에 박힌 방식으로 세계를 형상화하는 재현을 끊임없이 전복하는 '희극적 힘' 역시 자아를 확장하는 한 가지 형태, 더 정확히는 자아의 위축을 무마할 하나의 동력이 된다는 점을 우리는 앞서 살펴보았다. 웃음은 분별의 한 형태다. 나는 웃음을 통해 길러졌으니, 몸이 비틀릴 정도로 포복절도하기에 이르면, 그 순간 비스듬히 시선을 기울여 아래쪽에서부터 사물을 바라볼 수 있게 된다. 소유의 환상을 해체하는 그런 웃음. "세계에 대한 인식, 비非자아에 대한 인식은 세계를 파악하는 승화된 방식, 요컨대 욕동의 승화 작용이다. 정말로 온 세상을 파악하기란 불가능하지만 상징적으로 파악하는 것은 가능하며, 따라서 우리는 이 상징적 관계를 통해 원래의 소유 가능한 가치로는 이룰 수 없는 일, 즉 시간을 폐지하는 일을 행하려 한다."* 우리가 잘 알듯이, 우리 시대의 현대적 환상은 자아 "증대"를 위한 상징화 작업을 생략해도 괜찮다고 우리를 꼬드기며, 본래 윤리적

---

* 같은 책, 47쪽.

지적 형이상학적 상징적 범주에 있는 이 문제를 물질적이고 기술적인 문제로 환원한다. 물론 그렇게 환원되어버린 작업은 아무런 효과 없이 중독과 거짓 보상 능력을 낳을 따름이다. 그런데 와이파이가 작동을 멈추는 순간, 아늑한 누옥에 머물던 정신은 공황에 빠진다. 자아의 확장은 자아의 전능한 힘이 아니라 정확히 그 반대를 의미한다. 그것은 자아의 한계를 알며, 그로써 야기될 수 있는 일탈을 막기 위해 그 한계를 승화할 필요성이 있음을 아는 인식의 증거다. 상징화는 부재를 수용하면서도 부재와 질적 관계를 맺어 소유의 부재에 따른 고통을 극복할 수 있게 만든다는 점에서, 전능한 자아의 반명제다. 정신분석의 첫 번째 가르침 중 하나가 바로 이것이다. 어떻게 분리에, 대상과 타자의 부재에 대처할 것인가? 나를 둘러싸고 내 안에 침투하는 저 "비-자아non-Moi"에 어떻게 대처할 것인가? 아이는 처음에 자신이 어머니와 분리될 수 없는 존재라 생각하며, 자신이 어머니요 어머니가 자신임을 믿어 의심치 않지만, 환상은 금세 사라진다. 필경 출생의 순간부터 분리의 예감은 불가피하게 다가오고, 교육은 아이에게서 상징화의 힘이 출현하도록 조금씩 도움을 줄 것이다. 그렇게, 여기 어머니가 잠든다.

<h2 style="text-align:center">15
분리가 의미하는 것</h2>

분리는 유기遺棄가 아니며, 연장자에 대한 부채감을 부인하거

나 모든 형태의 정서적 의존을 거부한다는 뜻도 아니다. 아무런 책임 없이 독립적인 존재가 될 수 있다고 믿는다면 착각이다. 이해한다는 것은 왜곡하려는 몸짓과 결코 동일시될 수 없다. 주체가 분리를 받아들이고, 분리를 하나의 의무로 여기고, 특정한 형태의 거리를 수용하는 것이 부모에 대한 애착을 부인하는 것은 아니니, 그건 완전히 다른 상황이라 할 수 있다. 그러나 분리를 승화하지 않은 채 두려워만 하다가는 보호와 기대 속에 유일무이한 존재로 사랑받는다는 느낌이 사라지면서 스스로를 희생자인 양 느끼게 될 수 있다. 물론 이 역시 결코 명확하진 않으며, 환상적이고 거의 마법에 가까운 보호에 대한 애도 불가능성이라는 문제가 육체적으로 실존하는 "부모"의 존재와 반드시 연관이 있는 것도 아니기 때문이다.

아이의 가장 중요한 성장을 함께하면서도 결국엔 물러날 줄 아는, 혹은 아이 쪽에서 과거 자신이 기대했던 것을 더이상 기대할 수 없음을 마침내 깨닫게 되는, 그런 부모와의 깊은 관계가 지닌 모든 양면성을 온전히 밝혀주는 한 작가가 있다. 다시, 양면성에 대한 얘기다.

뉴욕을 떠나는 승강장에서 시몬 베유는 부모에게 이렇게 말한다. "내게 주어진 인생이 여럿이라면, 그중 하나는 온전히 어머니와 아버지를 위해 바칠 거예요. 그러나 내게 인생은 하나뿐이고, 나는 이 인생을 다른 곳에 바쳐야 해요."* 아이는 자신이 사랑하는 부모에게 "내 삶은 당신들 덕입니다"라고 말하지만, 그 덕德을 다시 "다른 곳"에 갚아나가야 하니, 바로 이렇게 열림의 윤곽이 그려진다. 베유에게 "어머니, 여기 잠들다"라는 말이 그녀에게 어린 시절로 향하는 접근을 막은 적은 한 번도 없다.** "마치 가족의 시선이 언제나 그녀의 존재를 통합해주는 —그리고 필요하다면 언제든 재결합해주는—것처럼, 그 어떤 외부의 시선도 그녀를 분열시키지 못하는 듯했다. 부모의 시선, 특히 어머니의 시선은, 청소년기를 훌쩍 지난 시기에도, 스스로 '변변찮은 지적 능력을 타고났다'고 생각하던 이 총명하고 부산스러운 아이의 정체성을 확인시켜주었다."*** 분리는 결코 쉬운 일이 아니었지만, 결국 이루어졌다. 딸 베유는 어머니 베유가 자주 편지를 쓰지 않는다고 불평하다가도, 몇 줄 내려가서는 그 원망이 터무니없는 것임을 자각한다. 더구나 타인을 위해 시간을 내는 일에 있어 시몬의 인생은 매정한 면모를 보여준다. 시몬의 마음과 정신 어디에든 부모가 존재했지만, 세상을 누비는 여정은 끝이 없고 후퇴는 생각할 수조차 없으니, 나아가야 하고, 써야 하며, 그리스적 사고와 수리적 사고에 도전해야 하고, 현대와 고대의 화해라는 임무에 응해야만 한다. 그러니 어머니의 품에 안주하는 건 있을 수 없는 일이다. 어머니의 품은 그녀를 방해하리라. 부모의 교육열마저 변질시키리라. 죽음에 이르

---

* Simone Weil, *Correspondance familiale*, I, in *Œuvres complètes*, VII, Gallimard, 2012, 8쪽.

** "유년기에서 완전히 등을 돌리는 일은 시몬 베유에게 일어나지 않았다." Robert Chenavier, "Avant-propos", in S. Weil, *Correspondance familiale*, I, 16쪽.

*** 같은 곳.

기 한 달 전, 병이 들고 극심한 피로에 지친 시몬이 떠올린 사람은 바로 부모다. "나는 이제 끝났어요, 완전히 망가져 이제 회복의 가망도 없어요. [……] 그나마 가장 희망적인 가설은 이런 거예요. [……] 어쩌면 대상은 복구될 수 없고 임시적으로 재결합 정도만 가능하지 않을까. 이러한 재결합조차도 부모님에 의해서만 이루어질 뿐 달리는 안 될 거라고, 나는 거의 확신하고 있어요."* 베유는 평생 이처럼 거리감에 대한 인식과 합일의 상태를 되찾으려는 욕구 사이에서 갈팡질팡했으리라. 특히 플라톤의 『향연』에서 아리스토파네스가 떠올렸던 사랑을 향한 갈망과도 같은 이 합일의 욕구는, 우리 모두가 남성과 여성으로 이루어진 둘이기 이전에 저마다 홀로, 단독으로 존재한다는 본원적 운명을 상기시킨다. 그러니 우리가 저마다 행하는 숭고한 탐색도 틀림없이 이런 융합의 감각에 연결되어 있기 마련이다. 재결합하고, 하나가 되어 회복되는 것, 그러한 치유를 누군들 꿈꾸어보지 않았으랴? 나로서는 그 위대한 단절이 일어났을 때 이런 이해방식에 접근조차 하지 못했다. 아침저녁으로 매 시간, 하루중 언제라도, 아버지와 어머니, 어머니와 아버지, 그리고 할머니가, 굳이 가족으로서가 아니더라도 언제나 거기 있었으니, 그런 순간만큼은 나이와 인생을 초월한 의무로서의 다른 무언가가, 상냥하고 묵묵하며 책임이 따르는, 민첩하고 효력 있는 어떤 우애가 작용하고 있었다. 그것은 하나의 계율과도 같다.

---

* 같은 책, 21쪽.

열네 살 무렵에 시몬 베유는 이미 재능을 인정받은 자신의 오빠와 자신이 같지 않음을 자각하고서, 아니 적어도 그렇게 확신하고서 "청소년기의 끝없는 절망"에 빠져들었다. 그녀를 구제한 것은, 순전히 끈기 있는 노력, 오로지 진리에 도달하는 데 집중하는 노력만이*—어떤 이들은 이 감각을 철학적 자극제라고도 말하리라—만천하에 밝혀진 평범성으로부터 한 영혼을 구해낼 수 있으리라는 예감이었다. 속내를 털어놓는 친구이기도 했던 오빠 앙드레 베유가 "미래는 시몬을 필요로 한다"**라고 한 말에 훗날 그녀는 그에게 감사를 표하며, 덧붙여 그 '미래'가 어떤 모습으로 다가오든 그에 발맞추기 위해 그리스의 고대성을 선택하는 거라고 말한다. 오빠와 주고받은 서신에서 베유는 그리스비극에 대한 니체의 해석을 언급하며, 이 철학자가 그리스인을 균형에 "절망적으로 집착"***했던 존재로 묘사할 때 어째서 오류를 범한 것인지 자신의 관점으로 설명한다. 이 표현이 형용모순이어서가 아니라 고대 정신에 대한 현대인의 몰이해를 드러내기 때문이라는 것이다. 어디에도 절망은 없다. 필연에 대한 쓰라린 심미안은 분명 존재하지만, 동시에 그 심미안은 필시 사명과도 같은 행복의 형태와 함께 유지된다. 이는 거의 천부적인, 혹은 묵시적인 승화의 감각이었을까? 니체는 우울한 승화밖에 창조할 수 없었던 걸까? 어쨌든 시몬 베유는 디오니

---

* R. Chenavier, 같은 글.

** Simone Weil, 같은 책, 438쪽.

*** 같은 책, 467쪽.

소스적인 것에 맞서 절도와 조화를 선택했으며, 전쟁 이전의 시기, 그녀가 자신의 사유를 활발히 빚어가던 시기에 주위의 혼돈을 피부로 느껴보았음에도, 그 혼돈에 대항하여 수학과 기하학을 자신의 진영으로 삼았다. 그런 상황에서도 베유는 광기의 유혹, 불균형을 향한 이끌림을 거부했다. 두 눈을 뜨고 있는 사람이라면 누구나 실존은 고통스럽다는 생각을 품게 된다.* 그렇다고 해서 모두가 절망적 허무감과 불안에 굴복하는 것은 아니다. 그리스인들은 불안 없이 살았다.

<h2 style="text-align:center">16
자아의 확장을 향하여 Ⅱ: 민주주의, 열린 가치체계</h2>

불인은 현대인의 본모습이다. 자아의 위축이 지속되면 불안은 깊어지기 마련이니, 헤르만 브로흐는 이를 "출구 없는 불안"으로 묘사했다. 이어 브로흐는 "버팀기둥soutènement"**의 서로 다른 구조적 유형들을 제시한다. 가장 전통적인 유형은 물질적 현실, 즉 소유나 권력과의 관계, 혹은 지식과 결합된 지적 현

---

* 같은 책, 475쪽. "분명, 두 눈을 뜨고 있는 사람들이 전부 그렇듯, 그들도 실존은 고통스럽다는 생각을 품었어. 그러나 그들의 고통에는 어떤 목적이 있었지. 이 고통은 인간존재의 목적이자 이 세상의 가혹한 제약들이 인간에게서 박탈한 지복至福과 관련하여 어떤 의미를 지니고 있었던 거야. 그들에게 불행, 재난, 불균형에 대한 취미는 조금도 없었어. 많은 현대인에게(내 생각에는 특히 니체에게는) 행복의 의미까지도 박탈당한 상태와 관련한 어떤 슬픔이 나타나는 반면, 그들은 스스로를 비울 필요를 느꼈던 거야."

** Hermann Broch, *Théorie de la folie des masses*, 48쪽.

실과의 관계, 나아가 정서적 현실과의 관계를 가리킨다. 여기서 쟁점은 특히 유한성이나 타자가 표상하는 위험에 결부된 "공황 상태를 방지"*할 "가치체계"를 창조하는 일이다. 결국 우리의 모든 가치체계는, 실존적 불안을 잠재우고 주체가 불안에서 벗어나 무언가를 할 수 있도록 주체를 해방시키기 위한 것이다. 반면 르상티망은 이 체계를 전도시킨다. 르상티망 또한 하나의 가치체계를 만들어내지만, 그로부터 주체가 해방될 수는 없을 것이다. 오히려 르상티망은 제 욕동적 성향을 되풀이함으로써 더욱 강고히 하고, 자기확신에 틀어박히는 내향성 침잠 상태를 초래한다. 브로흐가 "열린 사회"를 묘사할 때 우리는 칼 포퍼를 떠올리게 되는데, 건강한 가치체계를 그렇지 않은 가치체계와의 '대비' 속에서 규정하며 그가 포퍼와 동일한 용어를 사용하기 때문이다.

인간은 마치 자기 보호를 위한 일종의 조건반사처럼 천성적으로 자신의 가치체계 안에 세계를 포섭하려는 성향을 보이기 마련이지만, 그럼에도 불구하고 여전히 그 밖의 나머지가 존재한다고, 이런 종합에 저항하는 무언가가 남아 있다고 생각할 수 있어야 한다.

모든 개인, 모든 사회집단, 모든 직업 범주 등은 각각의 가치체계에 해당하는 특수한 인지구조에 따라 세계를

---

* 같은 곳.

이해하려 하고, 그 가치체계 안에 모든 것을 완전히 포섭하려 한다.[*]

    따라서 개인이나 집단이 그런 식으로 행동한다는 것은 문제가 되지 않으며, 애초에 꽤 자연스러운 현상이다. 문제는 사람들이 가치체계에 집착하면서 그 경계를 넘어서지 못할 때, 그리하여 경계를 위반하는 모든 것이 위법으로 간주될 때 발생한다. 저마다의 가치와 논리에 위계를 두지 않는 상대주의적 체계를 정당화하자는 것이 아니다. 오히려 비판정신과 양립할 수 있는 가치체계, 쇼펜하우어가 이론화한 것처럼 악의를 내보이기보다, 설령 상반되는 논리를 거부할지라도 온전히 선의 속에서 토론을 수용할 수 있는 가치체계를 창출하는 것이 관건이다. "어떠한 가치가 독단적으로 지배하는 체계를 가리켜 닫힌 체계라 명명할 수 있다."[**] 근본주의적이고 전체주의적인 종교나 이데올로기가 그 대표적인 경우다. "반대로 열린 체계는 세계의 현상 전체를 물질적 가치들의 독단론적 체계에 포섭하려 하지 않으며, 언제나 체계를 조금 더 발전시키려는 노력 속에서 얻게 되는 절대적 가치를 탐색하고자 한다는 점에서, 이와는 구별된다."[***] 가령 과학은, 새로운 추론이 과학적 법칙에 따라 문제를 제기할 경우 기존의 진리가 삭제될 수 있음에도 끊임없이 진리

---

[*] 같은 곳.
[**] 같은 곳.
[***] 같은 곳.

를 재구축하며 나아간다는 점에서 대표적인 열린 체계라 할 수 있다.

브로흐는 한 걸음 더 나아가 열린 체계든 닫힌 체계든 가치체계와 개인을 결부시키고 개인이 자신의 모든 죽음욕동에 저항하고자 할 때 갖춰야 할 자원을 기술하는데, 이러저러한 가치체계를 구현하는 행위가 개인과 공동체의 정신구조에 영향을 줄 수밖에 없기 때문이다. 물론 개인이 품은 가치체계는 오롯이 개인적 가치로만 이루어지기보다는 개인의 성격과 그가 살아가는 (가족, 문화, 제도, 경제) 사회 사이의 끊임없는 상호작용에 좌우된다. 그래서 브로흐는 개인이 한편으로 자신을 뒷받침하는 다양한 공동체에 소속감을 느끼면서도, 자기소외를 겪지 않기 위해 그 공동체를 비판할 수 있어야 한다고 지적한다. 브로흐가 묘사하는 "공동체의 이상적 모범"은 개인에게 "최대의 합리적 가치와 최대의 비합리적 가치"를 동시에 제공할 수 있어야 하며, 여기서 "후자는 성격의 자유로운 발달과 공동체적 감정이라는 형태로 제시되어야 한다."* 브로흐의 논제는 합리적인 것과 비합리적인 것을 대립시키지 않기에 더 의미가 있다. 둘 다 인간에게 필수적이라는 사실을 인정하는 것이다.

여기서 더 나아가, 우리는 이성 전체가 반드시 과학적 방식이나 기존의 공인된 방법론을 따르는 방식으로만 표현되지는 않는다는 사실을 덧붙일 수 있으리라. 이성은 이전까지 과학적 합

---

* 같은 곳.

리성의 측면에서 불충분한 것으로 간주되던 평가와 측정 도구까지도 조금씩, 새롭게 발명한다. 아직 과학적으로 입증된 건 아니지만—그리고 아마 앞으로도 그럴 테지만—인간 정신과 그와 관련한 인지적 감정이 비합리적인 것으로 추동되는 만큼 합리적인 것으로도 추동된다는 점은 여전히 분명하다. 개인의 영혼을 "치료"하고 실존적 불안과 르상티망으로의 탈선 가능성을 극복하기 위한 자원을 마련하기 위해서는 두 가지 모두가 필요하다. 브로흐가 비합리적 현실을 특별히 예민하게 감지할 수 있었다면, 이는 그가 나치 독일을 경험하면서 세상의 무능을 영혼과 피부로 느껴보았기 때문이고, 그에 대한 거울상으로, 열림을 지켜내는 가운데 저 살인적인 가치 퇴폐 현상에서 벗어날 일종의 신비주의적 저항의 형태를 확실하게 구상했기 때문이다. 브로흐의 신비주의는 전혀 독단적인 구석이 없는 열린 체계이며, 수학적 논리만으로는 전부 포괄되지 않는다. 과학만능주의는 광신주의와 마찬가지로 실질적 살육을 초래할 수 있다.

오류를 범할 위험 없이 이렇게 말할 수 있다. 중심적 가치체계가 문명의 건설에 기여한 바가 무엇이든 간에, 그 교의가 자율적인 폐쇄 체계가 되어 그 자체로 비대해지는 순간, 가치체계 전체는 붕괴하며 진정한 집단 광기로 퇴락한다.[*]

---

[*] 같은 곳.

그러므로 중심적 가치체계가 이전까지 경험하거나 생각하지 못한 미지의 가치와 "사실" 앞에서도 모종의 항상성을 창출할 수 있는지가 중요하다. 다시 강조하지만, 새로이 마주한 실재에 곧바로 적응할 수 있는 것은 아니며, 적응 과정에서 불안감이 생겨날 수 있다. 주체가 다시 새롭게 상징화와 승화 작업을 해나가지 못하는 닫힌 체계 속에 붙박여 있다면, 불가피하게 주체 자신에게나 집단에게나 공히 위험한 정신증이 발병하게 된다. 주체가 열린 체계를 유지한다는 것은, 이처럼 새로운 실재가 야기하는 (물질적 감정적 지적) 불안이 엄습할 때 주체가 즉시 보호받는다는 뜻이 아니라, 주체가 그 불안에 대처할 능력을 갖는다는 뜻이다. 그래서 브로흐는 정신증보다는 신경증에 가까운, 그러나 매우 심각해질 수 있는 "정신적 파열"*에 대해 논의한다. 포퍼와 브로흐 사이의 대화가 가능하다면, 그건 두 사람이 민주주의사회를 열린 체계로 사유하려 했기 때문이고, 또 브로흐가 그러한 사유를 밀어붙여 민주주의의 목표 자체가 "대중의 광기에 맞서 싸우기"와 "인간을 휴머니티라는 열린 체계로 데려가기"에 있다고 여기에 됐기 때문이다. 종교적 개종과 유사한 방식으로 "민주주의의 전환"**을 사유하려 했다는 맥락에서, 분명 브로흐의 이론에는 기독교 신비주의의 흔적이 선명히 각인되어 있다. 이 점에서 브로흐는, 종교의 당파적 면모를 비

---

* 같은 곳.

** 같은 책, 62쪽.

358

판하면서도 사회적 의식을 창출하고 합일을 도모하는 종교기제를 파악하고자 했던 프랑스혁명의 선구자들과―적어도 루소와 로베스피에르를 포함한 일부와는―크게 동떨어져 있지 않다. 루소는 "시민 종교"를 논했고 로베스피에르는 공화국의 원리를 신성화하려 했다. 나는 『민주주의의 병리학』에서 이 전형적인 프랑스의 현상에 대해 설명하고자 다음과 같은 가설을 세웠다. 세속성이라는 개념이 프랑스에서 그처럼 규범적 역할을 한다면, 이는 아마 모두가 독단적 교의 없이도 저마다 초월성과의 관계를 구축할 가능성을 열기 위해서, 적어도 시민 개개인이 그런 초월성과 관계 맺을 때 서로 충돌하지 않을 수 있는 공동의 영역을 만들어가기 위해서가 아닐까. "모든 종교적 개종 도식은 따라서 그 세속적 연장선에도 잘 적용될 수 있다."* 브로흐의 추론에서 탁월한 점은―우리는 브로흐의 신비주의 경향에 동의하지 않은 채 그의 추론을 높이 평가할 수 있다―그 추론으로부터 민주주의가 개인을 위해 어떻게 "합리성의 지속적 승리를 지향"해야 하는지를 이해할 수 있다는 데 있다. 그리고 여기서 말하는 합리성의 승리를 판가름하는 공간은, 정치적 영역이 아니라 개인적이고 내밀한 영역이 될 것이다.

---

* 같은 곳.

17
지하생활자: 심연에 저항하기

사람의 마음과 르상티망 사이에는 대체로 끊어내기 어려운 위험한 친밀성이 존재한다. 그러나 때로 문학 안에서는, 한편으로 상징화의 역량인 문체를 통해, 다른 한편으로 인간이 제 고유한 르상티망을 있는 그대로 견디면서 살아가는 일의 불가능성, 그 반전을 들려주기에 알맞은 플롯에 의해, 어떤 속죄가 가능해진다. 도스토옙스키는 빚과 쓰라림으로 점철된 개인적 어려움 속에서도, 특히 『죄와 벌』을 통해 작가로서 이 중대한 문제를 다루었다.

1865년에 쓴 서한에서* 이 작가는 제대로 된 밥벌이 수단이 없어 어쩔 수 없이 "단식"하다가, 결국 배를 채우려는 의욕을 잃었다고 이야기한다. 그런 다음 "범죄에 대한 심리학적 보고서"가 될 어떤 이야기를 쓸 계획이라 밝힌다. 그가 서술하는 범죄는 명백히 극악무도한 것이니, 설령 범죄를 꿈꾸는 청년의 운명이 정당화될 수는 없다고 해도, 그가 증오하는 세상만큼이나 그 운명이 비참하다고 여길 순 있다. 주인공은 가난하고, 확실히 절망적인 상태다. 그러다가 주인공이 "기이한 생각"에 사로잡힌다고 도스토옙스키는 쓴다. 주인공으로 하여금 타인을, 저

---

* Georges Nivat, "Préface" à Fedor Dostoïevski, *Crime et Châtiment*(1866), Gallimard, "Folio", 1975, VII~X쪽.

"어리석고" "사악하며" "병든" "고리대금업자"인 "노파"를 살해하게 함으로써 자신을 파멸로 몰아가게 되는 생각에. 그 노파는 많이 늙었고 조만간 누구의 도움도 받지 못한 채 죽게 될 텐데, 그녀는 주위를 둘러싼 세계를 반영한 비천하고 이기적인 거울상일 뿐인데, 이런 행동을 죄라고 부를 수 있을까, 주인공은 자문한다. 대답은 '그렇다'이다. 그리고 바로 이 지점에서 소설은, 죄를 저지른 당사자에게 르상티망 속에 갇혀 살거나 살인에 대한 확신 속에 유폐되는 형刑을 선고하는 대신 회개라는 벌을 내림으로써, 그에게 훨씬 더 어려운, 그러나 구원을 향하는 길을 열어준다.

살인자에게 풀리지 않는 의문들이 솟아나고 예상치 못한 감정이 그의 마음을 괴롭힙니다. 성스러운 진리와 인간의 법이 다시 바로잡히면서, 그는 결국 스스로를 고발할 수밖에 없습니다. 〔……〕 범죄를 저지른 순간부터 그가 곱씹던 고립감, 인류로부터 고립되었다는 감정이 그를 괴롭힙니다. 이 범죄자는 자신이 저지른 일을 속죄하고 그로 인한 고통을 감내하기로 결심합니다.*

범죄자의 급격한 심리 변화에 대한 연구를 통해, 도스토옙스

---

* 도스토옙스키가 캇코프Katkov에게 보낸 1865년 9월의 편지. G. Nivat, 같은 글에서 인용.

키는 새로운 인간상을, 즉 환멸과 르상티망의 지칠 줄 모르는 유혹과 굴복의 위험에도 불구하고 그것들을 동시에 극복하는 "지하생활자"*를 구상할 수 있게 되었으리라. 근대적 기술적 도시적 산업적 혁명을 맞이하게 된 인간, 그러나 당시 러시아가 사회적으로 법치주의를 향하는 길에 있지 않았던 만큼 그 혁명들의 사회적 조정안과 공정한 분배 방식을 여전히 찾지 못했던 상황 속에서, 그러한 물질적 비물질적 불안의 수준을—제 삶과 의식을 대가로 걸고서라도—겨우 극복해내는 데만 해도 큰 어려움을 겪을 수밖에 없는 인간에 대해, 달리 어떻게 잘 표현할 수 있을까. 그리하여 그는 무너지지만, 마치 새로운 유형의 오르페우스와도 같이, 이 지하를 편력할 수 있으리라.

이처럼 19세기 말의 문학은 반反영웅들, "특성 없는 사람들"과 평범한 사람들, 범인凡人들, 음울한 사람들, 혈통 좋은 고아들, 그 무엇도 그들을 선택받은 자로 지목하지 않으니 스스로를 미래가 버린 고아라 여기는 인물들이 등장하는 문학이다. 이들은 분노했고, 자존심에 크나큰 상처를 입었으며, 그리하여 훗날 아라공이 "잔혹해질 권리"**를 말한 것과 유사한 맥락에서 스스로에게 "범죄에 대한 권리"를 부여한다. 권태 속의 편력을 작품의 주제로 삼은 또하나의 위대한 작가가 있다. 위스망스의

---

* 「지하로부터의 수기」, 1864년 도스토옙스키 형제가 창간한 잡지에 발표. G. Nivat, 같은 글, XIII에서 인용.

** Louis Aragon, *Roman inachevé*, 1956. 더불어 다음을 참조할 것: C. Fleury, "De la frustration à la violence généralisée", in *Les Pathologies de la démocratie*.

모든 책은, 각기 현대성에 짓눌리고 지긋지긋한 평범성에 둘러싸인 채 초월을 갈망하며 의미를 추구하지만 부조리 속에서 뒹굴 수밖에 없는 개인, 자유와 재능을 가지고도 고통을 겪으며 기쁨을 누리기엔 의식이 지나치게 깨어 있는 개인의 초상을 그린다. "끔찍한 현대 생활" "최신의 미국식 풍습들" "야만적 폭력 예찬" "금고의 신격화"에 대한 묘사들은 상업주의와 권력관계의 익살극이 펼쳐지는 현재 세계의 모습을 기술한 것이라 해도 믿길 정도다. 물론 여기에는 "군중의 구역질나는 취향"에 대한 고발, "고고한 사상"에 대한 배척, "초자연적인 것으로의 도약"에 대한 거부를 폭로하려는 의도가 있고, 나아가 모든 것을 승화할 수 있는 문학의 목숨줄마저 끊을 수 있을 만한 최종 판결, "문체에 대한 거부"*가 있다. 위스망스는 현대성과 불행에 젖은 의식이 주는 고통을 이야기하면서 줄곧 쓰라린 감정과 내통하지만, 결코 그것이 결정結晶으로 굳어진 르상티망에 빠지지는 않으며, 그보다는 차라리 문체를 공교히 부리는 데 고되게 매달리면서도 결국 무너지고 마는 그런 낙담, 우울과 권태를 고집한다. 사실 누구도 문체 면에서, 톡 쏘는 아이러니로 찌르고, 영혼의 천박함을 정확히 겨냥하여 표현하고, 때로 미美의 은총을 움켜쥐기도 하면서, 마치 현대성이 깜깜한 늪이라도 되는 양 그로부터 헤어나지 못하는 개인의 상황을 표현해내는 위스망

---

* Joris-Karl Huysmans, *Là-bas*, 1891, 1장(한국어판: 조리스카를 위스망스, 『저 아래』, 장진영 옮김, 워크룸프레스, 2018).

스의 문체적 자질을 부정하기란 불가능하리라. 위스망스의 작품 제목들을 간단히 훑어보기만 해도 그가 개별자로서, 또 작가로서 탐색했던 것이 무엇인지 파악할 수 있다. 바로 르상티망에 완전히 사로잡히지 않도록 칩거할 장소를 찾는 것, 요컨대 피난처를 찾는 것이다. 『배낭을 메고*Sac à dos*』는 전쟁과 질병 저편에서의 편력을 들려주고, 『거꾸로*À rebours*』는 그런 편력을 절대적으로 불가능한 것으로 만들며, 『저 아래*Là-bas*』는 다시 편력을 시도하고, 『결혼생활*En ménage*』은 편력을 조롱한다. "자기 시대에서 멀찍이 떨어져 살아가기,"* 바로 그렇게 되도록 해야겠지만 이 또한 불가능하다. 더구나 피난처는 도달할 수 없는 곳으로 보이고, 우리를 이어주는―"누구도 빠짐없이"라는 이상을 지닌―연계성이 피난처의 물리적 구현을 기술적으로 불가능하게 만든다는 것은, 오늘날에도 통하는 진실이다. 물론 우리에겐 상징화와 승화가 남아 있으니, 따라서 도처에 피난처를 창조하는 일은 여전히 가능하며, 피난처가 기술적인 측면에서 가로막혀 있다면 그것을 도덕적 의무로 삼아볼 수도 있을 것이다. 위스망스는 오늘날 우리가 살아가는 이 거대한 판옵티콘을 미처 경험하지 못했으나, 현대 정신이라는 것이 바로 이처럼 하나의 유일한 시공간으로의 예속을 강제하는 새로운 유형의 제국주의 이념 속에 놓여 있다는 사실을 어렴풋이 예감하고 있었다.

---

* J.-K. Huysmans, 소설 출간 이십 년 후 집필된 저자 서문에서.

어쩌면 이 세계를 살아가는 유일한 방식으로서 여러 겹의 시간성 속에 살아가는 것 자체를 묘사할 뿐인데도, 일종의 결함을 고발하고 있는 것만 같던 탁월한 문장들을 떠올려보게 된다. 사람들은 똑같은 현재를 살지 않는다고 블로흐는 썼다. 이건 과연 어떤 점에서 잘못이라 할 수 있는가? 물론 노스탤지어의 감정을 느끼는 영혼들은 망명 상태에 처한 것과 다름없어서, 르상티망에 빠질 위험이 있다. 그러나 노스탤지어는 대체로 도피의 영역, 정확히는 하나의 "현재"만을 제시하는 영역, 평온한 삶의 환상이 유지되는 시공간에 머문다. 사실 이런 노스탤지어는 자신에게도 타인에게도 제법 견디기 어려운 것이다. 주변 사람들이 이를 막거나 합리적 논거들을 들어 반박하는 데 지쳐버리기에, 결국 노스탤지어는 사람을 고갈시키고 고립시킨다. 그럼에도 이처럼 상반된 입장 사이의 대화를 전혀 용인하지 않는 노스탤지어조차, 무엇보다 실존과 감정의 측면에서는 하나의 진실이다. 한편으로 현실을 직시하자면 우리 시대의 우울을 목도하고 과거를 찬미하는 사람들에게는 아무런 잘못이 없다. 이들은 그저 기대에 어긋나는 수많은 사실 중에서도 자신의 견해를 뒷받침하는 것만을 선택할 뿐이다. 노스탤지어와 멜랑콜리에 사로잡힌 사람들을 르상티망으로부터 보호해주는 건, 그들이 더 이상 선망envie을 갖고 있지 않다는 사실이다. 그들은 후회와 실망에 젖어 있으며, 헛된 과거를 망각할 수 없다는 불가능성에 빠져 있으나, 지금 이 세상에서 아무것도 "욕망"하지 않는 것, 결국 그것이 이들을 지켜주는 셈이다. "인생에 진력이 나서 더

이상 아무것도 기대하지 않았으므로, 그는 마치 은둔자처럼 고립을 택할 준비가 충분히 되어 있었다. 또한 마치 수도승처럼 엄청난 피로에, 명상의 욕구에, 더하여 그가 보기에는 온통 실리주의자들이요 멍청이들일 뿐인 속인들과 더이상 어떤 공통점도 갖고 싶지 않다는 욕망에 짓눌려 있었다."* 위스망스는 이처럼 타자와 "더이상 어떤 공통점도 갖고 싶지 않다는 욕망"을 완벽하게 묘사하는데, 이것은 르상티망에 빠진 인간들에게 있을 법한 욕망, 즉 자신에게 공통분모에서 배제되었다는 느낌을 준 타자들로 하여금 대가를 치르게 하려는 욕망과는 다르다. 과거지향과 현대성의 관계는 뒤르탈과 샹트루브 부인의 관계와 유사하니, 후자가 욕망에 사로잡혀 전자에게 달려들면 전자는 그 음욕에 찬 공세에 거의 질겁하여 후자를 밀어내는 식이다. "아니요. 정말이지 우리 사이엔 접점이 없소. 당신은 모든 것을 원하고 나는 아무것도 원하지 않으니, 헤어지는 게 낫겠소. 우리의 관계는 질질 끌다가, 쓰라림과 불필요하게 되풀이되는 말로 끝나게 될 거요."** 왜냐하면 과거지향이 아무것도 원하지 않는 곳에서, 현대성은 모든 것을 원하며 포기하려 하지 않기 때문이다. 요컨대 기술이 허용하는 한 모든 것은 이루어질 것이며, 권력에의 의지에 한계란 없어야 하는바, 왜냐하면 권력에의 의지는 한계를 돌이킬 수 없는 좌절로, 말하자면 진보에 가해지

---

* J.-K. Huysmans, *À rebours*, 1884(한국어판: 조리스카를 위스망스, 『거꾸로』, 유진현 옮김, 문학과지성사, 2007).
** J.-K. Huysmans, *Là-bas*, 19장.

는 위협으로 보기 때문이다. 사실 진보라는 것은 영혼의 개선에 가깝고, 따라서 필연적으로 한계의 부정이 아니라 한계의 승화 쪽에 있는 것인데도 말이다. 한계를 물리치고, 한계가 다른 곳에 있다고 확신하는 것도 가능하다는 사실을 누구나 알고 있지만, 현대성이 그것만으로는 만족하지 않고 인간에게 한계란 구조적으로 당연한 게 아니라고 장담한다는 사실 또한 누구나 알고 있다.

만일 문학이 대문자역사를 구제한다면, 그건 바로 문학이, 르상티망의 엄습에 저항함으로써 결국 회한과 새로운 삶의 가능성을 선택하는 저 지하생활자로부터 대체로 구원의 희망을 발견하기 때문이다. 반면에 언젠가 대문자역사라 불리게 될 무언가는 대부분 고삐 풀린 르상티망이 활개를 치는 무대가 되곤 하며, 스스로를 역사 변화의 원동력으로 자처하지만, 실상은 그저 현실 참여를 피하는 관성과 비겁함에 불과하다. 그리니 한편으로 대문자역사는 르상티망욕동과 함께 르상티망을 "바로잡는" 데 필요한 기나긴 시간을 동시에 쥐고 있고, 그 바로잡음이 최종적인 건 아닐지라도, 대문자역사는 다른 무언가의 도래를 가능하게 한다. 실제로 르상티망에서 벗어나기까지 때로는 몇 세대에 걸친 시간이 소요되는데, 정신분석은 가족 임상진단으로부터 이 사실을 확인한 바 있다. 반복되는 재발을 막으려면, 혹은 가족과 문화적 출신 환경에서 기인한 요인에 대처하고 반응할 촘촘한 방어막을 형성하려면, 여러 세대가 흘러야 한다. 커다란 상처를 대면하기 위해서는 때로 여러 차례 "정신의 모험

psychés"이 필요하다.

아마도 헤겔은 여기서—인간의 가장 저속한 정념들을 이용해 대문자역사의 변화를 이룩한—이성의 간계를 보았을 텐데, 그럼에도 이것이 "낙관적" 전망인 이유는 헤겔로서는 대문자역사의 의미와 그 역사의 불가역적 진보를 믿고 있었기 때문이다. 따라서 대단하든 소소하든 모든 정념은 역사적 이성에 유리한 방향으로 소용된다는 것이다. 그러나 포스트모던 정신은, 각각의 사건마다 대문자역사를 이루어갈 위대한 전체 속의 한 자리를 부여하는 헤겔의 관념론적 전망을 더이상 공유하진 않는다. 대문자역사의 모든 국면이 인본주의 문명의 도래에 있어 동일한 역할이나 무게를 지니는 것은 아니다. 집단적 르상티망에서 비롯한 중대한 계기들은 반동을 유발하여 회복되기 힘든 퇴행의 움직임을 일으키며, 이때 끊임없이 진보한다는 관점의 대문자역사에는 제동이 걸린다. 사회라는 "실재" 세계에서 "위대한 건강"의 한 증표로서, 달리 말해 사회와 사회를 구성하는 개인들이 저 "지하생활"의 폭넓은 감정을 경험하면서도 그 심연에 저항할 방법들을 함께 모색할 수 있는 역량의 증표로서, 문학작품과 더욱 친숙한 그런 구원이 더 자주 솟아나게끔 해야 한다. 캉길렘이 말했듯, 병에 걸리고 회복해야 한다, 바로 이 지점에 우리는 처해 있다. 르상티망의 고통을 헤쳐나가되, 그 고통을 역사적 계기로 삼지도, 굳어지게 하지도, 우리가 잘 아는 고전적 결과를 초래한 전쟁이나 타자 혐오까지 귀결되게 하는 유혹에 굴복하지도 말아야 한다.

나는 동음이의어에서 나온 쓰라림l'amer, 어머니la mère, 바다la mer의 세 가지 의미를 더 면밀하게 세분화할 수 있기를 바랐다. 그러나 이들이 움직이는 원리가 서로 조응하고, 서로 지탱하고, 서로 보완하며 역학적으로 얽혀 있기에 그건 불가능한 일인 듯 싶다. 개인적인, 또 집단적인 르상티망을 마주할 때, 해독제는 모두 비슷하다. 물질적 안정의 문제, 아니 차라리 정서적 불안이 범람하지 않도록 통제할 수 있는 물질적 불안정 문제가 바로 그것이다. 정치적 사회경제적 투쟁의 의의는 바로 가능한 한 불안을 최소화하는 환경, 잠재적 버팀기둥 구조로서 기능할 수 있는 환경을 조성하는 것이다. 환경이 결연히 그 지지 역할을 못해낸다고 해서, 모든 정서적 지지가 불가능해지는 건 아니다. 물질적인 것이 전부는 아닐 수 있다. 물론 대체로 그렇긴 하지만, 그럼에도 물질적인 것은 심리적 신체적 안정에 의문이 제기되지 않도록 해주는 최소한의 구조에 불과하다. 소절되지 않는 정동이 영혼을 더 심원한 방식으로 통제할 수 있다는 점을 고려한다면, 오로지 "물질적" 버팀기둥만으로는 르상티망을 피하기에 충분치 않다. 피에르 부르디외는 위치position상의 곤경과 상황situation상의 곤경을 구별함으로써 이를 포착해냈다. 후자가 객관적 사실에 속한다면, 전자는 어렴풋이 예감한 격차, 나를 깔보는 타인과의 비교, 인정받지 못했다는 모멸감, "응당 받아야 할"것을 얻지 못했다는 느낌의 영역이다. 위치상의 곤경을 달래기 위한 아무런 조치도 취하지 않으면, 개인과 집단의 르상티망이 전개될 완벽한 토양이 조성된다. 물질적 경제적 버팀기둥과는 별개로, 주체가 르상티망적 일탈을 극복하기 위해 필요로 하는 상징화와 승화능력이라는 상징적 "버팀기둥"이 존재한다. 몇 가지 형태가 가능하다. 우선 불안을 반전시키면서, 슬프고 치명적인 감정들로 인한 자극에 예민하게 반응하지 않게 해주는 희극적 힘vis comica이 있다. '희극적 힘', 여기에 바쳐질 한 권의 책이 스무 해 전부터 서랍 안에 잠들어 있으니, 결국엔 깨어나야 하리라. 이미 탐색된 또다른 길은 글쓰기 방식과 작품에 놓여 있는데, 우리는 이런 작업에 무언가를 만들고 사유하는 행위이자, 때로 예술이나 기술로 이해되곤 하는 '포이에시스poiesis'라는 이름을 붙여줄 수 있을 것이다. 그리고 넓은 의미에서 사랑과 우정이라는 미덕에 닿아 있는 '필리아philia'의 길도 있다. 서로 다른 이 영역들은 원한에서 벗어나는 데 절대적으로 필요한 승화와 상징화의 가능성을 제공한다. 이로써 두 가지 일이 일어나니, 바로 공동 세계의 창조와 자아의 확장이다.

어떤 이들은 "어머니, 여기 잠들다"에 대한 고찰이 충분히 이루어지지 않았다고 생각할 수 있다. 그렇지 않다. 고통의 대가pretium doloris, 진실의 위험성, 즉 자기 판단능력의 분리와 보호를 원하는 유아기적 욕구의 애도를 무릅쓰는 행위에 관한 저 문장으로, 이미 한 권의 책을 쓴 바 있다. 미성숙에서 벗어난 상태, 칸트는 그렇게 썼다. 어머니, 이 말은 또한 위니콧이 어머니에 대한 원초적 애착이라 부른 무엇, 혹은 부모가 이 세계를 지탱하는 버팀기둥의 원천이 되는 방식, 부모가 상상적 동화작용과 흡사한 돌봄을 베풂으로써 아이에게 개별화를 유도하는 방식 전체를 가리킨다. 위니콧은 자신이 어떻게 정신과의사가 되었는지에 관해 종종 이야기했다. 우리가 잘 알듯이 이야기는 언제나 사후에 기록되는 것이지만, 위니콧이 돌봄 치료로 전환한 정황, 달리 말해 자신의 소명이 탄생한 정황을 들려주고자 이런 이야기를 택한 건 사소한 우연이 아니다. "나무 아래에서 어머니는 울고, 울고, 또 운다. 이렇게 해서 나는, 이제는 죽어버린 나무 위에 눕지만, 언젠가 어머니 무릎에 누워 있을 때, 어머니를 알게 되었다. 나는 어머니를 미소 짓게 하는 법, 눈물을 멈추게 하는 법, 죄책감을 덜어주는 법, 어머니 내면에서 일어난 죽음을 치유하는 법을 배웠다. 어머니를 되살리는 일이 나를 살게 했다." 시작품 「나무」(1963)에서 위니콧은 이렇게 썼다. 분리의 실행은 단지 육체적 분리에만 국한되지 않고, 상징화 작업을 할 수 있는 능력, 예컨대 어머니의 끝없는 고통과 우울로부터, 비록 그가 어린아이이고 그런 감정은 너무 무거운 것일지라도, 무언가를 만들어낼 수 있는 능력을 입증해준다. 그 어려움을 부정하지 않되 함께 성장하는 법, 멀어지는 법, 어머니뿐 아니라 그 누구보다도 스스로와 타인을 돌보기에 적절한 거리를 찾는 법을 배우자. 왜냐하면 우리는 반복을 막아야 하기 때문이다. 여기 어머니가 잠들다, 이것은 우리가 성장하기 위해 수행하는 최초의 애도이자 포기이고, 어린 시절에 열려 있던 몇 가지 길이 이제는 닫혀버렸을지라도, 릴케의 열림에 대한 요구를 간직하는 행위다. 모든 가능성이 열려 있는 안정적인 세계, 아무것도 실현될 필요가 없고, 무엇이든 곧바로 상상하거나 희망할 수 있으며, 모두가 이런 순전한 잠재성에 만족하여 복된 미소를 띠우는 세계를 우리는 깨고 나와야만 한다. 유년의 세계, 그저 존재함으로써, 그 무엇도 더하지 않고 그 자체로 온갖 자기애적 균열을 치유하러 온 아이, 이 놀라운 아이 앞에 선 어른들의 세계. 그러나 문제는, 그런 세계가 아이에게도 어른에게도 지속 가능하지 않다는 점이다. 아이가 부모의 전능함이라는 "자애로운" 진폭에 집어삼켜질 수 있으며, 더 나쁜 경우에는 거기 안주할 수도 있기 때문이다. 이런 이유에서라도 우리는 분리되어야 하고, 이미 '고통의 대가'와 맞물려 있는 열림의 또다른 형식을 발명해야 하며, 위험과 죽음에 한 발을 들인 채, 순수한 잠재성의 거대한 신기루에서 벗어나게 되더라도 지나치게 낙담하지 말아야 한다. 요컨대 다른 사람들이 우리에게 전해준, 더 나아가서는 우리가 사랑하는 자아의 이상이 여기 잠드나니, 이제 자신만의 자아를 조각해볼 차례다.

"여기 잠들다." 이 말은 "이제는 뒤에 남겨짐" 즉 무언가가 고이 평안 속에 잠들어 있음, 반드시 평온 속이 아니라 해도, 그 평온의 일부가 되었다는 뜻이다. 묻혀버렸는지, 극복했는지, 억압되었는지, 승화되었는지는 알 수 없으나 되풀이하지 말라는, 자의가 아닌 반복 속에 제자리걸음하지 말라는 요청과 함께 뒤로 물러났다는 뜻이다. 무의식에 저항하자는 말이 아니다. 그저 무의식의 복잡한 굴곡을 즐기고 이해하자는, 무의식이 어둠의 부름으로 나타나더라도 현혹되지 말자는 뜻이다. 심한 "병을 앓고" 있지만 건강을 되찾을 생각은 없는 취약한 정신의 르상티망에 저항하는 인간, 차라투스트라*에 대한 니체의 묘사처럼, 우리는 회복중인 사람들이다. 우리가 "아픈 사람"으로 규정되기를 거부할 때, 치유한다는 생각마저 무례하고 건방진 것처럼 여겨질 때, 여전히 우리는 "아픈" 상태인가? 이와 달리 회복기에 있는 사람은 병을 이겨내고 끊임없이 치유를 쟁취해나가는 도중에 있다. 그는 온몸으로 겪었다. 그는 자신을 괴롭히는 병, 바로 "심연의 생각"을 온몸으로 앓으려 노력했다. "여기 무덤조차 귀기울이려 할 정도로 천둥이 울린다!" 자신을 휩쓸어갈 수도 있을 맹렬한 허무에 맞서 차라투스트라는 외친다. 그야말로 발작을 한다. "메스껍다, 메스껍다, 메스껍다, 불행하도다!" 이렇게 말하면서 차라투스트라는 죽은 듯 쓰러진다. 그런 뒤, 쓰라림 여기 잠드노니, 차라투스트라는 다시 일어나, 사과를 손에 들어 향기를 맡고 맛을 보는데, 이제 나시 세상과 대화할 시간이다. 이렇게 니체는 우리가 첫 장부터 누차 말해온 승화를 장엄한 표현으로 보여준다. 우리를 동굴에서 빠져나오게끔 하는 승화, 미적 경험에서 자양을 얻어 우리의 삶에 제대로 된 실존의 감정을 불어넣는 승화 말이다. 이것은 어떻게 가능한가? 차라투스트라가 제안하는 여정은 어떤 것인가? "만물이 의사가 되고자 한다."** 달리 말해, 차라투스트라가 주위에서 일어

---

* F. Nietzsche, *Ainsi parlait Zarathoustra*(1883).

** 같은 책.

나는 현상에 귀를 기울이며 그것을 맞아들이고, 자연 속에 섞여 들 수 있다면, "세계는 마치 정원과도 같을 것이다". 그가 오르 페우스처럼 자연의 장막―피에르 아도Pierre Hadot가 말했던 이 시스의 장막 ―으로부터 자양을 얻고, 산 자들의 밀의密意를 체 험하면서도 그 장대함에 상처 입는 대신 그저 자신의 '전율'*을 의식할 수 있게 된다면, 만약 차라투스트라가 그렇게 하는 법을 배운다면, 그의 영혼은 확장되어 유한성을 초월하는 우주를 닮 게 될 것이니, 그로써 유한성을 부정하는 것이 아니라 승화하 고, 나아가 영원회귀의 이론을 구상할 수 있게 되리라.

아모르 파티**는 창조적 반복을 발명하겠다는 니체적 도전과 더불어 만물을, 그게 무엇이든, 영원히 회귀할 수 있는 방식으 로 갈망한다는 의미에서 반反르상티망 이론임이 분명하다. "〔……〕 모든 것이 꺾이고, 모든 것이 새로이 제자리를 찾는다. 똑같은 존재의 집이 영원히 다시 지어진다. 모든 것이 헤어지 고, 모든 것이 다시 만나 인사를 나눈다. 이렇듯 존재의 순환 고 리는 영원히 제 자신에게 충실하다."*** 반대로 이러한 생성le devenir의 희생자가 된다는 느낌을 받으며 생성에 상처를 입는 자들이 있다. 복수의 필연성에 굴종하고 제 "분노"와 복수심으

---

* tremendum. 직역하자면 "신성한 떨림'으로, 숭고와 두려움(신성한 것)의 경험에 서 나타나는 전형적인 현상이다.
** "운명에 대한 사랑"으로 직역되는 '아모르 파티amor fati'는 니체의 윤리적 형이 상학적 이론으로, 차라투스트라의 지혜가 생성을 사랑하는 능력에, 그리고 생성을 살아 있는 존재와 실재의 힘 그 자체로 맞아들이는 수용력에 기반함을 시사한다.
*** 같은 책, 269쪽.

로 이루어진 "거짓의 구덩이"에서 결코 벗어나지 못하는 인간의 가증스러운 본성을 포착하기 위해 니체가 묘사한 "타란툴라 거미들"*이다. 물론 오디세우스의 여정을 완전히 답습하지는 않을지언정 제 르상티망을 극복하려는 인간의 능력에는 오디세우스적인 면이 있다. 쓰라림amer이 바다mer로 변모하는 하나의 서사시가 존재한다. 급전하는 언어와 엄청난 다성성多聲性에 현기증이 날 지경이 되더라도, 파운드의 『칸토스』**를 읽어야 한다. 이것은 집단과 개인의 역사가 맞물리는 교차점과 승화에 관한 위대한 책이다. "그러고서, 우리는 배로 돌아와/ 부서지는 파도에 용골을 부딪치며, 신들의 바다로 나아갔다/ 이 검은 배 위에서, 우리는 돛대를 세우고 돛을 펼쳤다." 그렇게 여행이 시작된다. 멜빌의 경우와 마찬가지로 난바다의 부름, 똑같이 침울한 어둠이 나타난다, 죽을 수도 있음을 아는, 만일 부두에 남는다면 더 확실하게 다가올 죽음을 피하기 위해 필시 그 위험을 감수해야 함을 아는 의식의 어둠이다. 그러므로 검은 배는 힘껏 나아간다.

『칸토스』를 읽어야 하는 또다른 이유가 있으니, 바로 그 안에 파시즘을 향한 이끌림이 나타나기 때문이다. 작품에서 드러나는 것은—언제나 그렇듯—저자와 분리되어야 할 필요성이다. 파운드의 문체는 영원히 계속되는 전투와 같아서, 그의 깃펜은

---

* 같은 책, 128쪽.

** Ezra Pound, *Les Cantos*(1934~1968), Flammarion, 2013.

열정만큼이나 고통에, 영혼과 민중의 부활을 방불케 하는 어떤 소생의 의지에 사로잡혀 있다. 그러나 문체가 결정적 추락을 방어함에도, 우리는 여기서 르상티망으로 급변할 가능성을 지닌 쓰라림이 끊임없이 피어오르고 있음을 느낄 수 있다. 「피사 시편」은 자신에게나 타인에게나 엄격한, 엄격하면서도 시적인, 엄격하지만 때로 그 엄격함을 놓아버리기도 하는 마음의 상태를 기술한다. "그대 자신을 통솔하라, 그러면 다른 이들이 그대를 받아들이리라/ 그대의 허영을 허물어뜨려라/ 그대는 우박 아래 녹초가 된 한 마리 개 〔……〕 그대의 허영을 허물어뜨려라/ 거짓 속에 자라난 그대의 증오는 얼마나 졸렬한 것인가/ 그대의 허영을 허물어뜨려라."* 특히 이런 결말은, 하나의 비약처럼, 파운드의 언사 속에 오랫동안 파묻혀 있던 무언가가 솟아나는 모습을 환하게 밝혀준다. 그것은 인류에 대한 송가이자, 무엇보다도 작품에 대한 송가, 행동과 생각의 합치에 대한 송가다. 사실 파운드에게는 말과 행동의 결합, 이름과 행위의 결합, '프락시스'와 '포이에시스'의 결합에 대한 꿈이 있다. 이 주제와 관련하여 파운드는 "이름을 바로잡다"로 번역할 수 있는 한자어 '정명正名'을 인용하기에 이른다. "이 표현은 공자의 『논어』에서 유래한 것으로, 명분名과 실제實가 일치한다는 의미를 담고 있다. 공자에 따르면, '군자君子의 원칙에 따라 행동하는 군자만이 군자라 할 수 있다'."** 이름을 바로잡아야 한다는 임무는 그

---

* E. Pound, *Cantos pisans*, in *Les Cantos*, 564~565쪽.

가 정립하고자 하는 도덕의 방향이 존재와 말 사이의 일관성, 감각적 질서와 상징적 질서를 완전히 일치시키는 궁극적인—불가능한—도전을 향하며, 이름이 본질 속에 오롯이 구현되어 본질과 유리되지 않은 채 행해질 수 있게끔 만드는 작업임을 보여준다. 이처럼 모자람 없는 본질의 꿈은 절대주의적 사고의 전형적인 현상이요, 더 정확히 말해 여기서는, 마치 타자의 불순함에 대항하여 자기만의 순수성을 꿈꾸기라도 하는 것처럼, 파시즘의 경향이 드러난다. 다행히 『칸토스』는 계속 이어지면서 보이는 것보다 더 복잡한 짜임을 이루어, 결국 불순함의 편에, 완벽하지 않더라도, 목적합리성에서 벗어난다 해도, 행할 수 있는 것과 시도해볼 수 있는 쪽에 서게 된다. 난파를 통해서도 바다를 말할 수 있다. 파운드가 자기 존재의 진실을 말하기 위해 사용한 이미지가 바로 난파다.

다행히 아무 일도 안 하는 대신 했다는 것
이것은 허영이 아니다
블런트와 같은 사람에게 열어달라고
정중하게 문을 두드렸던 것
공중에서 살아 있는 전통을 꽃피웠던 것 또는
지혜로운 노안老眼으로부터 정복되지 않은 불꽃을 피

** Jonathan Pollock, "Éclatement et dissolution du sujet dans *Les Cantos* d'Ezra Pound"에서 앤 청Anne Cheng이 사용한 표현.

워냈던 것

이것은 허영이 아니다. 아무 일도 행하지 않음에, 의혹
속에 떨었다는 데, 모든 잘못이 있으니.*

이는 결코 상처 입기 쉬운 이들의 떨림을 향한 공격이 아니
며, 오히려 비겁함에 굴복한 채 떨고 있는 사람들, 더구나 더이
상 비겁함을 인식조차 못한 채 아무것도 하지 않기로 결심한,
이 단어가 적절하진 않지만, 그렇게 "결심한" 사람들의 떨림을
향한 것이다. 파운드가 무솔리니에게 느꼈던 끌림은 그의 분별
력 부족을 드러내는 표지이지만, 만일 그 끌림을 이해해보고자
한다면, 결국 이 사이비 위인의 본성에 속아넘어갈 만큼 순진했
으나 과두정치인들의 권력 탈취 가능성을 몹시 경계했던 파운
드의 사고방식을 분석해볼 필요는 있다. "당신은 단 한 사람의
권력을 두려워하지만, 나로서는 소수 몇 사람의 권력이 두렵
다."** "위인"과 민중이 서로를 구제해줄 수 있기라도 한 양, 그
둘 사이의 동맹관계를 신뢰하는 시인들 가운데 하나가 파운드
였다. 한마디로 너무 이상주의적인, 인간 정신의 현실에 발부리
가 걸리고 말 전망이지만, 세월이 흐르고 『칸토스』가 이어지면
서, 깃펜과 삶을 굴리며 망명과 수용소를 경험한 끝에 파운드가
눈을 뜨게 됨으로써, 결국 이러한 전망은 흐려지고 만다―아닌

---

* 같은 책, Canto LXXXI, 293~294쪽.

** E. Pound, *Cantos americains*, in *Les Cantos*, 431쪽.

게 아니라, 파운드는 파시즘을 열렬히 추종했다는 이유로 국가 반역 혐의로 기소되어 십삼 년 동안 구금된다. 『칸토스』의 거대한 움직임 속에서 그는 자신이 방황했음을 인정하고 용서를 구한다. "이 세상과의 투쟁에서 내가 잃어버린 것은 나의 중심이네. 꿈들은 서로 부딪치고 산산조각 흩어지는구나—지상낙원을 만들고자 노력했건만. 〔……〕 신들이여 내가 저지른 일을 용서하소서/ 내가 사랑했던 이들이여 내가 저지른 일을 용서해주오."* 바다가 되어버린 쓰라림을 형상화하는 난파, 이 이미지는 자신의 과오와 세계의 과오를 부정하기 위한 것이 아니라 말하기 위한 것이고, 두 차례의 세계대전 후 유럽의 탄생과 함께 벌어진 반인도적 범죄의 참상을 알리기 위함이다. 유럽과 함께 불가침성이 탄생했으니, 우리는 이를 장켈레비치와 함께 보았다. "유럽의 난파로 무너진 개미굴에서 밖으로 나온 한 마리 고독한 개미와도 같은, 저자로서의 자아."** 파운드라는 인물이 흥미로운 이유는 그 인물상이 모종의 정신증적 차원을 드러낸다는 사실에도 있다—병원 수용이 그를 국가반역 혐의로부터 어디까지 보호해주었는지, 이에 대한 대답은 간단치 않다. 그럼에도 불구하고 단지 『칸토스』를 읽는 것만으로도, 그 안에 무언가를 행하고 건강을 이루어가는 언어가 있다는 것을, 다른 사람들이 증오를 곱씹을 때 자신의 열정을 곱씹는 어느 병들고 상처

---

* E. Pound, *Esquisses et fragments*, in *Les Cantos*, 820~821쪽.
** E. Pound, *Cantos pisans*, 502쪽.

입은 영혼의 굽잇길을 쫓아가는 언어가 있다는 것을 우리는 살필 수 있다. 이 말은 또한 열에 들떠 있고, 불안에 떨며, 불가해하다. 그런 언어는 파운드 개인뿐 아니라 독자인 우리마저 길을 잃게 한다.

누구나 승화의 기술을 통해 쓰라린 감정을 향한 본능적 이끌림보다는 더 나은 것을 얻기를 원할 것이다. 그런 일이 일어나기도 하는바, 늘 새롭고 예상치 못한 것이 출현하기 마련이니 말이다. 승화의 임상적 기능은 라이히가 성경제학이라 불렀던 것, 간단히 말해 성생활을 다른 식으로 생각해볼 수 있게끔 하는 데 있다. 이는 프로이트가 말한 리비도 집중의 문제와도 직접적으로 공명한다. 상징화하고 승화함으로써 어떻게 개인은 리비도 집중 영역을 확장시키고 세계와 만나려는 욕망을, 자신의 생명력을 더 높은 이상을 위해 바치려 하는 것일까. 리비도 집중 영역의 확장을 가리켜 어떤 이들은 투쟁 영역의 확장이라고 말하는데, 승화는 사실 행동과 욕망의 이론이니, 바로 승화 속에서는 자기 자신과 타자를 위한 인정윤리가 작동하고 있는 것이다. 쓰라린 감정의 심미안 속에는, 세계가 위험하게 동요한다는 자각이 자리하며, 때로는 사회참여를 통해, 때로는 희극적 힘을 통해, 때로는 회피나 심지어 탈주, 탈출, "벗어나기"를 통해서라도 저항할 수 있는 어떤 능력이 자리한다. 순리대로 그 안에 머물지 말 것, 더이상 그렇게 존재하지 말 것. 일종의 잠행furtivité 능력이다.* 문학의 영토에서는 모든 르상티망의 승화가 가능하며, 사물들의, 존재의, 사유의 쓰라림을 분명하게 맛볼 수 있다. 그러나 문학의 영토와 별개로 상징적 영토라는 것이 존재하는바, 이 영토는 우리가 침몰하지 않기 위해 필요로 하는 "특별처방magistral"을 제시해준다. 쓴맛을 즐길 줄 아는 것, 이 능력을 기르는 것은 우리가 세상을 조사하는 측량사가 되는 데 도움을 준다. 우리가 그 맛에 겁먹지 않기에, 우리가 그 맛을 음미하는 법을 알고 있기에, 쓴맛을 즐기는 것은 세계의 밀도를, 아니, 세계에 대한 우리의 표현방식을 보다 풍성히 채워준다고 할 수 있겠다.

쓰라림의 맛은 르상티망을 치유하는 하나의 방법이기도 하다.

---

* 앙투안 페노글리오와 함께 우리는 "은밀함verstohlen"의 개념 속에서 이 잠행의 기술, 말하자면 감지할 수 없는 기반을 구축하고 제도화할 수 있는 지속가능성을 창출하여 개인에게 "(우리에게서) 훔쳐갈 수 없는 것"이라는 안정의 형태를 제공하는 기술을 개발하고 있다. C. Fleury-Perkins, Antoine Fenoglio, "Quel dessein pour la régulation démocratique?", 'Design with Care' 세미나, 국립공예학교 (CNAM), '인문학과 건강' 강좌, 2019년 11월 13일, "Le design peut-il aider à mieux soigner? Le concept de *proof of care*", *Soins*, n° 834, avril 2019를 참조할 것.

르상티망을 승화하기, 삶을 재발명하기, 역사의 가능성을 창조하기

현대사회를 관통하는 집단적 분노, 그리고 도덕 감정의 왜곡 현상과, 그 이면에 놓인 개인 내부의 결핍을 어떻게 하나의 사유틀 안에서 조망할 수 있을까? 그와 같은 감정은, 단순히 구조적 불평등의 산물이라 하기엔 너무도 개인적인 정신기제를 연루시키고, 그저 개인의 감정적 도착으로 치부하기엔 너무도 집단적인 양상을 띤다. 사회와 개인의 문제를 이분법적으로 나누지 않으면서, 우리는 어떻게 사람들을 집단적으로 현혹하는 환상과 그에 대한 환멸의 감정적 연쇄를 분별하여 볼 수 있을까? 사회현상을 역사적 변동 속에 드러나는 구조상의 결함이나 제도의 공백과 같은 거시적 차원으로 투사하여 이해하려는 시도도, 어떤 사태의 원인을 오로지 개인의 특수한 심리적 일탈에만 귀속시키려는 시도도 결국은 동일한 단순화와 환원주의에 빠지니, 신티아 플뢰리는 바로 이러한 환원주의와 본질주의를 경계하며, 책의 서두에서부터 변증법적 접근방식을 택하겠다고 선언한다. 저자가 '르상티망ressentiment'을 사유의 열쇳말로 택한 것도 이와 같은 문제의식에서 비롯한다. 르상티망은 개인의 내면을 잠식하는 감정인 동시에, 도덕적 가치를 전복시키고 공동체를 분열시키는 사회적 반발의 동력으로 작동하기 때문이다. 달리 말하자면 르상티망은 오늘날 개인과 사회의 상호적 얽힘을 파악하는 데 핵심적인 사유의 고리가 된다.

이 책의 핵심 개념인 르상티망은 물론 니체에게서 빌려온 것이지만, 플뢰리는 이를 단지 반복하거나 계승하지 않는다. 오히려 저자는 이 개념을 민주주의와 심리적 성숙, 개인의 자유와 책임이라는 두 주제를 연결하는 축으로 삼아, 정치적 윤리적 성찰의 틀 속에서 새롭게 재구성하고자 한다. 이 책에서 르상티망은 단지 노예에게 할당된 도덕의 기원이라거나, 사회의 역사를 퇴보시키는 전도된 가치론의 미혹에 취약한 존재들만을 '선별적으로' 잠식하는 병리적 감정이기만 한 것이 아니라, 민주주의의 조건 자체를 위협하는 정서적 퇴행의 징후로 논의된다. 르상티망은 사회적 위기가 닥칠 때마다, 법치와 민주주의의 근본적 결핍이 드러날 때마다 고조되는 위험 신호인 것이다. 따라서 르상티망을 치유한다는 것, 아니 차라리 르상티망으로부터 스스로 치유된다는 것은, 곧 개인이 자유와 책임을 감당할 수 있는 역량을 재정비하는 일이고, 역사의 변화무쌍한 흐름에 그저 휩쓸리지 않고 그 흐름에 적응하고 때로 흐름을 거스르며 진정한 민주적 주체로 거듭나는 회복의 여정을 의미한다.

르상티망과 민주주의의 병리: 주체의 회복을 위한 여정

이 책에서 저자가 르상티망이라는 개념을 중심으로 수행한 철학적 정치적 작업은 단편적인 저서에만 머물지 않고 보건인문학, 책임과 자율성의 철학, 민주주의의 윤리적 복원이라는 더 넓은 학문적 기반과 긴밀하게 결합되어 있다. 신티아 플뢰리는 철학자이자 정신분석가로, 프랑스 국립공예원CNAM의 인문학·보건학 석좌교수이자, 파리 정신의학·신경과학 대학병원그룹GHU의 철학 연구 의장으로서 의료의 제도적 영역에 철학과 정신분석을 통합하려 시도하고 있다. 이미 저자는 의료기관에서 환자의 경험과 주체성의 회복을 포괄하는 돌봄 체제를 설계하는 『돌봄은 휴머니즘이다*Le soin est un humanisme*』(2019)에서, 이와 같은 시도를 제도적으로 실현할 가능성을 타진해보기도 했다.

플뢰리의 작업을 관통하는 일관적 관심은 무엇보다도 개인의 주체적 성숙과 공동체적 성장 사이의 상호침투적 관계다. 모든 시대는 역사 속 어느 순간에 제 이상의 전개를 가로막는 낙담과 무력함의 문턱을 마주하고, 또한 모든 개인은 외부적 세계의 부조리함에 자아가 침식되고 소진되는 문지방의 시기를 밟는다. 역사 및 사회의 전개와 개인의 성숙, 정신적 성숙이자 공동체 안에서 살아가는 한 존재로서의 성숙을 함께 포착하고자 하는

저자의 문제의식은, 그간 여러 세부 주제를 통해 다양하게 변주
되어왔다. 한데 역사의 흐름 속에 선 개인의 성숙에 관한 성찰
이 초역사적인 방식으로 다루어질 수는 없다. 달리 말해 시대를
막론하고, 또한 지정학적으로 위치지어진 주체들 사이의 그 모
든 차이를 간과하고서, 마치 사회구조와 체제와 시대적 인식론
의 반경에 무관한 인간존재의 성숙을 설파할 수 있기라도 한 것
처럼, 어떤 보편적 인본주의가 가능하기라도 한 것처럼, 사회
및 역사와 개인 사이의 화해를 도모할 수는 없다. 그렇기 때문
에 신티아 플뢰리의 작업에서 어떤 주제나 개념이 스쳐지나가
듯 가볍게 언급될 뿐이라 해도 그것들이 역사적 지표들을 탈각
시킨 보편주의의 관점에서 다뤄지는 것은 아니며, 이처럼 사회
를 역사화하고 조건화하려는 시도가 이런 구상의 이론적 정밀
성과 정당성을 마련해준다고 할 수 있을 것이다.

　신티아 플뢰리는 주체의 회복과 민주주의의 심리적 윤리적
기반을 씨실과 날실 삼아 엮어내는 작업을 지속적으로 수행해
왔다. 이는 "민주주의는 성인기로 성장해야 한다"는 은유를 통
해 기존 가치의 퇴행과 민주주의 병리적 변화에 대한 '건강 진
단'을 수행한 『민주주의의 병리학*Les Pathologies de la démocratie*』
(2005)에서부터 일관적으로 드러난다. 혼란과 무력감, 스스로
곱씹은 불평등과 분노, 개인을 주체가 아니라 범상한 사물들과
마찬가지로 객체로 내모는 물화-대상화가 현대사회의 주요한
병리현상이라고 한다면, 플뢰리가 보기에 민주주의는 이러한
병리에 더 큰 취약성을 지닌다. 르상티망의 경우가 특히 그러한

데, 개인이 불평등의 피해자라는 감정을 곱씹게 됨으로써 발생하는데다 불명확한 다수 사이에서 '위험한' 결집을 이끌어내기 때문이다. 모든 정치 체제는 르상티망을 만들어내고 조장하며, 나아가 원하는 방식으로 조작할 수 있다. 하지만 권위주의, 전체주의, 독재 체제에서 르상티망이 더욱 막강한 힘을 행사하리라는 세간의 추측과 달리, 플뢰리는 민주주의가 르상티망에 더 민감하고 취약하다는 점을 강조한다.* 전자들은 애초에 평등한 체제를 제안하지 않지만, 후자의 경우에는 구조적으로 평등을 회복하려는 요구를 늘 지니고 있기 때문이다. 민주주의의 기반을 이루는 평등의 요구는 무언가를 박탈당한 존재라는 위치의 고착화 속에서, 즉 외부적 불평등의 피해자라는 위치를 본질화하고 더이상 스스로를 어떤 행위주체agent가 아닌 행위의 대상으로 자리매김하려는 의식의 과정 속에서, 르상티망의 만민평등으로 전도된다. 신자유주의의 물화-대상화는 르상티망이 부추기는 왜곡된 평등의 이념 속에서 자신이 아닌 다른 존재, 모

---

* 일간지 〈리베라시옹〉의 2020년 10월 17~18일자 'Idées' 지면에 실린 인터뷰에서. 이 책의 본문에서도, 플뢰리는 "모든 것이 거의 같은 수준에 이른" 사회 즉 평등을 이상으로 삼는 사회에서는 "가장 사소한 불평등까지도 보는 눈에 상처가 된다"는 토크빌의 지적을 인용하여, 민주주의가 르상티망이 싹틀 수 있는 객관적 조건을 만들어내기도 한다는 점을 강조한다. 그렇지만 르상티망을 민주주의의 탓으로만 돌릴 수는 없으며, 그 극복 역시 민주주의만의 과제로 떠넘겨서는 안 된다. 법치국가가 필연적으로 갖는 결핍 앞에서, 고착화된 평등의 이념은 르상티망이 자라날 토양이 되지만, 동시에 바로 제도를 통해 그와 같은 조건의 형성을 억제하거나 제어할 수 있다는 것이 플뢰리의 논점이다. 그렇기에 오늘날처럼 르상티망이 강세를 보이는 시기에 사회적 제도의 적극적 개입이 더욱 중요해진다.

종의 '버팀기둥'에 늘 제 선택과 행위를 의탁해야 하는 존재, 극단적인 자기소외에 내몰려 주체로서의 마지막 자유와 책임까지도 놔버리는 존재로서의 적장자를 생산한다. 신티아 플뢰리는 전작 『대체 불가능한 존재Les Irremplaçables』(2015)에서도 신자유주의 구조 속에서 대체 가능한 상품과도 같이 여겨지는 개인의 대상화와 자기소외 문제를 겨냥하고 있다. 개인의 인격을 규격화하고 획일화하는 평등이 아니라 사회 안에서 살아가는 존재의 '진실'이 수반하는 고통까지도 온전히 감당할 수 있는 진정한 주체의 평등을 회복하기 위한 이와 같은 사유의 도정은, 『쓰라림, 여기 잠들다Ci-gît l'amer. Guérir du ressentiment』(2020)에서, 개개인이 주체로서의 역량을 '행동'으로 표출하는 방식에 대한 기획으로 변주된다.

르상티망이 어떤 박탈감, 세계 안에서 홀로 버려진 것과 같은 감정이라면, 이것은 무력감에 가까운 것이 아닌가? 갖가지 층위에서 예견되고 경험된 유기감이 개인의 정신구조를 잠식하고 사회 안에서 살아가는 주체로서의 가능성까지도 서서히 잃게 만드는 기제를 르상티망이라고 한다면, 이것은 행동보다는 행동할 수 없음, 내향성, 수동성의 편에 위치한다고 보아야 하지 않을까? 그러나 신티아 플뢰리가 르상티망을 '죽음욕동 pulsions mortifères'이라 지칭한 것은 그것에 내재한 위험한 동력을 측정하기 위해서다. 한 인간의 육체와 정신 속에 흐르는 리비도 에너지는 세계와 사회를 향해 집중될investir 수 있는 것이고 집중되어야 마땅하니, 르상티망욕동은 바로 그것이 허위적

대상을 향해, 자기 자신까지도 속일 수 있다는 의미에서 '기만적인' 방식으로 표출될 수 있다는 점으로 말미암아 실제적 위험성을 띤다. 이처럼 르상티망에 사로잡힌 존재가 표출하는 분노와 원망, 증오는 무력감과는 거리가 멀지만, 그렇다고 해서 그것이 주체적 역량을 발휘하는 행동이 되는 것은 아니다. 플뢰리에 따르면 르상티망은 오히려 행동하고 있다는 착각을 안겨준다. 다시 말해 르상티망의 개인적 집단적 표출은, 소외된 존재의 목소리를 사회와 역사 속에 울려퍼지게 하려는 '순수하고' '급진적인' 정치적 행위는 아니나, 왜곡된 가치론이 부여된 낡은 이분법 속에서는 늘 그러한 환상을 불러일으킨다. 감당하기 어려운 모든 사태의 원인을 외부적 대상에 투사하고자 자신이 아닌 존재(들)의 '탓'을 끊임없이 곱씹음으로써 발생하는 정서적 '반발'이라는 점에서, 또 발언과 행동에서의 만민평등을 자신의 입맛대로 행사하기 위한 동력이 된다는 점에서, 르상티망은 주체적 행동이 아니라 '반작용ré-action'이다.

그렇다면 시간이 흐르고 사회가 변화해도, 인류의 향방과 역사에 대한 진단이 바뀌어가는 외중에도, 맥이 끊이지 않고 매번 강화된 모습으로 등장하는 르상티망과 싸우려면 어떻게 해야 할까? 르상티망이 펼쳐놓는 착란의 사기극에서 어떻게 빠져나올 수 있을까? 신티아 플뢰리가 이 사유의 여정을 통해 밝히려는 것은, 가장 개인적인 승화의 방식이 곧 사회적이고 역사적인 승화의 방식이 될 수 있다는 것이다. 르상티망의 승화는 각자에게 고유한 방식으로 이루어진다. 하지만 자신을 가두는 정신적

'반복'의 감옥에서 해방되는 일, 자신이 살고자 하는 삶의 형식을 창조하는 개인의 작업이 동시에 집합적 삶의 잠재적 형식을 발명하는 일이 되고 집단의 활로 하나를 열어두는 일이 된다. 따라서 르상티망을 치유하기란 개인에게만 할당된 과제는 아니다.

르상티망을 넘어서는 창조의 감각

이 책에서 르상티망은 심리 법칙과 정신구조에 연계된 병적 감정이자 증상으로 고찰된다. 하지만 역사 속에서 다양한 변형태로 표출된, 그리고 현재의 사회에서 나타나는 여러 병리현상의 한 기제로 포착된 르상티망을 탐색하는 이 책의 성찰은, 단순히 역사를 심리학적 차원으로 재구성하고 진단하려는 작업과는 거리가 멀다. 왜냐하면 이와 같은 정신적 징후가 발동되거나 폭넓게 전개될 수 있는 초역사적 초시대적 초사회적 기제라는 것은 존재하지 않기 때문이다. 물론 물화-대상화가 위기상태가 아닌 일반적 상황이 된 현대사회 속에서, 사람들을 무차별적으로 사로잡아 그 타깃을 답보 혹은 난보 상태에 빠뜨릴 수 있다는 의미에서 르상티망은 보편적 위험성을 지닌다. 그러나 누구나 맛볼 수 있다고는 해도 이 쓰라림의 감정적 강도는 사람마다 다르고, 결정적으로 그 열개는 개인 바깥의 '조건들'에 따라 다르게 진행된다. 다시 말해 르상티망은 완전히 주관적인 감정으로서 개개인의 정신구조 속에 뿌리를 내리고 있지만, 경제적 사회적 문화적 조건들, 곧 '주관적'이라기보다는 '객관적'인 조건들에 따라 다른 방식으로 전개될 수 있다. 따라서 르상티망이 단지 '내면적 감정'에 머물지 않고 사회적 병리나 정치적 기획으로 전화하기 쉽다는 점, 그 내면성조차도 외적 조건들과의 연계 속에서 구성된다는 점을 밝히는 것이 중요한 쟁점이 된다. 그리하여 이 책은 내면적 감정이자 심리 구조인 르상티망이 외적 조건과의 상호작용 속에서 어떻게 집단행동으로 이어지게 되는지 포착하고자 하며, 궁극적으로는 그것을 사회적 '건강'에 이르는 윤리적 정치적 기획으로 전유할 사유의 계기로서, 요컨대 변증법적으로 재구성하고자 한다. 이와 같은 사유의 흐름에 따라 1부, 2부, 3부는 각각 르상티망의 심리 구조를 해부하고, 파시즘이라는 표출 양상을 바탕으로 그것이 집단적 병리로 발현되는 과정을 파악한 후, 그것의 승화를 개인의 정신건강과 집단의 건강, '공중보건'을 잇는 과제로 설정하는 논의에 할애된다.

제목인 『쓰라림, 여기 잠들다』 또한 '쓰라림l'amer'과 '어머니 la mère'와 '바다la mer'의 삼중 얽힘 구조를 엮는 중의적 표현을 통해 이처럼 변증법적 성찰의 방식을 드러낸다. 인간존재가 세계 안에서 마주하는 고통스러운 진실, 자신의 환상보다 핍진하기 마련인 실존 속에서 입안에 남은 쓰라림의 맛을 달랜다는 것은, 곧 자신을 영원히 보호해주리라 여겨지는 대상과의 분리를 감행하는 일이다. 또한 그런 동일시 없이도, 아니 그런 동일시 단계를 넘어서야 진정으로 가능해지는 승화를 통해 무한한 세계를 껴안는 일이자, 그런 세계를 향해 자신을 열어젖히는 일이다. 여기 누워 잠드는 것은 쓰디쓴 상처이지만, 또 세계가 안겨주는 쓰라림으로부터 안온하게 피신할 수 있도록 제 품을 내어주는 어머니이고, 마침내 그 모든 실패와 무너짐을 고요히 끌어안고, 그러나 칼날에 금 그어지듯 생겨났다 사라지는 파도와 너울 속에 그 모든 상실의 가능성을 여전히 품고 있는 저 망망한 바다다. 제목에 함축된 세 겹의 은유는 한 개인이 진정한 주체로 거듭나기 위해 거쳐야 할 세 단계를 의미한다. 우리는 온갖 부정성과 불확실성과 종합불가능성이 들끓는 현실을 우선 대면해야 하고, 보호와 동일시의 환상으로부터 분리를 감행해야 하며, 그러한 분리의 상처를 자기만의 방식으로, 자기만의 '스타일'로 상징화함으로써 비로소 이 세계를 향한 자신의 가능성을 열어갈 수 있다. 이 세계에 삼켜지지 않고서, 그렇다고 제 안식처에 갇혀 그 폐쇄성 속에 머물지도 않으면서 주체로서의 가능성을 열어가는 것이, 바로 저 삼중의 은유와 보조를 맞추는 쓰라림의 변증법의 과제라 할 수 있다.

인생을 그저 달콤하게만 맛볼 수 없도록 미감 자체를 바꿔놓는 이 쓰라림은 세계 안에서 맛볼 수 있는 어떤 '순수한' 행복에 대한 재성찰을 요구한다. 쓰라림을 고스란히 살아내며 마주한 세계, 세계를 향한 나의 열림을 통해서만 만날 수 있는 이 세계는, 신자유주의적 가치들로 장식된 광고 문구나 어떤 출세의 이념이 우리에게 심어놓는 이상향으로서의 행복과는 완전히 다른 삶의 순수성을 우리에게 다시 안겨준다. 이 순수한 행복과 비교할 때 모든 결핍이 제거된 환상적 삶은 불순물에 지나지 않으리라.

신티아 플뢰리는 상처나 결핍을 완벽히 아물게 해줄 치료제 따위는 믿지 않는다. 상처 입은 사람들의 귀가 솔깃할 그런 만병통치약은 대체로 또하나의 사기극이다. 왜냐하면 완전한 보상의 약속이야말로 르상티망에 사로잡힌 사람들을 현혹하는 가장 강력한 환상 중 하나이기 때문이다. 르상티망의 회로를 빠져나가기 위한 길은 '보상'이 아니라 새로운 삶의 형식을 스스로 발명하고, 이 세계 안에 그 형식을 펼쳐놓는 창조적 실천에 있다. 저자는 창조création와 발명invention과 승화sublimation의 힘을 믿는다. 이에 힘입어 결핍에 대한 보상으로서의 위약이 아니라 행동으로 나아가는 삶의 가능성, 그 형식을 발명할 가능성을 탐색한다. 물론 승화의 방식은 다양할 수 있다. 승화는 현실에서 그와 같은 삶의 형식을 실현하는 갖가지 방식을 포괄하기 때문이다. 어떤 사람에게 그것은 사회참여나 정치운동의 형식일 수 있고, 어떤 사람에게 그것은 소소한 일상 속에서 주변의 공동체부터 서서히 변화시켜나가는 작은 몸짓일 수 있다. 그러나 승화란 무엇보다 새로운 주체의 탄생이고, 주체의 어떤 '진실'을 관통하는 삶을 재발명하고 재창조하는 작업이다. 그렇기에 어떤 사람에게 승화는 바로 글쓰기의 편에 있다. 신티아 플뢰리는 무엇보다도 창조와 발명이라는 작업에서 예술과 문학이 차지하는 중요성을 믿는다.

르상티망의 승화와 짝을 이루는 창조적 실천에서, 예술과 문학, 그리고 인문학은 중요한 동반자로 등장한다. 예술은 세계와의 상상적 합일이나 위안을 제공하는 수단이라기보다는, 고통을 감각하는 능력을 열어주는 매개다. 쓰라림을 회피하지 않고 오롯이 통과한 후에야 우리는 세계의 진짜 얼굴을 비로소 감각할 수 있다. 세계와의 고통 없는 연속성, 무사태평과 무사안일의 허상이 아닌 진짜 얼굴 말이다. 이는 특정한 예술가만의 몫이 아니다. 예술가가 아니어도, 즉 "기법과 방법론 면에서 거의 반사적으로 승화를 수행하"는 사람들이 아닌 평범한 사람들에게도 승화의 가능성이 있으니, 모두가 저마다 '진지하게' 고통스러운 진실을 대면하고 그것을 삶의 열림으로 승화시킬 수 있다. 승화란 어떤 타율적 믿음이나 외부의 강제가 아니라 바로 자기 자신에 대한 믿음, 주체로서의 힘과 자격에 대한 믿음을 통해서만 가능하기 때문이다. 좌절과 실패를 떠안고 승화하는 능력은 따라서 모두에게 가능한 것이고, 글쓰기와 독서 역시 그러한 승화의 방식이 된다. 쓰라림을 통과해온 목소리, 쓰라림에서 태어난 문장은 불안과 좌절이 잠재적 의미작용으로 변환된 자국들이며, 동시에 더이상 그것을 곱씹지 않고 넘어설 수 있다는 가능성의 서명이다. 이는 단지 한 개인만의 회복이 아니라 사회와 세계 전체가 르상티망으로부터 치유될 수 있음을 예증하는 것이기도 하다.

플뢰리는 한번 더 니체의 '비극' 개념을 빌려와 르상티망을 넘어설 방법을 모색한다. 니체에게 비극은 파멸이 아니라 창조를 향한 갈망이자 더없는 즐거움이고, 다수와 함께 나눌 수 있는 '명랑성gaieté'이다. 아니 차라리 그러한 명랑성을 향한 기약 없는 희망이다. 명랑성은 불완전하고 미완에 그칠지 모르지만, 바로 그렇기에 끝없는 희망으로 남는다.

　이제 과제는 나눔과 열림의 희망을 끌어안고 승화, 창조, 발명을 감행하는 일이다. 그 모든 과정을 가능케 하는 것은 바로 '스타일style'*이다. 문체로서의 스타일이자, 삶의 윤리로서의 스타일. 르상티망에서 벗어나기 위해선 새로운 삶을 직조하는 기술이 필요하다. 예술은 바로 그러한 기술을 가르친다. 우리를 사로잡고 또 수많은 잠재적 먹잇감을 사로잡으려 도사리고 있는 르상티망의 거미줄에서 빠져나오려면, 삶의 형식을 새로이 짜고 엮는 기술을 발명해야 한다. 자신에게 불만과 쓰라림만을 안겨주는 이 세계 속에 망상을 짜넣기 위해서가 아니다. 그런 망상은 본질적으로 이 세계를 완벽히 저 자신에게 짜맞춘 것처럼 느끼게 하는 달콤한 거짓이다. 글쓰기의 형식, 예술의 표현 방식, 결국 세계에 나의 목소리가 거주할 공간의 양식을 마련하는 이 기술은, 타자와의 연속성과 세계 속의 충일감을 창조하기 위한 토대다. 쓰기와 읽기는 그래서 진실을 향한 여정이 된다.

---

* 이 표현은 문맥에 따라 '표현법' '문체'를 뜻할 수도 있지만, 여기에 부여된 의미의 다충성과 중요성을 살리고자 때로 '스타일'로 번역했다.

'진실'의 감당

타자와 세계를 향한 공격성의 근저에 깔린 감정을 대면하는 것. 신티아 플뢰리는 이를 가장 인간적이고 더없이 인본주의적인 선택이라고 말한다. 이 선택은 자기 자신뿐 아니라 세계의 진실에 응답하고 그러한 응답을 감당할 수 있는 '능력'을 요구한다. 저자가 말하는 '진실'이란 단지 어떤 사실이나 논리적 정합성을 따져 묻기 위한 기준이 아니며, 더욱이 탈역사적인 관점을 채택하는 용어도 아니다. 저자가 사용하는 개념인 '자격적 진실vérité capacitaire'은 정신분석, 정치철학, 윤리학, 사회병리학이 교차하는 지점에서 설정된 용어로, 다른 무엇보다도 주체에게 어떤 책임을, 응답과 응답의 방식으로만 가능한 실존을 요구하는 진실이다. 또한 주체가 자신의 자유와 책임을 감당할 수 있는지 그 능력과 자격을 묻는 말이다. 설령 그러한 진실이 비틀린 것일지라도 말하고, 표현하고, 새로운 스타일을 발명하며 진실에 응답하는 것. 플뢰리는 이처럼 삶과 역사의 진실을 능동적 층위로 옮겨놓는다. 진실은 그저 견뎌내는 것만이 아니라 함께 만들어가는 것이며, 곧 '공동의 작업'이다. 말하자면 자기 자신뿐만 아니라 타자에 대한, 세계에 대한 응답의 책임을 감당할 역량을 주체의 자격으로 설정한다는 점에서, 플뢰리에게 진실은 윤리적 차원에 놓인다.

그렇기에 글쓰기는 자기방어가 아니라 세계와 타자를 향해 열리는 공간을 만드는 실천이어야 한다. 우리는 종종 세계에 대한 반발이나 방어를 구실로 말을 하고, 자신을 가둔 육체만큼이나 굳건하고 고독한 실존의 경계를 해명하느라 글을 쓴다. 하지만 그런 수많은 빌미와 명분과 설명의 바깥에서 더 넓은 세상을 껴안으려, 타자를 향해 열리는 글쓰기의 공간이 있다. 플뢰리가 르상티망에 대한 기나긴 성찰 속에서 강조하는 글쓰기는 바로 이런 비결정적 공간을 열기 위한 필수적 작업으로서의 위상을 지닌다.

이러한 글쓰기는 비평이라는 방식과도 연결된다. 문학비평은 텍스트 속의 세계를 기존의 현실 인식 틀에 맞추어 판단하고 평가하는 작업이 아니라, 그 세계 안에서 울려나오는 목소리를 듣고 인식의 지평을 넓혀가는 작업이다. 인간이란 무엇이고 무엇이 되어야 하는가라는 근본적 물음에 대하여, 인간 사회와 사람 간의 관계에 대하여 이미 수없이 되뇌인 후렴구를 되풀이하는 일이 아니라, 텍스트 안에서 새로운 질문을 찾아내는 일이다. 발화자들 사이의 관계 속에서 태어나는 언어의 고유성을, 설령 그것이 너무 희미해서 제대로 알아듣진 못하더라도, 일단 귀를 기울이면서 고개를 끄덕이는 일이다. 그것은 인간의 실존이나 타자와의 관계 맺기에 대한 결정론을 넘어서는 일이고, 동시에 자기보존적 환상으로 쉽사리 빠지지 않는 중층적 가능성의 공간을 여는 일이다. 바로 이 점에서 텍스트의 목소리를 듣는 것과 텍스트의 목소리를 만들어가는 작업은 불가분의 것이 된다.

플뢰리가 강조하는 진실, 바로 쓰라림의 감각이 열어주는 진실은 개인과 사회의 변증법 속에서 발생하는 주체화의 가능성에 닿아 있다. 물론 사랑, 분배, 재생산, 세계의 발견, 참여 등과 같은 주체화 가능성의 '일반적' 표현들에도 이런 진실이 놓여 있지만, 예술 및 문학 작품을 통해 새롭게 태어나는 주체의 고유한 실존 속에서 이 가능성은 가장 예민하게 발현된다. 이때 스타일이란 표현의 형식이자 동시에 존재의 방식이다. 요컨대 글쓰기의 형식을 발명하는 작업은 진실을 향해 말하고 응답하는 삶의 형식을 창조하는 여정과 별개의 것이 아니다.

파시즘과 쓰라림의 감정

2부의 성찰은 파시즘에 대한 성찰에 할애된다. 여기서 파시즘은 단지 정치적 체제나 이념의 문제가 아니라 세계와의 관계 맺기를 회피하려는 정동적 기제로, 곧 방어와 반작용의 기제로 다뤄진다. 파시즘은 행동의 이름을 가장하지만 사실상 행동이 아닌 비행동으로서, 쓰라림을 감당하지 못하고 외부로 투사하게 되는 심리적 반사기제다. 그것은 우리를 영원히 안전하게 보호해주고 안전한 합일과 동일성 속에 머물게 해줄 것만 같은 환상의 유혹이다.

여기서 신티아 플뢰리는 묻는다. "우리는 쓰라림을 홀로 감당할 수 있는가?" 이러한 질문을 통해 우리에게 요청되는 능력은 바로 이것이다. 세계 안에서 자신의 쓰라린 감정을 대면하고 오롯이 떠안는 것. 그런 감정의 정직한 감당은 어쩌면 바다를 응시할 때, 아니면 파도에 몸을 섞을 때 우리가 느끼는 세계와의 깊은 합일감에 맞닿아 있다. 이 감각은 평온하기만 한 것이 아니라 필연적으로 미지로의 떠밀림과 불안한 유영을 전제로 한다. 그것은 유년기의 기억 속에 간직된 일치감, 어머니의 품처럼 안전하지만 폐쇄적인 일치감이 아니라, 우리를 삼켜버릴지도 모르는 세계의 품에 자신을 내맡기는 모험의 감각이다. 어머니의 품을 택할 것인가 우리에게 세상이라는 큰 품을 내어주는 바다를 택할 것인가. 파시즘에 관한 성찰은 이처럼 어머니와 바다 사이의 선택, 동일성과 열림 사이에서 무엇을 감내할 것인가에 대한 실존적 물음 속에 재구성된다.

저자는 이러한 주제를 풀어내기 위해 테오도어 W. 아도르노, 빌헬름 라이히, 악셀 호네트, 노르베르트 엘리아스(나탈리 하이니히의 주석을 경유하여), 로버트 팩스턴 사이를 자유롭게 오가며, 그들과 사유의 대화를 펼친다. 이 도정은 단순한 인용이나 비평의 나열이 아니라, 윤리와 인식론, 앎의 과정과 저항의 기획을 한데 엮는 방식으로 전개된다. 개인과 사회에서 어느 측을 우선시하는 이원론적 관점을 넘어서서 쓰라림의 감정을 성찰하고 그것을 승화하는 여정이 이 모든 과정의 중심축이 된다.

신티아 플뢰리가 보기에 파시즘은 음모론, 반체제주의, 포퓰리즘, 종교적 근본주의 등 여타 이데올로기와 몇 가지 공통점을 공유한다. 타자의 현실을, 그리고 결국 현실 자체를 수용하지 못하는 정신적 구조에 그 계기를 빚지고 있다는 점이 대표적이다. 이는 곧 현실 그 자체에 대한 부정으로 이어진다. 파시즘적 주체는 르상티망욕동에 사로잡혀 자신을 끝없는 피해자로 정의하고, 그 박해망상 속에서 불공정하고 견디기 어려운 현실을 외면한다. 그 대신 자신이 의지할 어떤 '물신fétiche'을 선택하거나 직접 구성해낸다. 물론 현실의 불평등과 부조리에 대한 비판이 정당한 것일 수 있고, 그러한 비판이 세계의 작동방식을 고정된 원리로 수긍하게끔 만드는 수동성에서 벗어나게 해주는 계기가 된다면, 이는 더없이 적절한 참여방식이 될 수도 있으리라. 그러나 문제는 끝 모를 불안에 잠식된 개인이 스스로 선택했다고 믿는 그 '버팀기둥soutènement'조차, 사실상 외부의 타율적 계기―즉 사회적 경제적 혼란, 역사적 위기, 정서적 취약성 등―에 의해 구조화된다는 데 있다. 파시즘이 제시하는 구원자는 불안정한 개인이 자신도 모르게 동일시하게 되는 존재로서, 사회적 위기의 문맥 속에서 스스로를 르상티망욕동을 해방시키는 통로라고 자임한다. 즉 이 구원자-지도자는 타인을 향한 분노와 증오를 정당화해주고, 전도된 가치체계 속에서 '정의'라는 이름으로 개인에게 보상을 해줄 수 있다고 자처하는 인물이다. 그렇게 파시즘은 르상티망을 조직화하고 제도화하는 메커니즘으로 기능한다.

신티아 플뢰리의 은유를 반복하자면, 파시즘과 같은 현상에서 르상티망의 집단적 형상은 히드라의 모습을 하고 있다. 양을 질로 환원하고, 그렇게 납작하게 눌린 질을 다시 양으로 밀어붙이는 이 기묘한 운동. 양껏 행사되고 휘둘러질 권력과 함께 책임면제라는 가상이 히드라의 모습으로 나타난다. 20세기를 휩

쓴 집단적 폭력과 그것이 남긴 항구적 공포는 매번 식별해내야 할 과제로서 우리에게 남았다. 따라서 2부의 지성적 여정은 매번 새로운 위압감과 함께 나타나는 이 히드라를 인식하고, 그것이 어떤 조건 속에서 우리 안에 되살아나는지를 분별해내기 위한 시도다. 분별discernement이란 단지 구분하는 기술이 아니라 타성적인 이해를 넘어서는 비판정신의 또다른 이름이니, 신티아 플뢰리의 글쓰기는 마치 한 알 한 알 구슬을 꿰어나가듯, 각 사유의 결을 응시하고 짚어내는 지난한 과정 속에서 사회학과 정신분석학과 정치철학을 교차시키며 이 작업을 수행해나간다. 이질적 고유성을 하나의 실로 엮는 이 섬세한 엮음이 무엇보다 가장 내밀하고 주관적인 독서를 바탕으로 이루어지기에, 우리는 여기서 스타일의 발명으로서 글쓰기와 비평이 지닌 역량의 한 실천적 형태를 감지하게 된다.

치유의 윤리

1부가 개인의 내면에 주목했고, 2부가 집단의 정동을 분석했다면, 3부는 개인과 집단의 변증법을 종합하는 사유로 구성된다. 이 둘이 분리될 수 없는 것처럼, 개인의 정신건강과 집단의 건강, 나아가 공중보건은 서로 밀접하게 얽혀 있으며 나아가 상호침투하는 관계에 놓여 있다. 신티아 플뢰리는 르상티망에 관한 논의를 돌봄soin과 치료의 영역으로 확장시킨다. 이제 논제는 타인의 르상티망에 어떻게 응답하고 그것을 치유할 것인가, 즉 승화와 창조의 윤리로 이행한다. 여기서 '스타일'의 발명은 단순한 자기표현을 넘어 주체의 재구성과 세계의 재배치라는 치유의 기획이 된다. 치료법으로서의 스타일의 발명, 이러한 치료적 창조적 실천은 특정 개인을 위한 것에 그치지 않는다. 다시 말해 그 연대의 재발견과 구조적 질서의 재창조 행위는 단 한 명을 위한 강장약이 아니라 다수 안에서 효력을 미치는 집단 면역을 만들어낸다.

플뢰리는 스타일의 발명과 그 확산을 시도한 작가들의 사유를 통해 그 가능성을 탐색한다. 이를테면 프란츠 파농처럼 경계에 선 존재들, 저술가이자 동시에 투사인 그런 존재들에게 스타일이란, 삶의 과시가 아니라 극기주의적 태도로 완성된 가장 급진적 형태의 정치적 실천이나 다름없다. 시몬 베유나 헤르만 브로흐같이 삶과 정치, 윤리와 존재의 가장 취약한 시점으로부터 다시 시작하기를 시도한 작가들도 여기에 불려온다. 그러나 재차 강조하지만 이런 작가들에게만 창조-치유의 자격이 부여되어 있는 것은 아니다. 르상티망의 집단 치유를 향한 플뢰리의 기획은 자기소외의 현실 속에서도 결코 빼앗기지 않을 무언가를 창조할 역량과 책임을 모두에게 돌려주는 데 있다. 쓰라림의 맛, 새로워진 심미 감각을 통해 가능해지는 세계의 열림, 존재의 인정을 향한 길. 문학과 예술, 읽기와 쓰기, 그리고 인문학은 이런 열림을 향한 수단이며, 저자는 자신만의 편력을 통해 그 길을 발견하고자 한다.

한편으로 신티아 플뢰리는 동시대의 저항 담론들이 공유하는 정치적 감수성을 존중하면서도 그것들이 빠지기 쉬운 환원주의를 경계한다. 억압받는 위치에 있는 주체의 발화 가능성과 목소리를 부각시키는 작업은 '구축된' 주체라는 또하나의 규범적 형식을 낳기 쉬우며, 이로 인해 특수성으로부터 보편성에 이르는 사유의 경로가 지나치게 도식적이고 단정적인 것이 되기도 한다. 플뢰리의 사유는 그와 같은 문화적 저항 담론보다는 철학적이고 사회학적인 이론의 전통 편에 서 있다. 문화연구, 페미니즘, 탈식민주의 연구, 하위주체subalterne 연구 등의 이론적 기여를 인정하면서도 때로는 다소 과감하게 거리를 두는 저자의 비판은, 주류적 보편성을 해체하려 했으나 동시에 이분법적 환원주의나 새로운 본질주의에 빠질 위험이 있는 포스트모던 비평의 방식 그 자체에 대한 성찰을 요구한다. 사회적 억압의 현장과 구조적 병리현상을 주체의 목소리와 '서사'로 구획짓기보다는 그러한 억압이 작동하는 사회심리적 구조를 포착하려는 플뢰리의 작업은, 이념 대립이나 정체성 대립의 도식을 넘어, 정동의 흐름을 다시금 역사의 전개 속에서 추적하고 역사적 주체를 재건하려는 시도로 읽을 수 있다.

증오와 폭력이 만연한 이 세계에서 우리는 어떻게 살아남을 것인가? 증오와 폭력이 역사에 행하는 동어반복에서 벗어나기 위해서는 무엇보다도 비약이 필요하다. 단락이 아니라 비약을 만들어내야 한다. 바로 돌봄, 창조, 치료, 글쓰기, 스타일의 발명 속에 그러한 비약이 있다. 저자는 창조와 발명을 향한 거의 모든 행위를 이론의 외연 속에 포함시키며, 그 안에서 자유와 주체화를 위한 윤리적 헌신을 본다. 비약은 무엇보다도 비판정신과 거리두기, 분별이라는 정신적 능력에서 말미암는다. 원인만 발견할 수 있다면, 제 상처를 하염없이 헤집는 일조차도 마다하지 않는 자기 응시의 끈질김과, 비로소 그 이름에 값하는 ―자유로울 수 있는 자격을 향한 헌신으로서의―자기애가 있다면, 우리를 붙잡고 놓아주지 않는, 존재의 열림이 발생하기엔 늘 모자란 생활 속에서도, 그러한 비약은 가능한 것이다.

플뢰리는 여기서 오늘날의 조건들, 가령 정신을 와해시키는 미디어 환경, 유흥divertissement 중독, 지식에 대한 거부라는 현실에 대해서도 날카롭게 진단한다. 저자가 보기에 해결의 열쇠는 교육에 있다. 교육은 단순히 정보와 지식을 전달하는 행위가 아니라 무엇보다도 사고의 수준을 높이는 작업이고, 나아가 사고의 '정치화'를 향한 첫걸음이다. 빌헬름 라이히는 "징치화"의 중요성을 역설했다. 플뢰리는 여기서 나아가 교육과 돌봄과 통치를 하나의 논제로 엮는 사유를 시도한다. 돌봄, 교육, 통치(정치)는 서로 긴밀히 얽혀 있고, 르상티망에 맞서기 위한 개인과 사회의 변증법이 바로 이 세 영역의 접점에서 가능해진다. 정치는 개인의 삶과 외따로 떨어진 사안이 아니다. 좋은 정부란 무엇인가에 관한 물음이 당파 및 정권의 선택이나 정책의 효율성에 관한 물음으로 축소되어서는 안 된다. 이 물음은 주체의 형성에 무엇이 필요한가라는 질문으로 확장되어야 한다. 플뢰리에게 정치란 곧 주체의 가능성을 열어가는 양식이다. 개인의 정신건강이 집단의 건강과 직결되는 지점에 바로 '정치화'의 과제가 놓여 있다. 이러한 맥락에서 벤야민이 말한 "예술의 정치화"는 어쩌면 발명과 창조로서의 열림을 이끄는 행위 전반에 적용될 수 있으리라.

이 모든 성찰의 기저에는 하나의 감정이 있다. 쓰라림이다. 쓰라림은 르상티망으로 굳어지기 전의 원형적인 정동이다. 인간이라면 누구나 실존 속에서 경험할 분리와 소외, 거기서 비롯한 감정을 감당하는 것이야말로, 진정한 주체의 자격과 능력을 증명한다. 군중에게서 외따로 떨어져 혼자 있을 수 있는 능력, 자기만의 방에 머물러 있을 수 있는 역량은, 주체가 스스로를 지키면서 군중 속에 다시 섞여들기 위해 꼭 필요한 태도다. 문학적으로 '고독solitude'이라고도 표현되었던 이 감정—우리는 여기서 보들레르의 산문시 「고독」을 떠올린다—을 저자는 보다 정치철학적인 논제로 풀어나간다. 무비판적 '평등'과 '우애fraternité'는 공동체를 지탱하려는 본래의 지향에서 벗어나 르상티망으로 결집된 악의에 물들기 쉽다. 그것은 법치가 마련한 잠재성의 토대 위에 자라날 주체적 개인들이 아니라, 균일화한 정념과 공통의 박탈감에 기반한 연대, 부지불식간에 악의를 확산시키는 군집체의 억압적 연대로 전치될 수 있다.

그러나 이 같은 방법론적 회의와 비판을 끝까지 유지하고 있음에도 이 책의 진단은 결코 비관적이지 않다. 조르주 캉길렘이 말했듯, 질병은 생존자의 쇄신을 위한 일종의 성장통이다. 마찬가지로 르상티망은 치유되기 위해 등장한 병증이며, 그것을 치유하는 과정은 주체, 사회, 민주주의를, 오늘날의 세계를 구성하는 모든 요소를 더욱 단단하고 정직하게 재구성하기 위한 계기를 마련한다고 플뢰리는 역설한다. 요컨대 무기력과 냉소가 일상화된 시대에, 르상티망은 오로지 이를 치유하고자, 치유함으로써 인간의 자율성과 윤리적 의지를, 또 사회의 병리와 맞서 싸우는 정치적 책임을 우리에게 돌려주고자, 여기서 진지한 사유의 대상이 되고 있는 것이다.

여러 저술과 이론을 경유하며 이루어지는 플뢰리의 글쓰기는, 단지 개념과 지식의 전달이 아니라 사유의 방식 자체를 재조직하려는 기획이고, 저자가 스스로에게 일관된 태도로서 부과한 성실성의 표현이기도 하다. 플뢰리의 문장은 독자에게도 동일한 성실성을 촉구한다. 하나의 투명한 메시지, 어떤 합리적 목적성에 복무하는 전언을 향한 길이 아니기에 곧바로 이해되지는 않을지라도, 사유의 궤적과 결을 더듬으며 함께 걸어가보자는 제안을 이 책은 건네고 있는 것이다.

* * *

책을 읽는 독자들이 이 함께 걷기 속에서 고유의 발걸음과 분별의 리듬을 발견하기를 바라는 마음으로 이 책을 번역했다. 인용된 이론서의 한국어판 서지 사항을 명시한 것도 이 책을 계기로 마련된 성찰의 지평을 읽는 이가 저마다 확장하는 데 조금이라도 보탬이 되었으면 해서다. 이 책을 번역하는 과정은 단순히 내용을 옮기는 일이 아니라, 타자와의 관계, 민주주의의 내면적 조건, 윤리적 성숙을 아우르는 사유-글쓰기의 짜임을 조심스럽게 거듭 풀었다 엮는 일에 가까웠다.

약 십 년 전 문학을 공부하겠다고 처음 결심했을 무렵, 학술적 흐름이라곤 없이 갖가지 책을 탐식하며 연구 및 비평 주제를 탐색하다가 르상티망에 관한 비평을 해보고 싶다고 생각한 적이 있다. 문학과 인문학 전반에 대한 관심을 불문학으로 조금씩 좁혀가는 과정에서 그런 구상을 실현하기 위해 수반되어야 할 구체적 작업은 점점 더 후순위로 밀려났지만, 이 주제를 상기할 때면 가끔씩 아쉬운 마음이 들곤 했다. 당장 눈앞에는 이론적 기반과 학술적 깊이를 갖추기 위해 수행해야 할 공부가 있었고, 불현듯 떠올랐다가 분과 학문의 구획에 들어맞지 않는다는 이유로 넘겨둔 다른 몇몇 주제와 마찬가지로 르상티망에 관한 저술을 위해 심력을 투자할 여유는 잘 마련되지 않았다. 그렇게 미뤄둔 채 남아 있던 이 주제와 예상치 못한 방식으로 다시 마주하게 된 것은 이 책의 번역을 맡게 되면서였다. 그러나 이미 독특한 리듬 속에서 하나의 사유-글쓰기로 완성된 텍스트를 번역하는 일은, 그 책이 한때 자신이 관심을 가졌으며 가능태로만 존재했던 과제를 실제로 구현한 형태로 비춰질지라도, 반가움과 대리만족을 느끼기 전에 우선 다름을 인식할 것을 요구했다. 번역자가 제 언어와 사고의 관성을 성찰하게끔 만드는 그와 같은 다름을 마주할 수 있어 행운이었다. 역자를 문학동네에 추천해주신 조재룡 선생님과 좋은 번역서를 소개해준 편집자에게 감사의 인사를 전한다.

2026년 3월

이혜원

쓰라림, 여기 잠들다
: 르상티망을 치유하기

초판 인쇄 2026년 3월 17일
초판 발행 2026년 3월 31일

지은이 신티아 플뢰리 | 옮긴이 이혜원

기획 및 책임편집 송지선 | 편집 홍상희
디자인 김문비 유현아 | 저작권 박지영 형소진 주은수 오서영 조경은
마케팅 정민호 서지화 박치우 한민아 왕지경 이민경 정유진 김예진 김혜원 정경주 이서진
브랜딩 함유지 이송이 박민재 김하연 신은서 이준희
미디어콘텐츠 함근아 김은솔 박다솔 | 제작 강신은 김동욱 이순호 | 제작처 상지사P&B

펴낸곳 (주)문학동네 | 펴낸이 김소영
출판등록 1993년 10월 22일 제2003-000045호
주소 10881 경기도 파주시 회동길 210
전자우편 editor@munhak.com | 대표전화 031) 955-8888 | 팩스 031) 955-8855
문학동네카페 http://cafe.naver.com/mhdn
인스타그램 @munhakdongne | 트위터 @munhakdongne
북클럽문학동네 http://bookclubmunhak.com

ISBN 979-11-416-0330-4 03300

www.munhak.com